一、评选活动启动通知与结果通报

农业部办公厅文件

农办科〔2017〕26 号

农业部办公厅关于
开展"寻找最美农技员活动"的通知

各省、自治区、直辖市农业（农牧、农村经济）、农机、畜牧、兽医、渔业厅（局、委、办）：

为宣传基层农技人员不畏艰苦、为农服务的高尚品德，展示他们务实重干、开拓创新的精神风貌，为农技推广事业发展营造良好的社会氛围，鼓励广大农技人员扎根基层、爱岗敬业，农业部决定在全国开展"寻找最美农技员活动"。现将有关事宜通知如下。

一、范围和名额

（一）寻找范围。 最美农技员寻找范围为基层农技推广机构长期从事农业技术推广服务并取得突出成效的农技人员，不包括行政编制人员。

农 业 部 文 件

农科教发〔2017〕12 号

农业部关于"寻找最美农技员活动"
结果的通报

各省、自治区、直辖市农业（农牧、农村经济）、农机、畜牧、兽医、渔业厅（局、委、办）：

为宣传基层农技人员不畏艰苦、扎根农村、为农服务的高尚品德，展示他们务实重干、开拓创新的精神风貌，为农技推广事业发展营造良好的社会氛围，农业部决定在全国开展"寻找最美农技员活动"。经基层单位遴选推荐、省部两级专家审定推选、县省部三级公示等程序，从全国五十多万名基层农技人员中寻找出 100 名品德高尚、业绩突出、农民满意的"最美农技员"。现将获得"最美农技员"称号的人员名单予以通报，同时公布获得"最美农技员"

二、农业部"寻找最美农技员活动"专家推荐会

会议现场

科教司廖西元司长主持会议

交流讨论

材料评审

现场计票

三、2017年全国"十佳农民暨最美农技员"揭晓仪式

韩长赋部长在仪式现场

农业部主要领导人出席仪式

韩部长勉励最美农技员代表并为其授牌

韩部长与获奖者合影

四、最美农技员风采

北京市房山区农业科学
研究所
徐　凯

天津市宝坻区畜牧技术
推广站
何振伯

天津市武清区农业机械
发展服务中心
罗赛玲

河北省望都县农业技术
推广中心
王建威

河北省张家口市万全区
农业技术推广服务中心
杨建宏

河北省承德县头沟镇农业
技术推广综合区域站
梁久杰

山西省朔州市朔城区农业
技术推广中心
李淑兰

山西省临猗县临晋镇农业
技术推广站
武拴虎

山西省太谷县水秀乡畜牧
兽医站
梁鑫平

内蒙古自治区巴彦淖尔市
临河区农业技术推广中心
米志恒

内蒙古自治区赤峰市喀喇
沁旗经济作物工作站
杨素荣

内蒙古自治区赤峰市翁牛
特旗农业技术推广站
韩丽萍

辽宁省建平县农业技术
推广中心
方子山

辽宁省沈阳市苏家屯区
农业技术推广中心
金　玲

吉林省东辽县水产技术
推广站
王雪发

吉林省镇赉县农业机械化
技术推广站
曲德辉

吉林省桦甸市永吉街道
畜牧兽医站
孙家英

吉林省东丰县大阳农业
技术推广站
张立君

黑龙江省宝清县农业技术
推广中心
孙淑云

黑龙江省甘南县宝山乡
农村经济服务中心
赵洪池

黑龙江省穆棱市农业技术
推广中心
高春艳

上海市崇明区农业技术
推广中心技术站
周　燕

江苏省泰兴市黄桥镇农业
技术服务中心
何　健

江苏省无锡市惠山区蔬菜
技术推广站
余汉清

江苏省南京市溧水区和凤
镇农业服务中心
俞同军

江苏省海安县大公镇农业
服务中心
洪　芳

江苏省盱眙县旧铺镇农业
技术推广站
黄富强

浙江省温岭市水产技术
推广站
丁理法

浙江省泰顺县筱村镇农业
公共服务中心
吴振我

浙江省湖州市南浔区菱湖
镇农业综合服务中心
沈学能

浙江省温岭市特产技术
推广站
徐小菊

安徽省芜湖县水产技术
推广站
王万兵

安徽省黄山市徽州区潜口
镇农业技术综合服务站
江红莲

安徽省淮南市潘集区贺疃
农业技术推广站
李德福

安徽省巢湖市农业技术
推广中心
胡　鹏

福建省福安市农业局经济
作物站
王道平

福建省霞浦县水产技术
推广站
叶启旺

福建省南平市建阳区莒口
镇三农服务中心
李荣正

江西省彭泽县浪溪镇农业
技术推广综合站
朱永胜

江西省莲花县农业局农业
技术推广站
李林海

江西省贵溪市雷溪镇农业
技术推广综合站
汪田有

江西省余江县洪湖乡农业
技术推广综合站
陈有林

江西省井冈山市畜牧
兽医局
曾昭芙

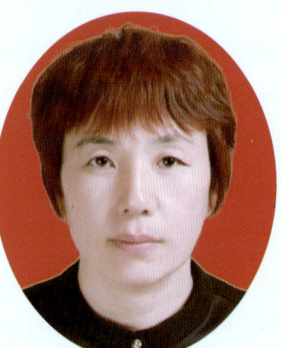

山东省济宁市兖州区农业
技术推广站
王　燕

山东省济南市长清区畜牧
局张夏畜牧兽医站
兰俊锴

山东省枣庄市市中区农业
技术推广中心
冯传荣

山东省平度市农业技术
推广站
朱瑞华

山东省临清市尚店镇
兽医站
孙树民

山东省沂南县畜牧技术
推广站
赵克学

山东省昌邑市龙池镇农业
综合服务中心
寇玉湘

河南省获嘉县农业技术
推广中心
王庆安

河南省方城县农业技术
推广中心
曹荣

湖北省武穴市大金镇农业
技术推广服务中心
宋红志

湖北省丹江口市习家店镇
农业技术推广服务中心
张瑞

湖北省枣阳市农业技术
推广中心
陈斌

湖北省恩施市龙凤镇农业
服务中心
袁亮

湖北省监利县农机安全
监理站
夏宜龙

湖北省利川市忠路镇农业
服务中心
黄云书

湖北省十堰市郧阳区青曲
镇农业技术服务中心
常发杰

湖南省怀化市洪江区横岩
乡动物防疫站
申群燕

湖南省湘阴县水产工作站
麦友华

湖南省长沙县青山铺镇
农业综合服务中心
李再

湖南省湘阴县农业技术
推广中心
李概明

湖南省石门县蒙泉镇农业
技术推广站
张斌欣

湖南省宁远县水市镇农业
技术推广站
周火玲

广东省揭阳市揭东区玉湖
镇农业技术推广站
林桂发

广东省连州市水果技术
推广总站
黄美聪

广西壮族自治区田阳县
田州镇农业技术推广站
叶东明

广西壮族自治区灵川县
潭下镇农业技术推广站
杨国平

广西壮族自治区北流市
农业技术推广站
李金旺

广西壮族自治区容县容州
镇农业技术推广站
吴华球

广西壮族自治区贺州市八步
区贺街镇农业技术推广站
林　玲

海南省琼海市农业技术
推广服务中心
周王鼎

重庆市秀山自治县农业
技术服务中心
许洪富

重庆市涪陵区义和镇农业
服务中心
黄久龄

四川省绵竹市新市镇农业
服务中心
何洪元

四川省广元市苍溪县浙水
乡畜牧兽医站
郑　雄

四川省南充市营山县植保
植检站
郭建全

四川省广安市广安区兴平
镇农业技术推广站
蒋裕兰

贵州省铜仁市碧江区灯塔
街道办事处农业服务中心
李云华

贵州省剑河县磻溪镇农业
服务中心
彭栋梁

贵州省仁怀市农业技术
综合服务站
雷文权

云南省楚雄彝族自治州楚雄市
吕合镇农业技术推广服务中心
马春旺

云南省楚雄彝族自治州禄
丰县农业技术推广中心
刘少龙

云南省通海县秀山街道
农业综合服务中心
许艳斌

云南省沧源佤族自治县
农业技术推广站
李晓梅

云南省宣威市宝山镇农业
综合服务中心
陈兴片

云南省砚山县植保植检站
赵云柱

云南省临沧市临翔区博尚
镇农业综合服务中心
唐亚梅

西藏自治区山南市农业
技术推广中心
次仁云丹

陕西省延安市洛川县苹果
生产技术开发办公室
屈军涛

陕西省石泉县池河镇畜牧
兽医站
廖元江

甘肃省张掖市甘州区新墩
镇农业技术服务站
于　琼

甘肃省榆中县农业技术
推广中心
牛建彪

甘肃省酒泉市肃州区蔬菜
技术服务中心
张国森

青海省玉树市畜牧兽医
工作站
阿保地

宁夏回族自治区贺兰县畜
牧水产技术推广服务中心
刘　欣

新疆维吾尔自治区富蕴县
农业技术推广站
朱马太·哈吉拜

新疆维吾尔自治区伊宁市
农业技术推广站
祖力皮亚·阿巴拜克力

五、媒体宣传报道

CCTV1 新闻联播 我国百名"最美农技员"结果揭晓

CCTV7 2017最美农技员(1)

CCTV7 2017最美农技员(2)

农民日报

经济日报

为科技兴农躬行者点赞

"农民丰收时的笑容就是动力"——记西藏山南藏族
　　农艺师次仁云丹

"你来了，我们心里就有数了"——记坚守农技一线
　　37年的高级农艺师张瑞

一世"农"情在碧野——追记全国"最美农技员"、
　　湖北监利农机安全监理推广站夏宜龙

www.news.cn 新华网 NEWS www.xinhuanet.com

书写科技兴农新诗篇

田野上的生命赞歌——追记湖北省监利县农机站长夏宜龙

因为他，洛川苹果更红了——陕西省延安市洛川县苹果生
　　产技术开发办公室主任屈军涛

新闻联播

（视频）我国百名"最美农技员"结果揭晓

CNR 中央人民广播电台

最美农技员：赵洪池

最美农技员：屈军涛

最美农技员：黄美聪

CCTV7 农业频道

《大地之子——2017全国十佳农民暨最美农技员揭晓仪式》

跟着"最美农技员"去春耕

躬耕碧野撒希望
扎根基层只为农

最美农技员事迹汇编

农业农村部 组编

中国农业出版社

北京

图书在版编目（CIP）数据

躬耕碧野撒希望 扎根基层只为农：最美农技员事迹汇编 / 农业农村部组编. —北京：中国农业出版社，2018.10
ISBN 978-7-109-24223-4

Ⅰ．①躬… Ⅱ．①农… Ⅲ．①农业技术－科研人员－生平事迹－中国－现代 Ⅳ．①K826.3

中国版本图书馆CIP数据核字(2018)第130714号

中国农业出版社出版
（北京市朝阳区麦子店街18号楼）
（邮政编码 100125）
责任编辑 肖 邦
————————————
北京通州皇家印刷厂印刷 新华书店北京发行所发行
2018年10月第1版 2018年10月北京第1次印刷
————————————
开本：880mm×1230mm 1/16 印张：20 插页：8
字数：553千字
定价：100.00元
（凡本版图书出现印刷、装订错误，请向出版社发行部调换）

前　言

　　基层农技推广队伍是建设现代农业、发展农村经济的有力支撑，是新时期"一懂两爱"农业农村工作队伍的中坚力量。长期以来，广大农技人员以服务农业农村经济发展为己任，示范推广农业先进适用技术、做好动植物疫病防控、加强农产品质量安全监管、落实强农惠农富农政策，为"三农"事业发展付出了汗水，贡献了才智。为弘扬社会主义核心价值观、传播社会正能量，更好地宣传"最美农技员"甘守清贫、敢于担当、无私奉献的感人事迹，2017年农业部在全国开展了"寻找最美农技员活动"，从全国50多万县、乡两级基层农技人员中评选出100名品德高尚、业绩突出、农民满意的最美农技员，在全国农业系统和社会各界产生了良好反响。现将最美农技员的典型事迹以及有关宣传报道等材料汇编成册，以表扬先进、树立典型，营造社会各界关注农技推广事业、关心基层农技人员的良好氛围，鼓励广大农技人员在实施乡村振兴战略、加快农业农村现代化建设的新征程中做出新的更大贡献。

　　由于时间仓促、水平有限，不妥之处敬请各位读者批评指正。

编　者

2018 年 8 月

目 录

媒体宣传报道

最美农技员先进事迹

房山种植业的科技服务员

——记北京市房山区农业科学研究所徐凯

徐凯大学专业是农学，在校期间加入中国共产党，毕业后工作在农业一线，他二十年如一日扎根基层，从事农业技术推广工作，"把最有效的技术推荐给农民，真正为农民朋友办实事"是他的工作宗旨，他用实际行动铸就了基层农业技术推广员"为民、务实"的优良品格。全国粮食生产先进工作者、全国农科教推先进个人、首都精神文明建设奖获得者、北京市郊区青年致富带头人、北京市科普工作先进个人……创新、实干的他获得了国家级、省市级的诸多荣誉，但成绩是对以前工作的认可，在北京农业"调转节"新形势下，新的任务、难题如何破解，他敢于担当勇于探索实践，做好农业科研成果的"二传手"，通过试验、示范，向农户和种植园区推广普及农业科技成果，为农民增收致富提供帮助。

建好示范基地，推广农业新品种、新技术

刚到房山区农业科学研究所工作时，示范基地有个蔬菜冬春茬试验，要求观察记录温室温湿度数据变化情况，那时没有自动记录仪器，只能每 2 小时到温室里去看一下。从宿舍到温室有200 多米，白天和前半夜还行，后半夜里温度降到零下十几度，他担心睡过了时间耽误试验记录，就在温室的操作间搭起了床，住了下来，怕煤气中毒没敢生火，只能靠多捂床被子了。再带上棉帽子才能合一下眼，打个盹儿，一周下来，圆满完成了试验记录任务。一件件类似的事使他逐渐养成了严谨认真、吃苦耐劳的工作习惯和韧劲。

示范基地可以把新品种新技术新模式直观地展现给农户，让农户能看得见、学得来、上手快，规避农户种植风险，基地是农业技术推广的有效抓手，以示范园区为载体，每年组织开展食用菌、蔬菜、粮食、景观作物、肥料新品种和新技术试验示范 30 余个，目前已筛选并引进 30 余个适宜房山区种植的新品种，推广农业新技术 20 余项，同时通过基地每年为农户培育优质种苗100 万株以上，菌种 2 万余袋。

为了深入贯彻落实习近平总书记视察北京讲话精神，把握北京都市型现代农业"生态、生活、生产"的融合发展理念。种植业园区如何突出"生态、节水、可循环"的理念，这一直是徐凯思考和摸索的问题。他积极在农科所示范基地组织实施生活垃圾分类回收处理、试验生态旱厕、生活污水处理、提高投入品的利用率、尾菜处理技术、沼渣沼液利用技术、食用菌废弃菌棒处理技术等多项技术模式的集成试验示范，将农业生产废弃物资源化利用，在提供优质农产品的同时提供优美的生态环境，辐射带动全区乃至全市的种植业园区走上绿色生态循环高效的发展之路。

通过项目助农节本增收，加快科技成果应用

徐凯以实施科技项目为载体，带动农户基地更快地实现优质、安全、生态、高效生产。

通过实施测土配方施肥项目，他组织对全区不同作物的地块取土、化验，通过化验和试验数据，制定适宜房山区不同作物的区域肥料配方，然后委托企业统一生产、统一价格、统一送货。为了更加高效、便捷的将一袋袋专用肥推广到农户手中，他跑遍了全区种植平原乡镇开展调研工作，寻求合作模式，经过几轮与企业的座谈，2009 年建立了以推广为主体、以企业为纽带、以农户为服务对象的科学施肥体系，成功打造京郊首个测土配方专用肥农资配送连锁体系，合作建成配方肥配送总店 1 家、分店 25 家，建立了多元化投资的配方施肥长效机制。近 5 年在房山区累计推广测土配方施肥技术 179.6 万亩*，辐射推广配方肥 8.26 万吨，设计制定适合房山土壤的不同作物专用肥配方 12 个，全区配方肥覆盖率达 86%，总增产 12.13 万吨，共减少不合理施肥（纯量）3 760 吨。为了提高土壤检测水平，他多方面请专家培训检测技术人员，自己带头学习化验室认证的相关知识和要求，他带领化验室团队经常放弃周末和节假日时间，加班加点的努力学习和准备化验室认证的相关工作，通过两年多的努力，2011 年 5 月农科所土壤化验室顺利通过北京市计量认证，成为北京市土肥行业第一家通过计量认证的土壤检测标准化验室，同时被评为农业部的首批测土配方施肥标准化验室。

2009 年以来，徐凯一直担任现代农业产业技术体系北京市果类蔬菜创新团队房山综合试验站站长，负责 5 个农民田间学校工作站的试验示范和技术推广工作，他通过组织观摩培训，把蔬菜生产中的问题汇总上来，集中单位和育种、土肥、栽培、植保、农机、产后加工等岗位专家的力量，有针对性地解决问题并形成集成效应，发挥综合作用，产生更大的合力。

打造农业科普宣传平台，传播农业文化，服务农民、市民

为了拓展农业发展思路，徐凯在服务农民的同时，通过农业科普，探索服务市民，探索生产与生活的相互融合促进。徐凯开拓创新，主持并完成了"一园（食用菌主题园）两馆（土壤展馆和农耕展馆）"建设工作，成功建成北京市首家以农业为主题、集多个农业展馆为一体的科普宣传教育示范基地。近年来，"一园两馆"累计接待各类参观人员 2 万余人，充分发挥了农业的科普教育功能，为各类休闲观光采摘园建设和经营模式提供了参考，并被评为全国科普教育示范基地。

食用菌主题园项目建设中，他组织收集了食用菌母种 35 个种类、225 个品种。成功申请了北京市第一个食用菌菌种生产许可证，通过供应优质菌种，从源头规范房山区食用菌生产，标准化的菌种生产方式和优良品种的推广面积达到年均 800 余万米^2，并实现了食用菌生产菌种质量零事故的目标。

探索多元推广模式，培养乡土专家和新型职业农民

随着农业产业结构调整的不断深入、农业规模化发展的不断推进，徐凯深知基层农技推广单位的技术人员数量少、业务量大，按照常规老办法搞推广、搞培训，很难将最新的农业新品种、新技术和新模式及时、有效地落实推广。他组织农业技术人员把培训融入农业生产的产前、产中、产后全过程，结合农民田间学校、科技入户、创新团队建设，通过集中培训、现场观摩、科普赶集、现场咨询会、建立相关微信群等多种形式，针对农民需求为农户答疑解惑，解决生产中

---

* 亩为非法定计量单位，1 亩＝1/15 公顷。——编者注

的实际问题，并注重示范户、乡土专家、全科农技员的重点培训，培养示范户和乡土专家50余人，每年组织培训农户5 000余人次。

徐凯培养的这些乡土专家和示范户，身居农村、了解农事，在实际的生产实践中，积累了丰富的经验，是农民身边看得见、学得到的致富带头人。他们在群众中的典型示范作用是最现实、最生动和最具有说服力的，他们通过帮扶和辐射带动周边农户进行科学种植，实现科技推广的"核裂变"效应，用以达到"一传十、十传百"共同富裕的目的，对当前实现农村发展、农民增收和建设社会主义新农村都有着重要的现实意义。

徐凯作为农业科技工作者立足本职、情系"三农"，他从一点一滴做起，干一行、爱一行，与农户、基地管理者多沟通，向农业专家多请教，把生产实际与农业科技积极对接。他最爱讲的一句话就是："真正为农民朋友办实事、办好事，事事为农民着想，用科技手段解决农户生产中的问题，是我最高兴的事。"他是这么说的，也是这么做的！

农业好干，干好不易，农民很不易；农业过程很辛苦，农业成果很美丽；农业科技推广人员帮助农民努力少辛苦一分，多美丽一分。

默默耕耘　无私奉献

——记天津市宝坻区畜牧技术推广站何振伯

何振伯，一名在畜牧战线锤炼了20多个春秋的农技推广人员，潜心畜牧业发展，默默耕耘、无私奉献，从当初的一个青涩少年变成了如今的行业专家，为全区畜牧业的发展筑起了一道钢铁长城。他把爱献给了工作，把自己融入了工作，在平凡的工作岗位上做出了不平凡的业绩。先后获得"天津市最美农技员""天津市五一劳动奖章""天津市优秀共产党员""宝坻区科普惠农兴村带头人""宝坻区优秀科普工作者"等荣誉称号，还连续三次被共青团宝坻区委员会评为"十佳青年科技带头人"，成为宝坻区畜牧技术推广的排头兵。

潜心技术推广，带领百姓致富

畜牧技术推广工作，需要常年和禽畜打交道，工作强度大，又脏又累。要想干好这项工作，没有敬业奉献的精神不行。何振伯从踏进养殖这一行业的第一步起，就以满腔的热忱投入到此项工作中，决心在这片土地、这一行业上干一番事业。

如今在宝坻区养殖行业内，广为流传着两句顺口溜，"要想发，养肉鸭""要想挣大钱，加入绿洲源"。这里说的"肉鸭"，是何振伯从北京首农集团金星鸭业引入的北京鸭，从一家一户的单兵作战到现在的22个养殖基地。"绿洲源"，是他在2006年组织成立的宝坻区绿洲源肉鸭养殖产销专业合作社。"绿洲源"与北京全聚德食品有限公司建立了长期订单养殖合作关系，北京奥运会期间"绿洲源"肉鸭成为北京奥运会的特供食品，得到广大运动员和中外游客的一致好评，同时也给养殖户带来了丰厚的利润，为合作社的发展壮大提供了巨大的空间。近些年来，"绿洲源"创造了良好的经济效益和社会效益，成为宝坻区广大农民养殖致富的一大亮点。

每当遇到一些制约产业发展的问题，何振伯总是以丰富的实践经验和理论基础，积极探索创新，寻求解决之道。在技术推广过程中，他体会到现有填鸭工作和技术是制约这一产业发展的瓶颈，因此下定决心改变这一现状。说干就干，一方面搜集各种资料，绘制草图；另一方面顶着酷暑多次跑到机械厂与老技工们一起研究改进填鸭机的轴承和减速机等核心部件，并随时到养殖场进行试验。功夫不负有心人，经过三个多月的反复试验改进，终于做出了一款电动填鸭机。它既节省了人工，减少了饲料的浪费，又减轻了劳动强度，稳定了饲料的投喂量，大大提高了上市肉鸭的成品率，显著提高了养殖户的经济效益。现在，该款填鸭机已在北京、河北等地广泛应用，得到了养殖户的一致好评。

秉承科技理念，推动畜牧发展

在技术推广过程中，何振伯一直秉承着科学技术就是第一生产力的科学理念。多年的基层技术推广工作让他感受到广大养殖场户对新技术、新产品的渴望和期待。几年来肉羊养殖的经济效益较低，而且很多养殖户都处于亏损的状态。他经过多方调研、考证，了解到主要原因是由于品种退化和技术存在短板等。他利用自身的技术开展了肉羊高效改良繁殖技术示范推广，通过引入杜泊、澳洲白等优质种公羊作为父本，与当地品种杂交改良，同时推广了肉羊同期发情技术和肉羊人工授精技术等。经过两年的努力，收到了明显的效果，改良了当地的品种，提高了生产性能，缩短了养殖周期，提高经济效益 109 万元。正是这种执着的精神和无私的付出为宝坻区的养羊业迎来了又一个春天。

作为一名生猪养殖大区的技术推广人员，他以发展生猪养殖为己任，先后推广了能繁母猪快速发情技术、能繁母猪深部输精技术以及仔猪腹泻病的防治技术等，在全区养猪行业推广应用，收到了较好的效果，为养殖户提高经济效益 380 余万元。

此外，他还相继推广了肉鸭标准化养殖技术、疫病综合防控技术、粪污无害化处理技术、奶牛结核病净化集成技术、养殖小区废弃物处理及控源减排技术、小反刍兽疫综合防控技术等三十多项畜牧生产技术。在畜牧技术推广第一线，他不顾劳累，忘我工作，每个养殖场都留下了他的足迹；推广先进技术，带领群众致富，严寒酷暑中都留下了他执着的背影，他的事迹多次在新闻媒体中播出。

心系精准扶贫，真情温暖人心

近年来，从中央到地方都推进扶贫工作，作为一名基层农技推广人员，何振伯更是冲锋在前，主持了"蛋鸡绿色健康养殖关键技术集成与示范项目"，并在全区困难村开展了精准扶贫工作，引入了 6 个新品种，推广了 18 项新技术，极大地提升了养殖户的养殖水平和经济效益。他还重点帮扶了一个困难家庭，这个困难家庭的困难程度是一般人难以想象的。他叫辛玉刚，自身残疾，妻子又是一名聋哑人，两个孩子正在上大学，一家人生活艰辛，仅靠辛玉刚养鸡及打零工维持家庭的开支。尤其是 2017 年蛋鸡市场不景气，让这个家庭更是雪上加霜，失去了生活的保障。何振伯了解了辛玉刚的情况后，为他引进了"京白一号"蛋鸡，并提供了新型高效饲料进行试养，同时还带领帮扶人员经常来辛玉刚家指导生产、管理、防疫等。如今，辛玉刚养的蛋鸡就要产蛋了，他还帮着找销路。当何振伯来到辛玉刚家时，辛玉刚握着他的手激动地说："太感谢你了，真是我的及时雨啊！感谢党的好政策！"像这样的事例还有很多，正如他在日记中写道："每当看到那些养殖户露出灿烂的笑容，便由衷的高兴，更为作为一名基层技术推广人员所体现的价值，感到自豪。"每当他拖着疲惫的身躯走出单位门口时，街上已是万家灯火。正是这种默默无闻、甘于奉献的工作作风和实干精神，为他赢得了良好的口碑。

勤学善思善用，提高专业素养

畜牧技术推广是一项技术性很强的工作，要有所成就必须掌握大量的理论知识和丰富的实践经验。多年来，何振伯虽然每天要走向基层农户，但对于农业科技知识的理论研究也从未中断，始终注重自身素质的培养，随时加强理论知识和新技术的学习，不断充实自己。多次参加全国性的"中国鸭病论坛""中国禽病防控学术交流会""全国兽医大会""全国猪业大会"等。2008 年他作为天津市畜牧系统唯一的基层代表参加了由农业部科技教育司组织的"基层农技推广站长研讨班"。在分组研讨中，他结合实际提出了关于畜牧体系建设与技术推广的诸多可行性建议，为天津市基层畜牧兽医技术推广做出了自己的贡献。

作为宝坻区科普惠农兴村带头人，他利用自身专业知识，结合国内外先进理念编制技术手册，把晦涩难懂的农业科技知识变成一张张农民看得懂的"明白纸"，用通俗的语言介绍养殖技术，以此提高养殖户的生产水平，收到了良好的效果。除此之外，他经常组织畜禽技术推广、畜禽疫病诊断、家畜流行病的防治等集中培训，根据季节的不同，邀请不同领域的专家到养殖场现场指导，为养殖户解决生产中的实际问题。几年来，累计举办了30余期的技术指导培训，辐射带动20 000余人，为推动畜牧业快速发展、促进农民增产增收做出了贡献。

维护社会稳定，赢得良好口碑

"勇于担当，造福一方。"何振伯是这么想的，也是这么做的。在做好农技推广的同时，他更注重全区重大动物疫病防控工作，无论是从人畜共患病如布鲁氏菌病、结核病的防治，还是突发的H7N9、小反刍兽疫的阻击等重大动物疫病的防治，他都身先士卒，日夜坚守在防控最前线。凭着他对工作的执着、对人民生命财产安全的高度负责的精神和全力保障社会稳定的信念，用自己的担当忠诚和为民务实的作风，谱写了一首首疫病防控的青春赞歌。他带领的这支团队先后荣获了"天津市工人先锋号""天津市青年文明号""宝坻区三八红旗集体"等称号。2016年他们被全国畜牧总站评为"全国畜牧技术推广示范站"。

"雄关漫道真如铁，而今迈步从头越"，技术推广，科技创新永远在路上。今后，他会不遗余力地为推动畜牧技术推广事业再谱新篇章，再创新辉煌。

武清农民的好参谋

——记天津市武清区农业机械发展服务中心罗寨玲

"心系农业，身体力行抓示范；情归农机，攻坚克难忙推广；造福百姓，无怨无悔献赤诚。"
她在日记中写道。

她就是罗寨玲，1997年刚刚通过考大学跳出农门的她，又回归了农业，踏入了农业机械
化的大门。这注定又要与土地打交道了，也许是体验农民劳作的辛苦，上班的第一天，她
就在自己的日记本上写下了这样的诗句。她曾获天津市五一劳动奖章、天津市农机化工作先
进个人等称号；她的"武清区保护性耕作技术示范点建设"获市级一等奖，"激光平地节水技
术"获市级二等奖等。20年来，她始终保持着对土地的这份挚爱，在逐梦的路上走得踏实而
坚定，她的科技项目填补了天津市激光平地技术的空白，创造了武清小麦秸秆综合利用的历
史，在推进武清向现代都市型农业发展的进程中做出了贡献，也成了全区农民信任的农业生
产好参谋。

梦想照进现实　强力提升农机化为农服务空间

武清是天津市农业大区，粮食播种面积近120万亩，每年产生的农作物秸秆总量约190万
吨，以往农户大多采用焚烧的方式进行处理，造成了严重的空气污染，危害着人们的身体健康。
面对传统的陋习，罗寨玲紧紧围绕高效、多渠道利用好秸秆资源，先后引进并组织实施了"小麦
秸秆粉碎抛洒机械化技术""旱作农业蓄水保墒机械化技术"等6个部市区级示范推广项目。示
范推广了小麦、玉米免耕覆盖播种、机械化深松、秸秆粉碎机械化还田及秸秆打捆等10余项新
技术，推广新机具3 000余台套。

2013年5月14日，习近平总书记一行来到武清区南蔡村镇丁家瞿村小麦大田调研，现场察
看小麦长势，询问田间管理和预产情况。就在当年风吹麦浪，小麦成熟的时节，一台台小麦秸秆
粉碎还田机开到了村子田间地头，实现了收获小麦的同时将秸秆直接粉碎还田。到了2017年三
夏，武清区已有1 500多台小麦秸秆粉碎还田机、20余台大型秸秆打捆机在广袤的田野上进行作
业。全区45万亩小麦秸秆基本实现全量化利用，秸秆焚烧火点为零，有效遏制了焚烧秸秆的现
象，提高了土壤肥力，改善了空气质量，展现了农机化在降成本增效益、添绿色可持续方面的新
作用。

人生"小目标"　技术攻关促进机械化发展一大步

小康不小康，关键看老乡。农民的一头连接着市场，也关系到他们的致富之路。如何发挥自
身技术特长进行攻关，不断降低农业投入成本，增加农民收入成为罗寨玲工作的小目标。

在与农户打交道的过程中，人们亲切地叫她罗参谋，因为不论提出什么样的问题，她都能给

出科学合理的答案，并且给予农民最实在的帮助。这一点，武清区上马台镇雨成农机合作社社长鲁全刚感触最为深刻。鲁社长先是算了一笔账：他的合作社承包种植了 2 500 亩土地，主要种植小麦与青贮玉米，青贮玉米以前靠人工收获，每亩成本要 300 元；现在用青贮收割机收获，每亩仅用 150 元，仅机械收获一项就节省了 37.5 万元；以前人工收获要用 20 天，现在青贮机收获 5 天就全部完成，大大节省了人力、物力、财力。说到这些，都得益于罗参谋主持引进的全株玉米青饲机械化收获机，这种机械一次性完成收割、切碎、抛撒装车等多项功能，把复杂的收获环节变得简单又快捷。"全株玉米青饲机械化收获技术"还获得区级科技进步奖一等奖；另外，"设施农业生态环境物理控制技术""现代化农业机械在主要农作物生产中的应用""棉田残膜回收机械化技术"等 10 余项技术还分别获得区级科技进步奖二、三等奖。

农机技术必须服从服务于全区发展是罗寨玲始终坚守的工作准则，全株玉米青饲机械化收获机的引入和使用，正是适应武清农业产业结构调整，奶牛业成为全区主导产业，每年对青贮饲料需求量很大的实际做出的决定，这同时也探索出了全株玉米收获的最佳蜡熟期，有效提高了青贮饲料质量，大大减轻了农民的劳动强度。农机户通过青贮机收作业获直接经济效益 815.8 万元，带动种植户增收 6 950 万元。

特派员使命　干农活写教材农机事业谱新篇

已经过了不惑之年的罗寨玲，看起来是一个安静文弱，性子还有些慢的女同志，但是干起工作却有一股拼命三郎的坚韧劲儿。2009 年，她被聘为武清区首批科技特派员，从此，她牢记特派员使命，足迹遍布了全区 29 个镇街的每一个角落，用日积月累的经验把贴心的服务送到了农民朋友的心坎上。

河西务镇是武清区的农业大镇，当年为了让理论与实践有机的结合，武清区农机中心在这里种植了 100 亩试验田，每一项农机新技术的引进都是在这里经历实验、示范、最终成功的艰难过程。当年，实施保护性耕作技术，试验田里的草和秧苗一样高，周边的农民都来看笑话，"区里来的专家这样种地，不是糟蹋土地糟蹋粮食吗？"有越来越多农民来看了试验田又带着失望和质疑走了。当时，罗寨玲的内心也充满了挣扎和纠结。一天 24 小时，她有 20 小时不是查看相关资料，找农民讨经验，就是在奔往看小麦玉米长势的路上。功夫不负有心人，她的保护性耕作技术试验成功了，保护性耕作病虫草害增多、出苗不齐等 50 多个技术问题都被她解决了。那一刻，捧着大把的麦粒，眼泪夺眶而出，看着饱满的果实，所有的辛劳和汗水都是值得的。

实干是一方面，如何把自己学到的知识和技术形成文字，给农民以更多借鉴，成为了罗寨玲思考的新问题。

在她的倡导下，农民家门口建立起了多个农机化示范区，她编写了《武清区秸秆粉碎还田技术规范》及多本武清区保护性耕作、农机专业合作社培训教材，作为武清区地方标准指导实施，逐渐转变了农民传统的种植耕作习惯，带来了实实在在的效果，深受农民朋友的欢迎，她成了农民眼中干得了农活，拿得起笔杆子的女参谋、女专家。

好技术、好经验还要有好的宣传和推广，才能实现遍地开花，更多的惠及农民。她与镇、街、村沟通协商，适时组织不同规模、不同类型的现场会、地头讲座等 500 余次，培训农民超过5 000 余人次，进一步加快了农民应用先进农机技术增收致富的步伐；每一个黄昏和晨曦中，她都利用自己的休息时间，深入田间地头、农户家中，通过走访、座谈等多种方式，了解农民群众对农机化的所需、所想、所求。针对实际需求，撰写了《武清区奶牛业生产机械化装备需求调研》《设施农业生态环境物理控制技术应用现状及存在的问题》等 10 余篇技术论文，并在全国省部级以上杂志刊登，较好发挥了科技人员的桥梁和纽带作用。

2013 年，习近平总书记在视察武清区南蔡村镇丁家甿村小麦大田时强调，一个国家只有立足粮食基本自给，才能掌握粮食安全主动权，进而才能掌握经济社会发展这个大局。他希望天津加快发展现代都市型农业，努力提高粮食自给能力，为确保国家粮食安全多作贡献。罗寨玲说："总书记的谆谆嘱托，对于武清农业战线上的人来说都是一种力量一种激励。作为一名基层的农机工作者，就应当把农业新技术、新机具利用好推广好，让我们的农民从中得到实惠。"

2017 年，罗寨玲成功当选天津市第十一届党代会代表，她说这既是一份荣耀，更是一份责任，要在武清乃至天津现代都市型农业发展进程中继续贡献智慧和汗水，谱写农机事业美好的明天。

对农业、农村、农民的这一份赤诚，已经深深融进她的血液。

把农民当"亲兄弟"的基层农技员

——记河北省望都县农业技术推广中心王建威

2017 年，王建威 48 岁，在望都县农业第一线辛勤工作了 26 年时光，他把农民当"亲兄弟"，累计为农民朋友"传经送宝"2 万余次，培训农民 6 万人次；为全县引进推广蔬菜新品种 56 个，选育辣椒新品种 3 个；与河北农业大学等院校合作，促进粮食蔬菜科技成果转化 13 项，增加社会经济效益 28 亿多元。

提到王建威，农民朋友们都会竖起大拇指，由衷地说："这可是我们农民最欢迎的技术员啊！"在为农民服务的路上，他以写在"菜篮子""粮袋子"里的"论文"，得到了广大农民的认可。

"喂，王老师，我是红果实蔬菜专业合作社的徐文龙，多亏了你的技术指导，我今年种的菜才能长得这么好，啥时候过来尝尝鲜儿？"

"喂，王老师，我是辛街村的麻永贞，我这儿西红柿的死苗病好了，真是多亏了你呀……"

在王建威的办公室，办公桌摆放着满满蔬菜、辣椒等科学种植管理材料，此起彼伏的电话声，更是让这个小屋充满了蓬勃与充实。

王建威是望都县一名农业技术推广员。他曾作为"全国粮食生产突出贡献农业科技人员"登上人民大会堂的领奖台，被农民朋友称为"亲兄弟"；他曾在时任国务院副总理回良玉到望都县视察时，亲自在田间为回副总理详细汇报了小麦生产情况；26 年来，他奔波于田间地头，踏遍了每个村庄。

王建威先后获得河北省科技好青年、河北省农村科普带头人、保定市"十佳"优秀科普工作者、学术和技术带头人、保定市首届市管优秀专家等称号，并被评为保定市第四届道德模范。

然而，对于自己，他只是说："我就是县农业局一个普普通通的基层科技人员。"

作为一名农业技术人员，为帮助农民增收致富，王建威同志长期在农业第一线默默耕耘，无私奉献，手把手为农民传授技术知识，解决各种生产难题。"在他的手机中，存着上千名农民朋友的电话，覆盖了全县每个行政村。"同事刘胜海介绍，他的手机 24 小时开机，即便到外地出差时也从没有因吝惜话费漏接农民电话，每天接的电话平均少说也得有 40 个。

为了普及科学的种植技术，每年在粮食、蔬菜播种前和作物生长的关键时期，王建威通过举办培训班及利用节假日，把先进的农业技术传授给农民，提高农作物产量，增加农民收入。仅 2016 年春天开办技术讲座 14 场，现场指导 600 多人次，电话、微信咨询 200 多人次。

为帮助菜农增收，王建威通过查资料，搞试验，请教院校专家，最终让"辣都红系列""虹丽系列"等辣椒品种，"百利""百瑞""凯利""凯撒"等系列硬果番茄品种，"早大白""荷薯十五""津引 8 号"等马铃薯品种，"优秀""耐寒优秀"西兰花品种在全县"开花""结果"。统计数据显示，近年来，在王建威指导下，望都及周边市、县推广"泡椒"种植已达 70 多万亩，帮助农民增收 7 亿多元；推广种植硬果番茄面积 30 万余亩，农民增收 10 亿多元。

辛街村种植户李飞种植两个西红柿温棚，由于技术管理不当造成西红柿死苗，这可愁坏了他。王建威了解后及时制定了"治疗方案",并免费送去对症下药的农药。一周之后,病情便得到了有效控制,李飞乐开了花。

在京津冀协同发展战略下,王建威作为当地农业技术推广员,他根据农民种植作物种类建立了13个微信群,通过"传、帮、带",手把手带出一批代表乡村技术的示范人员,打造出一支永远留在农村的科技推广队伍。该县龙庄村蔬菜种植户牟均洗、刘胜利、牟建设被评为河北省省核心种植能手;他所包的科技示范户在全国农业科技网络书屋知识竞赛中荣获二等奖。

"干工作上心,主要还是自身本事过硬。王建威是全县种植方面的专家。粮食、蔬菜产业的转型升级,跟他有直接的关系。"该县农业局局长田涛介绍当地农业供给侧改革时说,望都农业的跨越发展离不开王建威同志。截至2017年,该县已打造出省级现代农业园区1个,市级现代农业园区3家,县级现代农业园区9家。

春夏秋冬,王建威总是奔波于田间地头上,穿梭于蔬菜瓜果间,用自己掌握的农业科技知识,圆着农民兄弟的绿色致富梦。

扎根基层　服务农业

——记河北省张家口市万全区农业技术推广服务中心杨建宏

51岁的杨建宏，黑黑的脸庞，瘦而干练的身材，比同龄人略显苍老了一些。在这近三十年里，她一直在基层农业推广部门工作，多年来，虚心向老同志学习，通过理论与实践相结合，使自己的业务水平、工作能力及自身素质均有很大提高。尤其晋升农艺师以来，根据上级主管部门的部署，结合万全区的实际情况，作了多项科研推广课题，成绩突出，多次受到农业部及省、市、县等有关部门的表彰。

心系家乡　扎根农业

她1989年7月毕业于张家口农业专科学校农学专业，回到了家乡，来到了张家口市万全区农业技术推广服务中心，个子不高，瘦瘦的身材，但她有着对农业的满腔热情，每天下乡到田间地头观察、积累、探索。当时玉米是本地主栽作物，但产量较低，1990年，农业推广"春玉米地膜覆盖栽培技术"，地膜覆盖可以保肥保水，提早播种，提早成熟，尤其玉米制种可以提高商品质量。当时农民对此技术不认同，春节刚过，她冒着严寒，骑着自行车，进村入户进行技术培训，由于当时路不好走，再加上她刚刚学会自行车，所以经常是步行一半骑车一半。白天农民顾不上听课，她就利用晚上的时间培训。在播种季节，更是现场操作，把技术落到实处，当年全区播种五千亩，增产10%。随着她的不懈努力，到1997年全区"春玉米地膜覆盖栽培"达十万亩，增产幅度10%～20%，荣获1997年度河北省农业厅丰收奖一等奖；1998年，荣获1998年度农业部农牧渔业丰收奖一等奖。

把好种子质量　保障种子事业健康发展

20世纪90年代初期，万全区种子产业迅猛发展，逐渐成为全区农业的主要产业，更是农民致富的重要途径。1995年春，她抛下不到两岁的女儿，来到种子生产新基地安家堡乡新羊屯村，担任基地负责人。从技术指导到基地管理，每个环节她都认真负责，经常一两个月才回家一次，女儿都快不认识她了。经过一年的努力，当年新羊屯村1 000亩玉米制种田生产合格种子37.5万千克，纯增效益75万元。

杨建宏，一名普通技术人员一干就是11年，由于她对工作的一丝不苟及技术的积累与创新，1999年底被任命为张家口市万全区农业技术中心副主任，兼植物保护站站长。这一干又是17年。她始终如一，在这近三十年的农技推广工作中，她虽然没有做出惊天动地的大事，但始终坚持在农业第一线，常年工作在田间地头，走遍了万全区的每一寸土地，每年下乡不少于200天，深受广大农民朋友的欢迎，为万全区的农业做出了重大贡献。

做好植物保护工作　保障农业生产安全

从 2000 年开始她一直主持全区植物保护工作，当时万全区植物保护站是省级区域站，但河北省植物保护站正准备取缔该区域站资格，并已亮出黄牌警告，在这种情况下，她没有泄气，而是以一种认真仔细的态度，完成了当年监测任务，得到了省市植物保护站的好评。当年向社会发布病虫害情报 24 期，向省、市植物保护站汇报 60 期次，预测预报准确率达 90％以上，指导防治及时到位，挽回经济损失 220 万元。2013 年，张家口市万全区植物保护站被提升为是部级区域站，多年来，从未发生过误报、漏报、错报现象。曾多次被农业部、河北省植物保护站、张家口市农业局评为先进集体与先进个人。2007 年 7 月，由她执笔主编的《河北省万全县有害生物预警与控制站的建设项目可行性研究报告》被农业部批准实施。

积极与科研院校合作　服务于本地农业

农区鼠害是万全区发生的一种重要有害生物，它不仅严重危害着农业生产，还威胁着人民的身体健康及生命安全。因此，搞好鼠害防治事关农业增产、农民增收和预防鼠传疾病的发生，具有重要意义。近年来，万全区农村鼠害呈重发生态势，农田鼠害面积不断扩大，危害逐年加重，农作物产量损失较大。为了准确地研究害鼠的更多习性，服务于万全区及周边地区乃至北方地区，她积极与中国农业大学、全国农业技术推广服务中心联系，共同协作，于 2005 年在万全区建设了"农业部农区鼠害观测试验场"；并与中国农业大学的教授，害鼠研究专家—施大钊协作已完成了一些项课题的研究。如对布氏田鼠防治经济阈值的研究、长爪沙鼠对农区（特别是对小麦）危害防治经济阈值的研究、不育剂投入后对害鼠社群变动的影响等。

2004 年开始，她负责承担了"农业部农区鼠害监测"及万全区农区鼠害统一防治工作。经过几年的观测、调查、捕获等方法的监测，了解到本区域害鼠的发生种类、优势种、鼠密度、危害情况、危害损失率等。每年组织统一防治 1～2 次，面积累计达 10 万亩，实现效益 2 000 余万元。为了更好地做好万全区的鼠害防治工作，她参加了河北省植物保护站承担的"综合灭鼠技术的应用与推广"项目，项目实施时间 2004—2008 年，2007 年获河北省农业厅丰收奖二等奖。

近年来，她曾多次与张家口农业科学院、河北省北方学院协作，做了黍子、小麦等品种的选育，病虫害的识别及发生规律等。

"核质杂种小麦系列新品种选育及应用"荣获张家口市人民政府 2011 年张家口市科学技术奖一等奖。"高产高蛋白黍子新品种冀张黍 1 号选育及应用"和"高产、抗旱、优质黍子新品种冀张黍 2 号选育及应用"均荣获张家口市人民政府 2012 年科学技术奖一等奖。

做好研究与推广　服务于产业结构调整

她针对本区域自然气候特点、草场退化及快速发展畜牧业的要求，为解决畜牧业在实行圈养后对饲草的大量需求，为大面积提高青贮玉米产量与品质，特开展"冀西北青贮玉米新品种筛选与保护性栽培技术研究及推广"。项目从 2008 年开始试验研究，2009 年到 2013 年 5 年来，累计推广面积 285.8 万亩，亩增秸秆干物质产量 163.4 千克，亩增纯收益 175.8 元，增产幅度达到 24.5％，新增经济效益 31 653.49 万元。有效地保护了生态环境，对于改变传统种植方式，实现农牧业协调发展有着重要意义。2014 年，该项目荣获河北省农业技术推广奖二等奖。

推广绿色防控集成技术　帮助现代农业园区走出瓶颈

万全区北沙城乡位于洋河北岸，土壤肥沃、气候宜人、生态环境优越，该地韭菜种植历史悠久，质量上乘，现已发展以韭菜拱棚为主的连片设施棚室 4 556 个、4 104 亩，实现了韭菜春夏秋冬四季周年生产，产品远销京、津、晋、蒙等地，是张家口市重要的韭菜种植基地之一。

近年来，常因农药残留问题导致卖菜难，或高产量卖不上好价钱。产品停留在低档次，收入欠佳；合作社运作陷入窘境。为此，她经常向农业科学院、河北农业大学、北方学院的教授请教学习，提出了一些绿色防控技术，如沼液滴灌循环系统；臭氧水浇灌杀灭韭蛆、色板诱杀与全网覆盖等技术。但她总觉得不够完善，一直在寻找、摸索。在 2017 年 3 月参加了"作物根蛆防治技术研究与示范"专家研讨会，她的思路清晰了，信心更足了。她引进推广了专家团队的成熟技术，在本区域做了"韭菜绿色防控集成技术"的示范与推广。这些技术操作简单、效果明显，为有机韭菜的生产打下了良好的基础。

2017 年 7 月 10 日，张家口市植物保护站组织全市农牧局的主管领导及植物保护站技术人员来观摩了万全区"韭菜绿色防控集成技术"的示范区，并给予了很高的评价。

这就是杨建宏，一个三十年如一日，为张家口市万全区农业技术付出所有的技术人员，她虽然没有什么惊天动地的大事，也没有什么丰功伟绩，但她爱她的职业，爱她走过的每一寸土地，她深受广大农民朋友的欢迎。

扎根基层，做飞翔在农业生产一线的蜜蜂

——记河北省承德县头沟镇农业技术推广综合区域站梁久杰

梁久杰同志现为承德县头沟镇农业技术推广综合区域站站长，高级农艺师。自1990年12月参加工作以来，一直在农业生产一线从事农业技术推广工作，在工作中不断加强自身素质的提高，2003年6月取得河北农业大学高效农业专业专科学历，2006年6月取得河北农业大学农业推广专业本科学历。

深入基层　服务"三农"

梁久杰同志热爱农业工作，有较高的职业道德和业务素质，农业技术水平和方法深受农民欢迎，是承德县农业技术推广战线遵纪守法、热情服务的岗位标兵。参加工作二十几年，足迹遍布全县二十余个乡镇三百余个行政村，围绕蔬菜、粮食、经济作物高产栽培扎实开展技术服务。在农技推广方式和服务机制上采取多项创新，建立为农服务岗位责任和包村联户制度，建立农技人员到农户的农技推广服务网络。通过电视专栏、农业科技网络书屋、手机短信群发、"三农"之窗等现代通信手段，全面实施科技入户，加快了农业实用技术的推广速度，促进了农业信息向基层的传播，解决了农技推广"最后一千米"和科技成果转化"最后一道坎"的难题。

科技培训为手段　推广新品种新技术

参加工作二十九年，他一直坚持严谨的科学态度，认真开展新品种、新技术试验示范推广工作，先后与中国农业大学、河北农业大学、荷兰瑞克斯旺、瑞士先正达、河北省农业科学院、承德市农业科学研究所、承德裕丰玉米研究所等科研院所合作，在石灰窑、头沟、岗子、两家等乡镇建设试验示范基地1 000余亩，为承德县引进推广了承玉358、承玉33、华农866等优质高产玉米新品种10余个，杂交谷子新品种张杂谷3号、张杂谷5号，水稻新品种富源四、松辽2号、吉粳66，番茄新品种格雷、欧盾、贵妃863，彩椒方舟、黄贵人，尖椒迅驰，黄瓜津优38、津优518、中荷4号。引进试验新技术四十余项，成功推广了越夏大棚"两网一膜""一池三液"技术和"三牌两卡一证""五统一一杜绝"标准化管理模式，推广了日光温室秸秆生物反应堆技术、水肥一体化技术、蔬菜集约化育苗技术、测土配方施肥技术、赤眼蜂防治玉米螟技术、水稻覆膜节水直播技术、"大棚生菜-硬果番茄-西芹一年三茬高效栽培技术""日光温室辣椒周年一大茬大垄单行双干栽培技术""日光温室越夏大姜高产栽培技术"，有力地促进了全县新品种、新技术的推广应用，增收效果明显。他充分利用所学的知识和平时积累的生产实践经验，编写技术材料、制定技术规程、制作多媒体课件，开展农民技术培训，讲课理论联系实际，运用多媒体等现代化方法，图文并茂，深受农民的欢迎。近几年共举办各种形式的培训班300余个，发放各种书籍、技术材料、明白纸等30 000余份，培

训过农民 14 000 余人次，培育技术骨干 600 余人。

科技项目为抓手　发展粮食蔬菜产业

梁久杰同志先后实施了基层体系改革与建设补助项目、阳光工程培训项目、国家级粮棉油高产创建项目、中央旱作农业科技推广补贴项目、农业部蔬菜标准园创建项目、农业部苹果标准园创建项目、巩固退耕还林成果后续产业项目、测土配方施肥补贴资金项目、苹果套袋关键技术示范推广项目、山区设施农业高效生产技术集成等项目，落实国家惠农政策，促进农民增产增收。2011—2012 年在岗子、两家、头沟等乡镇建设玉米万亩高产创建示范方，示范面积 6.5 万亩，通过新品种新技术的综合配套应用，实现亩产 800 千克的高产创建目标，项目区平均亩产达到 817.4 千克，较项目实施前亩增产 137.4 千克，整个项目区增产玉米 8 930 吨，农民增加纯收入 1 800余万元。通过玉米高产创建项目的实施，发挥了较好的示范带动作用，带动玉米新品种、种植新技术的快速推广，进一步稳定了粮食产量，确保了粮食安全。蔬菜产业是承德县三大主导产业之一，自 2006 年以来，他积极参与蔬菜产业发展和技术指导工作，完成《山地番茄生产》《无公害叶菜循环生产标准化节水栽培》《越夏保护地硬果番茄彩椒标准化栽培》《芦笋标准化栽培》等技术规程的编写。至 2016 年末，全县蔬菜播种面积达到 18.5 万亩，蔬菜总产量 68 万吨。

培养合作组织和大户　发展标准化生产基地

协助承德县"北强""双承""杨林""供港蔬菜""金桑田"等 5 家合作组织进行无公害蔬菜基地和有机蔬菜基地认证，认定无公害蔬菜 35 个品种和有机蔬菜 6 个品种。培育各种专业合作组织、家庭农场、企业园区 50 余家，指导承德县供港蔬菜产业有限责任公司发展 1 200 亩蔬菜基地，被承德市科学技术协会命名为"承德市优秀农村科普示范基地""市级龙头企业"；指导承德双承生物科技有限公司发展黑木耳生产基地 1 800 亩，带动 1 640 户建档立卡户脱贫，公司年营业收入 2.5 亿元，实现利税 5 000 余万元，公司被承德市农工委授予"承德市农业产业化重点龙头企业"、河北省扶贫龙头企业、河北省十佳食用菌知名品牌、河北省农业产业化重点龙头企业、承德市"科技型中小企业"，2016 年通过新三板上市。把承德县头沟镇平房村王振东同志由一名"屠夫"改造成优秀的蔬菜种植"土专家"，成为远近闻名的蔬菜种植能手，2015 年 30 亩越夏硬粉番茄净赚 40 万元。

忘记荣誉　扎根基层

近几年，他先后获得河北省农业厅丰收奖一等奖一项，全省农业技术推广先进工作者荣誉称号两次，全市农业技术推广先进个人称号一次，全市无公害农产品认证先进个人称号一次，四年荣立承德县政府个人三等功，三次考核为优秀、多次获全县农牧系统先进个人称号。带领全站人员团结合作，被承德县政府评为先进集体，三次荣获农牧系统先进单位，多次获支持辖区乡镇经济发展先进单位。面对荣誉，他不骄不躁，依然扎实奋斗在农业技术推广一线。

在基层农技推广的岗位上奉献青春

——记山西省朔州市朔城区农业技术推广中心李淑兰

提起朔城区农业技术推广中心主任李淑兰，不管是单位的同事，还是十里八村的庄户人都会对她竖起敬佩的大拇指。作为朔城区农技推广第一专家，李淑兰常年奔波在乡镇农村、田间地头推广新品种新技术，及时帮助农民解决生产中遇到的各种问题，在她的时间表中没有周末、节假日，始终忘我地奋战在基层农技推广工作第一线。多年来，她心系农村、心系农民，勤勤恳恳，任劳任怨，为朔城区粮食产量"十三连增"做出了巨大的贡献，事业上取得了骄人的业绩。

努力学习，做农技推广的带头人

李淑兰同志 1987 年 7 月毕业于山西农业大学植物保护专业，2014 年晋升为农业技术推广研究员，2006 年被任命为朔城区农技推广中心主任。从事基层农技推广工作近 30 年来，她始终把学习放在第一位，不仅自己带头学，而且要求单位的同志学，每当别人见她坐在各种农技培训班的教室认真听课的时候就会说："李主任，您已经是咱们朔城区的农业专家了，还需要听什么课呀？"她都会笑着说："咱搞农业的，各种知识和信息不断更新，得不断地学习啊，这是一辈子的事。"在她的传、帮、带下，县乡村基层农技人员的专业水平大大提高。

工作 30 年来，为了更好地服务于农村，服务于农民，她一直坚持学习新知识，及时掌握农业新技术，积极参加农业部、省农业厅、山西农业大学等部门举办的各种农技人员知识更新培训班，不断更新自己的知识结构。她常对同事们说："干咱这行，就得不断学习，各地土壤、气候、自然条件都不一样，千万不能死搬硬套书上的，得不断地去实践，常去村里走走看看，多和庄户人聊聊谈谈。"她正是以这样一种工作态度，才极大地提高了自身的业务素质和为农民服务的能力，从一名普通的农技推广人员成长为朔城区农业战线的知名专家。

无私奉献，做农民朋友的贴心人

李淑兰几十年如一日，始终奋战在基层农技推广工作第一线，足迹遍布朔城区 15 个乡镇办事处的 200 多个行政村，每年深入乡村对农民进行科技培训 3 000 多人次，到田间地头手把手进行技术指导 100 多次，在全区建立了玉米、马铃薯、蔬菜三大主导产业十大试验示范基地，近几年共引进推广新品种 80 多个、新技术 60 余项。

朔城区总播种面积 90 万亩，其中玉米种植面积一直在 60 万亩左右，十年前全区玉米的平均产量一直在 350 千克，农民种田积极性不高，为了改变这种状况，李淑兰带领农技人员想办法、找对策，根据当地情况总结出 15 项玉米综合高产栽培技术，并结合多年的实践经验编写培训教材、制作多媒体课件，利用冬春农闲时节深入全区所有乡村对农民进行技术培训。

过去几十年，地膜覆盖技术因其抗旱保温性好的优点深受老百姓的欢迎，但近年来，膜上种植造成玉米出苗不整齐、播种速度慢、易早衰，尤其是人工放苗用工量大、地膜不易回收而造成白色污染等问题越来越突出。为此，从2016年开始，李淑兰利用各种渠道，大力宣传和推广玉米膜侧播种技术，膜侧播种较膜上播种出苗全且整齐、不用人工放苗、起膜回收容易、播种速度快、用膜量少和防止早衰等优点，将大面积推广和造福百姓。

前几年，针对朔城区玉米大面积缺苗断垄，并且分蘖增多，李淑兰专门深入田间地头为农民讲解造成缺苗断垄的原因及应对措施，对于分蘖要不要人工去除，通过对农民图文并茂的讲解，使农民放心地不用人工去分蘖，同时针对农民普遍存在的用肥误区、玉米苗期冻害问题、玉米倒伏问题、病虫害综合防治等方面问题，她都及时帮助农民解决。通过她及同事们的不懈努力，朔城区已大力推广了深耕及深松技术、"一增四改"技术、测土配方施肥技术、田间水肥管理技术、病虫害综合防治技术、适当晚收技术等十几项玉米高产综合栽培技术。通过这些高产栽培技术的全面运用，朔城区玉米平均亩产增加了150多千克，老百姓靠种玉米致了富，科学种田的积极性空前高涨。

2016年以来，由于玉米库存过大而造成玉米价格大幅下降，国家提倡供给侧结构性改革，老百姓一时不知种啥好，感到很迷茫，李淑兰意识到新形势下，应该尽快带领大家调结构、搞转型。为此，她到处收集信息、请教专家、深入各地调研，根据朔城区各地不同的资源环境和地理优势，指导农民增加饲草作物种植面积，同时在全区大面积引进种植效益好的中草药、花生、藜麦、小杂粮等，大力发展现代农业和订单农业，使朔城区的种植业结构发生了明显变化，经济效益和社会效益显著提高，老百姓高兴地逢人便说："有李主任为我们操心，咱心里就踏实了。"

创新机制，农技推广工作上台阶

前几年，李淑兰率先创新推广机制，利用网络铺就了农技推广的"高速路"，朔城区开设了拥有4 000多户科技示范户的12316短信平台，及时快捷地为农民提供应季信息；她发动县乡村农技人员每人承包一个村，手把手教会农民使用网络书屋，使他们不仅学到了新知识，还有全国的专家随时为他们答疑解难；同时，采取走出去引进来的办法，加快农技推广速度，朔城区农技推广中心和省内各大科研院所建立了合作关系，李淑兰经常邀请专家们来当地为农民培训指导，并组织示范户出去现场实地观摩，亲身感受新技术的运用。通过一系列的推广手段，朔城区农技推广工作在全省处于领先地位。

如今，朔城区的老百姓一说起农技推广中心的李淑兰，就会竖起大拇指："李主任可是咱庄户人的贴心人啊！"

李淑兰经常对同事说："虽然我们基层农技人员的工作任务是最重的，工作条件是最差的，但却是老百姓最需要的，所以一定要用心为农民做好服务，我们要对得起这份工作！"，她自己更是以身作则，全身心投入到本职工作中，把群众的认可和信任当做最好的奖赏。

勤奋工作，事业上取得骄人成绩

几年来，李淑兰和她的同事们在全区大力推广新品种、新技术，使朔城区农民学科技用科技的能力大大提高，粮食产量和农民收入逐年增加。辛勤的工作换来了丰硕的成果，2004—2016年朔城区连续十三年被农业部和省委、省政府评为"粮食生产先进县"，2011年被国务院评为"粮食生产大县"，这其中就有李淑兰和全区农技人员的辛勤付出。

在平凡的岗位上李淑兰同志默默践行着一名基层农技推广人员对农民群众的神圣承诺。有耕耘就有收获，有奉献就有硕果，在她的背后留下了一串串闪光的足迹：她是山西省农技推广集成技术专家库首批专家，人社部职业技能鉴定高级考评员；是入选农业部"万名农技推广骨干人才培养计划"人员；是朔城区"首届拔尖人才""种植业首席专家"；也是朔城区第六届人大代表、第七届人大常委会委员。

她先后主编了中国农业出版社出版的《朔城区耕地地力评价和利用》《现代农业基础理论》《农业实用技术》等书，每年撰写论文发表在各大刊物上，每年为农民编印和发放大量培训资料技术明白纸。

她2016年获中华全国总工会"全国五一劳动奖章"；2015年被中华全国总工会授予"全国五一巾帼标兵"；2014年被山西省委、省政府授予"山西省劳动模范"；2013年和2010年被山西省农业技术推广总站评为"农业技术推广先进工作者"；2012年被农业部评为"突出贡献农业科技人员"。2014年获山西省科技厅"山西省农村技术承包奖"一等奖；2010年获农业部"全国农牧渔业丰收奖"三等奖；2009年获山西省科技厅"山西省农村技术承包奖"三等奖……种种的荣誉、各式的证书、不同的奖牌都曾在她的手中举过，每当面对荣誉的时刻，她总是显得很淡然，"荣誉只代表过去，只有让田地绿了，农民富了，我的工作才真正做好了。"，朴实无华的话语中透露出来的是她谦虚为人、踏实做事的真性情。

回首过去，李淑兰同志用心血和汗水在事业上取得了骄人的成绩，赢得了广大农民群众的信赖，获得了社会的认可。在成绩和荣誉的背后，是她对农技推广工作的艰辛付出，是服务群众的赤诚追求，她用忠诚和奉献唱响了一名基层农技推广工作者的时代赞歌。

泥土写就别样美

——记山西省临猗县临晋镇农业技术推广站武拴虎

在山西省临猗县临晋镇广袤的田野间，人们经常可以看到一位这样的农技人员，无论是赤日炎炎的夏天，还是寒风刺骨的冬天，经常在麦田里、蔬菜地、果园与农民促膝交谈，宣传指导农作物生产技术；农民朋友在生产上一旦遇到不能解决的问题，总是想到他，并打电话与他联系，只要接到电话，他总是急急忙忙地赶到现场，诊脉开方，从不叫声苦。他先后获得山西省农技推广先进个人、运城市农业技术推广标兵、山西省农技推广优秀专家等荣誉称号。

他，就是被农民朋友称为"离不开的老武"的临晋镇农业技术推广站站长武拴虎。

美在信仰：他对这片土地有着执着的热爱

1989年，他被县农业局聘任为农业技术推广站技术员，从此以后，他就和脚下的这片黄土地结下了不解之缘。在近30年的坚持中，他把满腔的工作热情和执着都奉献给了脚下的这片黄土地。

一心扑在农技推广事业中的武拴虎爱思索、善钻研，在实践中他发现临晋镇当地农民种地遵循传统，对作物管理新的技术方案总结少，没有适合临晋镇特色的作物管理方案，因而导致当地农业效益没有最大化发挥。为改变这种状况，他决定总结制定出一系列适合临晋镇当地特色的作物优质高产模式化栽培技术管理方案。

工作中，他始终坚持"先试验、后示范、再推广"的工作经验，始终引导广大农民掌握农业的最关键的技术"时间"。如整地施肥时间、播种时间、浇水时间、病虫害防治等最佳时间；始终引导广大农民针对各种农作物管理的一切工作都是为"营养"二字来服务，如怎样补充营养、怎样平衡营养、怎样利用营养、怎样节约营养、怎样培养壮苗等。经过多次观察实验和对全年降雨量、天气情况等物候条件的分析，他制定出了适合临晋镇地域特色的小麦、玉米、棉花优质高产模式化栽培技术管理方案，并及时推广给各村农民技术骨干，再由他们传递给广大农民群众。

1990—2000年，他累计推广棉花地膜覆盖、叶龄化控技术面积12万亩，推广小麦半精量播种、氮肥后移技术面积18万亩，玉米前期控水、隔行抽雄、加强中后期水肥管理防倒伏技术面积15万亩，共增产粮食33万吨，农民增加收入3 200万元，累计推广测土配方施肥面积12万亩，控制化肥零增长；推广绿色防控有害生物综合防治技术面积15万亩。

"为什么我的眼里长含泪水，因为我对这片土地爱的深沉。"武拴虎，这个生于斯、长于斯的庄稼汉，正是对脚下的这片黄土地有着执着的爱，才使他勤勉敬业、忠于职守。如今他在乡镇农技推广站从事农技推广工作已超过28年，不停地为广大农民朋友提供"产前、产中、产后"全程指导服务，默默奉献着青春和汗水。

美在信念：他要让贫瘠的土地生机盎然

从 2000 年至今，临晋镇在稳定粮食生产的前提下，大力调整产业结构。广大农民改变单一的种植方式，由以前的粮棉种植向经济林栽植转变，大面积栽植苹果、冬枣、鲜桃、石榴、樱桃、梨等各种经济林。但广大农民对各种果树管理经验严重不足，致使效益不高，农民增收缓慢。

如何解决这一难题，武拴虎看在眼里、急在心里，他决心通过技术创新，为群众寻找一条发展现代果业的有效途径。他自筹资金，多次到北京、山东、辽宁、陕西等地学习果树先进管理技术和先进经验。在逐年的观察总结中，他发现"树密、枝密、叶密"的"三密"造成果园郁闭现象严重，其直接后果是果园通风透光条件差、坐果率降低、果实着色差，产量降低、品质下降。同时，郁闭的果园加重了病虫害的发生，导致树体衰弱，给果园施肥、打药、套袋及采摘等管理工作操作带来诸多不便，增加了生产成本，降低了果园效益。面对这一难题，部分技术意识强的果农先后尝试了改树型、强拉枝、落头提干、"开天窗"等办法，但这些"头痛医头，脚痛医脚"的做法虽然解决了一时，却解决不了根本问题。临晋的果业如何发展，向哪个方向走，果农是毁园改行，还是低层维持？此时，武拴虎从实践上提出了"间伐减密"这一技术命题，并为果树间伐开出首张处方，建议果农通过间伐的办法，降低果园密度，将每亩苹果的株数降低到 30 株左右，每棵苹果树上保留的主枝 5～6 枝，如此能大大提升果树的通风条件和采光能力，优化苹果的生长空间，提高果品质量。

辛勤的付出，让脚下的这片贫瘠的土地焕发出盎然生机，广大果农在技术创新中尝到了甜头。几年来，武拴虎累计推广密闭果园改造、果树间伐技术、苹果膜袋加纸袋双套袋技术面积 5 万亩，使农民增收 3 600 万元，累计共使农民增收 6 800 万元。他每年接受农民面对面技术咨询都在 1 800 人次以上，受到当地农民群众的高度信任和好评。

美在信心：他坚信现代农业的美好前景

近年来，随着信息化的快速发展，农民朋友对农技推广方式也有了新的要求，由以前那种面对面单一方式推广向信息化、科学化等多种方向推广转变。武拴虎也顺应潮流，从现代农业技术培训切入，不断引领群众走高效的现代农业发展之路。

他围绕全镇特色产业"临晋江石榴""苹果""鲜桃""冬枣""粮食作物""养殖"六大主导产业，制定出"优质、稳产、高效"综合管理技术指导方案，利用电话、农技宝、微信、手机短信等现代科技网络化服务交流平台，直接和农民视频技术交流，解决广大农民生产中遇到的问题。他还通过这些现代化推广方式，宣传国家强农惠农政策、扶贫政策、农业法规，发布农产品供求信息、新品种、新技术介绍应用，预测预报当地病虫害发生趋势，指导农民群众进行绿色防控、统防统治，减少农药使用量，实现绿色生产。同时，指导广大农民"科学浇水、节水灌溉、节约水资源、降本提质、精细化管理"，推进农业供给侧结构性改革，增加农民收入。

在农技推广信息化服务方面，他倡导建立了微信交流平台，约定时间进行农业技术讲座。群里成员也可发布一些管理经验、病虫害图片，提出问题，共同交流学习，取长补短，收到事半功倍的效果，提高了基层农技推广工作服务效率，解决了"最后一千米"问题。

在农业技术推广过程中，针对农民朋友在病虫防治上存在的盲目用药、防效不高等问题，他摸索建立了"农资企业＋农业技术指导员＋农户"的技术推广模式。针对田间病虫发生趋势，他开出具体的防治方案，帮助农民选用对路的农药产品，做到"既开方、又抓药"，实行技物结合，显著降低了生产成本，提高了农民的经济效益。2016年，在该技术推广模式下，苹果、鲜桃、冬枣亩收入都超过万元以上，临晋江石榴亩收入达到1.5万～2万元，亩平均增加收入2 000～3 000元。

为伊消得人憔悴，衣带渐宽终无悔。爱这行、痴这行、钻这行，在农业技术推广的金光大道上，老武就是一个孜孜不倦、始终不渝的行者，永不懈怠、从不疲惫，因为他是广大农民心目中的好站长、农民的贴心人、农民的帮扶人、领导心中的好干部、同事心中最尊敬的人。

用心服务百姓　诚心实意为民

——记山西省太谷县水秀乡畜牧兽医站梁鑫平

梁鑫平，男，40 岁，九三学社社员，中国兽医协会会员，大学本科学历，高级兽医师，1995 年 10 月参加工作，参加工作 22 年以来，他把如火的青春献给了这片土地，把科学技术的雨露播撒到渴望致富的心田。他是一名基层工作者，却从平凡中超脱平凡，用自己实实在在的工作，赢得了沉甸甸的荣誉，2016 年 12 月被评为晋中市学术技术带头人，同时他也是本县基层兽医站唯一的一位高级兽医师。

勤奋学习，执着兽医事业

梁鑫平出生于一个普通的干部家庭，他的父亲就是一位技术高超的畜牧兽医工作者。他起初抵触兽医工作，认为这项工作是低贱的，可是他在一次次的随父亲出诊的过程中，为养殖户挽回了损失，得到了百姓的感谢，那种由衷的成就感让他渐渐地喜欢上了这项工作，他下定决心要和父亲学到这门技术，为更多的人服务。1995 年 10 月，他进入乡镇畜牧兽医站，直接面对养殖户，他深知要想更好地为养殖户服务，自己必须不断地刻苦学习，他在和老兽医老前辈学习的同时利用空闲时间报考了畜牧兽医大专班，1997 年 6 月他取得山西农业大学的自学考试大专文凭，2007 年 12 月又取得自考本科文凭。

多年来，他坚持不断学习，查阅科技资料，掌握了新的科技知识，并且经常深入一线，进行科技调研，了解并掌握了大量的第一手资料，为养殖户生提供了技术保障和支撑。2015 年 10 月他顺利通过了高级兽医师的评审，成为全县乡镇畜牧兽医站第一位也是唯一的一位具有副高职称的乡镇兽医技术人员。在科技下乡活动中，他不怕脏、不怕累，在养殖场猪圈里一待就是一上午，对农牧民提出的疑难问题现场耐心解答。多年来，他参加科技下乡多达 500 多次，为 3 000 余户养殖户提供了技术服务。为了给养殖户提供最佳服务，他每月都会定期去养殖户中去走访，了解养殖户情况和流行病发展。

2008 年 8 月的一天晚上，外面正下着大雨，正在家的他接到了水秀乡某村一名养殖户的电话说是他家母猪难产，他披上雨衣骑上摩托就出发了，平时十多分钟的路，他走了半个多小时，当他出现在养殖户家门口时，养殖户感动得不知该说什么；经他诊断，母猪需要做手术，他又连夜为母猪做了剖宫产手术，在他的努力下，为养殖户挽回了 5 000 余元的经济损失。过后当养殖户感谢他时，他却婉言谢绝了。在他看来，每一位养殖户赚钱都不容易，牲畜生病都是一笔不小的开支，所以他在给牲畜治病的同时，尽可能帮养殖户省点药费，他常说："技术不全面不精湛，医德不高尚，怕脏怕累怕风险，不讲诚信和奉献，没有吃苦耐劳精神的人，是做不好兽医的。"他是这样说的，也是这样做的，他对每一位养殖户都笑脸相迎，尽可能为养殖户解决问题，多年来，他治疗各种牲畜 4 000 余头，为养殖户挽回经济损失十余万元，赢得了养殖户的赞誉。

疫病监测，防疫情于未然

水秀乡是一个养殖大乡，全乡 13 个行政村，猪、鸡饲养量分别达 9.2 万头、51 万只，动物疫病防控任务非常严峻，但刚开始进行动物强制免疫的时候，养殖户不理解，处处为难兽医技术人员，使工作进度非常缓慢，为了不影响全县防疫工作进度，他们站 5 个人一家一家宣传国家实施动物强制免疫的重大意义，在他们全体职工的共同努力下，养殖户理解了国家为什么要进行动物强制免疫，他们的工作也顺利开展了，最终圆满完成县局交给他们的任务。

在每年的春防秋防工作中动物免疫密度始终保持在 90％以上，免疫档案记录达到 100％，免疫动物标识率达到 100％。在抓好散养户防疫的同时，加强了对规模养殖场的监管，全面提升规模养殖场防疫水平，对实行自免的规模养殖场签订了动物免疫协议书和动物安全生产责任书，并督促其规范制度建设，建好养殖档案。通过扎实有效的工作，确保有病不成灾，有疫不流行，为太谷县水秀乡畜牧生产的快速健康发展提供了保障。每到防疫季节，他总是亲自安排，组织防疫人员认真抓好辖区内畜禽普防工作。在集中免疫的工作日子里，不分节假日，没有周末，家里事顾不着，和防疫人员一起走村串户，一心扑在工作上。渴了，一杯矿泉水；饿了，一包快餐面。以防疫工作为己任，以畜牧业发展我发展的工作激情锐意进取，很多工作任务称得上是急难险重，但他始终奋战在基层，敢于担当、敢于创新。

在抓好动物防疫工作的同时，他深知，疫情监测深系畜牧业发展大计，关乎国计民生。在从事正常的畜禽疫病防治中，他总是虚心学习，广泛搜集畜牧疫情信息，分析疫情形势，密切注视着重大动物疫病的疫情发生。发现疑似重大动物疫情能及时上报，切实遵行动物疫情监测快速反应机制，做到早发现、早上报、早处置，把疫情损失降到最低限度，切实成为太谷县畜牧局动物疫情监测的网络和耳目。由于他谋事在先，未雨绸缪，以监测为防疫之先，出现疫情及时上报并予积极措施，迄今为止，在他负责的辖区内未发生重大疫情事故，为畜牧业疫情监测工作尽了自己的一份力。

技术推广，提高农民收入

22 年来，他立足岗位、任劳任怨、淡泊名利、无私奉献。他抱着对事业的无限热爱，以饱满的热情忘我工作，把工作作为事业去追求，把事业当做学问去研究，乐于寂寞，勤于耕耘，做到干一行爱一行、干一行干好一行。作为一名基层技术推广工作者，他牺牲休息时间没法具体统计，他为了干好本职工作，为了在基层更好地推广技术，没日没夜的进行技术改进，他已经习惯了这种忙碌，家人在无奈中也习惯了他的这种工作方式。

他勤于学习，善于观察，他把所学的知识灵活地运用到生产实践中。2010 年他刚开始推广猪的人工授精技术的时候，水秀乡某村乔某，对人工授精很反感，他认为人工授精受孕概率低，产仔率低，其实这种想法也是大部分养殖户的共同想法，为了推广这项技术，他们做了对比试验，养殖户发现本交时间长，效率低，而人工授精效率高，时间短；另外母猪生产后，产仔数量明显多于本交，最终乔某接受了这项技术，现在他自己也学会了人工授精技术，给周边的养殖户服务，增加了自己的收入，开上了小汽车。这项技术由原来本交增加到采精一次平均配种 20 头母猪，不仅节约了饲养公猪成本，增加了养猪业经济效益，更加速了良种猪繁育进程，产生了长远的社会影响。

2013 年，他在榆次区、太谷县、祁县与平遥县 4 个县 11 个乡镇的 25 个规模养殖场开展 7 000 头规模化奶牛养殖配套技术，统一卫生消毒，饮用水管理，废弃物处理，饲料及原料添加剂检测，疾病预防等推广配套监控，通过技术承包新增加母牛犊 0.3 万头，新增收入 450 万元，头均日产鲜奶 19 千克，新增鲜奶产量 0.45 万吨，新增收入 1 620 万元。2014 年在交城万通肉牛养殖公司的母牛场和肉牛基地 1.5 万头，主要应用优良品种肉牛养殖，标准化饲养，疾病预防，病死畜无害化处理等安全高效养殖配套技术。通过技术承包死亡率降低 2%，总增收 735 万元。

刻苦钻研，工作实绩显著

参加工作以来，在国家级省级专业刊物发表论文 6 篇，多次参与农业技术推广，2002 年参加"养鸡园区化技术推广"项目，获得山西省农村技术承包奖集体二等奖，排名第九；2013 年参加"规模化奶牛养殖综合配套技术项目"，获得晋中市农村技术承包奖集体一等奖，排名第十；2014 年参加"规模化肉牛安全高效养殖技术项目"，获得山西省农村技术承包奖集体二等奖，排名第四。2016 年 12 月获得晋中市学术技术带头人，2017 年 1 月取得"一种用于家禽饮水清洁装置"和"一种牛犊断奶器"两项实用新型专利技术。

不忘初心　厚植耕耘

——记内蒙古自治区巴彦淖尔市临河区农业技术推广中心米志恒

　　黄河，滚滚滔滔，奔流不息，它抽出缕缕银丝孕育了素有"塞外明珠"之称的临河区这块 2 333 千米² 的绿色沃野。临河区是国家粮食生产先进县（区）和农业标准化示范县（区）。在这块神奇的土地上，多少年来活跃着一个基层农技推广人员，他就是临河区农业技术推广中心主任、国家级推广研究员米志恒。年过半百的他，已经在农业战线上奋斗了三十个春秋，他的足迹几乎踏遍了临河的每一寸土地，当地的领导干部称赞他，农民群众熟悉他，称他是"科技推广的领头雁"。

　　1987 年，他从内蒙古农牧学院农学系毕业，分配到临河区农业局任技术员。参加工作来，他就一直战斗在基层农技工作的第一线，他把自己的青春热血都奉献在农技推广这个岗位上，他创立的科技示范园区多次接受了国家和自治区领导的视察，由他主持试验研究的许多技术项目，在巴彦淖尔市河套平原的广大土地上，得到了大面积的推广普及，为推动当地农业生产和农村经济的发展发挥了巨大作用。由于工作成绩突出，2007 年他被晋升为国家级推广研究员，2013 年组织上任命他担任了临河区农业技术推广中心主任。

　　近年来，随着种植业结构调整的不断深入，米志恒同志以农业增效、农民增收为目的，提出符合当地实际的农业技术研究开发方向，组织实施国家、自治区的重点推广项目，参与制定临河区农业发展规划、各项专业技术规程。他指导建设高新科技示范园区，积极引进国内外新品种、新技术，开展试验示范和推广，有力地推动了成果的转化进程。他带领科技人员在全区组织推广了"十五项重大农业技术"，得到区委、政府的高度重视和支持。

　　他组织推广的"玉米后茬免耕种植向日葵栽培技术"每年推广 12 万亩左右，增加经济效益 3 800 万元；每年推广"小麦套晚播向日葵栽培技术"8 万亩，增加经济效益 2 000 万元；每年推广"测土配方施肥技术"140 万亩，增加经济效益 5 600 万元。2014 年以来累计推广"玉米宽覆膜高密度栽培技术"20 万亩，增产粮食 4 000 万千克，增加经济效益 3 000 万元；2017 年又推广"玉米一穴双株高密度栽培技术"6 万亩，玉米种植密度增加到 6 700 株/亩，增产粮食 750 万千克，增加经济效益 1 200 万元。

　　推广中心同时担负着植物保护工作，他经常要到田间地头进行重大病虫害的调查和防治指导。向日葵是临河区的主要经济作物，占到总播面积的三分之一，农民经济收入的 35% 来源于向日葵，向日葵产业的兴衰直接影响着农民的经济收入。向日葵病虫害一直是制约向日葵产业的重要问题。为了探索防治河套地区向日葵病害的实用新技术，他和内蒙古农业科学院专家及内蒙古农业大学的教授共同开展了"向日葵黄萎病防治技术研究与综合防治技术推广"项目，制定出了有效防控黄萎病发生与防治的综合措施。2015 年，临河区推广向日葵黄萎病绿色防控技术 45.5 万亩，增收 7 735 万元。该项目于 2015 年获自治区农牧业丰收奖一等奖。

　　为使临河区适应现代化农业与市场经济的高速发展，及时调整种植业结构，提高种植业的经济效益，他积极开展了农业新技术、新品种的引进与试验示范工作。2009 年"蒙杞一号"枸杞新品种的选育及推广项目获内蒙古自治区科技进步奖三等奖。多年来与各科研院所和高校合作引进小麦、玉米新品种 134 个，葵花新品种 143 个，进行试验、示范，从中筛选出了一批具有丰产、稳产、抗病性强、稳定性强的农作物品种，为农业的优质高效发挥了重要作用。他积极参与玉米红蜘蛛"三防两治"、向日葵螟"1+3"、向日葵黄萎病"三结合"等绿色防控技术的推广和应用，使农作物病虫防治农药使用量的大幅度减少，既保障了农业生产的安全，又为临河区建成无公害农产品生产基地奠定了良好的基础。

临河区是农业部确定的国家级现代农业示范区。他每年组织建设农业科技园区 8～10 个，展示新技术、新品种、新成果，以点带面辐射全区，为全区农业发展树立了典型样板，发挥了良好的示范引领作用。

干事业的拼命郎

参加工作以来，他凭着一颗热心奉献的赤诚之心，顽强地追求着自己的事业，各项工作处处以身作则，率先垂范。2014 年，为实施农业部下达的"蜜蜂授粉与病虫害绿色防控技术集成示范项目"，他带领同事们在高达 39℃的高温下，奋战在田间地头，搭网架、铺防虫网、安装性诱捕器，在绑铁架时不慎被倒下的铁架砸在脚上，加上天气炎热，豆大的汗珠噼里啪啦地往下掉，脚马上肿了起来，他忍着疼痛，派人买了药简单处理完又一瘸一拐地开始了工作，蜜蜂授粉期间需要经常到田间记载蜜蜂授粉情况，被蜜蜂蛰、高温中暑都是家常便饭。2015 年全国农技推广中心组织的全国向日葵蜜蜂授粉与绿色防控增产技术集成应用示范观摩现场会在临河召开，来自全国 15 个省（自治区、直辖市）80 名专家、技术人员参观了此次观摩会，并对临河区向日葵蜜蜂授粉与绿色防控增产技术集成应用示范工作给予了高度评价。

"虽然我们基层农业干部工作任务最重，工作条件最差，待遇低，顾不了家，但却是老百姓最需要的，就一定要用心做好，我们要对得起这份责任！"米志恒同志经常这样教导同事们，他自己更是以身作则，三十年如一日，把全部身心都投入到了本职工作上，把群众的认可和信任，当做最好的奖赏。如今，年过半百的他仍然活跃在地头田间，每周都会有三到五天的时间下到农村向农民传授科学种田新技术，帮助农民解决问题。他平时不善言辞，但只要和农民在一起就有说不完的话。一位村长调侃道："别看米主任是推广研究员，但架子都没我这个村长大，在村里他就是农民的朋友。"他注重不断钻研业务理论、注重自身知识更新，更是长期深入"三农"第一线，进村入户，推广实用农业技术，帮助农民提高科技素质。

农民致富的"活财神"

走在临河区八一乡联丰村、图克镇东兴村，一条条柏油马路车来车往，一座座大棚排列整齐，大棚里新品种蔬果挂满枝头，累累果实让人陶醉……这不仅仅是广大农民的杰作，还融进了常年深入生产一线的技术指导员米志恒的心血和汗水，他将科技的甘露洒向千家万户，农民戏称自己家里来了"活财神"。

保护地蔬菜是临河区的特色产业，是农民增收致富新的经济增长点。米志恒清醒地认识到，要实现农业增产农民增收就必须大力应用农业新技术，他推广了工厂化育苗、嫁接栽培、无土栽培等农业新技术 10 余项，有效解决了品种老化和技术落后等问题，增产增收效果十分显著。目前每亩设施农业的纯收入可达 3.5 万元，是大田作物效益的 15～20 倍。在示范基地的带动下，许多企业也参与进来，通过流转土地、项目捆绑投资建设温室、大棚。2016 年他引进了年巴彦淖尔市中泰有限公司建设设施农业 4 000 亩，设施农业建设初步形成了"农户联建""农企联建"和"企业承建、农民承租"等多种运作模式。经过测算，全区设施农业年产值可达 10 亿元左右，带动蔬菜种植、流通、销售等相关从业人员近万人，对促进农业增效、农民增收和农村发展起到了积极的推动作用。

　　他，一脸的憨厚，一身的朴实，一腔热情扑到了农业科技推广工作中；他，立足岗位，潜心研究，三十年如一日扎根基层服务农民，在平凡的工作岗位上始终如一，学在前、干在前、走在前。多年来，他主持或参加完成的攻关研究和示范、推广等重点科技项目先后获科技成果奖励 13 项，其中农业部农牧渔业丰收奖二等奖 1 项、自治区农牧业丰收奖一等奖 7 项、二等奖 1 项、三等奖 2 项，自治区农业科技承包奖三等奖 1 项等。由于他工作业绩突出，先后被内蒙古自治区党委、人民政府授予全区深入生产第一线做出突出贡献的科技人员、全区良种推广补贴项目实施工作先进个人、全区农技推广先进个人；被巴彦淖尔市评为全市科技工作先进个人、全市首批中青年学术技术带头人，并获全市科技人才突出贡献奖；获临河区优秀共产党员、优秀科技工作者等个人荣誉共 18 项，先后在国家及自治区刊物上发表 25 篇科技论文及 6 篇论著。

　　这就是他——米志恒，一个基层农技推广人员，几十年如一日，初心不改，用美好的心灵、美好的志向，矢志追求着美好的事业。

情注"三农"成壮歌

——记内蒙古自治区赤峰市喀喇沁旗经济作物工作站杨素荣

杨素荣，女，51岁，中共党员，毕业于内蒙古民族大学农学专业，1986年7月参加工作；推广研究员，现任喀喇沁旗经济作物工作站站长，把全旗成千上万农民由贫困带到富裕，在全旗家喻户晓，在内蒙古农业系统有口皆碑；先后获得涵盖国家、省、市、县四个级别二十多个奖项，是农技推广人的一面旗帜。

出类拔萃一颗星：她把自己变成专家和通才

在喀喇沁这样的贫困山区，1986年走出大学校门的杨素荣还稍有点儿"天之骄子"的自豪。待到工作岗位后，通过走乡入户，她发现果农、粮农、菜农的收成三六九等，群众向她请教的问题也是五花八门，她的自豪感便荡然无存。农民知识的不足、农业科普的差距、特别自己知识技能的短板深深地刺痛着她的心。于是，她一边用擅长的技能指导农民生产，一边博览群书、访能拜贤、学练结合、提高技能。她惜时如金，勤奋成瘾。自工作以来，记录和撰写的学习笔记、农情日记、调研报告达1 500多万字；编写的培训教材及发表论文论著30余篇。1989年，在同龄人中首个晋升助理农艺师；1996年，成为全旗最年轻的农艺师；2007年，晋升为高级农艺师；2014年，晋升为推广研究员（全旗仅2名）。现在的杨素荣，既是农业专家，也是讲课口若悬河、写作笔下生风、下乡驾车驰骋等多方面的通才。

舍己为民一面旗：她把情感变成行动和力量

人在家庭，有角有色；人生在世，有取有舍。杨素荣生在农家、长于农村、从事农业、服务农民；她喜欢阳光、雨露、黑土；她深爱女儿、丈夫、家庭；在角色之上、取舍之间，杨素荣把天平的砝码加在了"农"字一边。她曾经感慨地说，有人说我傻、彪、疯，我知道不是恶意，正是这样的情感和劲头，她把个人的力量变成了群体的力量、前进的力量、无穷的力量。

2008年9月16日，读初三的女儿因急性阑尾炎被送往旗医院手术，当她在农户日光温室中接到老师电话时，一种愧疚涌上心头。因为女儿连续几天不舒服，自己答应丈夫带女儿去就医，总是觉得不到现场指导不放心而把孩子的病耽误了。她深知作为妻子和母亲的失职。女儿升入高中后，特意领着女儿到农村透彻地体验一次农家和农事。看到所有的农民对杨素荣那种崇敬和友好，女儿由衷对她说："妈妈，我已经读懂你了，以后我也要做跟你一样的人。"

杨素荣为人耿直豪爽、豁达大度。作为共产党员她常把苦差难事留给自己；作为站长，她把好事宜处留给同事。到国家部委、大专院校请专家她自告奋勇，到农村农户救灾她以身作则。用行动代命令、以真情为号召，作为站长的她一直是大家心悦诚服的核心，经作站也成了同舟共济、创先争优的集体。2011年，杨素荣在一个大礼拜自己开车下乡负了一点儿小伤，全站人员集体给她开了一个"批斗会"，并给她定纪律，如果再一个人偷偷下乡，就和她断绝关系，集体散伙。

春夏秋三个农忙季节，她很多时候天不亮就下乡（因为很多农民天亮就干活），披星戴月是家常便饭，回到家里有时累得都懒得吃饭。但即使再累，她都坚持每天24小时不关手机，随时接受农民的电话咨询，每月话费170多元；王爷府镇上瓦房村杨桂林，是番茄种植新户，手机掉进水里不能使用，杨素荣当场就把自己的备用旧手机给了他，鼓励他多打电话、不懂就问，保证赚钱，也给那些想种不敢种的农户树个榜样，回家还给补交了50元的话费。十年过去，杨桂林已经是收入超50万元、远近闻名的番茄种植大户。在杨素荣那里，诸如此类的以技教人、以诚待人、以情感人的事例比比皆是。

披肝沥胆，马不停蹄。杨素荣每年下乡280天以上，几乎走遍农村一家一户、田间地头，用绕地球的习惯说法可达3圈。老职工景振举给杨素荣做过统计：她八小时以外的加班时间相当于正常上班的三分之一，以自然年度计算至少相当6年。很多时候评奖，杨素荣都坚辞不受；同事们说，没有杨素荣，我们得着也不舒服；领导们说，不评杨素荣，我们心里过不去；旗委政府领导说，不奖杨素荣我们不公道。

踏石留印一条路：她把智慧变成财富和发展

农技推广，或是装满农民的"粮囤子"，或是鼓起农民的"钱袋子"。这是杨素荣的座右铭，也是她向组织和领导立下的"军令状"。

喀喇沁旗"七山一水二分田"，是全国重点贫困县之一。杨素荣提出全旗农业必须走特色产业之路、设施农业之路、现代农业之路。她的建议既符合喀喇沁实际，也契合了领导的思路。1998年，喀喇沁旗成立了经济作物工作站，杨素荣当之无愧担任了站长。如何通过农技推广鼓起农民的"钱袋子"，杨素荣和她的同事们动足了脑筋，更下足了力气。经过多年的努力和探索，通过旗委政府的政策支持，杨素荣带领的同事们终于在喀喇沁大地上走出了一条"联合一帮专家，用好一个网络，建设一个园区，培树一批典型，集成一批技术，兴起一组产业，致富一方百姓"的特色、现代农业成功之路、发展之路、闪光之路。

联合一帮专家：中国农业科学院张志斌教授、尚庆茂研究员，中国农业大学胡树文教授，沈阳农业大学刘志恒和赵瑞教授，内蒙古农业大学崔世茂教授等专家都是喀喇沁旗优新技术推广的坚强后盾。

用好一个网络：杨素荣及其团队与乡镇农技站、村科技示范户建立了联系紧密、联动一体的协作配合机制，近年来又建立了微信群等现代联系方式。

建设一个园区：2000年，经杨素荣建议，喀喇沁建成了首个农业科技示范园，每年引进试验示范新品种上百个、新技术十几项，每年组织1 000多人次农民前来实地参观学习，是非常成功的新品种驯化诞生地、新技术推广试验场、新农民培训大课堂。

培树一批典型：杨素荣和她的同事累计培养了2 000多个科技示范户，全旗161个行政村平均达10个以上。这些户年纯收入达到十万元的比比皆是，收入几十万元的不在少数，收入百万元的也有典型；同时形成了遍布全旗科技服务示范网络。

集成一批技术：从集约化育苗、测土配方施肥、水肥一体化、病虫害绿色防控到近年来的病虫害远程测控、手机App应用等先进适用集成技术，全部应用于高效作物生产中。连续10年承担赤峰市蔬菜新品种引进示范筛选工作，连续3次承担国家蔬菜标准园区创建工作……

兴起一组产业：全旗特色产业和设施农业面积分别由1991年的3万亩和0.5万亩发展到40万

亩和 9.5 万亩；涌现出多个"药材之乡"牛家营子镇，"番茄之乡"王爷府镇等特色产业示范村镇。

致富一方百姓：杨素荣直接或间接实施的先进适用技术推广面积达 216 万亩，新增总产 49 亿千克，新增总产值 98 亿元，全旗农民人均累计增收 3.26 万元。

兴农富民一面旗：她把褒奖变成动力和方向

汗洒田野成彩画，情注"三农"成壮歌。工作 31 年来，杨素荣让自己、让大地、让农民、让喀喇沁的农业都发生了显著变化。她把自己由小美女变成"黄脸婆"，把黑土地变成"聚宝盆"，把众多贫困户变成富裕户；很多农民把她看作"亲姐妹""贴心人"，甚至是"摇钱树"。从 1998 年以来，她曾获得"农业部全国农牧渔业丰收奖农业技术推广贡献奖""自治区农牧业丰收奖一等奖""赤峰市科技进步奖一等奖"等 8 项；获得"深入生产第一线做出突出贡献的科技人员""优秀共产党员""先进科技工作者"等党委政府表彰 4 项，赤峰市"玉龙人才""三八红旗手"等部门性奖励 10 项。时任旗委书记、现任赤峰市副市长汪国森称赞说："杨素荣为喀喇沁旗特色农业、设施农业乃至现代农业发展立有首功，她是科技人员的楷模，兴农富民的旗帜。"杨素荣说："金奖银奖不如百姓的夸奖，虽然退休已经进入倒计时，我依然会为全旗的农业发展、农民的富裕幸福续写壮美篇章！"

农技推广的领头雁　农牧民群众的贴心人

——记内蒙古自治区赤峰市翁牛特旗农业技术推广站韩丽萍

她用 27 年来的坚守和执着，27 年的热爱和奉献，
赢得了广大农牧民的认可和厚爱

2017 年 3 月 25 日，周六的中午，韩丽萍刚从翁牛特旗紫城街道杨家营子蔬菜棚区培训技术归来，正在家中休息。突然听到敲门声，韩丽萍推门一看，原来是她在桥头镇羊草沟村推广设施农业认识的蔬菜种植户刘国志。老刘专程来到乌丹，他家的西红柿 2017 年又获得了好收成，他为韩丽萍送来了一小塑料袋西红柿。讲了一个上午课的韩丽萍本来已经很累了，可一看到她亲自指导的蔬菜种植户，就又高兴地和他聊起了蔬菜的事，送走老刘，她才感觉到有些饿了。

这就是韩丽萍和蔬菜种植户的交情！一个站在农技推广一线的女先锋，用 27 年来的坚守和执着，赢得了翁牛特旗广大农牧民的认可和厚爱。

1990 年，韩丽萍从内蒙古农业大学毕业后，一头扎进翁牛特旗最东部大兴乡农业站，开始了农技推广工作。乌丹到大兴，300 多千米的路程。那时交通不发达，需搭汽车、转客车、坐驴车、绕敖汉，用两天多的时间才能到达，她不觉得苦。27 年来，经她直接、间接推广农业技术的农牧民群众达到 14 万人，农技推广面积累计 110 万亩，直接为广大农牧民增收 5 亿元。农牧民亲切地称韩丽萍为娘家人。

韩丽萍热爱她所学的专业，热爱生活在那片土地上的农牧民。她以一种高度的热情投入到农业科技的试验、示范、推广中：共参与国家级科技推广项目 5 项，自治区级科技推广项目 16 项，更新农业技术 8 项。先后获得自治区农牧业丰收奖 5 项，天津市、赤峰市科技进步奖 2 项。在设施农业、经济作物以及农作物栽培领域有独到的见解和较深的建树。

十几年执着一念地推广设施农业，她让翁牛特旗的设施农业
从零敲碎打发展到现在 10 万亩

一亩园十亩田。2008 年，翁牛特旗政府把设施农业建设作为增加农牧民收入的重点工作来抓，作为当时经作站站长的韩丽萍主动请缨，负责设施农业和蔬菜生产技术指导。群众开始对设施农业的认可度都不高，韩丽萍就亲自到桥头镇羊草沟村抓试点。87 个棚，每个棚的方位和落地的四个点，是她扛着仪器一个一个地测出来的。建设时期的每一个环节，她都手把手地传授；秧苗移栽的每一个步骤，她不厌其烦地指导。从早晨 4 点半就开始工作，晚上到什么都看不见才结束，每天工作 10 多小时。从规划到收菜，韩丽萍在羊草沟村一干就是六个月。脸晒黑了，腿走肿了，嘴上起了泡。六个月，87 个棚里的老百姓和她都熟了。老刘——刘国志就是在那时认识的。功夫不负有心人，棚室的产量增加了一倍，效益翻了一番。

身边的典型在农技推广中最容易让群众跟着学。韩丽萍非常重视典型示范户的带动作用，她在设施农业小区都确定示范户。郭秀玲，是杨家营子的种棚户，一直以生产番茄为主。2014年，韩丽萍根据她的棚区离城区较近的优势，建议她搞采摘园，并帮她设计规划，目前她的6个棚室的果已经开始采摘，亩增加收入2万～3万元。通过这样的示范户的带动，一个又一个特色棚室种植村建成了。

如果把农民组织起来，以合作社的形式抱团发展，必将大有作为。韩丽萍在这方面进行了有效探索。盛川蔬菜合作社，2013年种植胡萝卜400亩，韩丽萍提出采用宽窄行机械化播种技术，提高15％的商品率，亩增加了产值650元。这让盛川合作社因此增加收入26万元，大大增强了合作社种植蔬菜的信心。趁热打铁，韩丽萍帮助合作社制定了蔬菜生产技术标准，形成了"五统一"的发展模式，并积极引导合作社搞"三品一标"建设。目前合作社已拥有固定种植基地6 000亩，注册的"蒙春丰"绿色无公害蔬菜深得各地客商的青睐，2015年销售额达3 000余万元，实现净利润1 000万元。

在蔬菜产业发展上，2012年是值得记住的一年。那一年，翁牛特旗遭遇特大雪灾，给设施农业带来灭顶之灾。公路上一尺 * 多厚的大雪根本走不了车。韩丽萍心急如焚，为了及时了解灾情，挽救棚室里的蔬菜，她豁出去了！穿上高筒靴子，从乌丹出发了，谁知根本看不见路，只能通过路两边的树找路。车子只能一点一点向前移动，40千米的路程，她整整走了三小时多。赶到桥头永兴河棚区，看着自己辛辛苦苦建起的大棚被突发的大雪压垮，她非常难受。时间就是金钱，她迅速根据灾情向旗政府提出了救灾修复方案，并一个棚一个棚指导救灾。经过近一个月的抢修，部分棚室蔬菜保住了，为棚户挽回损失1亿元。

服务于翁牛特旗农业产业化，用强有力的技术作支撑，因地制宜、因时制宜推广农业技术

水稻是翁牛特旗的主要粮食作物，在翁牛特旗东部推广种植水稻时，从种到收全部是人工作业。为了实现精简作业，韩丽萍几次去到黑龙江、吉林、辽宁等地学习机械插秧技术和新品种的引进，经过几年的反复试验和探讨，成功引种稻花香品种，并实现了翁牛特旗的水稻的全程机械化作业，彻底结束了人工插秧的历史。目前翁牛特旗的水稻无论从种植技术还是品质上都是一流的。2017年中央电视台七频道对翁牛特旗水稻从种植到餐桌进行了宣传报道。

2013年，蓝天糖业进驻翁牛特旗，甜菜基地建设、技术攻关摆上了日程，为了农牧民增收，也为了实现甜菜生产的良性循环，她毅然接下这份不好干的工作。她首先在选地和选人上严把关，亲自到地头查看土壤类型是否适合种植甜菜，并与种植户交流，了解真正种植意愿。从2013年1月开始，一直干到4月，特大雪灾没有阻止她的脚步。付出就有回报，甜菜生产由最初的动员农户种到现在的农户上门找企业要订单，步入了良性发展的轨道。2015年，翁牛特旗甜菜种植由2.5万亩增加到10万亩。

1999年翁牛特旗人民政府加大了种植业结构调整的力度，她提出了"加快露地菜产业化发展进程"的思路，她筛选出了一系列优质名特优新蔬菜新品种，从最初一家一户的试种，到大面积推广，她入村搞培训，入户做指导。为了让菜农更加直观地了解蔬菜栽培技术，她编印了《蔬菜栽培技术手册》，并且都附有图谱。功夫不负有心人，蔬菜种植从最初的零星种植转向了集中

---

* 尺为非法定计量单位，1尺＝1/3米。

连片，使翁牛特旗蔬菜产业逐步实现了产业化经营，规模化生产，品牌化销售，无害化种植，产品价格提高了 30％，人均仅此一项增加收入 1 000 元，广大菜农从中尝到了甜头。

推广农业科技 27 年来，韩丽萍无愧于脚下的那片土地，无愧于广大农牧民群众；有愧的是自己的孩子

记得 6 岁的孩子上幼儿园的时候，正是乌丹镇赛沁塔拉嘎查推广露地蔬菜最忙的时候。周六、周日，孩子没人管，韩丽萍只好背着孩子一家一户看种子的催芽情况，生怕种植户由于温度把控不好，导致烂种。一次，在入户育秧棚检查出苗情况时，孩子突然发起了高烧，韩丽萍急哭了，棚户都劝她回去给孩子输液，后来在一家种植户找了一粒感冒药给孩子吃上，孩子在背上睡着了。那个春天、夏天，韩丽萍让赛沁塔拉嘎查的 100 多户牧民学会了种菜技术，由没有一亩菜地发展到现在 1 万亩，成了翁牛特旗的瓜菜基地。

2009 年，记得是孩子中考的那一天，恰逢桥头镇太平庄村的苗子从育苗工厂拉回来，本来答应要送孩子去考场，但是她总是放心不下苗子的事，把早饭给孩子准备好，留张字条给孩子："对不起，妈妈今天有事，不能送你，好运！"就匆忙地赶到了棚区。这件事每每想起来，她的心里总是酸酸的。

没有妈妈的照顾，孩子读完了小学、中学、大学。如今，孩子已经大学毕业，走上了工作岗位。漫长的时间过去，妈妈依旧那么忙，孩子已经习惯了妈妈这种工作状态，也慢慢地开始理解了妈妈。当她看到妈妈的一大堆奖励证书——"名特优新蔬菜综合配套技术研究与应用"获赤峰市人民政府科学技术进步奖一等奖、2009 年"机建后墙体日光温室建造综合配套技术推广"获自治区农牧业丰收奖一等奖、2006 年"丘陵山区设施农业综合配套技术推广"获内蒙古自治区农牧业丰收奖一等奖等，她知道，翁牛特旗的广大农牧民更需要她的妈妈。

莫道桑榆晚，为霞尚满天。孩子工作后，没有了后顾之忧，已过天命之年的韩丽萍更是全身心地投入到农业科技推广事业中。

专注田畴　用心推广

——记辽宁省建平县农业技术推广中心方子山

"人生到世界上来应该有所作为，不能终日无所用心。"这是荣获国务院粮食生产突出贡献农业科技人员、全国农业技术推广贡献奖的辽宁省建平县农业技术推广中心主任方子山常说的一句话。

这位"用心"人，为解决建平县干旱少雨这一气候难题，积极引进节水滴灌技术；为增加土地复种指数，探索出了辽西北地区马铃薯高效复种模式及配套技术，实现了早熟马铃薯一地多收；为解决谷子间苗难问题，研究推广谷子地膜覆盖机械穴播轻简化栽培技术；为解决玉米稀植单产低问题，引进推广耐密品缩距增株技术。

专注田畴潜心做事 32 年，时光荏苒间，方子山由风华正茂变成两鬓染霜。

推广马铃薯几十万亩

对于建平县杨树岭乡德吉勿素村的农民来说，方子山再也熟悉不过。为做好包村入户搞好服务工作，他科技承包对象就是德吉勿素村，常年走乡串户到地进行技术指导，使该村 4 500 亩地全部更新应用了马铃薯脱毒种薯，农民亩增收 1 000 余元。

1985 年，方子山从朝阳市农业学校农学专业毕业，来到建平县示范繁殖农场任技术员，开始了此后一直在基层农业科技推广一线的工作历程。

当时的示范农场条件简陋，出差需自己垫钱，住最低价的房间。年轻气盛的方子山觉得这些都不算个事儿，倒是人们种植产量很低的马铃薯让他心有不甘。因此，每次出差他都会买一些马铃薯背回来。但由于脱毒小种薯个头小，人们不认。他就动员亲戚和在自家地里试种，有效果以后再组织吸引农民去看，由点及面进行推广。

调到县农业中心以后，在一无基础、二无资金、三无技术的情况下，他想方设法建成了马铃薯组培室，并逐渐建立起了马铃薯三级繁育体系。他与法国、荷兰及国内专家合作并进行大量的试验示范研究，最终形成并推广了"以九改为核心的马铃薯高垄双行整薯综合高产栽培技术"，这项技术被确定为省级科研成果，经专家鉴定具有国内领先水平，在省内外得到大面积推广。为破解本县马铃薯品种混杂退化这一制约马铃薯生产进一步发展的瓶颈因素，他带领课题组使组培脱毒、茎尖剥离技术一次成功，填补了马铃薯辽西地区组培脱毒技术的空白。

此后，他又试验研究推广了马铃薯一地两收、三收乃至四收模式，取得了年增加经济效益 1亿多元的良好效果，累计增加纯经济效益超过 10 亿元。全县马铃薯年种植面积由几万亩发展到几十万亩，多时达到近 40 万亩。亩产量平均由 750～1 000 千克，增加到 3 000～3 500 千克。近年来，马铃薯已经成为建平县种植业几大主导产业之一。

粮食丰产吨粮田已寻常

朱碌科镇北老爷庙村多年种植谷子，但是产量一直上不去，品种也比较老化。方子山帮助村里引进晋谷21、晋谷40等品种，使5 600亩谷子品种得到更新更换，亩提高产量130千克，并改善了品质。

建平县光照充足、干旱少雨的气候特点适合谷子等杂粮生产，但由于谷子种、管、收尚未实现机械化，种植该作物存在用工多保苗难等问题，全县年种植面积多年徘徊在10万亩左右，平均亩产量仅250多千克。

面对小米等杂粮市场价格高效益好，全县亟待加大种植结构调整力度情况，方子山心急如焚，先是在自己办公室的花盆里种了谷子等杂粮进行对比研究，后来又成立科研团队，他亲自设计试验方案，先后进行了30多次试验研究，设置了100多个示范展示点。

虽然经历了多次失败，但最终还是形成了"以穴播覆膜为核心的杂粮全程机械化高产栽培技术"。此项技术推出后，全县杂粮种植面积一路攀升，到2016年，累计推广面积60多万亩，谷子亩产量由过去的250多千克提高到500千克左右。

在推广谷子生产的过程中，他亲自指导帮助大地合作社、玉岭种植业合作社、汉奎种植业合作社，从辽宁农业科学院引进3个绿豆和4个红小豆品种，丰富了杂豆品种资源，使建平县杂粮市场更具有竞争力。尤其是大地合作社在即将崩溃的情况下，他积极帮助筹措资金，打井配套，使合作社560亩土地积极调整种植业结构，发展富硒杂粮，增加了合作社社员收入，为合作社注入了生机和活力。

2017年全县以谷子为主的杂粮种植面积大幅提升，种植面积达到近100万亩，杂粮已经成为全县最具特色的支柱主导产业。

玉米种植在建平县最为普遍，最多时年种植面积曾一度超过150万亩。但过去由于条件所限，玉米单产水平低，一般亩产仅350~400千克。

为挖掘玉米增产潜力，方子山在多次下乡调研重点研究产量低原因的基础上，从推广耐密品种入手，改革种植方式，配套良种良法，抓点连片辐射带动。全县100多万亩玉米，种植密度皆由2 800株/亩增加到4 000株/亩，由单行垄作全部改为大垄双行。

他主导实施了一系列粮食高产创建活动，包括国家粮食丰产科技工程、玉米"双增二百"科技项目等，促使玉米吨粮田地块大量涌现。2012年，全县粮食产量达到创历史纪录的11.15亿千克。2011—2013年，建平连续三年获得全国粮食生产先进县荣誉称号。2012—2014年，连续三年获得东北干旱区"玉米王"挑战赛冠军，最高单产达1 254.81千克。

连续5年获得全国农技推广示范县

在方子山的率领下，县农技推广中心荣获全国农牧渔业丰收奖5项、全国"千厂千会"协作优秀成果奖1项、省级科研成果10项，被农业部授予"国家科技创新与集成示范基地""全国青少年科普示范基地"，至今已连续5年成为全国农技推广示范县。

这支推广队伍原可不是这样，那还是在2001年，由于工作表现突出，方子山被提拔重用，任县农技推广中心主任，可谓临危受命。谓之"危"是因为当时农技推广工作存在的人员难调动、经费难保障、工作难开展的"三难"问题十分突出。

面对这些问题，方子山和班子成员经多次研究达成共识，冲破旧观念和老框框的束缚，优化人员管理，讲求用人效益。先后把多名有德、有智、有能的年轻科技人才充实到工作前沿，使之成为农技研发和推广的带头人，在马铃薯、小杂粮、甜菜等近上百个科研项目和领域内取得了可喜的成就。

他自己积极跑资金、跑规划、跑批件，单位在无资金、无基础的情况下，经过昼夜奋战、精心管理，建设 3 个规范化的现代农业示范基地，为现代农业发展起到了标杆作用。同时在单位负债 1 000 万元的情况下，通过苦心经营，使单位资产达到近亿元。

面对新形势，农技推广工作如何做怎么做？方子山说万事人为本，必须加强农技推广队伍建设。组织实施了"岗位技能提升工程"，主要有七个方面，即引导自学提技能，加强调研提技能，试验、示范提技能，集中培训提技能，实习讲课提技能，合作交流提技能，学历教育提技能。像开展学历教育，目前仅县农技中心，已有 30 余人获得了本科文凭，占全部农技推广人员的50％，全面提高了全县农技人员的业务素质和工作能力。

全县粮食产量从十几年前的几亿千克猛增到 10 多亿千克；小杂粮种植由几万亩增加到近100 万亩，地方特色产业实现突破性发展。农技推广工作的强力开展，也为产业结构调整打下了坚实的基础。

多年的农技推广工作实践，使方子山具有真知灼见，他的心得体会、意见建议备受重视。仅2016 年，他就两次受到农业部科教司的邀请，登上"四季论坛"做专题报告。

方子山还是辽宁省农业委员会的特聘专家。几年来，他把自己探索总结的农技推广新方法，以"新形势下如何做好农技推广工作""怎样做一个合格的农技推广人""如何建好农业科技示范基地""种植业结构调整怎样调"等为题，在全省巡回讲课，目前已经培训省内基层农技人员3 500多人。

在同事的印象中，数十年来，方子山一刻不闲着，最多也就在每年的春节会待上一两天，其他的节假日、双休日都与真正的休息拜拜了。

"我觉得工作从来没有停过，但我不觉得累。"方子山笑着说。在农技推广路上潜心耕耘了32 年的他，依然干劲十足地前行着。

金秋硕果香百里　玲珑匠心惠"三农"

——记辽宁省沈阳市苏家屯区农业技术推广中心金玲

浑河织锦带，稻香绕新城。在大沈阳经济区建设的重要腹地、沈阳南部发展的战略门户，在这 500 千米² 的沃土上，有着一位人人称赞的最美农技员——金玲。金玲 2017 年 48 岁，大学学历，中共党员，教授级高级农艺师。先后被评选为沈阳市劳动模范，辽宁省农民满意农技员，辽宁省粮食生产突出贡献农业科技人员，辽宁省粮食生产工作先进个人，全国污染源普查先进个人，沈阳市总工会五一巾帼先进个人，区、市两级党代会代表，曾获得全国农牧渔业丰收奖、辽宁省农业科技贡献奖、沈阳市政府农村科技推广奖。连续多年单位年度考核优秀。

满怀理想　扎根土地

参加工作的 27 年里，金玲从未离开过农业工作岗位，她把为农民服务作为理想，作为毕生的追求，把自己的全部精力都倾注在了农业技术推广工作上，从普及先进科技成果，到躬身开展实践，金玲始终冲在最前列，兢兢业业、忙忙碌碌，付出了太多辛苦，但她从无怨言。

在很多人眼里，作为技术人员，只需要坐坐办公室、钻钻试验地，工作非常清闲。但金玲深深知道，农业技术非比寻常，如果想做好这份工作，就离不开农村、离不开土地。为了第一时间解决农业生产问题，她跑遍乡村，扎根田地，几十年如一日，风里来雨里去，腰酸腿疼早已是家常便饭，可她勤勤恳恳，任劳任怨，多年来，不但没有丝毫抵触，反而与农田结下越来越深的情谊。她不辞辛劳东奔西走，全区的乡村都留下过她的足迹，她宁可牺牲自己的休息时间，也要掌握着各地的农作物的生长情况——那是她的责任，更是她的使命。她已经把农业融入进血液，融入进自己生活的点点滴滴。在外人看来，金玲的生活太过于枯燥，她接触的只有农业、农村、农民，简直比农民还农民，但她每听到这样的话，不但不生气，反而更加欣慰，因为她觉得这就是对她最好的褒奖。

攻克难关　谋求发展

除了劳苦，工作中还会遇到很多困难，在国家级粮食高产创建项目实施之初，金玲和同志们怀着满腔热情引进的新技术却并不为农民所接受，可金玲并不气馁，她深知有创新，就必有阻力。更让她深深感到，越是遇到层层阻力，改变农民根深蒂固的老观念越是迫在眉睫。因此，她加班加点，带领农技人员跑遍全区各示范区，深入开展调查研究，大到万亩示范区、小到百亩核心田逐块进行落实。根据全区粮食生产现状，结合省实施方案引进主导品种和制定主推技术，编制技术规程。为了把主导品种、主推技术真正推广普及，又组建了技术专家组，推行技术人员包乡蹲点，做到每个示范区都安排一名区级技术人员进行技术指导，推广"技术人员直接入户，技术要领直接到人，良种良法直接到田"的农技推广新机制。

在大家的共同努力下，粮食丰收了，高产创建工作取得了巨大成功，农民的观念也彻底改变了，金玲看着丰收的成果，看着农民收获的喜悦，倍感欣慰。2011 年，苏家屯区高产创建项目示范区的一个百亩攻关田，最高亩产达 830.9 千克，位居全省第一，受到省市领导及广大农户的一致好评。回良玉副总理到苏家屯区先后视察了玉米和水稻示范区，当场给予"这就是现代农业"的高度评价。

身体力行　预防灾害

粮食大丰收是农村老百姓每家每户最殷切的期盼，然而在农业生产过程中，自然灾害总是不可逃避的问题，台风、暴雨、干旱、病虫害，是农民长期以来的最大敌人，也是金玲和农技战线同志们必须要面对的巨大障碍。金玲知道每年的预防工作非常重要，她总是强调防大于治，一定要做到防患于未然，每到天气多变的时节，她总会冲到防旱防涝的第一线，疏通水道，排水清淤。她知道，就是疏通开的一条短短的水渠，可能就决定了农民一年来所有的付出。金玲的精神鼓舞了身边的每一个人，而且在金玲的感召下，大家都养成了无论大事小事都会未雨绸缪的好习惯。

对于无可避免的灾害发生时，金玲的心会跟广大农民纠在一起。2012 年 8 月苏家屯区普降暴雨，并伴有 9 级以上大风，大田作物、林果、设施农业都有不同程度损失，玉米倒了、果子掉了、树木折了，漫山遍野一片狼藉，金玲看在眼里，急在心间。为了把农民的损失降到最低，她边考察全区灾情，边制定自救应急措施，指挥广大农民及时疏通疏导，排除水患，清除腐烂变质的作物和落果，加强新植苗木及果树的管护。那段日子，金玲起早贪黑，每天都是泥水满身，累得筋疲力尽，但始终奋战在一线，百姓的损失降到了最低，金玲觉得苦点累点也值了。

加强学习　充实理论

在深入农田躬身实践的过程中，金玲深切体会到，作为农业技术工作者，想要从根本上帮助提高全区的农业科技，除了挽起袖子铆足干劲，还要不断地充实自己，不断学习更先进更高水平的科学理论知识。因此，她总是找时间去深入学习，到图书馆阅览室查阅各类知识读本，订阅大量专业书刊杂志，还专门到专业网站查阅最新资料来给自己补给充电。她除了自学，还与同事、专家交流专业知识，虚心向专家请教各类难题，也经常会在田间地头，听农民讲讲各种各样的农业经验。不管对方什么身份，她总是虚心求教，泛黄的笔记本里记载着她多年来的总结的小经验、小窍门，都是她到处"取经"得来的。

在不断加强自身学习的同时，金玲还不忘理论知识的推广，她通过一些讲课活动，把多年的农技经验传播开去，深受广大农民欢迎，受益人群遍布全区。多年来，她先后在国家级刊物《农业环境与发展》、省级刊物《农业经济》等多家刊物上发表专业论文，受到了业内专家的高度认可和赞誉。每提到农业，她总是侃侃而谈，滔滔不绝，言语间渗透出她对这片土地的热爱，对农业的真挚情感。

树立榜样　亏欠孩子

金玲的丈夫也是一名农业技术员，共同的奋斗目标，让他们结合到了一起，他们在工作中相互支持相互配合，很多问题，夫妻俩可以一起解决。可是这两个工作狂绑在一块，照顾家庭、陪伴孩子的时间就太少了。为了工作她把孩子送到了寄宿学校读初中，使孩子在初中的关键时期缺失了母亲的关怀。每年暑假，正是农业生产以及抗旱防洪的关键阶段，每到这时候，金玲两口子就更加忙碌，根本没时间陪孩子，甚至连他们的儿子备战高考，两个人都没能陪伴在身边。金玲觉得亏欠儿子，总想找机会，给儿子补偿补偿，但忙上工作，就又忘记了。

对于这样的妈妈，金玲的儿子说："其实，有的时候看妈妈这么累，也挺心疼的。"说到这，小伙子眼眶有些湿润，"妈妈从小就教育我要独立自强，要学会自己解决问题。这些年对于父母这样忙于工作早就习惯了，小的时候看见别的小朋友总是有父母陪着到处玩，自己也非常羡慕，不太理解父母。但随着年龄的增长逐渐意识到，父母不能陪自己，是因为有更重要的事情要去做，他们是自己岗位上的劳动模范，就要起到模范的作用。现在，他们不光是同事的模范，也早已经是我的榜样了。"有了儿子的支持，金玲和丈夫工作的动力更加足了。

凭着对农业的高度热爱，金玲在农业战线上一步一个脚印地渡过了 27 个春秋，扎根到田间，晴天一身汗，雨天一身泥；身上衣不干，脚上泥不断。岁月在金玲的头上增添了不少白发，在额头和眼角添加了许多皱纹，但她的目光还是像年轻时一样，充满着无限的热情与希望，她笑言每一根白发都是一条宝贵的农业经验，每一道皱纹都是农业生产成果，她觉得 48 岁的年纪，正值青春年华，她要在为全区农业和农民服务的舞台上继续大放异彩。

乘风破浪正当时

——记吉林省东辽县水产技术推广站王雪发

他既没有惊天动地的英雄壮举，也没有出生入死的坎坷经历，更没有声名显赫的地位，但他充分发挥自己的专业特长，为广大水产养殖户提供优质的技术服务，积极引进和推广适合东辽县的水产养殖名特优新品种、新技术和新项目，用心血和汗水谱写了一曲又一曲勇于创新、甘于奉献的奋斗之歌，以一个共产党员的博大胸怀和高尚情操为鲜艳的党旗增光添彩。他，就是东辽县水产技术推广站站长、正高级工程师王雪发。

理念重在创新

花开花落，草长莺飞。1990年7月，王雪发从吉林农业大学水产系淡水渔业专业，以优异成绩顺利毕业，为了报效生养他的家乡，他毕业后毅然回到了东辽县，成为一名水产技术推广工作者。他经波浪、晒烈日、历风雨，在艰苦的岗位上工作长达27个严寒酷暑，2000年至今一直任东辽县水产技术推广站站长。

创新，是民族进步的灵魂。王雪发深知，要想在水产技术推广上大有作为，就必须勇于创新，不断引进和推广新品种、新技术、新项目。2002年，作为项目和技术负责人，他从前郭县引进了黄颡鱼苗，在营场水库进行养殖试验，取得了平均尾重32克、最大个体56克的好成效；该项目获总产值2.4万元，总利润1.2万元，亩利润2 640元，取得的成果在全省同行中名列前茅，受到了省水产技术推广总站的好评，被评为2002年度全省水产推广项目十大亮点项目，获吉林省水产技术推广奖二等奖。2006—2007年，他主持实施的网箱养殖东北六须鲇技术项目，开创了吉林省网箱养殖东北六须鲇的先例，填补了东北三省的空白，项目总产量15 188千克，平均箱产量759.4千克，总产值36.45万元，平均箱产值1.823万元，总利润16.04万元，平均箱利润0.802万元，投入产出比1∶1.78，该项目也因此获得吉林省水产技术推广奖二等奖和2007—2009年辽源市科技进步奖二等奖。

从2005年起，作为东辽县项目和技术总负责人，王雪发先后承担省市推广、示范项目30多项，引进了东北六须鲇、鳜、翘嘴红鲌、云斑□、芙蓉鲫、河蟹、小龙虾、豫选黄河鲤、瓯江彩鲤等10余个新品种，推广了池塘鱼类健康养殖技术、池塘名特优养殖技术、渔业科技入户增收技术、池塘微孔增氧技术、网箱养殖名特优鱼、豫选黄河鲤养殖技术、稻渔综合种养增收技术等20余项新技术，取得了显著的经济、社会和生态效益，推动了全县渔业的可持续发展。

一分耕耘，一分收获。2011年东辽县开始实施稻渔种养增收工程项目，在他的推广带动下，2012—2014年东辽县被农业部全国水产技术推广总站确定为"农业部稻田综合种养示范区"，2015年被省水利厅确定为"吉林省水利厅稻渔综合种养示范区"，并于2012年9月成功举办了"全省稻田综合种养技术现场会"。

事业重在谋划

思路决定出路，格局决定结局。潜心谋事，精心做事，实心干事，真心成事，是王雪发干事创业的真实写照。他从参加工作的第一天起，就暗下决心，甘当现代农业技术的传播者和引路人，为东辽县水产养殖业的发展尽一个科技工作者的职责。为此，他不断精心谋划，积极开展水产技术推广体系建设，始终以过硬的技术、过硬的人格和过硬的作风，成为农民水产养殖的主心骨。

2008 年，东辽县水产技术推广站承担了全国基层水产技术推广体系改革与建设试点任务。作为站长，他深知肩上的重担，经过深入调查、精心谋划、统筹协调，率先在乡镇水利管理站加挂水产技术推广站牌子，建立了乡镇水产技术推广站，解决了无乡镇站的历史，开创了吉林省的先例。这一做法得到了国家水产技术推广总站的认可，被省水利厅确定为"东辽模式"，并在全省予以示范推广。同时，他带领全站同志制定和完善了基层水产技术推广体系项目相关规章制度和考核办法，开展多方位系统性的服务，建立了"专家＋技术指导员＋示范基地＋科技示范户＋辐射带动户"的推广服务模式和多元化的推广机制。经吉林省水利厅考核评比，东辽县水产技术推广站在基层水产技术推广体系改革与建设中均名列全省前茅，2014 年 3 月被农业部全国水产技术推广总站评为"全国水产技术推广示范站"。

创优重在服务

百舸争流，不进则退。王雪发通知甘当农民群众的贴心人，甘当农民水产养殖的主心骨，他心系渔业，全力服务广大渔民和渔业生产，在为渔民服务上始终有一副热心肠，不管节假日，只要渔民在养殖过程中遇到什么难题，他有求必应，使渔民们深深感到：有了王雪发这样的技术干部做后盾，他们发展渔业生产的胆子更大了，信心更足了。

王雪发作为一名农技推广人员，他自任水产站长以来，每年都深入到全县的主要水库、塘坝、渔场、项目基地等渔业生产一线蹲点进行技术指导、现场培训和技术示范，不厌其烦地为渔民服务，解决生产中出现的各种技术问题。为做好推广示范项目和服务渔民，每年有近一半的时间在渔业生产一线度过；为提高乡镇推广人员的能力和渔民的技术水平，近五年每年都举办 3 期以上的水产技术培训班，平均年培训推广人员 100 人次、渔民 200 人次。2014 年以来，他利用新型职业农民培育项目，举办了两期生产经营性培训班，通过课堂理论培训和生产实训，极大地提高了渔民的技术水平，共培训新型职业渔民 100 人。

成就重在钻研

苦心人天不负，有志者事竟成。他自任水产站长以来，能够严格要求自己，努力钻研业务，务实肯干、严于律己，取得了水产技术推广工作的丰硕成果。2004 年 7 月被东辽县委、县政府评为东辽县第四批专业技术拔尖人才，2006 年 10 月被中华农业科教基金会授予 2006 年度神内基金农技推广奖，2010 年 3 月被国务院第一次全国污染源普查领导小组办公室、环境保护部、国家统计局、农业部评为第一次全国污染源普查先进个人，2010 年 12 月被农业部授予 2008—2010 年全国农业技术推广贡献奖，2015 年 12 月被省农业委员会、省水利厅、省畜牧业管理局授予吉林省最美农技人员；先后获得全国农牧渔业丰收奖三等奖 2 项、吉林省水产技术推广奖一等奖 2 项、吉林省水产技术推广奖二等奖 2 项、吉林省水产技术推广奖三等奖 3 项、吉林省科技成果奖 2 项、辽源市科技进步奖二等奖 2 项。几年来，在《中国水产》《中国商界》《黑龙江水产》《吉林渔业》等国家、省级刊物上发表专业论文 10 余篇，撰写了《东辽县水域滩涂养殖规划》《东辽县渔业"十一五"规划》《东辽县渔业"十二五"规划》等有实用价值的研究报告和技术方案 50 余个，并多次在省内和县内水产养殖技术培训班上讲课。

通过多年的水产技术推广工作和实践经验积累，王雪发现已成为东辽渔业乃至吉林省渔业系统的技术推广骨干力量和专家人才。他先后当选为中国共产党东辽县第十届、第十一届党代会代表，中国共产党辽源市第六届党代会代表。

王雪发体验着水产技术推广工作带来的充实和快乐，一如既往保持着对事业的热诚，始终大胆开拓、敢于创新、敢于担当。真情付出，是他的品格；敢闯敢试，是他的精神。他的心血、汗水和真情的付出，换来的是渔民们一年又一年喜获丰收的笑脸。如今，东辽县水产技术推广站在王雪发站长的带领下，正以只争朝夕的拼搏精神，勇往直前的豪迈激情，昂扬奋进的坚强斗志，厚积薄发的勇猛雄姿，严谨求实的科学态度，向着更高、更远、更辉煌的目标大步流星地跨越前行！

嫩江湾的农机探路者

——记吉林省镇赉县农业机械化技术推广站曲德辉

曲德辉，镇赉县农业机械化技术推广站站长，30 年来，他一直坚守在农机推广工作的第一线，与农民一起播种，一起丰收。工作作风踏实、善于钻研，无私地把自己的科研成果运用和实践到了镇赉农机科技发展和建设中。这些年来始终以一名普通党员的身份，风雨兼程、忠贞不渝、铧开大地、躬耕理想，在农机推广工作的大舞台上，以最朴实的方法诠释党性、品行、表率的真谛。

播种理想铸就灵魂

1988 年，在吉林省农业机械化学校毕业的他来到家乡镇赉县农机推广站上班，至今已有 30 年了。做推广，即使是浩瀚的沙漠，也要用一生去跋涉；做推广，光有热情是不够的，更需要潜心钻研。他那"播种理想，铸就灵魂"的铮铮誓言可谓掷地有声。推广路上困难重重，他奉行着对推广事业的挚爱与执着，对推广工作做了大胆可贵的探索尝试，摸索总结出许多宝贵的经验。充分体现了一名普通共产党员为人民服务踏实肯干的精神。由于工作突出，曾破格晋升为工程师、高级工程师，由推广科长、副站长及 2007 年被任命为镇赉县农业机械化技术推广站站长至今，曾多次被国家、省、市、县的表彰和奖励。

辛 勤 的 探 路 者

在农机化技术推广工作中，深知农机推广在"三农"工作中的重要位置，大力推广适合镇赉县情的一大批机械化技术和先进机具等，他都以坚韧不拔的精神和毅力，常年深入农村生产第一线，使一批批先进适用的农机化技术在镇赉大地上落地生根。就拿玉米机械化保护性耕技术来说，示范推广面积由 2007 年的 2 亩发展到 2016 年的 50 万亩，推广重型牵引式免耕播种机由当初的 1 台发展到目前的 460 多台。这看似非常简单的数字，在它的背后却蕴含了怎样的辛劳和坚毅？

由于是对传统耕作制度的挑战，要想改变农民的种植习惯，只有从实际出发，让农民亲自看到它的好处，才能由被动接受为主动实施。可是在当初实施起来却相当困难，没有对比，没有看到结果，怕失败影响一年的收成，农民不让在自己家的田里实施，更有已经同意实施的农户到真的去做又是不放心，百般阻止实验的进行。于是曲德辉同志悉心地讲解说教，劝说农户，一家一户地入户讲解，直至农户同意。在整个种植期间他和同志们全程跟踪，早出晚归，风里来雨里去，晴天一身土，雨天一身泥地奔波在田间地头，吃在田间地头，住在农户家里。大家能想象得到在漫天风沙中吃着土豆丝卷饼的情景吗？他们每年都选择不同的地块进行对比试验，功夫不负有心人，带领农民兄弟探索出了适合本地的种植模式，改变了原来的留茬垄侧播种为秸秆全覆盖、隔垄休闲、宽窄行免耕播种，并得到了大面积的推广。丰收了，农民高兴了，握着他们的手不愿松开，曲德辉深受广大农民群众的爱戴和尊重。

他常年深入到农户家中向农民宣传农机技术和机具使用知识，为提高农民使用先进使用的农机新技术新机具，加大力度进行宣传，他利用每年冬季农闲，组织科技人员利用科技之冬，现场会等时机深入乡村对农民进行培训，把自己所学的知识毫无保留地传授给农民朋友。

农机推广的创新人

在机具的引进及改制方面，他大胆创新，对白城恒达机械公司生产的 2BM－2 型免耕播种机、延吉插秧机厂生产的 2ZTY－2040 型插秧机进行了改制，达到了免耕播种及宽窄行插秧的技术要求，并把改制意见反馈给厂家。

同时，曲德辉也注重新产品的研发工作，2010 年与镇赉县第二农机修造厂共同研发了免耕式深松气吸式精播机，并获得了实用新型专利证书。在研发期间，单位成立了研发小组，由曲德辉担任研发小组组长，牺牲了节假日，从收集数据开始，了解生产现状，处理存在的问题，确定小目标一个一个突破，确定发展方向，从工厂到田间，一边坚持攻坚一边坚持实验，观察记载，修理方案，解决问题，经过无数个日夜的奋战，终于研发了免耕式深松气吸式精播机，为农民解决了困难。新技术需要新机具武装，为了及时引进先进的机具，农闲季节主动与全国各地的免耕播种机厂商联系，适量引进，做好试验示范与对比工作，经过几年的试验与示范及农民的接受程度，最终确定以效率高、播种精、故障低的吉林康达牌为主推机型；为了使农业机械更安全稳定高效，在农业机械的电机和齿轮箱应用中，大胆创新，发明了含油量大且机构稳定的甩油环，并获国家实用新型专利证书。由于推广工作做得扎实，保护性耕作技术的推广工作在 2010—2014 年得到了国家和省农机化推广补助专项资金的连续支持，2015 年还得到农业部农业技术试验示范农机专项资金的支持。

技术创新共发展

由于他锲而不舍的努力和坚持，在农业机械化技术推广道路上他一走就是 30 年，由他主持和参与的推广项目近 20 项，其中近几年来主持和参与完成的部、省、市下达的推广项目有机械化保护性耕作技术、水稻插秧机械化及玉米机械化收获技术、马铃薯全程机械化技术等，为镇赉县水稻、玉米、花生、马铃薯等大宗作物和经济作物做出了不可磨灭的贡献。其中"农业机械化玉米保护性耕作技术推广"获省农业技术推广奖二等奖，"玉米机械化收获技术试验与示范项目"获得省农业技术推广奖二等奖，"吉林省四轮乘坐式水稻插秧机械化技术推广"获省农业技术推广奖一等奖，"水稻高光效宽窄行插秧机械化技术推广"获省农业技术推广奖三等奖等；免耕式深松气吸精播机和含油量大且结构稳定的甩油环等获国家实用新型发明专利。

在学习和创新方面，他根据多年工作经验摸索出与推广相关的因素和其内在联系，总结形成了自己的观点并在《农机使用与维修》刊物上发表论文，编著了《农机驾驶员培训读本》《保护性耕作使用手册》《镇赉县保护性耕作技术创新与集成示范使用手册》等实用著作，始终把学习和创新作为一种修养、一种责任、一种追求、一种境界、一种习惯，持之以恒、与时俱进、不断提升，为镇赉县农机化技术推广事业做出了积极的贡献。

53 岁的曲德辉在农机推广的前线已经奋斗了 30 年，凭着农机人的激情和力量，他的推广工作也将会继续奋斗下去。丰收的时候，有一种坚定而又辽阔的声音在他耳边响起——播种希望，铸就灵魂。为了他的农机梦，他会继续探索。每一个农民喜悦的脸庞都有他辛勤的汗水，每一块试验田都有他坚实的脚印。一个个科研项目被他突破，一个个科研成果得到验证。他在成功的道路上没有停歇，追逐着一个目标又一个目标，迈着稳健的脚步坚实地走下去。

就像每一个他帮助过的农民兄弟都成为了他的朋友一样，他也一直都是土地的朋友，一直都是最了解农机的伙伴，一直都是那个把先进的农业机械和技术带到农民身边的人，为农民带来丰收的农机推广人。

责任在奉献中升华

——记吉林省桦甸市永吉街道畜牧兽医站孙家英

希腊神话中说，人的一生都在赶路，肩上担负着家庭、朋友、儿女、事业、希望等，历尽艰辛，却无法丢弃其中任何一件，因为这背囊上写着两字：责任。

芸芸众生，每个人对责任的理解各有不同，有的人将责任囿于生活甜蜜的小圈子里，而有的人却将责任放大到社会中。

让责任在奉献中升华，这是一种包含大爱的责任。

在金城桦甸，就有这样一个人，27年来，她用责任引领、用奉献筑基、用创新开路，以骄人的业绩向组织和人民交上了一张张圆满的答卷。

她，就是桦甸市永吉街道畜牧兽医站站长孙家英。

倾心奉献，业务精湛解民忧

1991年8月，刚刚18岁的孙家英以优异成绩从白城农业学校畜牧兽医专业毕业，被分配到桦甸市桦郊乡畜牧兽医站工作。

虽然是时的孙家英脸上还未脱离稚气，但凭着勤奋好学、做事麻利，加之有着4年的专业学习基础，她很快被同事们认可，上哪都愿意带着她，而孙家英也利用一切机会来提升自己的技术水平。不几年，她就成为技术高超的兽医，尤其在疫病治疗方面更是远近闻名。

有一次，桦郊乡解放村的一个养牛户的妊娠母牛得了病，在当地找了4个兽医诊治都不见效，后来打听到孙家英医术高，便把她请到家里，孙家英连续几天吃住在其家，终于把妊娠母牛治好，顺利产下牛犊，避免了养牛户几千元的损失。在桦郊乡畜牧站工作的近20年时间里，她医治好的畜禽数以万计，挽回群众直接经济损失数十万元。

20世纪90年代，人们的思想还不太开放，一些大男人做黄牛人工授精尚觉得难为情，何况孙家英是一个20岁不到的女孩子！但为了推广养牛新技术，她放下包袱和羞涩，全身心投入工作中，成为桦甸市第一个开展黄牛人工授精的女畜牧工作者。经她手授精的母牛，受胎率达到90%以上，有力地促进了黄牛养殖事业的发展。

1995年，孙家英开始独立承担门诊工作，把所学的新技术通过实践带到了畜牧养殖者中去。从那年起，桦郊乡天河村、解放村、二道荒沟村、三道荒沟、四道荒沟的村民每天都会看到一个小巧玲珑的女孩儿骑着自行车奔波于各村屯，每日行程少时几十里*，多时达百余里，寒来暑往，这一坚持就是17年。17年时间骑行多少路，孙家英自己不知道，只知道养殖户需要，她就随叫随到。

从桦郊畜牧站前往二道荒沟、三道荒沟、四道荒沟村必须经过辉发河。夏天丰水期时，河水

---

* 里为非法定计量单位，1里＝500米。

暴涨，坐船过河有时也不安全。而到了冬季，河面平滑，稍不注意就会连人带车摔倒，尤其秋末、初春两个季节，河面冰层薄，骑行在上面，常听到河冰发出的咯吱咯吱声，人走在冰面上都是心惊肉跳的。

有一年冬天，孙家英为养殖户诊完病牛后，已是晚上九点多钟，为了第二天能早早赶到另一个村，她谢绝了养殖户的挽留，独自一人骑行在寒冷的夜色中，行至河面上时，一不留神，一下摔倒在冰面上，好半天才爬起来。

一个柔弱的小女子独自在荒郊野外的寒冷冬夜中骑行，本来就已经心悸不安，又突遭这样的变故，如何受得了？疼痛和惊吓笼罩下的孙家英委屈得哭了。此时的她，心中特别希望有人能帮助她，但环顾四周，漆黑一片，只听见河面刮过的凄厉的风鸣声。平静了一会儿，她扶起自行车，一瘸一拐地走出冰河。

那天晚上，她因惊吓过度，一夜没睡好觉。但即使这样，第二天早上，她仍如约来到了另一个村。

正是有了孙家英的倾情付出，天河等村的养殖事业不断壮大。

勇挑重担，困难面前显身手

人不可貌相，这句俗语在孙家英身上得了极好的验证。在不了解的人眼里，长相俊美、身材小巧、性格淑雅的孙家英，一定是个弱不禁风、永远被人呵护的小女子。但就是这个外表看似柔弱的女子，内心却有着强大的力量，一工作起来，令男人们都汗颜！

在 20 世纪 90 年代初，桦郊乡四道荒沟村是个地处偏远、黄牛存栏相对较大的村，但因一直是当地牛本交，所以牛的品质始终不高。为了提高黄牛养殖的水平，当地政府把该村黄牛改良作为重点项目来抓，并责成乡畜牧站派一名技术过硬、责任心强的同志驻村工作。但半年过去了，这个村的黄牛改良效果甚微。面对着多重压力，畜牧站领导决定走马换将，思忖再三，最终把人选定在了孙家英：一是孙家英工作认真细致，责任心强，二是她诊疗技术高，能独当一面。可一考虑孙家英的现状，领导犹豫了，因为当时的孙家英，孩子刚满两岁，还离不开母亲。而四道荒沟村离畜牧站二三十千米，中间还要经过一条河，来回极不方便，一旦进驻，就有可能半个月甚至更长时间才能回家一次，母子半个多月不能相聚，这对孙家英母子来说有点太残忍了。

但没有办法，站领导还是忍痛做出了有点不近人情的决定。孙家英没有半句怨言，说服丈夫便来到了四道荒沟村。

在 2004—2005 年的两年时间里，孙家英一直吃住工作在四道荒沟村，全心全意为该村养殖业的发展奉献着自己的心血和汗水。2004 年完成黄牛改良 195 头，受胎率达到 90% 以上，2005 年完成黄牛改良 367 头，实现了该村黄牛改良零的突破，使桦郊乡黄牛改良覆盖率达到 100%。在扶持黄牛发展上，通过黄牛直线育肥技术的推广应用，成功扶持了 1 个育肥牛小区（存栏 1 000 头），22 个育肥牛场，黄牛年饲养量达到 6 千多头。

2006 年她被调回天河村后，仍坚持指导四道荒沟的配种员继续开展"三元杂交"以及畜禽疾病预防和诊治。四道荒沟村的黄牛改良取得了成功。但她自己却为此付出极重的代价：因为工作繁忙，加之交通不便，孙家英每月只能回家一两次，遇到活多时，她更是两个多月才回家一次，实在想孩子了，就让丈夫抱着孩子去村上。因为孩子发热照顾不及时，孩子得了疑似心肌炎；而她自己因为常年骑摩托车穿行于各屯间，患上了严重的风湿病，直到现在还不能长时间站立。

创新发展，造福桑梓裕乡村

2011年9月，孙家英调任永吉街道畜牧兽医站站长，是桦甸市目前唯一的女站长。永吉街道地处城乡结合部，因城市规划和征地拆迁，单位农用面积减少，全街畜禽饲养量下降。在这种情况下，为了保证永吉街道畜牧业的持续发展，孙家英积极引导养殖户由散养型向适度规模化养殖转型发展，在工作中重点抓好养殖户的技术培训和技术指导，彰显示范户的示范带动作用。2013年10月，帮助洪海蛋鸡养殖场完成了标准化建设，年饲养蛋鸡4万只，收益可观。与此同时，她深入各村摸底调查，找出有养殖意向的农户，帮助选择养殖场址，协调有关部门做好土地备案，指导建舍，全程跟踪技术服务，做好新技术推广。为了科学地扶持蛋鸡养殖户，孙家英多次外出考察，上网学习，推广笼养蛋鸡饲养管理技术、提高蛋鸡产蛋率的新技术，并针对鸡场实际引入先进机器，使蛋鸡产蛋率提高了10%~20%，6个养鸡场当年增收23万元。对于养猪户，她更是坚持常年下乡走访，针对每个养猪户的现状制定分户指导方案，重点推广生猪PCAI人工授精技术、生猪养殖交叉寄养法和分批哺乳法、野猪与家猪杂交生产特色猪肉技术研究推广项目等实用技术。成功扶持了胜邦养猪专业合作社，养殖量从五年前的703头发展到3 000多头。2013年8月，又帮助鸿涛生猪养殖场完成了标准化建设，现存栏生猪587头。在扶持黄牛养殖发展上，她更是发挥了多年的临床经验，2015年11月，帮助广润牧业公司完成了标准化建设，该场现存栏黄牛393头，其中可繁母牛221头，后备母牛45头。

在孙家英的带领下，永吉街道畜牧站全体工作人员倾心当好养殖户的技术指导员、服务员、办事员，使全街畜禽养殖得到了长足发展。截至2017年，全街生猪存栏50头以上的育肥猪场79个，存栏生猪8 209头；规模牛场14个，存栏802头；规模羊场11个，存栏2 038只；蛋鸡规模户11个，存栏15.07万只，科技推广利用率达到100%。

孙家英一心为公倾力惠民的举动，不仅赢得了广大农户的赞誉，也得到了上级部门的表彰，先后荣获桦甸市无疫区建设先进个人、桦甸市技能型人才、吉林市文明市民、吉林市动物疫病预防控制工作先进个人、无疫区建设先进个人、吉林市人才服务现代农业发展项目优秀专业人员等荣誉。

脚踏黑土地　热血献"三农"

——记吉林省东丰县大阳农业技术推广站张立君

　　田野讲述着春天的故事，双手描绘出最绚烂的四季丰硕，从事基层农技推广20余年，现年45岁的张立君，黑黝黝的面庞是黑土地的馈礼，阳光的微笑是科技致富的幸福。二十年如一日，踏遍山乡田野，熟悉脚下的每一寸土地；二十年的磨砺，双手老茧记录下每块田间的耕收；二十年技术推广探求，探索出适合本地的种植方式、科学种田的方法，走出了一条金色的康庄大道。在他的带领下大阳农业技术推广站连续九年被吉林省农业委员会评为"全省农业技术推广先进单位"，他个人先后被省农委多次评为"全省农技推广、农药管理先进个人"，先后获得省部级农业技术推广奖10项次，发表学术论文10余篇，15次获得省、市、县级先进工作者奖励。

　　热衷于农业工作的张立君一直在大阳镇农业技术推广站工作，大阳镇现有耕地面积15 948公顷，下辖23个行政村，187个村民小组，农业人口35 920人。面对本镇的农业实情，张立君全身心投入到服务农业、服务农民的工作中，用自己的实际行动践行着一名优秀共产党员和农技推广人的职责和使命。

用真心对待工作

　　张立君长期扎根基层，工作于田间地头，服务于千家万户，始终如一地坚持指导农民应用新技术，始终如一地将传播农业技术、发展农业和农村经济、致富农民作为自己的神圣使命，尽职尽责当好科技推广"最后一千米"的"二传手"。二十多年来，他致力于推广先进实用的农业技术、物化成果，为全镇的农业生产做出了突出贡献。积极参与农资市场的监督管理，配合农业局搞好种子、农药、肥料等农资产品的质量监督，保障了农资质量和农产品质量的安全。及时做好病虫害的测报，及时发放病虫通知单，为了把病虫测报工作搞好，他在不同农时季节，到田间地头查看病虫的发生发展情况，结合县植物保护站发出的病虫情报，制定出本镇最佳防治时间和防治措施、积极推广高效低毒的环保农药，把病虫的危害降低到最低。

　　他在工作方面抓好了农技推广站的各项管理工作，建立和完善了各项制度，抓好了农技推广站的各项建设。在基层农业技术推广这个平凡的岗位上所付出的艰辛与努力，所取得的成绩与成效得到了农民和各级领导的赞誉，在农民的心目中，他是"贴心人"，在领导和同行的眼里，他是"实干家"。

抓项目见实效

　　张立君同志从2013—2015年连续3年承担粮油高产创建项目工作。严格按照县政府、农业局的总体部署，制定实施方案，围绕政府推动、技术人员积极参与、农民主动参加的政、技、物有机结合的高产创建运行机制，集中力量、集成技术，提高技术的到田率，主攻单产、改善品质、提高效益。强化示范引导，促进平衡增产，全面提升粮食综合生产能力。按照统一整地播种、统一肥水管理，统一技术培训、统一病虫防治、统一机械收获的"五统一"技术路线，细化技术集成措施和人员配备，明确行政、技术人员工作责任，实行分片责任制，科学选择万亩示范片建设地点。通过示范田的展示和进行现场观摩，使农民看得见，摸得着的接受接技术、新方法，带动了 80％农户粮食增产达到 5％。

大力推广卓见成效

2009—2016 年，他一直在落实和完成全国基层农技推广示范县项目工作，2010 年他被评为优秀技术指导员。从开始的技术指导员发展为现在东丰县的技术指导专家，始终严格按照项目要求，以身作则，抓好技术指导员自身的培训和技术提高工作，遴选具有影响和带动力的科技示范户，并做好对科技示范户的技术指导、入户培训等一系列服务指导工作，按照农时生产环节，不定时进行田间指导。每年按规定时间登录到全国基层农业技术推广体系管理信息系统，对农技人员和本推广机构的信息及时进行更新。通过多年的农技推广示范县工作的开展和落实，使农民掌握了新技术，获得了新信息，了解了详细的农业政策，通过示范户的影响和带动，达到了传、帮、带的带动效果，使全镇农民依据科技种田，掌握了合理的种植方式和方法，获得了增产增收的效益。

积极参与勇于探索

东丰县是吉林省产粮大县，玉米种植面积占农作物总面积的 80％。由于气候的变化影响，东丰县玉米螟连续重发生，土法白僵菌防治玉米螟是东丰县传统优势项目。张立君积极同县里配合，提出合理化建议，得到省市县的认可，上级下拨项目资金，上下统筹协调配合，进行白僵菌生物防螟，将玉米螟专业化统防统治工作做得有声有色。2013 年 12 月，张立君获得农业部全国农牧渔业丰收奖农业技术推广成果奖二等奖（"吉林省 8 000 万亩玉米螟生物防治技术推广"），并研究撰写了《东丰县玉米螟专业化统防统治做法与经验》，使东丰县玉米连年获得高产，每年使农民粮食增产 5 000 余吨。

用热心服务农民

作为一名基层农技人员，张立君始终对自己高标准、严要求，以"全心全意为人民服务"为宗旨做好农业技术服务工作。经常深入田间地头，掌握第一手资料，手把手地解决农民生产中存在的问题，与农民交心，做农民的知心人，力所能及地帮助群众解决生产中的实际困难。

他手机里存满了农民的电话号码，农忙时节，坚持上门服务，走千家，访万户，下田进行诊断，只要农民有需要，一个电话他总能及时赶到，平常时总能和农民打成一片，与农民交谈，总是"三句话不离本行"，宣传党的惠农政策，讲一讲农业致富的好典型，问一问农民对农业技术有什么需求。他为农民送资料上门、传技术到位、指导到田，急农民之所急，总是想办法去帮助他们，用真情与农民相交，用实际行动取得了农民的信任，成了农民的"贴心人"。

张立君每年都设计制作各种技术知识手册、宣传单等，为农民进行入户技术指导和不同形式的技术培训，为农民多掌握技术知识和技能发挥自己的力量。

创新服务机制

事业心极强的张立君自觉利用工作和业余时间加强业务知识的学习，不断更新所学的知识，更好地服务农业、服务农民。多年来，他想方设法学习了很多项为农服务的技能。随着电脑、智能手机的不断发展和普及，农民对新事物接受能力有了很大提升。他积极学习，先后建立农业服务交流 QQ 群和微信群，及时传播国家的各种惠农政策，传递农民感兴趣的供求信息等，便于本镇农民的沟通和交流。他在专业岗位上更是严谨求实、勤奋刻苦，扎实做好试验示范和新农药、新技术的推广工作，在科技与农民之间架设起一座坚实的桥梁。试验示范项目按照方案要求，从田间设计到调查、管理、测产、考种、书写总结材料，每一环节都仔细认真对待，一丝不苟，为新品种、新技术、新农药、新肥料的推广应用、指导农业生产提供可靠的科学数据，受到各级政府的一致好评。

20 年来，始终奋战在农业生产第一线的张立君同志，把为农业服务作为自己最大的职责和最高的使命。脚踏黑土地，热血献"三农"，这就是一位铁骨铮铮的农业科技汉子的宽广胸怀，扎根基层，情系沃土，辛勤耕耘，一步一个脚印，在家乡的热土上洒下自己的汗水，不断求索于农业科技发展的路上。张立君同志在基层工作岗位上，用自己的实际行动实现着服务农业的梦想。

农业的继承者　农民的贴心人

—— 记黑龙江省宝清县农业技术推广中心孙淑云

在农业前线奋斗 27 年的孙淑云曾荣获农业部授予的全国粮食生产突出贡献农业科技人员、全国推广先进个人、省农业推广系统先进个人标兵、省推广先进个人、省科技自主创新先进个人、省推广系统大豆学科带头人、双鸭山市优秀党员、双鸭山市优秀科技工作者、宝清县县域经济发展做出突出贡献十大杰出人物等荣誉称号。在农民面前一提起孙淑云的名字，农民们都会竖起大拇指说，"那可是一位为我们农民办实事的农业专家啊，别看她是一位女同志，身材瘦弱，可在服务农民方面可毫不含糊。"

面朝黑土　一心为农

孙淑云 1968 年 11 月出生于宝清县龙头镇兰花村，看着庄稼在阳光下成熟，感受着从春天开始劳作后的自豪。她相信通过辛勤的劳动，奉献给这个世界的东西比索取的更多。自小她就立志要考上大学，为家乡服务。1991 年 7 月毕业于黑龙江省八一农垦大学农学专业，学士学位，同年分配到宝清县农业技术推广中心工作，1996 年加入中国共产党，2001 年 9 月晋升高级农艺师。经过二十几年来的努力，她练就一身过硬的业务素质，已成为农业系统的技术骨干，广大农民的知心朋友。

孙淑云第一年从事农业工作时战战兢兢，生怕自己做得不好让父老乡亲失望，一开始对"农业工作者"没有太清晰的概念，存在着许多不适应的地方，面临着许多问题和困难。年纪轻轻的孙淑云有着一股朴实的韧劲儿，她流了很多汗，吃了不少苦，皮肤也晒黑了很多，却没有一句抱怨。随着不断地学习实践，她对自己该做什么有了新的认识和期待——"我要为农业发展尽一份力量"。她学会了从日常工作中了解民情民意，并进行思考总结。期间，她也收获不少，既能把在校学到的理论知识发挥出来，学以致用，又磨炼了意志，培养了吃苦耐劳的精神，同时也学到了书本上没有的知识。在实践中，她的心灵得到了净化，思想得到了熏陶，认识得到了升华，觉悟得到了提高。多年来她亲身所感、亲眼所见、亲耳所听，对农业现状有了更多的认识。她说，展望未来，希望能号召更多从农村走出去的年轻人回到农村，为改变农村现状出力。

深入田间　走进农心

为精准把握农业发展状况，掌握宝清县各乡镇、村屯的农业生产情况及经济发展现状，孙淑云带领农业工作者轻车简从，深入各乡镇、村屯调研摸底，掌握第一手资料。工作二十几年来，她一直承担着宝清大豆、玉米、水稻等作物的试验、示范、推广及科技培训等工作。每年完成大豆小垄密、水稻超稀、水稻机插深施肥、玉米密植通透高产栽培及相关土肥、植物保护试验示范 10 项以上，推广大豆标准化"垄三"栽培、水稻大中棚旱育稀植、玉米密植高产栽培、白瓜高产栽培等增产技术11项，近三年累计推广达580多万亩，平均增产率达7.6%；培训干部、农民达2万余人次，为宝清县的农业增产、农民增收做出了贡献。

"作为农民身边的服务者，应当甘于奉献，无怨无悔"。每年农忙时节，也是她最忙的时候，经常奔波于田间地头和单位，每天的咨询电话也是络绎不绝，只要农民有问题找到她，她都会耐心帮助解决。孙淑云手机全天保持开机状态，以便农户及时联系，她时常在晚上接到农户求助电话，不管多累都会一大早带领技术人员赶到农户田间，指导农户解决问题。在一次出差时，她刚下火车就深入田间了解情况。类似情况常有发生，孙淑云无论何时何地，对农民都是有求必应，无怨无求，深得农民心。她在农村这片广阔的土地上留下了深深的足迹。

执着奉献　创新发展

2009—2014年，她主持农业部及省级粮食高产创建累计100万亩示范项目，产量超过国家要求指标，受到上级业务部门好评，为宝清县连续荣获粮食先进县奠定了基础。

2012—2015年，农技中心承担国家测土配方施肥项目，她作为项目部主持人撰写了《测土配方施肥实施方案》《测土地配方施肥技术方案》《测土配方施肥肥效试验方案》等，并认真为广大农民讲解技术要点，经常深入到田间地头进行技术指导。累计推广测土施肥面积160万亩，平均亩增产节资30余元。

2012—2016年，她主持了"基层推广体系改革和示范县建设"项目，作为项目负责人按项目要求撰写了《项目实施方案》《基层体系改革方案》。与其他技术员一起下乡包片、包村、包户，实行技术承包，在良种、良法选择，肥料科学使用，病虫害防治等重点技术环节，都深入到农户家中和田间地头，开展面对面的现场指导，确保良种良法直接到田，技术要领直接到人，提高了宝清县的技术到位率。累计示范、推广了大豆高产栽培技术150万亩，促进了百万吨粮食产粮工程的发展。

2012—2015年，宝清县被确定为国家级现代科技示范区，负责现代科技示范区的技术指导工作。其中现代科技示范区在全县建了9个智能化水稻催芽车间，能满足全县50万亩水稻的催芽。为了保证水稻催芽质量，从3月中旬至4月中旬，孙淑云同志每天都工作在催芽车间，保证了全县催芽工作的圆满完成。

2012年宝清县农业技术推广中心承担了省阳光工程专项技术和职业技能培训项目，作为项目负责人，为确保项目的顺利实施，孙淑云同志对项目进行了认真的研究，结合宝清县实际，并通过查找资料，花费了近两个月的时间编写了《农作物生产实用技术》《农作物病虫害防治员实用技术》两本达十多万字的实用技术手册，为宝清县农民学科技用科技提供了技术资料。2009—2016年，她先后主持了宝清县"无公害金红苹果丰收计划""无公害山葡萄丰收计划""玉米宽窄行高产栽培丰收计划""'宝青红'红小豆高产栽培丰收计划""水稻大棚钵育摆栽技术推广""高产优质高粱新品种龙杂8号的选育与推广"等，分别获省丰收计划奖一、二、三等十余次。

内外兼修　引领希望

做一名农业部门的基层工作者，要具备的基本素质很多。孙淑云同志在这一方面有着很多优秀的品质，工作中她甘于苦读、苦练、苦思，始终认为理论很大一部分来源于实践，不实践是不可能得出正确结论的，与其坐在办公室里做着理论研究，不如到田间到农民中去，实践出真知，实践指导农业。她常说既然从事了这份工作，就要承担起岗位职责，不管以前学什么专业，现在必须苦读，必须深入田间地头，平时工作没时间也要挤时间，在实践中快速成长。

在对自己严格要求的同时，对待新生力量更是悉心培养。对待新同事言传身教，毫无保留，常带领同志们下乡学习，理论与实践结合，提高业务水平。此外，为了农技推广中心的发展，以更好地指导农民农业生产，孙淑云同志为新同事创造学习实践的平台，让同事们能长时间的与业务接触、与农民接触，更快更好更直接地了解农事。她将自己的知识倾囊相授，并为了下一代的成长精心付出，是一个不可多得的好领导、好同志。

一个人的最大财富就是她的品质，没有哪个行业能够像农业这样赋予其如此丰富的内涵。艰苦的工作和诚实的汗水是构筑一个人品格的基石。从事农业工作的她，无论付出多少劳动的汗水，付出多少操劳的心血，当看到农业丰收，农民增产，都是她所有得到的最光荣最欣慰的生活方式和个人升华。

扎根沃土写春秋

——记黑龙江省甘南县宝山乡农村经济服务中心赵洪池

赵洪池同志是黑龙江省甘南县宝山乡农村经济服务中心副主任。他出生在一个普通的农民家庭，艰苦的生活和学习环境，让他在幼年时期就暗下决心，一定要通过自己的努力为改变家乡贫困面貌而奋发学习和工作。1986年，他考入牡丹江农业学校农学专业。1991年，被聘到甘南县宝山乡农业站工作。一干就是27年，把自己的满腔热忱、全部精力挥洒在深深眷恋着的这片黑土地里。也正是在这片沃土上汲取了丰富的养分，使他逐步由一个单纯的青年，成长为一个称职的农业技术推广工作者，成长为一名合格的农业技术推广研究员。

自2011年以来，先后编写技术方案15项、技术培训教材1份；参加技术培训讲座150多场次，累计培训人数达15 000多人次，解决生产中的技术难题千余项，在当地本行业中有较高的知名度。他还通过印发科技资料、利用QQ、微信、农技宝和农医生等多种媒体形式，在全县传播农业新信息、新技术，并为农民答疑解惑。在他积极地为社会主义新农村建设做贡献的同时，也先后获得各种技术成果奖励10余项，其中获得省丰收计划奖一等奖3项、二等奖2项，省农业科学技术奖二等奖1项，市科技进步奖一等奖和二等奖各1项，全国农牧渔业丰收奖三等奖2项。他撰写的12篇科技论文先后在国家级和省级刊物上发表。

一心只围着农民转、围着农业干

"葵花绕着太阳转，我爸爸围着农民转。"是他女儿常常睁着天真的眼睛瞅着他撒娇时最常说的一句话。他听到这话时，无言以对。是啊，人生往往面临着很多的选择，需要承担很多责任。在妻子、儿女面前，他算不上是好丈夫、好父亲，没尽到责任。可在农民心里，他必须做他们的好儿子；作为党员，他丝毫不敢亵渎它的神圣和在农民心中的地位。他爱人是一名教师，工作时间紧张。孩子幼时只有请求邻居帮忙照看，邻居有时也说："你们当父母亲的也够真'狠心'的，每天看不到你们的影子。"赵洪池在宝泉村农业科技示范园区蹲点，一蹲就是5年，5年中在家里的时间少得可怜。一次妻子打电话给他，不无怨气又带调皮地说："这位旅客你啥时回来住宿啊？"

5年来，他的全部精力和心思都融进了这个村，那里是他的寄托，因为那里每年都承担着大量的农业新技术试验、示范、推广项目，是全乡农业的希望。他每天4点半就到示范田去，一天不去，就觉得心里不踏实。天天都是早起晚归，260亩示范田不知留下他多少辛劳和希望。不仅如此，这个村每一个地块他都熟悉，那块地是谁家的、种的啥作物、地力如何、什么时候该上肥了、什么时候该打药了他都清清楚楚，了如指掌。

他是百姓耕种的导师。多年来，赵洪池牺牲了大部分的休息时间，踏遍了宝山乡的每个角落，全乡22个村60多万亩耕地遍布了他的足迹。农民来咨询苗情、除草、防病等技术时，一说是哪块农田，他就知道农民说的地块在哪儿，并且根据地块的实际情况，采取适宜技术措施，为农民排忧解难。无论何时何地，赵洪池总是耐心热情的接受农民的技术咨询，常被农民请到田间、现场诊断，开具药方。他的电话是向全乡农民公开的，保证一天24小时开机，随时解答农民的问题。许多农民朋友不分清晨和深夜，打电话给赵洪池反映病虫问题，咨询防治技术。甚至有的农民找到他家，请他为庄稼把脉看病。时间长了，他家都变成"庄稼医院"了。

他是农技推广的带头人、农民致富的好帮手。赵洪池始终把农技推广服务工作放在重要位置。他勤勤恳恳，任劳任怨，却从没道一声"苦"；农民朋友有农业技术方面的问题，他都一一作答，悉心指导，从没说过"烦"；田间地头有他忙碌的身影，课堂培训有他精湛的讲解；他放弃提职高升担任副乡长的机会，毅然在基层农业技术推广第一线摸爬滚打，无私奉献着……

他女儿说："农民还有个冬闲的时候，可爸爸你从没有闲着的时候，就连冬天也是那么忙。"的确，每年冬天，他都始终坚持深入基层调查研究，撰写了大量的调查报告和技术建议，为当地领导指挥农业生产提供理论依据，当好技术参谋。

用科技为农业插上腾飞的翅膀

1991年，刚参加工作的赵洪池并没有因工作条件的艰苦而沮丧，反而极大地激发了他挑战困难的激情、增加了工作的热情。他是一粒微不足道的种子，注定要在这片土地上扎根发芽，和这里的农民一道播种下希望，不断积累工作经验，汲取各方面的营养，等待收获未来。

他从上班的第一天起就连续20天吃住在村屯，蹲点指导水稻生产，推广水稻旱育稀植栽培新技术。在当时的情况下，该项技术推广难度实在太大了，农民不接受，村委会不支持，他求爷爷告奶奶地在四明、新兴签订了150亩的示范种植合同，秋后亩产保证农户实现500千克。就是这一纸合同，把他和农户拴在了一起，在水里泥里苦干了大半年。是"水稻旱育稀植必须搞成功"的信念支撑着他战胜了腰酸和背痛。从整理苗床到种子催芽、从育苗到插秧，每一个技术环节他都亲自动手示范，严格按照标准操作。

辛勤的汗水换来了丰厚的回报，秋后亩产最高的农户竟达到540千克。全村振奋了，农户高兴了。其实在他的心中成功的喜悦是无以言表的，没有哪种快乐比得上自己一腔心血维系的事业取得的成功更令人振奋。

1992年，宝山乡水稻旱育稀植面积发展到2万亩，带动了全乡水稻种植业的迅速发展。

水田杂草防除是群众最头疼的事，也是困扰赵洪池的一大心事，"想到了，就需要摸索动手做"是他多年来养成的习惯。从摸清水田杂草的种类和分布入手，两年间，他和同事几乎走遍了水田区的每一块地，采集了大量的杂草标本，拿回来对照图谱进行分类、整理。对杂草生长发育、生物学特性、适生区域有了充分的了解。为了采集样本的准确性，他每次都亲自下水，有时在水中一泡就是好几小时，由于血压低，在水里时间长了眼睛直冒金星。

付出和回报总是成正比的，大量科学数据的积累，为全乡水田化学除草提供了科学的依据，水田杂草的防治有了根本性的突破，水田草荒问题在宝山乡得以彻底解决。

他推广的玉米"早晚蜜"技术，使2005年全乡玉米平均产量由之前的每亩地350千克左右提升到500千克左右，增产40%以上。推广的大豆"垄三"栽培技术、测土配方施肥技术、甜菜纸筒育苗移栽技术、向日葵综合高产技术等，每一项都使农作物产量上一个新台阶。增加了农民的经济收入，加快了脱贫致富奔小康的步伐。取得明显的经济效益和社会效益。

由于赵洪池带领的农业技术队伍的无私奉献，宝山乡的农业科技普及率年年达到百分之百，全乡农业产值逐年递增，已经走在了全县首列。

让农业科技开花结果

多年来，他始终把振兴宝山乡农业作为农业技术推广的根本职责。作为乡镇农村经济服务中心副主任，他深深地感到自己所担负的责任重大。他常想：做一天和尚，必须撞好一天钟，做一任业务副主任，就得带出一届好的技术队伍，成就一番事业。只有这样，才能无愧于事业，无愧于群众，无愧于心。乡镇农村经济服务中心是农业发展的前沿阵地，每名业务干部都是农业持续发展的推广先锋。注重业务学习和人才培养，做到任人唯能、唯贤是他管理单位业务的原则。由于单位制定和完善了业务学习和政治学习制度、严格的考勤制度、严密的奖惩制度，大大地激发了技术人员学科学、用科学的积极性，使他们的技术水平和业务素质有了极大提高。通过单位培养和举荐，有 40％以上的技术人员晋升了高级职称，有的还走上了领导岗位。这些优秀的技术骨干，就是他倾心培养的农业科技之花、农业科技之果。他们的队友赵洪池正带领他们继续扎根在家乡的这片沃土上，一起为当地的农业发展默默地奉献着。

用热爱诠释农技推广人的使命和担当

——记黑龙江省穆棱市农业技术推广中心高春艳

高春艳，从事基层农技推广三十年，她用热爱诠释了农技推广人的使命和担当。

因为热爱，农技推广工作在她的创新中发展在发展中提升

多年来，为了破解农技推广服务"三农"的短板，解决农技人和农民沟通的瓶颈，为农民搭建起没有围墙的田间学校，高春艳同志以时不我待的紧迫感、危机感，求创新、谋发展。她围绕着新时期农技推广服务农业、农民、农村的宗旨，不断创新农技推广服务方式，将农技推广的服务窗口创办在田间地头、示范基地、农事企业和农民专业合作社，先后创办了集农民培训、专家咨询、科技成果转化、农业技术示范推广于一体的为农技服务大厅、农民田间学校、农业综合服务站等，打造了新时期农技推广服务的新平台。几年来，她先后在穆棱市下城子镇建立了测土配方施肥科技服务大厅，在下城子镇悬羊村建起了食用菌农民田间学校，在福禄乡国光村建起了水稻农业综合服务站，在共和乡建立了白瓜子一品乡服务大市场，为"乡有一业，村有一品"提供专业服务平台和队伍，实现了为农服务面对面、点对点。2014年"农民田间学校"的创新做法被穆棱市委授予创新突破提名奖。

因为热爱，她对农民的所思所盼饱含深情从不轻心懈怠

她把"俯身接地气，躬行赢民心"作为自己从事农技推广工作的座右铭，多年的工作经历让她提炼了一种信念，那就是一定要沉下身子，走到实践中间去，要有功成不必在我，功成一定有我的精神。

2013年，她主动申请到穆棱市下城子镇悬羊村担任村党支部第一书记。说实在的，她没有为了个人荣誉的想法，只想实现自己作为农技推广人的那份担当，在这个拥有500多农户的偏远山村，人多地少，要想富就必须发展特色经济作物。进村后她通过入户走访调查了解到，悬羊村有种植地栽木耳的历史，但就是因为基础条件差、技术落后、市场信息滞后，致使多年的木耳产业效益不高。尤其2012年的一场雹灾给全村的菌农造成了2 000多万元的损失，部分菌农几乎倾家荡产。面对村里的困境，她带着问题去省里各部门帮助跑项目，2013年在村里建起了第一批食用菌大棚。菌农不再为突如其来的暴雨和冰雹而担心了，食用菌这一产业得到了村民百姓的认可，产业规模发展迅速。如今的食用菌产业已成为村里的重要支柱产业，从副业变成了主业，把地方的特色小品种、土特产做成带动农民增收致富的大产业，高春艳也被村民们称赞为村民们致富的女菩萨。

因为热爱，农民朋友的喜怒哀乐她从来都是入脑入心

她常说，脚下沾有多少泥土，心中便会积淀多少真情，工作中她把百姓的需求，当做自己为农服务的第一要务。为充分调动农技推广人员的积极性，她创新了农技人员包乡镇工作责任制，树立"包扶一个乡镇，发展一个产业，富裕一方百姓"的推广理念。为每个包乡镇技术干部配备3G手机，安装"农富宝"专家咨询系统，让每一部智能手机都成为农民身边的农业专家，汇集了测土配方施肥专家系统、重大病虫害应急防御系统，黑龙江省种植历、农资市场信息等服务功能，为解决农技推广服务"最后一千米"的问题提供便捷，深受农民欢迎。

因为热爱，践行农业专家的职责她一丝不苟，一马当先

她曾先后引进长日型圆葱品种（苹果圆葱），填补了黑龙江省东部地区圆葱种植历史的空白。如今，苹果圆葱已成为牡丹江地区主要对俄罗斯出口蔬菜，新增效益超千万元。为推动农业产业结构调整，她引进大棚黑木耳吊袋立体栽培技术，创新了棚室循环水喷洒降温技术，塑料棚架多层晾晒技术，探索沙棘木耳、刺五加木耳等功能型黑木耳开发，打造了户均收入超十万的食用菌一品村。不仅带动了农民的增收，同时也带动了更多农民就业，深受农民朋友的称赞。此项推广技术获得了黑龙江省丰收计划奖一等奖。她创新推广的水稻"五超"超高产栽培技术也获得了黑龙江省丰收计划奖一等奖。

几年来，她把在实践中积累的经验结合理论加以升华，先后编写了《农村实用技术手册》《跨世纪青年农民培训教材》《食用菌优质高产栽培技术》《病虫草鼠害防治科技培训教材》《大豆、水稻、玉米高产栽培技术培训教材》，编写了农村实用技术挂历等。在《黑龙江农业科学》《北方园艺》《种子世界》《中国农业大学学报》《中国稻米》等刊物发表多篇论文。先后荣获黑龙江省农业丰收计划奖一等奖5项、二等奖5项。其中，穆棱市水稻五超栽培技术推广、穆棱市黑木耳棚室吊袋高产栽培技术、出口外销蔬菜无公害标准化生产技术推广、牡丹江市无公害瓜果菜生产综合配套技术、对俄出口果菜生产综合配套技术等获黑龙江省丰收计划奖一等奖。绿色食品玉米高产栽培技术、穆棱市农作物病虫害综合防治技术、大豆标准化生产技术、穆棱市测土配方施肥技术推广、设施蔬菜节本增效综合配套技术等获黑龙江省丰收计划奖二等奖。

因为热爱，事关农业农村发展的大事她始终常挂心间

2013年她荣幸地当选为第十二届全国人大代表，她不忘自己眷恋的"三农"事业和肩负的使命，先后提出了关于"加大对黑龙江省作物秸秆综合利用的扶持力度，确保百姓天蓝、地绿、水净的新常态"的建议、关于"加大农业面源污染综合治理力度，为百姓构建安居乐业生态环境"的建议、关于"加大山区半山区特色经济作物扶持力度"的建议、关于"加快建立土地轮耕休耕制度，实现藏粮于地、藏粮于技"的建议与关于"加快推进土地确权试点工作"的建议等。

每年的秸秆焚烧让老百姓怨声载道，叫苦不迭，各级政府都曾经采取过相应的行政措施制止秸秆焚烧的行为，但都没有从根本上解决问题。她在想，秸秆作为一种农业资源，大量焚烧一方面污染大气，另一方面也造成生物资源的浪费，于是她多次和省农业科学院的专家了解情况，了解掌握黑龙江省秸秆的资源情况和利用现状。2015年两会，她提出了关于"加大对黑龙江省作

物秸秆综合利用的扶持力度，确保百姓天蓝、地绿、水净的新常态"的建议，希望在基层难以解决的问题能够上升到国家层面得以解决。她的这个建议被全国人大列为当年的十大重点建议之一，同年7月就受邀参加了国家发改委、财政部、农业部、环境保护部、科技部、国土资源部、中国银行业监督管理委员会等八部委的调研，值得欣喜的是，2017年总理报告在坚决打好蓝天保卫战中指出"要加快秸秆资源化利用"。秸秆的综合利用上升到国家层面，必将有利于推动问题的解决，作为农技推广人又为百姓打开了一个心结，为资源节约，环境友好型社会建设做出了应有的担当。2014年，她列席了全国人大常委会关于《中华人民共和国食品安全法》首次修订的审议会议，充分利用这个机会把基层老百姓的意见和想法反映上去。审议中她发现作为风险管控源头的土壤无人问津，为重塑从田间到餐桌的全链条食品安全，她建议食品安全法草案，应该增加"对农药、化肥、兽药等农业投入品的控制"。她的建议不仅引起与会代表委员的热议，同时还刊登在《中国人大》2014年7月专刊上。2015年10月1日正式颁布施行的新的《中华人民共和国食品安全法》的第十一条和第十七条都针对农药、兽药管控做出明确规定。

青山不老，热爱常新，她常说，在农技推广服务的道路上没有过去时，只有现在时。在2017年春季面临长时间低温多雨的极端灾害天气，为鼓励和她并肩作战的全体农技推广同仁们，她写了下面一段话："当冰雪还未消融，我们已迈出春天的脚步，一年又一年，我们用辛劳换取春光无限，用智慧笑迎大地丰收，我们最习惯讲述四季故事，我们最懂春华秋实，我们就是最美农技人。2017我们撸起袖子加油干，一起在路上。"

心系农民，深入田头，为崇明农业奉献光和热

——记上海市崇明区农业技术推广中心技术站周燕

周燕，一头干净利索的短发，身材矮小，黝黑的脸上架着一副近视眼镜，26年如一日的扎根服务于崇明农业的她两鬓已略染白霜，不知不觉中细纹爬上了额头和眼角。多年来，她在思想、工作等各方面都有比较突出的表现，得到了各级部门和领导的肯定，市党代会代表、市三八红旗手、市"三下乡"先进个人、区优秀共产党员、全国农牧渔业丰收奖二等奖、市农业技术推广奖一等奖、区先进工作者等荣誉集一身，但她始终如一的坚守岗位，为崇明农业奉献光和热。

心系农民，爱岗敬业

了解农业技术推广的人都知道，农业技术推广是一个非常艰苦的工作，社会上有这样一句顺口溜，"农林水，跑断腿，没油水，还晒得像黑鬼。"一年365天，他们有200多天是在下乡下田，特别是每年的6—8月，是农技人最繁忙的季节，经常要顶着烈日、冒着酷暑，晴天满身汗、雨天满身泥，奔波于田间地头。在这样一个平凡、艰苦而又有意义的岗位上，周燕一干就是26年。有很多人问她，"你是一个女同志，怎么会选择这样一个工作？"她的回答是："这个工作是让我一展所长、服务群众的最好平台。"崇明是个农业大区，粮油作物种植面积多，分布区域广，但是只要农民有需要，她就带领站室人员赶赴现场，上门服务，经常早出晚归，走千家、访万户。2015年7月的一天，周燕和同事们在庙镇通济村做好肥料试验后，途经一片水稻田，看到大片水稻叶片发黄、发红，根据多年的工作经验，她的第一感觉就是水稻发生僵苗了。当时已是正午，气温达到了38℃，同事们也在不停催促赶紧回单位吃饭。但周燕想，水稻僵苗必须要尽快排水露田，增加土壤通气性才能促进根系生长，否则时间拖得久了，秧苗就会大量死亡。她心急着要尽快联系到农户，就赶紧四处打听，最后在村干部的帮助下，终于找到了这家农户，耐心向农民解释水稻发生僵苗的原因、症状、必需的措施等，并留下了联系方式。一周后，周燕接到了该农民的电话，说："现在稻苗生长已恢复正常，太谢谢你了！不然一百多亩的水稻损失惨重啊！真是帮了我的大忙啊！"

为了更好地服务农民群众，周燕经常带领技术站同事下到田头，用通俗易懂的语言为农民讲解种植技术，在此过程中，她也结交了很多农民朋友。当她到菜市场买菜时，农民朋友都会主动和她打招呼，亲切地叫她周老师。或许正是因为周燕把农民当亲人，事事为农民着想，用实际行动取得了农民的信任，才成为了农民的"贴心人"。

在坚守的这26个年头里，除了工作环境的艰苦，最让人难以接受的是农民朋友的不理解。在2007—2008年刚开始推广水稻机插秧时，经常有些农民不了解机插秧技术，看到秧苗比较小，在大田中显得稀稀拉拉，就阻挠他们插秧，还会遭受农民的质疑和谩骂，有的同事感觉非常委屈，打起了退堂鼓，但周燕将坚守岗位当作了人生追求的一种境界，她总会第一时间站出来，一边劝慰同事，一边耐心跟农民们解释机插秧技术。面对不依不饶的农民朋友，她向他们保证：

"如果最后产量比直播稻低，你的损失我全部赔给你！"通过几年宣传培训、建立示范点、入户指导、现场咨询等，水稻机插秧技术已经被广大农民所接受，每年的种植面积达水稻种植总面积的三分之一以上，亩产量比人工直播增加8%～10%。当看到农民朋友们收获的笑容时，她微笑着说："虽然很辛苦，但是我很快乐，这点委屈真的不算什么。"

潜心钻研，攻克难题

高效生态农业的发展更需要农业技术和品种的创新推广。因此，26年来，周燕一直致力于推广先进实用的农业技术，对每一项新技术、每一个新品种的推广，都坚持先试验示范再推广。随着产业结构的不断调整，全区粮食种植面积逐渐减少，要保证全区的总产水平，必须提高水稻单产，而优质高产新品种的推广应用是唯一出路。于是，2010年开始，周燕每年会从上海农业科学院及周边省市引进一批高产优质抗性强的粮油作物新品种进行比较和筛选。每次引进、比较、筛选的方案制定、田块的选择、播栽的要求、肥料的施用、什么时候搁田、什么时候复水，她都亲力亲为。播栽时、田间调查时她都顶着烈日，冒着高温穿梭于试验田头，汗水湿透衣服，一干就是一整天，累了就在田头田埂上稍作休息。通过两年的比较筛选，杂交水稻新品种'花优14'综合性状表现较好，高产稳产优质抗性强，可以大面积示范推广，但高产栽培技术尚未形成。于是，周燕又从2012年开始，连续2年开展了'花优14'栽培技术的研究。由于长期辛苦的室外工作，她的身体慢慢出现了一点状况，后来经过医院检查是肺部感染，通过手术切除了右肺上叶三分之一，但这丝毫没有影响周燕钻研攻关的热情，身体稍加恢复后，就迅速投入工作。通过大胆探索，耐心摸索，终于在2013年年底，总结形成了崇明地区优质高产杂交水稻新品种'花优14'栽培技术模式。2015—2016年，全县累计推广'花优14'19.03万亩次，平均亩产达到了603.5千克，比面上平均增8.74%，取得了较好的经济效益。

以身作则，言传身教

2007年开始，周燕担任农技中心技术站站长。从一个站员到一个业务站站长，不仅工作量将增加很多，同时意味着将要不定时的放弃一部分双休日，而收入也不会提高多少，是个苦差事，但是面对领导的信任和一名共产党员应有的担当精神，周燕承担起了这份责任。工作中，她坚持"正人先正己"的古训，要求别人做到的，自己首先做到，每天上班早来晚走，经常加班加点也无怨无悔。为了做好粮食作物绿色高产高效高产创建工作，周燕作为创建工作的主要技术负责人，在强化各项技术措施的落实的基础上，经常在水稻、麦子生长关键生育阶段，放弃休息日，深入田间，特别是对每个重点示范方进行踏田查看，根据查看结果因地制宜地逐方落实相应培管措施，而这每个轮回将要耗上一周左右时间，天天深一脚浅一脚，夏天汗水湿透衣服，冬天冻得直打哆嗦，但她的敬业精神得到了同事们的认可，也影响带动了一批人，整个技术推广站形成了"心往一处想，劲往一处使，拧成一股绳"的一个务实肯干、和谐向上的农技推广团队，创造出了一个又一个的优异成绩。2016年全区创建粮食作物绿色丰产高效模式示范方34个，合计面积28 986亩，平均亩产608.9千克，比面上增产10.11%；平均每亩经济净效益达756元；机械化种植比例100%；机械化植物保护比例91.3%；全生育期纯氮施用量达21.72千克，比面上平均减少6.58%；全生育期农药总施用量折纯量138.62克，比面上平均减少13.68%，在市农委组织的示范创建评比中，有10个创建方分别获不同等级的奖项；在周燕的带领下，2011—

2016 年技术站有 4 年被评为先进站室。

近几年，技术站新进一批大学毕业生，他们专业知识扎实，实践经验却很缺乏。粮油作物栽培技术往往看似相似，实际较为复杂，单纯的理论授课收效甚微，为了提升技术站整体专业技能，在日常工作的间隙，周燕经常带领年轻同志深入田间，实地学习实践。水稻生长季节往往是在超过 30℃ 的高温天，周燕会也毫不犹豫下到稻田中，寻找最典型的案例，向年轻的同志解释发生的原因、应该采取的措施，通过实地采样、细节对比，使年轻同志快速掌握了水稻栽培技术，提升了专业技术水平。

周燕说："'村看村，户看户，群众看干部'。要使部下听命于己，要取信于百姓，建立良好的领导形象，应先自己规规矩矩，扎扎实实地做出个样子来。"而她就这样做到了。

周燕是一名基层的农技推广者，没有惊天动地的壮举，但是她将广大农民群众当做亲人，用她的青春、她的热情、她的知识为崇明农民的增产增效奉献了一份力量。在"两学一做"学习教育常态化、制度化活动中，体现出了共产党员应有的精、气、神。

为了乡亲们的土地长出"金子"

——记江苏省泰兴市黄桥镇农业技术服务中心何健

"我是革命老区黄桥土生土长的农技人，土地就是乡亲们的命根子，我要让乡亲们的土地长出金子来。"这是江苏省泰兴市黄桥镇农业技术服务中心主任何健经常挂在嘴边的一句话。秉着这份对土地的真挚情怀，他三十年如一日，一直在黄桥镇开展农技推广服务，辛勤地耕耘，默默地奉献，用汗水浇灌着黄桥的每一寸土地。

开拓，田里长出"金子"

2013年12月24日，在江苏省泰兴市黄桥镇华庄村的何健家里，一片肃穆凝重的气氛，患病近三年的老父亲与世长辞了。何健，这个不轻流泪的汉子长跪在地，号啕大哭。他刚从万亩"菜篮子"蔬菜基地赶回来时，老人刚刚合上双眼。为了基地建设，竟然没能在最后关头侍奉在旁，怎能不悲痛、愧疚？

革命老区黄桥是一个有13万亩耕地的农业大镇。"要让乡亲们的土地长出金子！"当上农技员的那一刻，何健就立下了庄严誓言。为此，他一直蹲在地里摸索，埋到书里求知，跑到科研院所请教。为了走现代农业发展之路，2008年起，何健担负牵头编制"黄桥镇现代农业发展规划"的重任，力争用10年时间率先在全省基本实现农业现代化。为实现这一目标，他走遍大江南北学习取经，定规划、招人才、引资金，2009—2012年，先后建立万亩"菜篮子"蔬菜基地、万亩"绿色银行"林果基地、万亩"粮仓"稻麦基地。为了这三个基地，何健日夜奔忙，长年累月没能回家。"健儿，好长时间看不到你了。""健儿，什么时候回家呀？"，老父亲挂念着唯一的儿子，只能经常在电话里唠叨唠叨。2010年，父亲患癌住院了。基地建设正处于攻坚阶段，怎么办？何健只能歉意地把服侍老人的任务托付给妻子、姐姐。2013年12月24日傍晚，蔬菜基地的一种植户发生病害，何健匆匆赶去"看诊"，哪知竟与父亲长别。跪在父亲病床前，此时此刻的何健痛泪长流。

有一分耕耘，就有一分收获。如今，黄桥这片土地终于"长出"了金子，乡亲们奔上了绿色农业的致富之路，全镇高效农业面积6.8万亩，80%的土地集中到了种植大户、家庭农场和合作组织手中，基本实现了土地的适度规模经营和粮食生产的全程机械化。农业科技园常年繁育彩椒、西瓜、番茄等秧苗400万株，服务5 000亩大棚蔬菜；试种储备西兰花、彩椒、松花菜、番茄等新品种16个；年繁育多肉植物100多万株。万亩蔬菜"菜篮子"基地推广新品种24个、新技术12项，良种覆盖率100%。万亩林果"绿色银行"基地已建成设施葡萄1 800亩，花卉苗木8 600亩，特色水果300亩。三个万亩示范基地已分别成为泰州市的蔬菜、林果和粮食产业园区，蔬菜基地成为江苏省的"菜篮子"，林果基地成为全省规模最大的苗圃基地之一，粮食规模经营基地成为省稻麦高产创建示范基地。经测算，三个基地每年增加效益3 000万元。

创新，土地收获希望

基地建起来了，老何更忙了，"我们的家乡在希望的田野上……"手机铃声不时在田间地头回荡，许多种植户都笑称老何的电话为"希望热线"。是的，他整日整夜田间奔波于万亩"菜篮子"蔬菜基地，行走于万亩"绿色银行"林果基地，沉浸于万亩"粮仓"稻麦基地，用新品种、新技术播种着"希望"。

谈到老何，种植户杨从清逢人就讲"不是他指导，我家的两个孩子上学都是问题。"原来，杨从清承包了蔬菜基地 20 多亩种植常规蔬菜，亩纯收入不到 1 500 元，一家生计难以维持，心急如焚。老何根据市场需求，帮助他合理安排茬口布局，采用肥水一体化，实现灌溉、施肥自动化，亩效益超过 8 000 元，亩纯收入近 4 000 元。

说起老何，大家都会掰起指头说道一番。叶菜类种植户邓老兵接受老何的叶菜高温抗逆栽培技术指导，采用遮阳网、防虫网、粘虫板等措施栽培叶菜，在高温季节也能保证叶菜的供应，赢得了客户的青睐，亩效益增加 1 500 元；瓜类种植户陈方荣种植的西瓜出现了枯萎病，老何传授西瓜嫁接育苗技术，有效解决了重茬低效的连作障碍问题……种植户们说，正是何健的创新技术，让他们的土地收获了成功的希望，圆了他们的"致富梦"。

为了乡亲们的"希望"，何健成了江苏省农业科学院、南京农业大学、扬州大学等 5 家科研院校的常客。他牵头承担了茄果类蔬菜长季节设施栽培模式示范推广、夏秋叶菜安全抗逆栽培技术示范推广、设施蔬菜水肥一体化灌溉栽培、'泰花 4 号'、'泰花 5 号'选育及推广应用、稻麦高产创建等 10 多个项目，并全部通过了成果鉴定和专家验收。"先进的东西很多，自己首先要得知道才能谈要不要引来。"每一项新技术的推广、每一种新品种的引进，他都首先试验，有了成果才放心地通过各类现场观摩、技术培训，迅速向种植户推广应用。2015 年，他承担的"花生新品种选育及推广应用"项目，被江苏省人民政府授予"第七届江苏省农业技术推广奖三等奖"。新技术、新品种的推广应用，推动黄桥镇的农业长足发展，农民收入也持续提高，2016 年全镇农民人均可支配收入达 18 899 元，增幅过 11%。

服务，在脚下延伸

2014 年大年三十的早上，家家户户喜迎新年。种植户孟庆志叩开何健的家门，送来了两瓶酒，这已是他连续三次送上门了。"搞服务本来就是我的职责，能为大家做点事，是应该的。能让大家富起来过个好年就满足了。"老何再次解释，孟庆志也只好再次带着两瓶酒回了家。

原来，孟庆志在黄桥农业园区种植了 80 亩秋延后大棚番茄。按照往年的经验，春节前正是番茄价格上涨和销售旺季，可是，偏偏当年市场行情下滑，番茄的价格由正常的 3～4 元/千克跌至 1.2 元/千克。何健了解情况后，与苏州南环桥蔬菜批发市场的批发商进行对接，以 1.6 元/千克的价格结算。寒冬腊月，他随车到苏州南环桥蔬菜批发市场，由于批发市场的交易时间都在晚上 12 点左右，就和孟庆志睡在货车上。番茄在春节前全部销售了，何健却因感冒住院一周。

"我就是搞服务的。"是何健经常提起的一句"口头禅"。为提高蔬菜种植效益，降低蔬菜种植风险，2012 年开始，何健就积极发展订单农业。他通过朋友介绍，与福建超大农业发展有限公司扬州分公司合作，发展甜椒生产，以 3 元/千克保底价收购，由超大公司下属的万昌公司出口日本。为打开"订单农业"的突破口，何健首先与蔬菜基地种植能人叶宝良签订了 200 亩的甜椒订单。从购种育苗开始，到田间种植、管理，何健严格按照出口蔬菜的标准手把手教给叶宝良，全程严谨指导、严格监控每一次的施肥、除草、喷药，高达 80 多项的检测指标全部达标，甜椒顺利出口，平均亩产量 2 214 千克，仅甜椒一茬的亩效益达到 6 000 元，亩纯效益达 3 500 元。叶宝良欣喜非常："何健真不简单，不仅指导我们技术，还为我们争取订单，我们的种植就没有风险了，服务真真正正到家了。"有了示范效应，黄桥镇的"订单农业"如雨后春笋般迅速发展，目前已达到 20 000 亩，包括稻米、弱筋小麦、蔬菜、葡萄等，通过订单，不仅降低了农户的种植风险，还增加了种植效益。

为做好种植户的"保姆"，何健把 18 名技术员挂钩联系 57 个村（居）、946 个村民小组，实现服务与农户需求的"无缝对接"。他从自我做起，驻村蹲点服务，健全技术服务体系，将新品种、新技术、新模式、新装备迅速推广到千家万户。他还挤出时间在服务大厅，每周接待群众来访和咨询，深入田头现场解决，被群众称为"农民的贴心人"。

2016 年夏季，泰兴遭遇 40 年不遇的涝灾，兴禾农场 300 吨的小麦浸泡在水中，何健立即协调 4 台抽水泵抽水抗灾。在抗灾的 20 多个日日夜夜，他平均每天睡眠不足 3 小时，黄桥镇 57 个村、169 个种植大户的承包地都留下了他的匆忙的脚印、嘶哑的声音和疲惫的身影。调度收割机，组织烘干机，帮助种粮大户销售，全镇共挽回经济损失 1 000 多万元。

"为什么我的眼里常含泪水，因为我对这片土地爱得深沉。"这是诗人艾青的一首诗。年复一年，日复一日，30 年来，无情的岁月染白了何健的两鬓，他又用它染绿了黄桥这片沃土。他用实际行动践行着对黄桥老区这片土地的眷恋，用技术、用服务表达着对这片土地的深情。多年来，何健荣获"江苏省农技推广服务先进个人""江苏省优秀科技特派员""江苏省农技科普带头人""江苏省优秀乡土人才"称号。被泰州市农委表彰为"全市十佳服务之星"，被泰兴市人民政府授予"先进科技工作者"称号，多次被评为"优秀共产党员"和"先进个人"。

放 飞 理 想

——记江苏省无锡市惠山区蔬菜技术推广站余汉清

以一个共产党员对农民的真切情怀，余汉清三十二年如一日，放飞着自己"钻研业务，服务农业，致富农民"的理想，在广袤的绿色田野里、在菜农的白色大棚里默默耕耘，为致富菜农、丰富市民的菜篮子付出了青春年华，菜农们见到他就像见到亲人那样热情，像学生见到老师那样尊敬。他以自己辛勤的汗水，赢得了众多的掌声和鲜花，相继被选为区、市人大代表和党代表，被评为市优秀党员和江苏省、无锡市有突出贡献的中青年专家，江苏省333高层次人才学术技术带头人。20年来，他获得了部省市各级各类农业科技成果30余项、获得各级各类表彰荣誉40余项。面对成绩，余汉清总是谦和地说：

"向菜农传授技术是我的职责"

农家子弟出身的余汉清，对农民的艰辛有着切身的体会。他时常想，农民种菜不容易，作为农技人员，有责任向菜农传授好技术，帮助他们尽快致富；作为共产党员，有义务密切党群关系，为农民多做实事、多办好事。

1988年，余汉清从淮安调入当时的无锡县蔬菜站工作不久，就和同事们一起挑起了发展市属蔬菜基地、在稻麦种植区普及蔬菜栽培技术的重担。由于水稻田初次改种蔬菜和菜农缺乏种植技术，大白菜、西红柿等栽培技术问题严重，面对忧心如焚的菜农，他深感责任重大，无法及时解决相关技术问题就是失职。强烈的责任感促使他带领同事顶烈日转田头、迎寒冬钻大棚，经过对病株及土样大量的调查分析，终于在最短时间内诊断大白菜根肿病、西红柿疫病是大棚及田间水分过多、土壤环境欠佳所致，并立即指导菜农实施深沟高畦、三沟配套等降渍措施，浇灌石灰水调酸、增施有机肥等配套措施，终于使近千亩蔬菜起死回生，避免了菜农近300万元的经济损失。

多年来，余汉清一直坚持向社会公开承诺24小时提供蔬菜科技咨询服务，菜农遇到施肥、病虫害、药害等一般技术问题，都可以通过电话咨询直接得到解决；对菜农的急事难题，他就不分节假日不分雨雪天赶赴现场帮助解决，最多的一天，他连续赶赴七个蔬菜基地诊断病情、传授技术。菜农沈显兵是一个水生蔬菜种植大户，虽然有多年种植水生蔬菜的经验，但每年种植的茭白虫蛀率都要达到20%左右。2000年，沈显兵到惠山区承包土地种植茭白，在余汉清组织的蔬菜技术培训班中无意间提到了该情况，没想到余汉清过了两天就主动拿着茭白病虫害防治技术材料来到了沈显兵的承包田头，逐一为他剖析原因，讲解防治技术要领，并且每半月到田头会诊一次，直到茭白上市。这一年，沈显兵的60亩茭白基本没有虫蛀，每亩增收400元以上，他乐滋滋地感叹道："在惠山区有这样一心为菜农的好站长，真是我们的福分。"

蔬菜专业户不论是本地人、外地人，大多在余汉清的传帮带下成为了种菜能手。葛学云、何从高、邵士团、薛业美、田正国、陈贵喜、韩立荣等一大批人都在余汉清的指导下，成了蔬菜生产、销售及育苗的老板，成了蔬菜种植能手、农民技术员。望着一片片生态可持续发展的蔬菜基地、一片片长势喜人的蔬菜，菜农们高兴，余汉清也高兴，毕竟多年的心血没有白费。说起余汉清，菜农们都由衷地说："他是我们真正的贴心人。"听着菜农的赞语，余汉清又给自己加大了责任的砝码。

"时代在进步，服务要创新"

以不断提高广大城乡居民蔬菜安全水平为己任，余汉清借鉴外省市先进经验，广泛培训菜农科学用药，联合农林执法大队规范农资市场，与镇级农贸市场、朝阳蔬菜批发市场建立互动机制，率先在无锡市探索建立了放心菜准入制试点，实现了市民和菜农的"双赢"。2002年5月，省农林厅领导来区考察后给予了充分肯定，并通报全省学习惠山区放心菜市场准入制有关经验。

针对原有防虫网蔬菜管理困难的问题，他会同相关人员探索防虫网室构型优化，创新开发了框架式大型防虫网式结构，申报并获得了国家专利。新型结构的网室增加了抗风能力、开创了叶菜生产的新环境，比原有防虫网室增加了通风性，降低了湿度，为青菜等叶菜的产业化无公害生产打下了基础，为全省防虫网的推广应用作出了示范。

针对蔬菜生产灌溉、生产工序都需要强体力劳动的情况，他带头创新示范推广变频恒压灌溉及微喷供水设施与技术，颠覆了无锡地区夏季中午蔬菜无法浇灌的历史，并获得了国家专利，为现代蔬菜生产提供了一个灌溉新模式，实现了打开阀门即可进行相应的半自动化灌水，做到了灌溉省力化，实现了蔬菜生产劳动密集及高强度农艺环节的省力化措施的重大突破，一年内就在市属基地钢架大棚上推广了3 800亩，使单个农户的叶菜种植面积由原来的5亩增加到10亩，菜农经济效益实现翻番。

为破解蔬菜基地存在的土壤酸化及连作障碍严重、蔬菜病虫频繁发生、蔬菜产量质量不高、市民食品安全要求提高等困扰蔬菜产业转型发展与广大城乡居民消费健康的难题，2014年以来，他积极引进、集成和示范推广国内外蔬菜病虫绿色防控新技术，率先在江苏省内5 000亩成片推进建设蔬菜绿色防控示范区，成效显著。他创新提出的"健康土壤、科学栽培、合理防治"新理念和配套的技术措施，为无锡市解决蔬菜连作障碍、提高病虫防治效率和蔬菜质量安全提供了强有力的技术支撑，也为无锡市263行动中化肥农药的减量使用做出了引领，为推进生态无锡创建做出了重大贡献。

在做好技术支撑的同时，余汉清也时刻关注菜农产销问题。根据多年蔬菜工作经验，余汉清深知农业要实现产业化，菜农迫切需要从自产自销的圈子中跳出来。他巧用市蔬菜果品行业协会常务理事的身份，带领专业大户对接超市、批发市场、配供中心、食品企业等，并建立了长期合作关系，2016年，全区蔬菜专业户签订的产销直供合同近7 000吨，有力地推动了惠山区蔬菜订单农业的发展。当菜农们夸奖"他的服务真是到家了"时，余汉清情真意切地说：

"更好服务就要挑得起大梁，带得出团队"

为更好地服务菜农、造福菜农，余汉清多年来始终坚持在学中干、在干中学，成了名副其实的省级高层次学术技术带头人、科普惠农兴村带头人。忙碌劳累了一天的他，经常在深夜坐在书桌前，孜孜不倦地遨游在新知识、新品种、新技术的海洋里，不断地查阅资料、总结成功经验教训，寻求解决问题的对策与方法。功夫不负有心人，他作为主要完成人，平均每年发表1～2篇较高质量的论文、每1～2年完成1项农业科技推广项目，年平均促进菜农增收节支1 150万元以上。

最近，他努力成为江苏创新组建的蔬菜产业技术体系中24个推广示范基地主任之一，变不固定的产学研合作为首席专家-岗位专家-基地主任的紧密合作，打通了解决重大技术问题的通道。

持续不断的项目实施，他带出了一个强大的蔬菜技术推广团队，组织建立起镇村农技人员、企业合作社技术人员、示范户组成的多层次推广网络，快速传递和推广蔬菜三新技术，平均每年培训菜农1 000多人次，累计推广了20多个实用新技术、10多个蔬菜栽培新模式、70多个蔬菜新品种，为菜农致富、丰富市民的"菜篮子"提供了保障。

针对大多数菜农技术素质不高的现状，他总结多年蔬菜工作实践经验，主持编写了《蔬菜绿色证书工程综合教材》《无锡市无公害蔬菜生产技术培训教材》，率领推广团队对2 000名获得"绿色证书"的菜农进行了系统培训，建立了具有现代蔬菜产业意识的城郊型菜农团队。菜农们都说："这2本乡土教材，是我们致富的金钥匙。"

他是一个普通的农技推广人员，没有惊天动地，但有兢兢业业；没有轰轰烈烈，但有无私奉献；没有辉煌成就，但有群众口碑。他以锲而不舍、精益求精的工匠精神，始终如一地做好每一项工作，时刻牵挂着菜农的生计、市民的菜篮，把平凡的工作做到精彩，在平凡中闪现不一般的光华，用自己的实际行动放飞着朴实的理想。

情系"三农" 汗洒热土

——记江苏省南京市溧水区和凤镇农业服务中心俞同军

在溧水区和凤镇田野里经常可以看到一位头戴草帽、在农田间转悠的农家汉子，虽然才44岁的他，但由于长期风吹日晒，皮肤黝黑、两鬓头发花白的他显的比同龄人显老，他很普通，好像是一个地地道道的农民，站在农民中间几乎没有什么特殊的地方，但全镇8万多亩农田都有他的足迹，全镇大多数农民都认识他的面孔，一半以上叫得出他的名字，农民亲切叫他为"农业专家"，称他为农业增产、农民增收的保护者，他在国家、省、市级刊物上发表论文15篇，编撰各种业务工作总结、农业项目总结、农民培训材料150多篇。多年来他获得了诸多荣誉：全国农牧渔业丰收奖，江苏省农技推广先进个人，江苏省科技入户优秀农技指导员、优秀信息员，南京市五一创新能手，南京市测土配方先进个人，溧水区第二、三期优秀县、镇科技人才，溧水区优秀植物保护员……他就是江苏省南京市溧水区和凤镇农业中心主任俞同军。

服务"三农" 奉献青春廿三载

1995年9月，俞同军从南京市农业专科学校毕业来到他的家乡南京市溧水县孔镇乡，在乡农技站从事农业技术推广工作，他出生在农村，自小就生长在农村，对农业有着一种特殊感情，44年的人生、23年的农技推广工作历程印证了一句话，那就是"干一行、爱一行、专一行"，自上班的第一天起，俞同军思想上积极要求进步，毕业第3年就入了党，工作上兢兢业业、认真负责，处处以一名党员的标准严格要求自己，进村入户，到乡村农户和田间地头的"面对面、零距离、手把手"的推广农作物新品种新技术，通过学习、积累、探索，很快就成长为一名能够熟练掌握农业种植业、水产业、蔬菜技术、农业信息等多方面技术推广的多面手，在农技推广中独当一面，参加工作二十多年来他一直沉浸于田间地头，在农业生产的第一线，认真从事农业新品种、新技术、新模式的试验、示范、推广和技术指导、培训职业农民以及高效设施农业等相关项目的实施与研究，他总是奔走于田间地头，紧紧围绕着农民群众迫切需要解决的问题，进行调查研究、推广先进实用农业技术，为农业结构调整、农民增收做出了重要贡献，他情系"三农"、汗洒热土用自己无悔的青春默默耕耘，为实现农业增产增效、农民科技素质的提升和农民收入的增加做出了较大贡献，得到了领导、群众的一致好评，用铁的事实诠释着自己普通的人生。

推广农技 风雨无阻在一线

在工作中他始终牢固树立"服务农业、服务农村、服务农民"的思想，2001年被任命为和凤镇农业服务中心副主任，负责全镇农业技术推广与农业项目服务工作。他常年始终坚持深入田间地头，现场诊断，答疑解惑，解决农民群众在农业生产中遇到的各种疑难问题。在病虫防治的关键时期，他深入田间地头现场指导农民进行科学病虫害防治工作。在纵卷叶螟、褐飞虱特大发生年，为了掌握和凤镇西部石臼湖圩区及中、东部半山半圩、丘陵山区纵卷叶螟、褐飞虱等迁飞性害虫发生规律，他每天清晨从石臼湖圩区系统定点水稻田开始田间赶蛾、赤脚下田普查田间病、虫，从西向东定点田逐一进行，并详细记录、分析纵卷叶螟、褐飞虱等迁飞性害虫的发生特点，一查就是大半天。

他积极开展水稻优质高产高效配套技术研究集成与创新在农业生产第一线的应用实践，十分重视"良种良法配套"，强调"七分种、三分管"的技术指导理念，积极推广农业新品种、新技术、新模式在生产第一线中应用，近五年来共引进农业新品种 50 多个在和凤试验、示范，其中大面积推广 15 个。他推广应用水稻精确定量栽培，机插秧，蔬菜肥水一体化技术，蔬菜、茶叶绿色防控技术，小麦、水稻个性化测土配方施肥，水稻控释肥等 10 多项，取得了较好的效果，受到农民的欢迎。2008 年开始推广水稻精确定量机插秧技术过程时，由于农机手技术还不熟练，机插秧造成苗不匀、漏苗较多，农民一时难以接受，推广很困难。试验示范是最有说服力的方法，他找到和凤镇水稻种植大户陈小建、姜根生、沈金水等，从机插秧高产栽培技术、农机手培训方面进行培训，建立省级科技示范户水稻机插秧示范片，以点带面推广水稻精确定量机插秧技术，从水稻育秧开始到水稻大田移栽时期，他每天深入田头指导水稻"五统一"技术的落实，开展定点考苗工作，从种到收，中耕除草、病虫防治、田间管理、单打单收他都认真观察记录，最终示范田平均亩产达 680 千克以上，专家攻关田亩产达 700 千克以上，2012—2016 年和凤镇两个水稻绿色高产示范片 2.2 万亩全部普及机插秧，基本实现了水稻耕、种、防、收、储等粮食生产全程机械化，和凤镇水稻亩产常年超全区平均产量达 18 千克以上，加上水稻亩节本 60 元，仅此为和凤镇水稻年节本增收 450 万元以上。在他的努力下，2016—2017 年和凤镇还建成了 25 亩连栋钢架大棚育秧中心，打造了两个商品化育供秧基地，实现了机插秧苗工厂化生产，为打造区域化农产品公共品牌打下良好的基础。

开展培训　打通农技推广"最后一道坎"

俞同军深知农业技术培训在农技推广工作中的重要性，工作中广泛开展农业技术宣传与培训，加大了职业农民培训力度，大力开展了农业实用技术培训、新型职业农民培训、农业信息培训、农产品电子商务培训、家庭农场主等培训，同时他采取科技下乡、培训班、明白纸等多种形式和措施，深入田间地头和农户家中，与群众面对面、零距离地沟通与交流，传授农业技术，进行答疑解难、"诊断开方"，遇到农业灾害后及时指导群众开展生产自救，最大限度减轻损失。多年来，他每年下乡时间达 150 天以上，组织室内、外培训 10 多次，现场咨询农民服务 50 多次，直接培训群众 800 多人（次），接受咨询服务农民达到 3 000 多人次，发放科技图书和明白纸 8 多万份，培训方式采用集中培训、田头指导、选派外出脱产参训等方式，有效提高和凤镇农业大户的种养水平和农业品牌意识，培育了一大批懂技术、会经营的现代职业农民。同时，他建立了和凤农业企业、种养大户微信群、QQ 群、手机短信平台等，在全镇推广注册了从事农业生产服务的手机用户 300 多人，充分利用现代农业技术手段将关键的农业技术及时发送给农民。他多年被选为和凤镇部、省级科技入户技术指导员，他上门送农业信息、送新技术，为示范户解决实际问题，切实解决了农技推广工作中的"最后一道坎"，为和凤镇现代农业发展注入新的活力。

推进项目 打造"农业田园综合体"

市级农业园区——溧水和凤现代农业示范园区成立于 2011 年，俞同军全程参与园区的规划、申报、建设等，园区从无有、从小到大，倾注了他的全部心血，园区现已完成大棚设施蔬菜 5 000 亩，高档苗木 10 000 亩，有机茶叶 5 000 亩，优质粮油 10 000 多亩，特种水产 5 000 亩，初步建成了集大棚设施蔬菜、优质粮油、有机茶叶、高档苗木、特种水产等现代农业规模生产、科技示范、生态观光为一体的现代农业产业园园区。为增加规模农业发展、增加农民收入，俞同军带领单位全体同事深入全镇规模农业基地，逐一通过实地调研、自费外出参观农业特色园区，他提出了以园区农业企业、家庭农场、农民合作社规模农业基地为主要载体，全力打造循环农业、创意农业、观光休闲农业、农事体验于一体的"农业园区＋田园综合体"建设，促进全镇农业一、二、三产业融合发展。近年来，在俞同军的努力下和凤镇通过对农业园区提档升级、村庄整治、美丽乡村建设等，依托园区内三叶园林有限公司、南京秦淮梅园等农业龙头企业，打造了三叶园林、秦淮梅园、七叶山庄、泽沙农业等以"互联网＋"为主题的现代农业园区，推进了和凤镇农业结构调整与供给侧改革，发展采摘、观光、休闲、体验游，和凤镇农业田园综合体建设真正让和凤镇农区变景区、田园变公园、民房变客房，让旅游业带动现代农业、带动周边农民增收，使和凤镇田园综合体成为美丽乡村建设中的一大亮点工程，特别是三叶园林形成了苗木、园林、文旅多元发展的综合农业田园，打造了以自行车运动为主题的骑行"香"村旅游基地，成了南京首个园林骑行旅游基地，休闲农业示范区已成为农民增收的新亮点、城市居民旅游度假的新去处。

辛勤耕耘 不辱使命铸辉煌

俞同军在 23 年的基层农技推广工作中，恪守着农业职业道德与奉献精神，虽然他只是一个基层农技员，可他一心为农，全身心的扑在工作中，风雨磨砺一如既往，一干就是 23 年。平常工作中，他基本上没有休息，他的手机 24 小时开机，不管冬、夏、春、秋，只要农民需要，一个电话，一条微信，他多能及时接受农民的咨询与服务，他没有轰轰烈烈的壮举，却用点点滴滴服务着群众，他用火热的青春和辛勤的耕耘，谱写了一曲矢志不移的奉献之歌，在平凡的工作岗位上做出了不平凡的事业，通过俞同军等基层农技人员的不懈努力，和凤镇现代农业发展走在全区的前列，先后打造了国家级驰名商标"湫湖牌"大米、中国优质农产品示范基地、江苏省级农业标准化示范基地、江苏省粮食生产先进乡镇、江苏省先进信息网站……但俞同军深知这些成绩已属于过去，他将一如既往为了大地的丰收，为了农民的笑脸，坚守基层一线，继续发挥自己专业特长，指导农民、传授技术，带领和凤镇农民走上科技兴农的富裕之路。

农民身边的"洪专家"

——记江苏省海安县大公镇农业服务中心洪芳

因为长期在农村一线工作，经常直接和农民打交道，她常怀一颗为农服务的心。50多岁的洪芳是江苏省海安县大公镇的一名农技员，给人的感觉是精神爽朗、亲和干练的。她是农民信得过的、被人们亲切称之为的"洪专家"。

投身农门献青春

1988年，洪芳毕业于盐城农业学校，自从走出校门便开始从事农业科技推广工作。她积极推广农业新技术，开展农业结构调整，推进农技专业化服务。在农技推广岗位，洪芳一干就是30个年头。30年来，她始终把人民的利益放在首位，刻苦钻研、虚心好学、大胆创新，全力组织推广普及应用农业科技新措施，为农业增效农民增收农村稳定做出重大贡献。

刚开始，洪芳在单位从事植物保护工作。她以高度的事业心和责任感，坚持理论联系实际，以严谨细致、一丝不苟的精神，攻克了一道道难关，把一颗真诚无私的心奉献给丰收的土地，把所学知识、个人专长无私传授给广大农民，以平凡人的心态在一个不起眼的岗位上默默无闻地耕耘，并在平凡的岗位上，做出了不平凡的业绩。农作物病虫害是农业生产的生物灾害，严重威胁农业生产安全，作为一名植物保护科技工作者，她不论是冰冷的寒冬，还是炎热的夏天，不分节假日或刮风下雨，都坚持进村入组和田头，指导加强农作物病虫的常年监测，调查病虫发生动态，及时准确预报各种病虫害发生趋势，提出合理的防治适期，制订科学有效的防治措施。为了帮助农民解决病虫防治上的技术难题，提高防治效果，洪芳充分利用田间调查监测病虫的机会，与农民进行深入广泛的交流。每当有突发性病虫害发生，她都在第一时间赶到现场，为农民解决病虫害防治技术难点，确保了农作物的安全和丰收。分工植物保护专业工作15年，全镇的植物保护专业考核每年都在全县前三名。十多年来，洪芳累计撰写农业科技论文、总结报告40多篇，在省市级以上报纸杂志上发表或与人合著发表农业科技论文、科普文章30多篇。其中，5篇获评省、市、县优秀科技论文奖，在省内外同行中产生较大影响。

创新发展谱新篇

近年来，洪芳把工作的侧重点放到了粮食高产创建上。她精心组织实施稻麦高产增效创建万亩示范片建设项目，通过建立专业化服务组织，落实"一推四普及"技术措施，开展"五有五统一"专业化服务，扎实推进稻麦规模化种植、标准化生产、产业化经营、社会化服务，全面提升稻麦综合生产能力、安全保障能力和市场竞争能力。高产创建，技术先行。在实施高产创建过程中，洪芳把技术培训工作作为统一群众思想、转变群众观点和推广普及新技术的重要抓手。在创建实施前，洪芳亲自组织对高产示范点的农户进行集中培训；在项目实施过程中，她又组织对村干部、农技人员、科技示范户、育秧员、管水员、机械操作手、弥雾机手等进行技术集中培训和田头现场辅导，并逐村逐组培训。她先后举办技术讲座培训班 20 多场次，培训农民 2 500 多人次。为了加深农民对创建的了解和技术的掌握，洪芳还每年编撰印发科技小报 10 多期，累计共6 000 多份。在洪芳的努力下，近几年，大公镇顺利建成了稻麦万亩示范区，高产增效千亩示范片和百亩核心方，高产创建区面积占粮食种植面积 50％以上，取得了大公镇全年粮食单产连续11 年超吨粮的好成绩。大公镇稻麦高产创建也在省内外一举扬名，起到很好的示范辐射效果。部、省、市各级领导多次到大公镇视察指导，中国工程院士张洪程院士和中国水稻专家组陈教授等先后视察，并给予了高度评价，认为有总结推广的价值，充分肯定了高产创建所取得的成效。浙江、安徽等省内外的不少农技部门、科研院所专家也慕名前来参观学习。

在为农业增效，农民增收的服务上，洪芳一刻也没有停歇过。她大胆推广应用种植新技术，不断提升农民种植的科技水平。近年来，大公镇在洪芳的指导下，精确定量栽培、测土配方施肥等新技术得到了推广和应用。洪芳常常起早带晚，亲自做田间试验比对，通过事实让农民亲眼看到新技术带来的新变化。与此同时，洪芳还通过推行"测土到田、配方到厂、供肥到点、指导到户"的运行机制，采取县有一个耕地资源管理信息系统、镇有一张施肥分区图、村有一张施肥推荐表、户有一张施肥建议卡的"四个一"的推广模式，使之得到全面推广应用。经过努力，大公镇测土配方施肥推广到位率达 100％。

为农服务无止境

洪芳一心扑在工作上，不断创新服务方式。近年来，洪芳创新建立服务组织，她先后培植了海安县姜桥农机专业合作社、海安县于坝农机专业合作社、海安早稼植物保护专业合作社等十多家专业合作社，开展以统一商品化育供秧、统一播栽、统一病虫害防治、统一肥水管理、统一机械化作业为主要内容的专业化服务。为了加强服务人员的服务技能，洪芳专门开展技术培训，每年培训人数达 1 000 多人，使专业化服务组织建设上了一个新台阶。在把服务组织扶上马的同时，洪芳还采取送一程的办法，确保服务及时、准确、到位。她把农技站的技术干部，分成万亩示范片、千亩示范片和全程专业化服务示范村三个技术指导小组，定期苗情考察，掌握稻麦叶龄、苗情及病虫害的发生态势。为及时拿出技术方案，为合作组织提供服务依据。在洪芳的组织带领之下，大公镇"五有五统一"专业化服务开展得有声有色。大公镇植物保护专业合作社曾被南通市评为"十佳专业合作社"；海安县润禾水稻专业合作社被省农委评为"五有五好专业合作社"。近两年，该镇又新培育了 40 多个家庭农场。其中，3 家评为市级示范家庭农场，3 家评为县级示范家庭农场，尝试小规模种植主体种粮责任，大大解放了农村劳动力。她积极开展农业招商引资，推进项目农业建设，先后申报优质稻米现代农业园、东部科技现代产业园，成功引进千亩桃园、千亩梨园、千亩药材园、千亩设施蔬菜园、千亩优质稻米产业园等。

家庭社会成楷模

洪芳在农业领域是个好专家，在单位是个女能人，在家更是个好儿媳。她照顾瘫痪在床的婆婆，二十年如一日，不放弃、不嫌弃、不怕脏、不怕累，在她的悉心照料护下，婆婆的生活质量得到很大提高，能看电视，能坐轮椅外出串门。四乡八邻们都夸她是孝敬的好儿媳。对家人如此，对社会弱势群体也一样，谁家有困难，她总愿意帮一把，汶川大地震她一次捐款 1 000 元。

洪芳被县委县政府评为文明新风典型。

付出回报硕果累

辛勤的付出换来的是累累硕果。30 年来，洪芳主持和参加科技成果推广 33 项，其中获农牧渔业丰收奖 2 项、省级农业技术推广奖 3 项、市级推广奖 21 项、县级科技进步奖 7 项。参与编写科技推广培训教材一部。她组织大面积应用推广水稻旱育抛秧、旱育机插秧，稻、麦纹枯病综合防治技术，万亩吨粮田高产群体质量栽培，农产品质量安全建设，基层乡镇农业科技推广方法研究与应用等多项农业技术，都取得较好的社会、经济、生态效益。省市专家鉴定其成果应用后，认定累计增加社会经济效益达 8 000 多万元。她自己先后被评为江苏省青年科技兴农带头人、南通市 226 工程中青年专业技术学科带头人。2012 年，被省人力资源和社会保障厅、省农委及省公务员局联合评为江苏省农技推广服务先进工作者；2013 年被省农委和江苏广电总台联合评为基层最美农技员；2012 年全省农经农业系统争创"群众满意的窗口服务单位活动"优秀党员；2010 年和 2014 年海安县委县政府第七、八批专业技术拔尖人才；连续 3 年被县委县政府嘉奖，2 年记三等功。2011 年当选省第十二届党代会代表；2016 年当选南通市第十二届党代会代表；2011 年被县妇联评为优秀巾帼志愿者；2010 年，在"双争"主题教育活动中评为先进个人；2010 年被海安县评为优秀党员。

昔日"黄牛"赶"铁牛"　土里掘金促增收

——记江苏省盱眙县旧铺镇农业技术推广站黄富强

六月初的盱眙，烈日当头、万里无云，室外的温度已经高达 33℃。在城里人都猫在空调房里的时节，恰恰是农村人的"黄金期"，因为金黄的麦子已经开始收割了。这样的晴好天气，按照当地人的说法，是"老天爷开眼"，人们正忙着收割、晒场、运输、归仓。

6月3日，在盱眙县旧铺镇千柳村的麦田里，60 余台收割机械正在同时作业。村里的青壮年全部来到自家田地，伴着机械的轰鸣声，收获土地的馈赠。从机仓里吐出的麦粒，在阳光的照射下犹如金豆，逗得他们喜笑颜开。

在清一色都戴着大草帽的人群里，58 岁的农技站站长黄富强并不出众，黔黑的面庞上满是汗珠。喝下一口妻子递来的水后，他清了清嗓子，大声地对一旁的农机手嘱咐，一定要确保留田麦茬的高度在规定范围内。这些农机，都是以他的名字命名的"富强农机植物保护专业合作社"所有。

推广新式农机具，解放农村劳动力

在 2012 年 3 月，为健全农技推广体系，培育社会化服务组织和新型农业经营主体，黄富强带头成立了这个专业合作社。合作社现有社员 270 人，建筑面积 2 000 米²，拥有各种农机 208 台套，还包括 60 吨粮食烘干中心 1 个，机插秧育秧基地 1 个。近年来，合作社共流转土地 8 000 亩，年服务作业面积 5 万亩，年收益 50 万元。合作社主要为成员户和周边农民提供耕翻、植物保护、收获、烘干、仓储、加工和销售等"一条龙"服务。作为"江苏省示范合作社"，该社不仅带动社员的共同致富，还示范引领周边其他农机合作社的快速发展和规范运行。

黄富强生在旧铺，长在旧铺，工作在旧铺。割麦、插秧、除草、追肥、挖塘、筑坝，无一不去带劲干。劳动磨炼了意志，劳动创造了社会财富，劳动培养了思想品德。他爱上了农村、农业和农民。在农技推广工作上，他带头做给农民看，带着农民干，给予农民贴心的技术指导、优质的技术服务，不骄不躁、不嬉不随、不搞任何摊派，不吃拿卡要，处处树立良好的职业道德，并以"规定动作要做好，自选动作要做实"的自我要求，创造性地开展工作。

和土地打了 40 多年交道的黄富强认为：推广农机的真正意义，在于改变了农民"面朝黄土背朝天、弯腰弓背几千年"的历史，解放了大量的农村劳动力，让农民挺起腰杆，充分享受现代幸福生活。近几年，黄富强共推广水稻插秧机 180 余台，解放农村劳动力 6 000 余人。

2010 年旧铺镇在盱眙县率先实现了水稻生产全程机械化。同时，黄富强严抓农机安全管理，生产再忙、安全不忘，他坚持农机推广、农机安全监管"两手抓、两手硬"，每年举办各种形式的培训班，确保农机手证照齐全。旧铺镇的农机"三率"达 98% 以上，连续多年未发生安全事故，已成为全县农机监管示范乡镇。

黄富强创办的富强农机合作社保姆式一条龙服务的做法，曾受到江苏省政府徐鸣副省长、淮安市委练月琴副书记、市政府赵洪权副市长、盱眙县委县政府和旧铺镇党委政府各级领导的充分肯定和表扬。为此，淮安市委市政府还在盱眙召开了农技推广服务体系建设工作现场会，重点介绍了旧铺镇的做法。在之后召开的全市农机化工作会议上，他作为全市唯一的农技站站长代表还作了典型发言。

创业创新谋发展，攻坚克难为民富

黄富强所在的旧铺镇农技站作为政府职能部门，承担着本镇农业生产资源调查、农作物面积统计上报、农业规划制定和农业措施落实等工作任务。

旧铺镇属于丘陵缓坡地带，田块小、落差大，尤其是水稻生产插秧环节主要靠人工。2011年，县里要求每个乡镇搞一个示范点，而在黄富强的倡议下，旧铺镇则村村搞试点、村村召开现场会。黄富强和同事们还面对面、手把手地做示范，三年三大步，现在旧铺镇机插秧面积的绝对数和相对数，均在全县排第一。省农委、省农机局、省农业科学院的领导都对此作出肯定，这也为提高旧铺的知名度、改善旧铺生态环境、调整农业产业结构、解决劳动力就业、发展旅游业贡献了力量。

29年的农技工作经历，黄富强培养出对"三农"的无限情怀，16年的农机战线的打拼，折射出他对农机化事业的执着追求。他因地制宜推广农机化新机具、新技术，特别在省级水稻生产机械化创建方面，做出了先锋模范作用。他利用自身技术优势，强化农机与农艺融合，积极推广水稻机插秧"统防统治"技术，全力攻克"杂交稻机插""水稻钵苗机插""水稻机插精确定量栽培""麦后杂交稻稀播长秧龄"等技术难关，为当地水稻生产成本每亩节约200余元，水稻产量每亩增加50余千克，每亩增收300余元，实现了经济效益、社会效益双丰收。

多年来，黄富强结合发展高效农业、高效设施农业、休闲观光农业，结合农业招商帮办服务，还大力加强农业产业园区建设。到2014年年底，旧铺镇已建设市级农业产业园区2个，县级农业产业园区13个，提前一年完成了"十二五"规划任务。在工作中，黄富强积极推广无公害种植、绿色种植和有机种植，控减化学肥料、农药的投入，引导农民从追求高产向追求高效上转变，多创农业品牌，多增经济收入。

由于姓"黄"，加上工作上"拼命三郎"般的风格，再加上快60岁的年龄，和黄富强熟悉的人都戏称他"老黄牛"。黄富强坦然接受了这个称呼，他常说，在平凡的工作岗位上每天踏踏实实地做好每一件平凡事，日积月累、长期下来一定可以取得可喜的成绩。如今，黄富强这头"老黄牛"农忙时组织"铁牛"下地干活的画面，已经成为旧铺镇一道独特的风景。

内外兼修强素质，科技之花结硕果

黄富强目前拥有农艺师职称，本科学历。不过他说，他真正在教室里读书时间只有六年零一个月。

参加工作后，他越来越清楚地认识到"科技是第一生产力"这个真理。随后，他先后参加了中华会计函授学校会计专业、江苏省委党校函授经济管理专业、南京林业大学自学考试观赏园艺专业、东北农业大学网络教育农学专业的学习，均取得了毕业证书，还参加过农业部、省、市、县农委组织的各类培训学习，均取得合格证书或结业证书。有趣的是，有一年他和他的一双儿女同时取得高校文凭，这在当地一时被传为佳话。

天道酬勤。通过参与农技推广活动，黄富强在《北方水稻》《安徽农学通报》《中国农业科技》《现代农业科技》等杂志上，以第 2 作者发表论文 2 篇，以第 1 作者发表论文 4 篇。他个人在 2010 年被农业部授予 2008—2010 年全国农牧渔业丰收奖；2012 年被省农委表彰为全省农经农业系统优秀共产党员；2014 年被省农委表彰为 2012—2013 年度江苏省农业丰收奖一等奖；2017 年被江苏省人社厅和江苏省农委联合表彰为江苏省农技推广服务先进工作者；2012 年被市文明委表彰为淮安市"五型农民"培育行动优秀园丁；2013 年被市农委表彰为 2012 年度全市农业工作先进个人；2016 年被淮安市委农村工作领导小组表彰为全市农业农村创业创新工作中农机专业化服务标兵，2015 年被县委县政府授予十大农业科技人物。在他的带领下，旧铺农技站连续九年被县农委、镇党委、政府评为优秀服务单位，2014 年被县委县政府授予盱眙县农业十大成果奖，2015—2016 连续两年被镇党委、政府授予特殊贡献奖。

黄富强常说，成绩的取得，是组织上对他的信任。他愿意当一块磁铁，把胸中所学转化为更大的生产力，带动更多的村集体和农民一起"富强"。

牢记宗旨不止步，自强不息永向前

黄富强清楚地记得 1992 年 6 月 26 日那一天，他在镇党委机关支部光荣地加入了中国共产党。当他在"七一"纪念大会上面对党旗宣誓的时候，他心潮澎湃、热血沸腾，暗下决心——永远听党话跟党走，一切服从党、一生忠于党。

党的事业，没有高低贵贱。一年四季天天都零距离地和土地、农机打交道的黄富强，注定身上不会干净。在当地有个顺口溜："远看像要饭的，近看像掏炭的，要问是哪个单位的，是旧铺农技站的"，形象地描述了社会上对他的印象。对此，黄富强不以为意，还自编了一首打油诗："记住自己是党员，再苦再累心也甜。功夫不负有心人，铁棒终能磨成针。"他把这首诗是当成了心中的加油站。

作为一名有着 24 年党龄、35 年工龄的基层农技人员，现在，黄富强把自己定位为一棵无人知道的小草，是党的春风把他吹绿，是党的阳光把他照耀，是党的雨露把他哺育。党和人民一直关注着他的表现，关心着他的成长。他表示，今后会继续坚定共产主义信仰，牢记"为人民服务"这个宗旨，履行党员义务，永当农业战线的排头兵，"不忘初心，继续前进"！

> 甘为人民"老黄牛"，
> 不用扬鞭自加油。
> 服务"三农"创新业，
> 党章党规记心头。
> 团结奋进阔步走，
> "两学一做"争上游。
> 发展科技生产力，
> 壮志未酬誓不休。

这，是黄富强为自己写的诗篇。

水产养殖的引路人

——记浙江省温岭市水产技术推广站丁理法

"养殖户就是农民，农民最苦，靠天吃饭赚钱不容易，风里来雨里去的，如果我的工作能给农民带来增收，就满足了。"这句朴实无华而发自肺腑的话，至今依然感动着台州湾的每一个水产养殖户。说这句话的，就是温岭市水产技术推广站站长、推广研究员丁理法。

正是这样一位平凡而又不平凡的基层渔技推广人员，在自己的工作岗位上，几十年如一日，默默耕耘，带动了台州水产养殖业的新繁荣。在他的带领和努力下，昔日珍贵的泥蚶摆上了普通老百姓的餐桌，青蟹人工育苗这个难题迎刃而解，青蟹因此走向了世界……面对这一连串的成果，作为一位有 28 年党龄的科技人才，他笑笑说："我只不过做了一个水产技术人员、一个共产党员应该做的事。"

智报家乡，致力水产养殖增收

1984 年，丁理法以优异成绩进入浙江水产学院，开始了四年的大学生活。"我是农村出身的，填报志愿时，脑子里闪过的第一个念头就是农业类专业。"也就是那个念头，让丁理法成为了水产养殖的专家。

经过大学期间的学习和实习，毕业那年，学校的老师有意将丁理法分配到浙江省海洋水产研究所。这是家省级单位，对毕业生的素质要求也很高。不过，这份在大家看来不错的岗位，归心似箭的丁理法却没有因此而心动。"毕业后，我就想着要回到家乡，毕竟自己的根是在温岭的。"

回到温岭后，丁理法被分配到温岭县水产养殖公司下齐对虾育苗厂。随后就一直从事着海水养殖技术研究与推广工作，从基层一线的水产养殖公司的副厂长到乡镇一级的专业渔技人员，从科技特派员到水产技术推广站站长，兢兢业业，忠于职守，默默付出，又默默收获着。和他一起工作过的领导都说："丁理法同志，是个政治素质过硬、业务水平出众、工作业绩突出的好同志。"和他一起工作过的同事都说："丁站长这个人，作风优良，工作踏实，是我们学习的榜样。"和他接触过的广大养殖户都说："丁理法啊，他精通业务，又平易近人，可是我们水产养殖户的老相识、老朋友。"

20 世纪 90 年代初，对虾养殖暴发了全球性的病毒性疾病，海水围塘养殖受灾严重。为了摆脱困境，重振养殖业，针对温岭实际，丁理法不断摸索，三天两头往养殖户的池塘里赶，看看虾苗长势如何，有没有发病，要不要换水……养殖户一见有异样，就打电话给丁理法，不管是周末还是下班时间，他总是有求必应。经过一段时间的实践，探索出了中国对虾、长毛对虾、脊尾白虾与缢蛏、泥蚶套养轮养模式，通过三年时间的反复试验，最终研究确立了围塘综合养殖技术及虾塘三茬养虾套养贝类技术，得到了水产专家的肯定，该项技术在国内处领先水平，获台州市科技进步奖一等奖。全市 2 万亩围塘全面推广综合养殖技术后，每年净增效益 5 000 万元以上，并在省内外大面积推广。如今温岭的东门头、白璧、沙山等村还因此成为了海水围塘养殖的专业村，在省内久负盛名。

下定决心，攻克青蟹育苗难题

1996 年，丁理法受聘于温岭市海天水产开发公司，独立主持泥蚶工厂化育苗项目。刚刚建立的海天水产开发公司地处偏远的海角东门头村。当时，丁理法居住的是石棉瓦搭成的简易棚，一到下雨天，屋内就会漏水，摆上脸盆也无济于事；到了夏天，烈日炙烤下的屋子就像蒸笼一般。就是在这样的环境中，丁理法在育苗期的 4 个月从没回家住过一天，培育出泥蚶商品苗种 4.5 亿颗，为该公司创利 200 多万元，当年该公司跨入了台州市先进农业龙头企业行列。在随后的几年里，他每年蹲点主持育苗技术，累计培育泥蚶苗 42 亿颗，解决了当时泥蚶养殖生产急需苗种的问题，并为苗种生产单位创利 380 余万元。

青蟹是浙江、福建、广东沿海一带海水养殖主要品种之一，但由于自然海区青蟹苗种丰歉不一，致使青蟹养殖业发展受到制约。1996 年，市水产海洋局组建了"锯缘青蟹生产性育苗技术研究"课题组。时任松门镇渔技员的丁理法，已是小有名气的水产育苗养殖技术行家，于是就被借用并委以重任，担纲这项课题的研究。在 4—8 月份的青蟹苗种培育期，丁理法 4 个月天天守在育苗池边盯着，晚上总是守到 23 时以后才睡觉。为了不影响投料、观察，睡下时都要用 BP 机定时，因为心里总是牵挂着那些娇贵的青蟹苗，结果每次总是不到 BP 机响起，他就醒了。经过三年的反复实验，青蟹的生产性育苗终于获得成功。1998 年 8 月，通过了浙江省科技厅组织的专家鉴定，总体水平"国际先进、国内领先"。当年荣获温岭市、台州市科技进步奖一等奖、省科技进步奖三等奖。

推广技术，开启养殖户致富门

青蟹生产性育苗的成功，并没有让丁理法沾沾自喜。青蟹是浙江海水养殖的优势主导品种，过去大多采用粗放养殖，养殖技术含量低，产量不高。为改变这种现状，1999 年在台州市水产局大力支持下，丁理法向省海洋与渔业局申请了"锯缘青蟹人工苗的中间培养及养殖技术"项目。通过两年实施，培育Ⅲ期稚蟹 575 万只，推广实施青蟹人工养殖面积 3 182 亩，创产值 3 380 万元，净利润 1 232 万元。荣获农业部农牧渔业丰收奖一等奖，记入"十五"时期台州大事记。紧接着，他又主持完成了省科技厅"青蟹精养高产技术开发"项目，通过对青蟹秋苗塑膜大棚越冬、人工苗大规格蟹种培育、二茬养殖、低盐度养殖等技术的系列研究，在国内首次对青蟹养殖进行了全面的总结，形成了一整套大面积高产高效综合养殖技术，推广面积 5 125 亩，产值 5 521 万元，利润 2 048 万元，为省内外广大青蟹养殖地区提供了理论依据和可借鉴的实践经验，该项技术在国内处领先水平，获省科技进步奖三等奖。与东海水产研究所合作完成的"青蟹人工繁育养殖与种质资源开发关键技术研究及应用"项目，在上海浙江等地推广人工苗种 6.13 万亩，累计推广养殖 23.93 万亩，实现总产值 13 亿元。该项技术处国际先进水平，获上海市科技进步奖二等奖。

经过多年对海水增养殖技术的潜心研究与推广，丁理法工作起来真可谓是"如鱼得水"。主持"青蛤生产性育苗及中间培育技术研究"，形成的稳定生产技术在全省推广，实现了青蛤苗种自给有余。处国内领先，获省科技进步奖三等奖。完成的"大弹涂鱼生产性育苗技术研究与示范养殖"，处国内领先水平，已广泛推广应用，获省科技进步奖三等奖。主持重大专项"海水池塘虾鱼贝混养模式构建及其集成配套技术研究与示范"，研究并掌握了海水池塘各类型增效提质的关键技术，建立了虾蟹贝、青蟹脊尾白虾、可口革囊星虫等五种生态高效养殖模式。总体水平达到国内先进。

如何把这些先进的技术推而广之，让更多的养殖户受益，这是丁理法最强烈的愿望。为此他先后为省电视台编导了 13 部水产养殖电视科教片，核心期刊发表 80 多篇论文，主参编培训用书 5 册。制订水产行业标准和省地方标准各 1 项。早在 2010 年就成立了丁理法渔业名家工作室，为系统内培养了多名青年技术骨干。

辛勤的付出也收获了丰厚的回报。丁理法先后获农业部农牧渔业丰收奖一等奖 1 项、上海市科技进步奖二等奖 1 项、浙江省科技进步奖三等奖 6 项、浙江省农业科技成果转化奖。被授予台州市农业科技突出贡献者，台州市第四、五、六届拔尖人才，台州市终身拔尖人才，台州市十大杰出青年科技创新人才，浙江省百名科技自主创新青年标兵，浙江省劳动模范，浙江省优秀科技特派员，浙江省农业科技先进工作者，浙江省有突出贡献中青年专家，浙江省"新世纪 151 人才工程"第二层次，台州市"211 人才工程"第一层次培养人员等称号。享受国务院政府特殊津贴。

面对取得的多项水产科研成果和各级授予的各种荣誉，他没有故步自封。无论在企业，在乡镇，还是现职岗位，他都以一个现代水产人的标准要求自己，以踏实的工作作风取信于人，以诚实的品质团结人，始终坚定"技术永无止境"的信念，朝着既定的目标继续努力着。

山区里的"老牛技术员"

——记浙江省泰顺县筱村镇农业公共服务中心吴振我

在筱村镇的田野上，人们经常可以看到皮肤略显黝黑，一位上了年纪的农技员，无论是赤日炎炎的夏天，还是寒风刺骨的冬天，经常在稻田、蔬菜地里指导农业技术，宣传惠农政策，与农民促膝交谈，他就是泰顺县筱村镇农业公共服务中心主任吴振我。2017年已经52岁的吴振我，因长期帮助农民解决难题、奔走于田间地头，被农友们亲切地称为山区里的"老牛技术员"。

辛勤耕耘，三十年如一日

1986年，通过县里招考，吴振我被招聘为一名基层农技干部，分配到筱村镇工作。有一次，一位农民说他水稻病了，吴振我立刻到他水稻田去察看，通过仔细诊断，查出水稻得了生理性病害，于是便教他防治的办法，过几天那位村民说他按照吴振我教的方法把水稻的病治好了，表示感谢。这是吴振我的第一次解决问题的经历，也带给他前所未有的快乐，从那时起，他就暗暗下定决心，要利用自己学到的知识帮助农民解决各类难题，促进农业增效、农民增收。正是因为这样的信念，他毅然走上了农技推广的道路，这一干，就是30年。

筱村镇是一个欠发达山区农业大镇，为了服务全镇农业生产，农忙时节，他一天要跑上几十千米的乡村小路，坚持到田间地头服务，跋山涉水，晴天一身汗、雨天满身泥，三十年如一日。三十年来，他长期承担省级种子工程新品种展示示范基地建设，搞试验示范，坚持病虫测报，积极开展农业"两区"建设，筱村镇又是省、市基层农业公共服务体系建设试点和示范性创建单位，他作为项目的负责人，不知要付出多少心血和汗水。他始终如一地坚持指导农民应用新技术、传播农业知识、发展农业农村经济、致富农民作为自己的神圣使命。他在各级专家的指导下，推广了多项农业关键技术，常年在基层生产一线，开展基层农技推广服务，在新技术试验、示范、推广工作中，对提高农业生产力率和经济效益，做出重大贡献，深受当地干部群众的一致好评。

巧出点子，开拓统防统治新局面

2006年夏天，吴振我下村开展工作时，有一位老人家跟他说，我人老了，但觉得田荒了太可惜，种田又吃力，特别是防治病虫这个难题，你们能不能想点法子帮我解决？他一想，防病治虫是农业生产中劳动强度最大、技术含量最高的环节，如果出现防治不及时，以及乱用药、错用药的发生，经常出现减产减收现象。他看在眼里，急在心里，觉得迫切需要解决一家一户防病治虫难的问题。他把水稻病虫害统防统治这个想法向镇领导、县农业局领导汇报，得到了领导的支持。当时一无参考资料，二无样板，水稻病虫害统防统治工作根本无从下手，只能组织站里的同志下村入户，调查试点地块，征询老百姓意见。没想到，统一防治技术还没实施就受到村民的普遍欢迎，但也有人质疑统防统治的效果，甚至还有人劝说吴振我不要多管闲事，但他毅然决定实施下去。经过反复思考，他决定先搞示范点，等有经验再推广。就这样指导成立了泰顺县首家植物保护专业合作社，由合作社统一负责实施。在筱村镇新楼、长洋等 5 个村召开水稻病虫害统防统治动员会，在会上与会人员讨论非常激烈，村民提出收费、防治效果等问题，他一一作了解答，直到村民满意为止。工作一开展，田间机器一响，事情又来了，吴振我当天就接了 100 多个电话。参加服务的农户反映："不知道你们是怎么打虫的，连虫子都打不死，以前我们自己打的时候，一喷就死，一打就见效。"他解答说："我们使用的是环境友好型农药，药效慢，防治效果好。"过了几天村民终于明白了怎么一回事。他就是这样用真情与农民相交，用实际行动取得了农民的信任，成为了农民的"贴心人"。

2010 年 9 月，受不利气候的影响，泰顺县绝大多数没有实施统防统治的乡镇发生稻瘟病和褐稻虱危害，造成不同程度减产，尤其是扬两优 6 品种，基本绝收。而筱村镇实行水稻病虫害统防统治，区域内的扬两优 6 品种却取得丰收，证明了水稻病虫害统防统治突出的防治效果。2009 年 7 月，温州市水稻病虫害统防统治现场会在筱村镇召开，筱村镇的工作经验与做法得到与会领导、专家的一致好评。永丰植物保护专业合作社还喜获 2012 年全国农作物病虫害专业化统防统治百强服务组织，12 次受到省、市的表彰。

为民解忧，冰雪地里送温情

面对筱村镇农业生产结构比较单一的现状，经过反复调研，1995 年，吴振我决定利用筱村镇坡头村得天独厚的农田条件和莒江千亩蔬菜基地将被珊溪水库淹没的契机，积极引导农民种植大棚蔬菜。经历了几年的摸索和研究试验，农户对大棚栽培茄子都有一定经验和信心的时候，1999 年来了场特大冰冻，虽然采取了多套防冻保温措施，但还是难以抵挡 $-8℃$ 的低温，坡头村的茄子树大面积冻死。眼看自己的辛劳都要付诸东流，农民们都傻眼了。吴振我接到消息后立即与站里的同事赶去察看，由于冰冻路面打滑，车不能行驶，只能徒步前往坡头村。当时，听到菜农坐在田埂上一边哭一边说："茄子昨天还是好的，一夜时间全部冻死，信用社的农业贷款怎么还，生活怎么过呢？"吴振我听后十分着急，通过仔细观察，茄子根部还是好的，他认为，茄子再生能力强，如果采取一些措施说不定能挽回损失，于是，就立即向县里专家求助，同时还告诉农户乐观地看待。由于及时采取了及时有效的措施，当年每亩还获得 3 000 多元的纯收入。到 2001 年，大棚蔬菜种植已辐射到全镇 5 个行政村，种植面积已增至 1 150 亩，实现产值 920 多万元，仅一项就增加农民人均收入 1 500 多元。在他的努力下，筱村镇建设成为"温州市后备蔬菜基地"，先后获得省科委授予的"国家重大科技产业工程项目"和"工厂化高效农业示范工程实施单位"等称号。

增收致富，孜孜不倦的追求

吴振我就是这样一位时刻为农民着想的农技干部，他始终想着促进农业增效、农民增收，他是这样想的，也是这样做的。他全面推广水稻集中育秧、单季稻五改栽培技术、测土配方施肥技术、水稻病虫病害统防统治融合绿色防控；按照"稳定面积，主攻单产，提高品质，增加效益"的总体思路，通过实施"百亩攻关，千亩展示，万亩示范"推广模式，倾力打造部级万亩单季稻高产示范片，年示范水稻面积 1.08 万亩，平均亩产 605 千克，比原来全镇单产 550 千克，平均亩增产 55 千克，年增产稻谷 594 吨，累计增加经济效益 950 万元，攻关田平均亩产 783.1 千克，创下了泰顺县有史以来山区单季稻的最高产量。

在他的积极努力下，筱村镇积极建设蔬菜、粮油、茶叶、水果、林果等五大基地，年产值达 3 亿多元；通过指导好农产品的加工、销售等，提升了农产品的附加值，如做大做强了翁山甘薯干、蔬菜产业，产值从原来的 500 多万元，做大到 2 000 多万元。同时，利用农博会、新闻发布会、农产品推荐会、电商、农民信箱等帮助推广、销售，及时将农产品推销出去，壮大农业经济，提高农民收入。

守护生态，践行"两山"精神

在让农民增收的同时，吴振我坚定践行"绿水青山就是金山银山"的理念，大力推广高效生态农业，既富了农民口袋，又追求生态效益。筱村镇地处温州大水缸——珊溪水库库区"四镇一乡"范围，为实现"天蓝、地绿、水净"目标，为库区农民创建美好生活环境，筱村镇进一步加快生态农业建设，以创建省级现代生态循环农业示范区为载体，大力推广生态农业种植技术，减少农业污染源，积极发展循环型、生态型、节约型农业。例如，实施了病虫害统防统治融合绿色防控技术，这既提高了病虫害的防治效果，也对环境降低了污染。在化学农药使用次数、使用量、防治成本分别比周边区域减少 1.5 次、25％和 30％。2013 年温州市生态农业现场会议在筱村镇召开，得到与会领导、专家的一致好评，并辐射全市统防统治面积 60 万亩，年节本增效 1.5 亿，带动泰顺县 11 家植物保护合作社均衡发展，生动的践行了"绿水青山就是金山银山"的理念。

三十多年来，一起分配到筱村镇工作的同事绝大部分都走上了领导岗位，而吴振我却始终守在基层农技推广一线，取得了显著成绩，个人也获得了荣誉。先后 30 多次获得全国、省、市、县的表彰，如 2016 年被农业部授予全国农业先进个人；2016 年被中共浙江省委授予浙江省优秀共产党员；2013 年被浙江省人民政府评为浙江省第一届"河姆渡杯"粮食生产先进个人，授予浙江省农技工作突出贡献奖；2012 年荣获浙江新农村建设带头人金牛奖；2016 年被中共温州市委授予瓯江先锋优秀共产党员；2013 年被温州市政府授予十佳最美乡镇农技员等荣誉称号。并先后 16 次荣获省、市、县农业丰收奖，其中获得浙江省农业丰收奖三、四等奖 3 次，市农业丰收奖 10 次，县科技进步奖 3 次。他主持"山区万亩单季稻病虫害统防统治及集成技术推广应用项目"，荣获 2013 年度温州市农业丰收奖一等奖等。

任何成功都不是一帆风顺的，他在农业技术推广过程中没少费心、没少吃苦、也没少遇到困难，甚至在最艰难的时候都想过放弃，但一想到农村群众的殷切盼望，一想到地里天天照看的农作物，他咬咬牙就克服了，而且学得更深，钻研得更广。

为了搞好工作，他不知加了多少个班，放弃了多少个节假日，一年忙到头，辛劳程度可想而知，可他总是乐呵呵地说，做农技推广人的职责就是为农民服务，就是要扎根田里，就要有艰苦奋斗的奉献。为了让农民增收致富，为了农业农村发展，吴振我同志表示，将继续发挥"老牛"精神，不忘初心，一如既往地干下去。

淡水鱼都的"领路人"

——记浙江省湖州市南浔区菱湖镇农业综合服务中心沈学能

现年59岁的沈学能是湖州市南浔区菱湖镇农业综合服务中心的一名渔业技术员，从事渔业技术推广工作已有39年。虽然临近退休年纪，但事业心极强的他还常常下村走访，了解鱼市行情，询问渔民的养殖情况。

在菱湖镇渔民的心中，他是不折不扣的"渔博士"，更是淡水鱼都的"领路人"。作为一名普通的基层乡镇农技推广员，他注重经验积累与科学技术结合，一门心思扑在养殖技术创新和养殖新模式推广，连续多年被评为省渔业先进工作者、基层农技推广优秀工作者，获得浙江省农业丰收奖二等奖等荣誉，农业部渔业局专家也为他的贡献点赞，他点点滴滴的付出更得到了广大渔民的交口称赞。

渔民心中"及时雨"

据悉，南浔区菱湖镇是全国三大淡水鱼出产地之一。近年来，该镇大力弘扬湖鱼文化，拉长渔业产业链，全力打造"中国淡水渔都"新名片，作为淡水鱼都的"娘家人"，镇上的养殖户只要养鱼碰到难题了，都会想到找沈学能来解决，向他请教鱼塘水质、鱼病防治等各类问题。

2017年的江南夏季，高温肆虐，最高气温连创新高，而每天40℃的高温对于菱湖养鱼户们来说是一种煎熬。"连续高温会导致养殖塘内水温升高，鱼的食欲下降，应控制饲料投喂量。还要适时增氧，预防蓝藻的暴发。"这些天，老沈奔波在镇上的各鱼塘，了解黑鱼等生长情况，指导渔民高温期间的注意事项。而这样的连续高温天，让老沈回想起了2013年的那场由高温引发黑鱼大面积暴发性死亡事件。

2013年的夏天，近40℃的高温笼罩着菱湖镇，也扯紧了每个渔民的神经。沈学能已经10多天没有睡好了，"学能师傅，早晨起来，鱼塘里翻着肚皮的鱼成片成片，一天死几千条，损失已经20多万元了，快给想想办法吧。"永丰村养殖户老赵天蒙蒙亮就敲开了沈学能家的门，向他求助。

"黑鱼生存最适宜的水温是16～30℃，温度过高或过低，都容易导致黑鱼生存的不适应，造成病害。"看着菱湖镇永丰村、东河村道路两旁堆放着的没有来得及填埋处理的死鱼，沈学能又着急又自责。一刻都不能耽搁！很快，他以菱湖渔业协会的名义，邀请了浙江省淡水所、湖州市水产技术推广站的水产专家教授，组织了8次专家会诊。每次顶着超过40℃的高温到各家各户会诊，渔民们既感激，也心疼。

通过病鱼细菌分类和病毒试验，专家们很快得出了化验结果，也得出了帮助养殖户降低损失的妙招。"每天的死鱼都要马上清理掉，免于水质被污染，影响活鱼生长，能够上市的黑鱼，把鱼塘抽干再打捞销售。"沈学能梳理出了5条技术应急措施和10条生产技术管理措施，迅速召集镇上的养殖户传授方法。死鱼渐渐少了，沈学能这才放下心来。

生态养殖"领路人"

"要做好惠农实事，最重要是要帮助农民增收致富"，这是沈学能在从事技术推广30多年来，心中一直牢记的话。放眼如今的菱湖镇各村鱼塘，"水上种菜、水下养鱼"已经成了一大特色，"水的富营养化问题是我们养殖户的心病，沈师傅推广我们开展的这种生态养殖模式既改善了水环境，又增加效益，而且看上去还美观。"养殖户老赵第一个响应了沈学能的建议，开始生态养殖之路，收入也蒸蒸日上。

菱湖镇建丰村因养殖黑鱼而远近闻名，那里的黑鱼还有个响亮的牌子叫"黑旋风"。2013年因遭遇罕见高温天，加上鱼苗放养密度过高，养殖户们损失惨重。之后，随着老沈主导的池塘微生物应用与生态环境修复、鱼菜共生等生态养殖技术的推广，建丰村的"黑旋风"又开始红火起来。来到该村丰农黑鱼专业合作社的养殖基地，一口口波光粼粼的标准化鱼塘，一条条错落相间的主干道，一条条排灌分家的水渠，构成了广袤连片的养殖基地。

沈学能告诉我们："一个池塘、一个小屋、一位农民；蓄水、撒苗、投料，这是传统落后的水产养殖模式。养殖方式落后，鱼塘水质不过关，饲养的黑鱼也卖不出好价钱。同时，水产养殖一味追求高产不是长久之计，应该根据市场规模容量确定当年投苗密度、投料多少、产量高低。"说起生态养殖给鱼塘带来的变化，养殖户包国良感触颇深。"虽然现在亩产降低了，但黑鱼的生长环境更好，死亡率明显下降。而且，老沈也会定期来给我们技术指导，操作更规范，大伙儿积极性更高。"

现如今，这片2 000多亩的省级标准化生态鱼塘水质清澈，形成完整的食物链条和自我良性循环的生态环境，建丰村的养殖户们通过走生态养殖之路，让"黑旋风"焕发新生机。在此基础上，他还争取省级特种水产主导产业示范区创建，通过"合作社＋基地＋农户"的产业化经营模式，辐射带动周边2万余亩水塘。

"生态养殖是今后水产养殖的大方向。"他说，"推广池塘生态、循环养殖实用技术，种植水生蔬菜能对水质起到较好的改良作用，不仅减少池塘换水次数，提高水体利用率，还有较高的经济效益。"同时，他还积极推广人工配合饲料饲养加州鲈鱼，配合饲料取代冰鲜鱼，减少养殖污水排放，减轻面源污染，解决了节水、节能、减排等问题。

老鱼塘焕发新生

池中养鱼、池埂种桑，在素有"丝绸之府""鱼米之乡"之美誉的南浔早有先例。然而，随着养蚕业向外地转移，一种富有特色的"油基鱼塘"种养模式渐成气候。谈起"油基鱼塘"这个种养新模式，沈学能如数家珍。简单来说，"油基鱼塘"用油菜等作物取代原有的叶桑，在保持原有的生态效益的同时，经济效益也十分显著。在菱湖镇卢介庄，3 000多亩的特种水产示范区里，黑鱼、黄颡鱼、加州鲈鱼、青鱼、花白鲢等鱼类和塘基上的油菜、芝麻的收益综合起来，2016年总产值超过5 500万元，刨去各项生产成本，亩净利润有6 000～7 000元。

"在菱湖，改造成油基鱼塘的规模型现代水产园区已经有4万多亩。"沈学能说，池塘养鱼，塘基上冬天种油菜、夏天种芝麻或黄豆的特色模式，是菱湖人的"自主创新"。鱼塘里的淤泥可以用作塘基作物的肥料，而塘基上的油料作物都被厂家收购，剩余的副产品则做鱼的饲料。

据测算，相较于水田，塘基油菜籽的亩产量增加了40千克，更能节约开沟排水的劳动和成本投入。在沈学能的带领下，如今在南浔菱湖，油基鱼塘、鱼菜共生、稻田养鱼等综合种养模式已开启了新时代的生态篇章。2016年，他又带头引进池塘循环流水养殖技术，建立基地2个，开展养殖试验，取得了初步成功。

除了菱湖镇农业综合服务中心的渔业技术员，沈学能还是菱湖渔业协会秘书长。菱湖渔业协会是养鱼人的"娘家"，多年来，他积极组织科技示范指导培训，推进渔业生产方式转变，帮助农民解决疑难问题，每年参与组织农民技术培训6～8次，每次组织培训，他都会针对养殖户的实际需求，提供相应的技术支持。2016年，协会举办培训班15期、参训人数1 250人次；组织专家认证、会诊5次；开展科技示范户党员活动2次、参加活动人员80多人次，使渔民们提高了养殖水平，开阔了思路，更新了观念。

在他看来，作为一名基层渔业技术推广员，工作开展要从农民的实际需求出发，这样才会有成效。近年来，通过渔业协会的多年普及教育，该镇连续5年水产品检测合格率达到100%；良种普及率达95%以上；农民养殖新技术培训和推广率达85%以上。与此同时，他还主持参与农业标准化项目5个，主持参与科技项目2个，渔业产业提升项目16个，主持农技推广项目6个，有效提高该镇的现代化生产水平，促进全镇渔业可持续发展。

临近退休的年纪，老沈却每天都闲不下来，高温酷暑，他依旧奔波在各养殖基地。他笑着说："人这一辈子，能坚持不懈专注做好一件事就是一种成功。作为一名党员，我希望用我的所学所知为菱湖渔业的发展尽份心、出份力，再累也是值得的。"

果实的芬芳有她的酸甜苦辣

——记浙江省温岭市特产技术推广站徐小菊

水果是与她密切相关的一个词，果树技术推广是她毕生从事的一项工作。每一个果树树种，桃、梨、葡萄、柑橘；每一个物候期，萌芽、抽梢、开花、结果；一年又一年，一园又一园，一畦又一畦，穿梭于果园之间，花的美丽，果的芬芳，都融入了她的酸甜苦辣。

她生于缤纷的 6 月，直率的性格，火热的情怀，在美丽的田野上一干就是 34 年；她始终服务基层农技推广，爱岗敬业，默默奉献，为农业增效、农民增收做出突出贡献。全国葡萄学会理事、国家葡萄产业技术体系成员、浙江省女性科技创新人才库专家、浙江省农业科技成果转化推广奖获得者、浙江省优秀基层农业工作者等诸多荣誉始终激励着她。她就是温岭市特产技术推广站站长，农业技术推广研究员徐小菊。

研究新技术，解决葡萄产业重大问题

浙江东南沿海葡萄产业的崛起，正是由她带领的团队进行一轮又一轮的科技革命，简易塑料大棚栽培、大棚双膜栽培、大棚三膜栽培、一种新型混合式双膜连栋大棚、一种葡萄促早栽培方法、大棚双膜覆盖集成技术研究与推广等课题的研究，使温岭葡萄从根本上改变了露天颗粒无收的局面，并且果实安全、商品性好。从 7 月初上市，提早到 6 月中旬、5 月底、5 月初，一直到 2017 年的 4 月中下旬。双膜示范区平均产量 1 544 千克/亩，产值 18 356 元/亩，较单膜亩增产值 7 950 元，使葡萄农户从每亩利润三五千元到目前的万元以上。2017 年超 2 万元的农户不在少数，真正解决了浙江沿海台风多发地区葡萄大棚低温冻害、防台避台及加温促早等技术难题；使得葡萄产业得以健康发展，使得农民增收得到很好的保障，使得温岭大棚葡萄成为浙江省沿海葡萄产业带之一，成为我国东南沿海葡萄科技创新示范基地。2017 年，全市葡萄栽培面积 5.62 万亩，产量 5.80 万吨，产值 6.7 亿元，分别占了全市水果总面积、总产量和总产值的 51%、63% 和 66%。栽培面积 15 年间增长了 15 倍，产量提高了 17 倍、效益增加了 38 倍，为提高农村常住居民人均可支配收入（2016 年 25 922 元），荣获中国果业发展百强优质示范市（2008 年）的荣誉称号做出了重大贡献。

废物再利用，促进现代生态循环农业发展

改变种植模式，把农业生产废弃物实现资源化利用或无害化处理，真正做到产前节约集约、产中清洁控污、产后废物利用的现代生态循环农业要求，是响应省政府"五水共治"号召，开展"药肥共控"的重要举措。她进行"烂果等植物残体在现代生态循环果园中的应用"课题研究，通过对植物残枝进行不同配方（加 EM 菌、鸡粪）、不同配比〔残枝：EM 菌＝（500～1 000）：1，残枝：鸡粪＝4：1〕发酵试验，探明植物残枝发酵肥营养成分的变化，并首次提出植物残枝发酵肥在做不

同肥料使用时应选择不同的配比进行发酵的观点，为农业废弃物循环利用、合理还田提供了科学依据。通过对果园落（烂）果进行不同配比发酵肥试验，提出落果发酵肥适合做叶面喷施，探明落果发酵肥不仅能显著提高果实可溶性固形物，还能降低病虫危害和落果、提高种植效益，为农业生产废弃物资源化利用或无害化处理提供了新的思路。这一成果的应用，最高减少落果72％，可降低防治成本31.3％，降低肥料成本90％。亩效益比对照（9 896.07元），分别增加了4 250.89元和9 267.69元，增43％和94％。平均每亩增收1 078.44元。2016年在部分葡萄园里进行推广，面积达5 000余亩，共增收益539.22万元。

真心为果农，得到广大群众的认可

可以说，温岭100％的果农认识她，99％的果农信任她。正因为这么多的果农信任她，她就没有真正的节假日，农民的电话随时跟踪她，尤其是在微时代的当今。每年除了150多天的田头实地，讲课培训，她几乎每一天都能接到农民的电话，不仅有当地的、还有外地的；有一路同她一起走过来的农民朋友，三十多年始终如一地信任她，对她不但有种植经营的请教，更有家中事务的请教；也有广播站里听她农情广播的曾经的农民如今的政府官员，无一不念叨她对农民的帮助。最近四年她因地制宜推广了葡萄、枇杷、猕猴桃、蓝莓、桃、柑橘等优良适栽品种12个，累计推广水果种植面积8万亩，帮助农民增加收入4 000万元、节约生产成本3 190万元。

尽职尽责，无愧于党代表的称号

她是台州市第二、第三、第四、第五届党员代表大会的党代表。作为一名党代表，不仅关心她所从事的农业技术推广的事，更关心老百姓最关注的热点事，所反映的问题都是老百姓迫切要求解决的焦点问题。增加特色保险险种——葡萄保险，就是她在党代会连续提了两年的结果。她更是一心扑在农民的田头里，2010年12月16日凌晨的一场大雪（积雪普遍达到7厘米以上，其中最厚的达13厘米），压盖了早期已经覆膜的大棚葡萄，为了及时了解受灾情况，减少经济损失，她带着同事，迎着寒风，深一脚浅一脚，一户一户走访受灾户，并及时告诉农户雪后生产自救和以后预防措施。2016年1月下旬，极寒天气给5万亩葡萄产业带来了严重威胁，长时间的低温，－7～－6℃的严寒，新抽的葡萄芽、新长的枝梢、果农熏烟防冻的人员安全，无不牵动她的心。为此在冻害前后的十天里，她发送预警信息、微信互动，实地指导，不管时间将近腊月二十一，不管周末和半夜十二点，上班与同事一起，周末由先生陪着，无日无夜扑在指导救灾和人员安全上。温岭市新河镇蔡洋村杨杨家庭农场负责人陈连芬的一句话可以概括她的党员风采："今年－7℃的低温，我们的葡萄没被冻死，我们的人没有出事，都是徐老师的功劳。"

踏实苦干，做出不平凡业绩

一步一个脚印，从技术员到推广研究员，从中专学历到大学学历，无不表现出她的执着好学，她的踏实肯干，她的勤奋努力。她主编出版5部著作，发表省级以上学术论文45篇；国家专利4项，各种成果奖励28项，各级荣誉15项。她获得农民的爱戴，亲人朋友的赞许，各级组织的信任，是因为她始终为农民着想，农民的增收是她最大的工作动力和最大的心愿。

一年一本笔记，一年一个文件夹。2016年，包含802个文件，80个文件夹，是她一天一天的脚印，从年初计划到年底总结，每项都记录着她的心血。2017 年，615 个文件，85 个文件夹，其中一个文件《2017 浙江省农业新品种重大专项课题葡萄新品种选育》是她要做的子项目任务书：①在温岭建立可控的葡萄新品种（系）示范基地；②完成协作组提供的葡萄品系的温岭区试工作与材料总结；③研究区试品系配套栽培技术；④通过示范和培训结合推广葡萄新品种。不难看出，她做的每一件事情都是农民所关注的重大事情。她始终如一地保持着一份为农服务的心。

美丽的田野，芬芳的果实，附着她的心血转化成农民的收益，就是她服务农民永恒的动力。

"水中求财"的领路人

——记安徽省芜湖县水产技术推广站王万兵

他荣誉等身，荣获"全国农牧渔业丰收奖农业技术推广贡献奖""神内基金农技推广奖"，被表彰为"全国优秀科技特派员""安徽省农民满意农技员""安徽省农业科技推广先进工作者""优秀共产党员"等，却平易近人，随叫随到，服务乡间每一位普通的养殖户；他虽然清贫一生，但以成为全县养殖户们心中最受欢迎的人而自豪，认为自己是最富有最幸福的人；他30年立足基层，用自己的一技之长，引领一批又一批农民实现发家致富的梦想；作为一名党员，牢记自己的职责使命和入党初心，牢固树立四个意识，注重围绕渔业转方式、调结构、稳增长、促发展贡献自己的力量。

他就是芜湖县水产技术推广站站长、正高级工程师、芜湖市新型职业农民培训师资库专家组成员王万兵。

"鱼不离水"勤勉敬业

初冬时节，见到王万兵的时候，他正在合肥参加水产技术推广工作会议。"快冬天了，你总算能休息休息了吧。"听到记者这样说，王万兵直摆手："开完会就要赶回去，后天有一个技术培训课，组织了50多位养殖大户，给他们传授青虾养殖越冬期间水质调控等生产管理技术，这对养殖青虾安全过冬至关重要。讲课前，我还想去几个养殖户的塘口看看，了解当前青虾养殖生产中存在的不足，力争做到讲课时有的放矢。"王万兵说，从事农技推广工作，必须时刻深入生产一线指导服务，不然你就脱离了实际，掌握不了情况，怎么指导服务好农民呀！

这样的理念，从农家走出来踏上工作岗位的那一天起，王万兵就牢记在心，下决心用自己所学专业技术，帮助农民发家致富。30年来，他每年在水产养殖一线工作200天以上，几乎"整天泡在养殖塘口"，每隔10余天，他就会把全县规模化水产养殖基地跑一个轮回。"芜湖县的塘口、水质及养殖生产情况，他摸得比自家账本还熟。"采访中很多养殖大户告诉记者。

为将生产实践与理论知识有机融合，他撰写学习笔记20多万字，编写水产技术明白纸5万多字、新型农民培训辅导教材近30万字，参与编写安徽省水产技术操作规程2项，并在省级专业刊物上发表论文22篇，2012年主持撰写的《青虾苗种繁育及成虾养殖技术》被纳入安徽省新型农民培训系列教材，为广大养殖户提供了许多科学、快捷、有效的方法和经验。

已故上海海洋大学教授王武，是全国渔业科技入户首席专家，在世时他几乎每年都要带上博士科技服务团来到芜湖县，与王万兵一起深入到养殖户家中，共同探讨河蟹、青虾生态养殖技术，有时一住就是几天，与王万兵建立了深厚感情。"王万兵常年在水产养殖一线工作，总结的技术都很实在，没有任何虚假的水分，编制的养殖技术规程操作性强，群众做起来没有障碍，这是最难能可贵的。"王武教授这样评价。

为农服务　以苦为乐

　　头发花白的王万兵，看上去比实际年龄大很多，虽然刚过知天命之年，却更像一个长者。"没办法，整天漂在水上，风吹日晒，老得快。"王万兵半开玩笑地说。

　　熟悉他的人都知道，常年超负荷的工作让他顾不上休息。这些年虽经历多位直系亲属病逝、妻子无固定职业等家庭困难，他却能始终严守着一名农技人员的职责，奔走在水产养殖生产一线。每年他都要在县内外举办技术讲座、座谈会不少于50场次，培训农民3 000人次以上。通俗易懂、深入浅出的技术讲座，吸引了四面八方的农民兄弟，只要他到场讲课，养殖户们都奔走相告，场场爆满。而每场2个多小时的授课，口干舌燥的他没有一点儿怨言。47岁的花桥镇红光村村民陈小红是该镇第一批养殖青虾农户，与王万兵打交道已有5年了。"我原先从事水上运输的，对水产养殖一窍不通，能有今天的规模化养殖基地，并成为当地青虾养殖能手、大户，全靠王站长手把手地传授养殖技术。"陈小红由衷地说。

　　每年的包村联户工作，更是王万兵服务养殖户的平台。他走村串户，跑遍全县水产养殖基地，一旦农民遇到技术难题时，他都会第一时间赶到现场。

　　"那还是2013年10月20日，我家的虾子忽然成批死亡，赶紧把王站长叫来。"陶辛镇清凉渡村养殖户骆启宏回忆说。很快，王万兵赶到养殖场，他蹲下身熟练地从水塘边捞起一只病虾，拨开虾壳，仔细检查后说："老骆，你家虾子得了鳃部水肿，是水质老化造成的，趁着这两天天好，赶紧把虾池的水换一下，再泼洒一次底质改良剂。不然一下雨，一早上就能死五六斤*虾子。"正是采取了及时的应对措施，骆启宏避免了重大损失。

　　2016年，为不断创新水产科技服务手段，他借助微信平台，将全县300多个养殖大户组织起来，建立起芜湖县水产技术推广群，每逢不良天气及渔业病害暴发来临前，他都会提前发布渔情、渔技预警信息及详细的应对技术措施。微信群建立短短一年多的时间，就帮助广大农民化解特大洪涝及高温热害等不利天气带来的经济损失2 000万元以上，得到全县及周边地区水产养殖户们的一致好评。

　　在他指导下，芜湖县青虾养殖户们解决了良种选育、病害防治、水质调控等一系列疑难技术，全县青虾及虾蟹生态养殖面积由1999年的不足100亩，发展到2017年的4.5万亩，带动本县及省内外青虾生态养殖规模达65万亩。芜湖县"陶辛青虾"也成为全省第一个获得农产品地理标志的水产品。"我们养虾遇到问题，首先想到的就是王站长，没有他的辅导，我们不敢随意扩大规模。"陶辛镇青虾养殖户黎教钱说。

　　2008年10月，芜湖县全县青虾养殖发生了不同程度的病害，而就在这几天，王万兵的父亲查出癌症，他无暇陪同老父去上海做手术，只能含泪目送他上车。第二天他便深入青虾养殖基地走访后，面对突发的青虾黑鳃、红体、水肿等细菌性疫病偏重发生趋势，立即召集76个虾农面对面进行了座谈交流，随后的40多天里，一直奔波于虾农中指导。经过他的忘我努力，成功地攻克上述青虾病害防治技术难题，当年为虾农减少直接损失310万元。

---

　　* 斤为非法定计量单位，1斤＝500克。

引领农民　增收致富

工作上任劳任怨，心系农民的王万兵，时刻严守"想农民之所想，急农民之所急"的服务理念——不但要把虾养好，更要提高养殖效益，让农民靠养虾富裕起来。

2007年芜湖县六郎镇保丰村河蟹养殖基地达5 000亩，拥有养殖户近400户，河蟹养殖始终处于保本微利水平。王万兵走访中得知这一情况后，把保丰村蟹农作为服务的重点，大力示范推广河蟹、青虾生态混养模式，促进该村河蟹养殖亩均效益由过去的不足1 000元提高到现在的4 000～7 000元，每年带动农民新增收入达1 200万元。至2016年底，该村河蟹养殖农户已达700余户，创建虾蟹生态混养基地8 000余亩，人均年可支配收入2.1万元以上，该村养殖的大闸蟹在"2013年王宝和杯"全国河蟹评比大赛上荣获"金蟹奖"。"没有王站长在我村大力推广虾蟹生态混养技术模式，我村河蟹养殖产业就会遭到萎缩甚至灭绝！蟹农就没有今天的幸福生活！"保丰村河蟹养殖合作社理事长胡道宝充满感激地说。

2012年，王万兵又选择虾蟹生态混养规模2 200亩，养殖户多达120户的花桥镇花桥村作为自己的联系点。当年5月初，花桥村村民杨光盛养蟹塘口每天死亡幼蟹达30多只，接到对方的电话后，王万兵及时赶到塘口，查看水色、测定水质，认定幼蟹大量死亡是由幼蟹自身体质、不良的水质引起的。他手把手帮助养殖户拟定了应对技术方案，直到养殖户熟练掌握处理方法，他才安心离开。

30年来，王万兵先后主持和参与科技部、省科技厅、省农委科技开发及示范推广项目达20多个，累计示范推广微生物制剂、微孔管道增氧等新技术应用面积达100万亩，带动农民节支增收4 600余万元，示范推广青虾双季、虾蟹及虾蟹鳜生态混养等新模式达60万亩，带动农民新增收入8.6亿元以上，为促进芜湖县乃至周边地区虾蟹等特色水产养殖产业健康发展，示范带动农民持续增收做出了突出贡献。

在为养殖户服务当中，王万兵经常要帮助联系水产种苗和产品销售，很多人看他家庭生活困难，劝他从中收取一点介绍费，他婉言谢绝了；许多经他指导赚了大钱的养殖大户也多次劝他技术入股，他表示心领了。他不是不想让家人过上好日子，但是作为一名党员，他不能这样做。廉洁自律、克己奉公，是他履职的底线。为了约束自己，他给自己订了"三不原则"：不在养殖户家吃饭、不收养殖户送的礼品、不到服务对象的塘口钓鱼。

最近5年，农民对他的评议满意率一直保持在100%，连续3年县工作年度目标考核被评定为优秀等级。他不仅是芜湖县农民渔业致富的领路人，还时常到安徽省宣州区、当涂县等水产养殖重点地区，开展水产科技培训和指导工作。上海青浦区、浙江西湖区等外省水产养殖重点地区都请他传授水产养殖技术。2012年9月央视记者深入芜湖县，对王万兵从事技术培训服务进行了采访，并制作专题片《阳光照亮梦想》、在七频道向全国播出。这个"水中求财"的领路人，正将自己的学识洒向更多地方，带领更多农民致富。

情系农民的贴心"莲姐"

——记安徽省黄山市徽州区潜口镇农业技术综合服务站江红莲

她，22年如一日奋斗在农业生产一线，在平凡的岗位上谱写感人的乐章；她，风里来、雨里去，始终坚守为农增收做好参谋的职业信念。她，就是黄山市徽州区潜口镇农业技术综合服务站农艺师，被广大农民亲切地称为贴心"莲姐"的江红莲。

争当农技推广的"排头兵"

"要更好地服务'三农'，不能只把'农村要发展，农业要增产，农民要增收'挂在嘴上，而要通过不断学习新的科技知识，丰富自己的头脑，脚踏实地的指导农民合理调整种植结构，为农民朋友丰产增收做好参谋。"这是江红莲工作以来一直坚守的信念。

澄塘村村民汪延滨是一位水果种植大户，在黄山市屯溪区郊区种植桃、李等水果，虽然经济效益不错，但受种植面积影响，规模一直不大。2012年春节，江红莲在走访中得知汪延滨有回家乡发展水果种植的想法，便主动联系汪延滨，协助汪延滨在澄塘村陈村村民组租赁流转田地105亩，栽植油桃、早熟桃、樱桃等，并在品种选购、施肥管理、病虫害防治等方面，提供一条龙服务。她还大胆创新，建议汪延滨引用先进果树种植技术——大棚避雨套袋栽培技术，水果全生育期不用农药，品质好、效益高。很快，汪延滨的果林进入盛果期，年产1.5万余千克，产值30余万元。2014年7月，汪延滨成立了徽黄家庭农场，在江红莲的帮助支持下，于2015年被黄山市农委评为市级示范家庭农场，2016年被安徽省农业产业化工作指导委员会评为省级示范家庭农场。

2014年5月，江红莲的电话响了，澄塘村黄山徽州田野家庭农场主胡银钱焦急地向她反映，他种植的玫瑰花开花时花朵不正常，花开一半就萎蔫，江红莲赶到基地一看，几朵玫瑰稀疏地开着，也很难说出原因。当时便拍了几张照片，回来通过网络查询，也没能找到缘由。带着问题她到区农委、市农委找专家，后来邀请市农委园艺站陆卫明站长现场指导，分析情况后得出结论是除草剂药害导致的玫瑰花萎蔫，提出今后应尽量运用物理除草，以减少药害影响花株的生长。江红莲看在眼里，记在心上，2015年，她通过多方争取，为基地安装了8盏太阳能杀虫灯和一批杀虫黄板，有效减少了基地病虫害的发生。两年来，基地未喷施过一次农药和除草剂，不仅提升玫瑰花茶及系列产品的质量，还减少了生产成本，增加了基地效益。

乐当农村致富的"领路人"

2008年5月，徽州区开始实施测土配方施肥项目，江红莲被安排到项目组，负责潜口片的项目实施。取样工作劳动强度大，任务重。有次江红莲累到中暑晕倒，她谢绝同事让她好好休息的建议，继续坚持采样。为按时按量完成取样任务，她和同事及村干部跑遍了潜口镇的山山野野，共采集水稻、油菜、茶桑果园等各类土样 1 366 个，完成"3414"肥料效应田间试验 15 个，对比校正试验 15 个，全镇推广测土配方施肥面积 4 万亩，节支增收 365.2 万元。

随着新型农业经营主体如雨后春笋般涌现，江红莲在做好农技推广工作的同时，将服务重点向这一新生事物延伸，许多农业专业合作社、"家庭农场"和种植大户的蓬勃发展都凝聚着她的心血和汗水。

建前引导、建后扶持。在潜口镇，受益于江红莲的家庭农场主有许多。"江技术员不仅将我们种什么，怎么种，还指导进行深加工，产品营销"胡银钱感激地说，全靠江红莲的全程服务，他增收明显。作为江红莲联系的科技示范户，胡银钱的田野家庭农场主要种植食用型玫瑰花，现种植面积为 100 余亩，前期由于经验、技术不足，每亩产量为 350 千克左右，产值仅为 4 200 元左右。江红莲得知这一情况后，通过网络查询，邀请专家指导，对玫瑰花进行深加工。2017 年加工成品有玫瑰花茶、玫瑰花冠、玫瑰酱、玫瑰原浆等，单制成玫瑰花茶产品，亩产将近万元。她还时常到田野家庭农场进行销售指导，并在微信朋友圈进行宣传推销，玫瑰花茶价格由原先的 200 元/千克提高到 250 元/千克。

江红莲珍惜一切学习机会，爱学习、勤钻研。通过自费参加安徽农业大学蚕学专业函授学习，她大胆探索山区栽桑养蚕新思路，宣传发动当地农户养蚕，从无到有，发展到 10 户 30 余亩桑园，养殖近 30 余张蚕种，为山区农民增收致富开辟了新途径。2008 年，蚕茧市场疲软、价格震荡，蚕茧价格急速下降，导致徽州区桑蚕饲养量急剧下降。江红莲结合徽州区蚕茧生产的实际情况编写了《徽州区蚕桑生产现状、存在问题及发展的建议》，分析了蚕桑产业的制约存在因素，提出解决问题若干建议，文章还被《安徽农学通报》采用，真正做到学以致用、学用结合。近年来，随着农业种植结构调整，农民对技术需求越来越多样化，江红莲刻苦钻研、深入生产实际，通过不断学习，已成为指导农户种植水稻、茶叶、蔬菜、瓜果树、中药材栽培的多面手，"有她在，我们种什么都有底气"，农民们说。

甘当农民增收的"孺子牛"

潜口镇从事蔬菜大棚种植的农户很多。江红莲经常深入田间地头，钻进大棚，现场指导菜农生产，菜农看到江红莲来了也会问这问那，如果一时不能解决的疑难问题，她会用本子记下带回来向专家求解，然后再向菜农反馈。她多年兼任乡镇农业气象信息员，每当收到各种恶劣气象信息特别是大风降温气象信息时，她总是专程骑车前往基地每家每户打招呼。切实发挥了气象灾害预警信息员的传播桥梁作用。2015 年荣获"安徽省优秀农业气象信息员"称号。

2012 年 6 月 7 日，正值南方梅雨季节，徽州大地普降大雨。早上六点钟，江红莲便接到其联系的科技示范户汪小兵的电话，反映雨量太大，大部分蔬菜都被水淹了。她二话没说，冒着大雨第一时间赶到现场，很快与汪小兵一起查找到排水不畅的原因——由于京福高铁建设施工，便道埋设的排水管太细，排水不畅引起蔬菜基地大量积水。江红莲立即与镇分管项目服务的人员对接，再经京福高铁项目部同意后，调取大型挖掘机将便道挖开排水，不到 1 小时，基地内的积水基本排除，大大减轻经济损失。

2013 年 1 月，市气象部门发布防范大雪的气象信息，她在收到气象信息后第一时间和同事们赶赴澄塘蔬菜基地，现场指导种植大户和菜农做好防范大雪的各项工作，对蔬菜大棚进行了加固支撑，对育苗棚增加覆盖，人工增温，撒灰土降湿防病等。一系列防范措施的到位，蔬菜大棚外虽然风雪交加，但大棚内却是一片春意盎然，青翠欲滴。面对种植户的感激之情，她总是平淡地说，"这些都是我应该做的，农民的信任就是对我最大的褒奖。"

"莲姐"江红莲，就是这样一位普普通通的农技人员，二十多年如一日，始终坚守在农技服务第一线，从采访中，记者亲身感受到了家庭农场、大户、蔬菜种植户、老农对她的信赖和欢迎。家庭农场主兴致勃勃领看农田和加工厂，和江红莲畅谈明年计划和生产发展；种菜大姐拉着她询问病虫害、拉家常；种葡萄老大爷说起她都赞不绝口。

江红莲个子不高，声音不大，作为一名基层农技员，在平凡的岗位上，以对农业的热爱，对事业的追求，做出了不平凡的业绩，描绘出了一幅幅农民增收的美好蓝图。付出总有回报，由于江红莲工作突出，多次获得黄山市优秀农技员、徽州区科普先进工作者称号，荣获黄山市、安徽省三八红旗手称号和安徽省五一劳动奖章。先后当选潜口镇第十六届人大代表、潜口镇第十三届党代会代表和徽州区第六届党代会代表。

撬动农民的"增收杠杆"

——记安徽省淮南市潘集区贺疃农业技术推广站李德福

春播秋收,千百年来,农人们祈祷风调雨顺,期待丰收。然而,从一粒种到万担粮,从发芽到拔节,从扬花到穗熟,农业生产是受自然灾害影响最大的产业。

如同一个杠杆的两端,抵御灾害的因素多一些权重,丰收的另一端就会翘得高一些。遍布全省千千万万的农技推广人员,用他们兢兢业业的服务,增加权重,撬动农民的"增收杠杆"。李德福就是他们中的佼佼者。

一个存有 2 000 多个农民电话号码的手机、一个"免费田保姆"的称号,一个农民随喊随到的"大专家"……几天的采访下来,一个躬身为农的农技员形象逐渐丰满起来。

"什么是成就感?我理解帮贺疃农民种好庄稼,让他们获得丰收,是我最大的成就。"李德福说。

"全镇 7 万多亩耕地,两季下来比别的镇能多产近 700 万千克粮食,这相当于'多出'5 000 亩高产田!"

时过立冬,田野里的麦子已是葱绿一片。在淮南市潘集区贺疃镇的乡间,人们常常看到一个皮肤黝黑的汉子,个子不高,骑着一辆红摩托,四里八乡地查看麦苗。他就是被贺疃农民亲昵地称为"田保姆"的李德福。

"今年夏天下这么长时间雨,原以为会减产。最后水稻没倒伏,平均亩产 750 多千克,大丰收!"贺疃镇史圩村农民王怀清 2017 年种了几十亩水稻。他说,抗灾夺丰收,全靠李德福帮着选定良种,安排科学的田管措施。

时光如梭,白驹过隙。"一开始没想到会跟农民、跟庄稼打一辈子交道。"行走在乡间四季,李德福常常带着微笑回忆。1985 年的夏天,刚刚农业学校毕业的他,意气风发,一心想做个农业科技工作者。"研发良种、走上各种讲台,成为一名教授。"李德福说。然而,31 年后,他虽然早已评上研究员,却没有穿上西装走进大学讲坛,而是依然坚守一线,将抗灾丰产技术面对面向农民讲授,将一篇篇论文写在大地上。是什么让他在推广一线一干就是 31 年?

在贺疃镇农技站,记者在一份统计数据中找到了答案:近年来,贺疃不管小麦还是水稻,亩产比周边乡镇都要高出 50 多千克。"全镇 7 万多亩耕地,两季下来比别的镇能多产近 700 万千克粮食,这相当于'多出'5 000 亩高产田!"镇负责人高兴地说。

"只有在一线,我才能发挥最大作用。"李德福说,与农民,与庄稼打交道,越来越感觉到抗灾的科学措施多一分,增产的可能性就大一分。"前些年,看到农民打药不对路,钱花了却没效果,减产严重,心里很痛心。"李德福说,农民对农业科技的渴求让他内心一次次触动,也坚定了他坚守一线,服务农民的信念。

多年来,李德福就是一个推广新科技的"大喇叭",行走的"庄稼全书",通过一遍又一遍不厌其烦的讲解动员，一年又一年的示范推广，终使科技兴农观念深入人心。如今，他连续6年主持农业部小麦高产攻关，水稻产业提升行动，均高标准通过省专家组现场实收。

农作物增产的背后是科学的管理方法。农民施药治病虫，往往病了再去治。李德福研究积累了丰富的病虫害防治经验，从药品选择、药剂拌种、适时用药、科学管水到中后期综合管理，引导农民防治在前。现在，"预防为主"的植物保护方法成为了贺疃镇农民的种田文化。

"有他在，我打工走得放心，庄稼也种得放心。"

你的手机里存有多少号码？李德福的答案是2 000多个；你的手机里或许少有陌生人的号码，而李德福的"联系人"却多数未曾谋面。这是一部专为贺疃镇外出务工农民设立的"种粮热线"。

贺疃镇农民刘玉林常年在外打工，对家里庄稼长势却能心中一清二楚，全靠"种粮热线"。"有他在，我打工走得放心，庄稼也种得放心。"刘玉林说，每到田管关键期，庄稼有个病虫害，需要施肥打药了，李德福短信就来了。

"农民外出打工多，很多人种上就不管了，靠天收，产量低。"李德福说。看在眼里急在心底，李德福忍不住给相熟的农民打电话，"你家麦子都快给虫吃光了，赶紧回来打药！""该施拔节肥了，能增产100千克。""再过一周就得收了，你安排好时间啊！"电话越打越多，知道的农民也越来越多，于是私人电话成了公共热线。李德福又注册了微信群，成了全镇农民免费的"田保姆"。

然而，新的问题又产生了。"经常有农民在电话说，李站长，你看我回去打一次药，能增收一两百元不错了。可请假扣工资加往返车费至少三四百元，不划算！要不你找人帮我打，我付钱。"李德福说。

外出务工农民返乡成本高，种庄稼难。面对新形势下的新问题，李德福开始探索土地托管全程服务，彻底解决外出务工农民的后顾之忧。他领头创办了"德福粮食种植专业合作社"，在播种、插秧、打药等的机械化方面走到了全市的前列；合作社还设立了机插秧服务队和植物保护服务队，从插秧到施药和日常管理，农民一个电话，服务队就服务到田间地头，困难农户甚至可免费享受服务。

如今合作社已实现了水稻机插秧10多万亩次，小麦机械化播种、机开沟16多万亩次，稻麦病虫害统防统治15多万亩次。李德福引导合作社积极开展土地托管示范，带领农民调结、转变发展方式，发展现代农业，推广稻麦新品种15个约合100万亩次，农业新技术、新农药、新品种推广全市领先。

多年来共办培训班百余场次，培训农民万余人次，培训农技干部百余人次，自费发手机短信8万余条，印发技术明白纸4万余份，举办各种技术咨询、田间指导上万次，培养出各类种植、养殖专业户千余户。被安徽农业大学农学院聘为毕业生实习指导老师，出色地完成了10多位硕士生、本科生毕业实习指导工作。

李德福是种地的科技人、示范者、研究员。他在《安徽农业科学》等期刊先后发表论文12篇，并先后获得部颁"全国农业技术推广合作奖一等奖"1项、"安徽省科技进步奖一等奖"1项、"安徽省省级科技成果奖""淮南市科技进步奖"等奖项，荣获"全国粮食生产先进工作者""全省农技推广先进个人"等荣誉称号。

"帮贺疃农民种好庄稼，让他们获得丰收，是我最大的成就。"

拥有过硬技术，善良朴实的李德福深得领导信任。他曾两次被下派到落后村任第一书记，前后任职时间达 5 年。他不仅出色完成下派任务，同时还提升了两村农民的农技水平。响当当的的成绩给李德福带来了不少升职机会，但李德福咬住梦想不放松，他更愿意留在基层，更大程度的发挥自我价值。

"我经常跟我们家老李开始玩笑，说他上辈子估计是棵庄稼，长在地里拔不出来。"李德福的爱人石红霞哈哈笑着说。"我跟他说，你都评上研究员了，还是个站长，你应该多跑跑上面。三天两天去地里，农民能提拔你吗？"石红霞说，但看到他能帮农民那么大的忙，我也替他高兴，开始理解他、支持他。

"首先是热爱这份工作，再次是常年下来跟土地、跟农民结下了深厚的感情，舍不得离开。这么多农民需要我，还有比这更让人觉得幸福的吗？"李德福动情地说。

熟悉他的人常常会感慨，农民怎么和李德福那么亲？风雨中，烈日下，那份情是真诚的沉淀，是亲情的累积。农民种田遇到难题首先想到的就是他，总是第一时间打他的电话咨询或直接拿着患病虫害的作物去他家。李德福农技服务声名远播，经常有蒙城、怀远、凤台等不同市县的农民前去找他探讨咨询，他家的大门常常为了接待来寻求技术服务的农民，天不亮就得开门，半夜里还关不了门，有时一天要接待一百多人。

31 年来，李德福用辛勤的付出述说着他对土地和农技推广的热爱，用百姓的增收、农业技术实实在在的推广应用展示着一位普通农技员的不平凡。他用辛勤的付出迎来农民丰收的喜悦，也在自己的耕耘中品味人生真谛，收获奉献的快乐！

一片丹心为"三农"

——记安徽省巢湖市农业技术推广中心胡鹏

2016 年深秋时节，庄稼遍地金黄，正是农民喜获丰收的喜悦时节。巢湖市农业技术推广中心胡鹏心里有点儿急，十月间小雨绵绵不断，庄稼地里墒情有些重，他心里直盼着老天早点晴开来，地里排完积水，马上就要着手做小麦、油菜的试验示范了。

从业 30 年的老胡一个重要工作内容就是通过一次次的技术试验、品种展示、测产考种，筛选出适应性强的品种，进行当地推广种植。多年来，经老胡手测试筛选最后达到普遍种植的品种有几十个；当然，经过测试遭到淘汰的更多。日子就在这与农田、泥土打交道的一天天中消逝，小胡熬成了老胡，黑发染成白发，一颗鞠躬尽瘁服务"三农"的心全部献给了巢湖广袤肥沃的大地，而胡鹏也收获了他人生的一个个荣誉，先后获全国农牧渔业丰收奖一等奖、二等奖各 1 项，神农中华农业科技一等奖 1 项，省、市科技进步及成果奖 16 项，荣获科技部粮丰工程先进个人、合肥市拔尖人才等各级表彰 30 余次，2011 年被国务院授予全国粮食生产突出贡献农业科技人员荣誉称号，受到党和国家领导人的亲切接见。

创制名茶促增收

20 世纪 90 年代，由于市场行情变化，巢湖市炒青绿茶滞销，茶校"科班出身"的胡鹏看在眼里、急在心里。他进茶园、入茶厂、访茶农、跑市场，开展调查研究，发现问题的症结是茶叶质量不高、品牌不响，只有创制名优茶，才是解决茶农卖茶难的关键。他打起背包进驻茶厂潜心研究，经过反复试验，先后研制出省级名茶"巢湖银尖""巢湖银针"两种绿茶。随后他又参与改进制茶工艺，不断提高茶叶品质，2004 年"巢湖银尖"在中国（芜湖）国际茶叶博览会上荣获金奖。

从参加工作以来，每到春茶采制季节，茶农白天采摘，夜里加工，只要遇到技术问题或茶机故障，一个电话，胡鹏就立即赶到现场，整夜不休息对于他来说是常有的事。茶农感慨地说："他不辞辛劳帮我们，情比春茶更浓。"2008 年春的一个深夜，散兵镇大岭茶厂的茶机出了故障，1 万多元的鲜叶必须及时加工，农户给他打来电话，他立即赶到现场，检修机械、指导制茶，直到第二天早晨 9 点多，鲜叶全部加工结束才离开。近年来，胡鹏积极研究名优茶栽培及机械制茶技术，先后引种无性系茶树良种十多个，引进名茶加工机械 100 多台套，使名优茶机制量达 80％，制作成本降低 50％，实现了茶叶提质增效、茶农节本增收。

认真试验提科技

自 2003 年担任巢湖市农技推广中心主任之后，针对巢湖市农业生产中存在的难点问题，为进一步提高科学种田水平，胡鹏在分析全市种植业生产制约因子的基础上，积极探索建立粮棉油高产优质栽培技术体系。他先后在烔炀、中埠镇主持建立综合试验区，集中开展专题试验，每年组织开展新品种、新技术试验 30 多项。与此同时，还在苏湾、烔炀等乡镇布点试验，筛选和应用新品种、新技术。在试验过程中，从小区设置、大田管理，到田间调查及考种，他都深入田头，自己动手，严格按照各项规范的试验程序进行操作，田间试验结束后，整理试验数据、撰写试验总结，先后发表科技论文 10 余篇，主持编写了多项适合本地的粮棉油高产优质栽培技术规程和地方标准，参与 5 套安徽省技术规程的编制发布，为农业生产技术推广提供了科技支撑。

2006 年 5 月 9 日，在烔炀镇西宋村进行试验播种，他亲自帮助农户挑水浇苗床，由于路滑，脚一歪，扭伤了腰，他不声不响地直到所有播种工作结束后，双手扒在田埂上，再也直不起腰来，这时大家才知道他的腰严重扭伤了，大家将他背到医院，经诊断为腰部肌肉急性拉伤，医生要求在家静养 3 个月。当时正值多项试验的关键时期，他顾不上疼痛，一周后就返回试验田。

驻点示范促增产

2005 年以来，胡鹏先后主持实施了全国农技推广示范县、农业部粮油棉高产创建、国家粮食丰产科技工程、新型职业农民培育、绿色增产模式攻关等诸多项目。他全身心地扑在农业技术推广和示范片建设上，实现了科技人员与农户、种植技术与生产、优质农资与农田的无缝对接。

他长期驻点示范片，在生产关键环节，他带领中心一班人，无论寒冬酷暑，天一亮就下地，一直忙到天黑才上田埂。历年来所实施的项目，均圆满完成建设目标。2015 年建立 7 个部级水稻万亩示范片亩产 741.6 千克，高产攻关示范方达 861 千克；1 个棉花万亩示范片亩产 121.7 千克；3 个油菜万亩示范片亩产 242 千克，18 个省及合肥市水稻绿色增产模式攻关示范片均达创建目标。

2012 年 10 月，在调查水稻长势时，由于田间落差较大，胡鹏不慎摔倒，造成小腿双骨骨折，手术后上了两块钢板。2013 年开春农忙，他便拄着拐杖回到了工作岗位上，大家劝他在家休息，他却只是笑笑，照旧上班。当时胡鹏的腿还没痊愈，走路仍然一瘸一拐，但在示范区进入育秧期时，他却再一次出现在田头，手把手指导示范区建设工作。每一次从田头回来，胡鹏的腿都更加肿胀，但他却不以为然。农民感动地说，"有这样真心实意为我们服务的农技员，我们一定要种好田、做好示范！"

创新培训释疑惑

"滴水不成海，独木难成林"，一个人本事再大能力也有限。老胡不仅重科技、做试验、抓示范，更源源不断将自己三十余年掌握的知识、经验与技能，通过农技培训，传播给更多的农技人员与农民。

他不断探索农技培训的有效途径，根据农村的实际状况，利用晚上、阴雨天和生产关键时期，因地因时制宜，采取一事一训、一技一训方式，开展农民培训。随着农业规模化、集约化发展，近年来，他将培训的重点向新型农业经营主体、新型职业农民培育转变，改变传统的"填鸭式"的培训模式，在集中授课时，采取讲课和农户提问相结合的"互动式"，让农民带着问题培训；选定培训内容时，针对生产实际，选择机械化、秸秆还田等农民迫切需要的适用技术为主题；集中授课后，他总是带着农民走出教室，深入田间地头，现场示范讲解，并留下自己的联系方式，方便农民遇到难题时及时咨询。他每年组织开展培训 80 多期，培训技术人员 500 多人次、农民 5 千多人次，现场观摩 300 多人次。同时组织建立短信平台和 QQ 群、微信群，将关键技术措施及时发送给技术人员和种植大户。

进村入户传技能

从 2005 年科技入户到现在的农技推广补助项目实施中，胡鹏做到既当指挥员，又当战斗员，每年联系 1 个行政村、10 个科技示范户，开展包村联户服务。他坚持每年三分之二以上的时间入户到田，采取面对面、手把手指导，将关键技术传递给示范户。历年农民满意度均为 100%，技术指导员年度综合考评均为优秀，2016 年被评为安徽省农民满意农技员。

2011 年 6 月，为确保示范户水稻移栽密度和试验示范规范操作，他起早贪黑，帮助示范户拉绳移栽。一天中午 1 点多，当大家从田里上来时，一名技术员突然说"胡主任你的脚怎么在流血"，回头一看，自己的每个脚印中都有血迹，抬脚一看，原来是脚被扎了个洞，还在流血。在大家生拉硬拽下，他才去卫生所，简单包扎后，他又穿上胶鞋，回到田埂，帮忙插桩拴绳，直到移栽结束。示范户感动地说，"技术员这样真心实意地为我们服务，按他的指导肯定增产增收，我们都听他的！"

尽心竭力培主体

近年来，胡鹏顺应农业发展趋势，将服务重点逐渐向新型经营主体转移，通过技术培训、组织观摩、技术指导、信息服务等措施，培育种植大户、家庭农场等新型经营主体。

"有他在，我们心里就有底气！"巢湖市龙毅胜家庭农场的负责人赵献祥在接受中央电视台记者采访时说。赵献祥口中的他指的就是胡鹏。2013 年，赵献祥回乡创业，起初承包了 200 多亩地种植水稻。有天，水稻发生了问题，他想起在一次培训会上，胡鹏留下电话号码，抱着试试看的心态就打了个电话，不到 1 小时他就来到田里，查看病情，做了详细指导，很快水稻就恢复了正常。这件事让赵献祥深受感动的同时也信心倍增，在胡鹏的建议和指导下，他先后建立了家庭农场和育秧工厂，并示范应用稻鸭共育、种养结合等生态循环农业模式，目前承包土地 1 000 多亩，购置了旋耕、插秧、收割、烘干等机械设备。每年为周边农户提供社会化服务 2 000 多亩，带动周边农户共同致富。"我们都听他（胡鹏）的，他让我们怎么干，我们就大胆去干！"赵献祥说。

胡鹏一心扑在农技推广事业上，忙得顾不上家，连已高龄的父母住在农村都很少有时间去看望，爱人有时也有意见，但他总是笑着说"谁叫我干了这一行呢，我生在农村，长在农村，干了农技推广，就要做好本职工作。"30 多年来，他与农民结下了深厚的友谊，农民把他当成了知心朋友。烔炀、中垾等地科技入户示范户及示范片农户，自发制作了"送科技下乡，富一方百姓""服务'三农'楷模，传送科技先锋"等多面锦旗，送到巢湖市农委，以感谢胡鹏他们的指导服务。

漫道平生堪为牛

——记福建省福安市农业局经济作物站王道平

福建农学院园艺毕业的王道平，踏出校门后就一头扎进福安市农业局经济作物站的"一亩三分地"。这一干就是30多年，如今年近花甲的他，已是满头白发苍苍。

心系经作，甘当黄牛

有人说，他的头发全是为福安的"三农"累白的。谓予不信，你看看他的工作历程表就全明白了。一年365天，他至少有200天待在农村，双休、节假两个词汇，他的字典不曾收录。仅2016年一年，他就利用双休、节假日在乡镇农村开设了15期果蔬培训班，受训农民达1 000多人。为了促进农业增产和果农增收，这些年来，他注重推广葡萄、枇杷果实的套袋技术，每年仅葡萄、枇杷果实套袋就达2亿个，这样既解决了南方高温、高湿易发病虫害的难题，又提高了果实的坐果率和优果率。为了推广葡萄、水蜜桃、杨梅避雨栽培技术，他整年奔忙于福安的各个乡镇，帮助果农建起了6 000亩避雨大棚，使之形成规模。有年五一节，他应邀下乡帮助果农防治杨梅肉葱病，他与几个果农跋山涉水赶赴杨梅山，走着走着，他突然眼前一黑差点栽倒地上，他意识到自己严重发"痧"了，为了不影响帮助果农防治果病，他索性坐在地上，称自己走累了要坐着休息一会儿，叫果农们先走。果农们离开他的视线后，他就自己用手刮起"痧"来，等"痧"症消失，他便从地上爬起，赶到果园完成防治事宜。

类似这样的事情王道平遇到的又岂止是一两例。

2015年大年三十，王道平为防治杨梅根腐病，与几个果农守在苏阳东魁杨梅山上，结果被瓢泼大雨淋得像落汤鸡，一身湿漉漉回到家时，妻子嗔怪他："哪有人干工作像你这样玩命的！"嗔怪归嗔怪，妻子还是熬了姜汤为他驱寒。因为理解，这些年妻子才对他的倔牛劲没有丝毫怨言；因为理解，妻子才对他的无私奉献给予默默支持。都说"军功章，有我的一半也有你的一半"，事实确实如此。这些年，当王道平完成了"穆阳水蜜桃品种选育和配套栽培技术研究与示范项目"，并获得神农福建农业科技奖二等奖及福建省科技进步奖三等奖；完成"冬种马铃薯优质高产栽培技术推广""太子参良种高效栽培技术推广""南方葡萄'五新'集成与标准化推广"等项目，并获得全国农牧渔业丰收奖；完成"脐橙冬黄防治技术研究及应用""东魁杨梅引种、优株选育鉴定及配套技术研究"等项目，并获得宁德市科技进步奖三等奖等一系列的奖项时，就会看到妻子把笑意写在脸上。

科技投入，确保效益

王道平为了满足福安当地20万市民的菜篮子需求，他积极倡导推广蔬菜日光保温棚生产技术，促成全市各地建成650亩日光保温生产大棚示范基地，基本解决了全市冬季蔬菜生产品种不足的问题。此外，他还大力宣传动员菜农利用果园越冬土地空闲，推广果园套种蔬菜 1.3 万亩，不但缓解了冬季蔬菜不足带来的压力，而且增加了果农菜农立体栽培的收入。

王道平为了避免全市农业因干旱而导致歉收，力促节水灌溉设施栽培技术的推广，建立了节水灌溉示范基地 1 000 多亩，有效解决了夏秋旱期经济作物的供水问题。在此基础上，他还采取水肥一体化措施，教给农民水分、养分要定时定量，按比例直接供给作物，优化作物生长。为了解决葡萄因低温休眠不足问题，他还教果农应用破眠剂，使葡萄萌芽整齐和发梢有力，这项技术仅 2016 年他就示范推广 1.3 万亩。为了对福安经作品种结构进行调整优化，几年来他走南串北引进"晚香""青冠""红阳""徐香""天草""红果""香眼"等 9 大类 24 个优良品种，这些品种的栽培推广，均成了福安果农菜农的"金宝碗"。

硕果累累，默默奉献

作为福安市农业的精英骨干，这些年王道平负责承担了福建省下达的部、厅的"畲乡刺葡萄种质资源开发利用""优质葡萄产业技术集成应用与产业化示范""晚熟龙眼品种结构调整""杨梅肉葱病机理及防范研究""脐橙冬黄防治技术研究及应用""东魁杨梅引种、优株选育鉴定及配套技术研究""冬种马铃薯优质高产栽培技术推广"等 16 大重大科技项目，并参与了国家桃产业技术体系，葡萄产业技术体系，荔枝、龙眼产业技术体系的工作，在省级以上刊物发表论文 21 篇，有的还被全国学术大会选用呢。除了上述成果获得全国农牧渔业丰收奖、省科技进步奖外，他本人亦被当地政府授予优秀专业人才称号，并享受政府津贴。2016 年，他还被福建省总工会授予五一劳动奖章。

科技创新是王道平的特质，当黄牛接地气是王道平的秉性，这些年来，他一直致力于探寻品质、产量、效益俱佳的新品种，选择技术先进成熟、产业化和市场化前景的，可带动农民增收的好品种。为此，他力促在全市建立了种苗繁育、良种示范和标准化基地，实现了福安农业的可持续发展。比如，他引进早熟梨"青冠"，优质猕猴桃"红阳""徐香"果桑"无籽大十""红果 2号"柑橘"贡柑""红美人"，葡萄"红富士"以及龙眼"晚香"等优良品种，手把手教给果农菜农各种种植技术，经过多年锲而不舍传输挈带，这些农人均掌握了一门乃至多门技术，他们培育的果蔬有的成了"福建省名牌农产品"，有的取得"国家无公害认证"，有的获得"国家地理标志""有中国名特优新农产品""有中国最具影响力区域公用品牌"。王道平，就像一头实在、憨厚的老黄牛，他无需别人吆喝，也会全心全意为我国的"三农"默默耕耘，默默耙犁……

蓝色田园勤耕耘

——记福建省霞浦县水产技术推广站叶启旺

他是县级水技站技术人员，他负责的项目被雷霁霖院士领导的专家组鉴定为：大弹涂鱼规模化土池育苗技术居国际领先水平；在大弹涂鱼养殖方面，他对传统方式进行了颠覆性的创新，并在福建省科学技术出版社出版的《海水养殖技术问答》一书中编撰了大弹涂鱼章节；在对虾养殖方面，他被授予宁德市对虾首席专家；在授课讲座方面，他经常被省市聘请，在省电视台、八闽专家行、市高级研修班上讲座；即便是同时身兼市人大代表和县政协常委，他也有突出表现。他就是集全国"五一"劳动奖章、省十佳知识型职工标兵等荣誉于一身的霞浦县水产技术推广站站长叶启旺。三十多年来，他踏踏实实，始终力求把工作做得尽量好，他坚信：把平凡的事业做到极致，人生就会亮出光彩。

勤做项目硕果累累

1985 年叶启旺怀揣厦门水产学院毕业证书和农学士学位证书，来到霞浦县水技站任技术员。

刚毕业，他就有幸参加了国家"七五"攻关项目——"东吾洋中国对虾放流技术和增殖效果研究"。他负责中国对虾越冬技术工作，为了一心扑在工作上，他甚至剃了光头，在春节期间没有回家过年，仍坚守在生产第一线。有一次，在操作吸污池底时，不慎移动了出水口的玻璃盖，水哗一声流到排水渠，眼瞧着亲虾有被带走的危险，他顾不上其他，抓起一块玻璃盖，立即跳入池水中，及时堵住了出水口。当时正是寒冬腊月，他已冻得浑身皮肤发紫，上下牙打战。当年在全局评先进时，大家都选林副局长，林副局长说："启旺今年工作非常出彩感人，这个先进应该给他。"

2004 年开展大弹涂鱼土池育苗，在世界上均无先例可借鉴的情况下，为了摸索大弹涂鱼在土池产卵，孵化，仔、稚鱼生长规律，他与群众吃住在一起，长期驻扎在乡村，与烈日、滩泥相伴，起早摸黑观察、试验，及时向驻扎在台江试验场的厦门大学两位教授反映情况。根据实际情况，一起探讨改变计划，终于首次在土池育出鱼苗。

2017 年省水产技术总站研究生刘燕飞来霞浦挂职，他获悉她在海葡萄养殖方面深有研究，便主动与她联系。由于他的诚意，刘燕飞终于同意与霞浦水产技术站合作。为了让项目及早顺利开展，他先垫付大部分资金。海葡萄从越南引进，到达当日，他冒着酷暑蚊咬从中午一直忙碌到深夜，又是布气石、做模式框架，又是逐一剔除病烂的植株等，累得腰都直不起来。几天后又根据海葡萄生长情况，从不适合的框架中再移养到合适的模式中养殖，从早上一直忙到深夜。50多岁年纪与年轻人一起劳作，省站刘燕飞感动地说："叶站是个实实在在做试验的干部，他心里唯一想得就是试验成功，造福群众。"在他以身作则带动下，海葡萄试验终获成功。

正是凭着不怕苦不怕累，认真负责的劲头，这么多年来他取得了许多第一：1995 年首次在闽东地区育出罗氏沼虾苗 50 多万尾；1996 年首次在福建省育出日本鬼鲉幼鱼 1.7 万尾；

1997年育出美国红鱼幼鱼94.1万尾，为闽东地区最早育出之一；1999—2001年开展香鱼全人工育苗；2000年育出鱼苗4.6万尾，为闽东地区最早育出香鱼苗之一，2001年育出鱼苗330万尾，为闽东地区最早突破大批量育苗关之一；2001年首次在闽东地区育出大批量南美白对虾苗5千多万尾，同年开展南美白对虾养殖示范获得成功，带动了全市南美白对虾养殖；2003—2005年参加省科技厅重大项目"大弹涂鱼生产性育苗技术研究及规范化养殖"：率先获得大弹涂鱼室内外人工批量育苗成功，其中室外土池共育出鱼苗百来万尾，项目于2006年通过雷霁霖院士领导的专家组鉴定，认为该项目成果总体上达到国际先进水平，其中规模化土池育苗技术居国际领先水平；2008—2012年，他通过摸索，从养殖模式、水位、肥料、收捕四方面对大弹涂鱼传统范式进行了颠覆性的创新；2016年参加市现代海洋渔业发展专项资金项目"斑节对虾新品种引种养殖试验示范项目"，于2016年9月验收，取得了很好的示范作用；2017年首次在霞浦县引进海葡萄养殖，获得成功；2017年首次在宁德市海区网箱和对虾池塘引进海马齿养殖。

善于总结勤于撰写

工作以来他发表了30多篇论文，论文数量和质量在全省渔业系统基层技术人员中出类拔萃。此外，撰写的大弹涂鱼养殖技术材料，被中央电视台七套农业科技苑栏目采纳。

他多次在"渔经杯""中国水产"有奖征文活动中获优秀奖。2013—2014年他负责编撰了霞浦县内陆水域水产养殖规划。2016年参加全国标准《大黄鱼人工繁育技术规范》编写，现已完成送审稿；2016年参加市现代渔业项目"宁德市水产养殖现状与可持续发展战略报告项目"，独立撰写了《宁德市对虾养殖现状与可持续发展战略研究》。在不影响正常工作的情况下，为了写好这部十多万字的教材，他放弃休息，利用访亲探友的时间，废寝忘食，专心写作，现已完稿并通过初审。

热心授课传经送宝

中国有句古话"授人以鱼，不如授人以渔"。平时他注重对群众进行专业知识培训，经常深入乡镇，以讲座或技术咨询的方式为群众服务。例如，2005年夏天农委举办民技术员培训班，他先后到多个乡镇进行8场讲座。2005年福鼎市大弹涂鱼养殖刚刚起步，他应福鼎市水技站聘请到秦屿镇和硖门乡给群众传授大弹涂鱼养殖技术，之后经常接到福鼎市群众电话咨询大弹涂鱼养殖病害防治、收捕等技术，通过他的传经送宝，福鼎市大弹涂鱼养殖发展迅速。

2013年受聘"福建省农村实用技术远程培训"授课，同时，福建电视台公共频道、应急会商系统等进行实况直播。多次应宁德市水技站聘请，在全市水技人员高级研修班上讲座。长期以来，霞浦县渔民培训"大黄鱼养殖""大弹涂鱼养殖""对虾养殖"等技术都是由他传授，课件也是他汲取最新技术结合本地实际情况制作、撰写的。他经常应组织部、关工委、农业局、科技局、妇联、扶贫办、人社局、培训学校、企业等要求给渔民授课。还经常参加文化科技卫生三下乡、科技服务团及科技人才活动周活动，积极向渔民传播最新技术。

凭借技术为民服务

作为渔业工作者，他深知海水养殖风云变幻艰辛不易，忧群众所忧，急群众之所急，经常深入渔排、虾塘、海区为渔民服务，甚至节假日也不例外。2017年1月14日周六，外浒海区海带烂苗严重，他带领技术人员深入海区调查，并提出解决方案，挽救了3 000多亩海带损失，经济价值达6 000多万元。2017年针对霞浦县渔排养殖多年，有的底泥淤积达好几米的现状，他先引进海马齿在虾塘养殖一年，生长到几百斤，再亲自送到塑胶渔排上养殖。当他把海马齿和海葡萄送到养殖户渔排上，并交代该怎么养时，养殖户激动得连连作揖。海马齿和海葡萄在观光渔排上既能观赏，又能生态修复，且还能当蔬菜和水果。

多年来，他利用蹲点、育苗、实施科研项目及下到生产第一线等机会，开展试验、示范、推广、病防等工作，并及时总结试验结果，撰写论文，更大范围地指导渔业生产。同时努力做好传、帮、带工作，培训、指导了一大批学生、助手、渔民，活跃在渔业战线上。

波澜壮阔的高山大川令人惊叹赞美，平凡低缓的丘陵溪流也一样可以锦绣家园。在这个平凡的世界，我们都是平凡的人，从事着各种平凡的事业。但是正如叶启旺坚信的那样：把每一件平凡的事做好，做到极致。就是不平凡了。你的人生也在不平凡中闪耀光彩！

"畜禽卫士"践行"群众路线"32 年

——记福建省南平市建阳区莒口镇"三农"服务中心李荣正

李荣正同志是一名在大山深处畜牧兽医战线上奋战了 32 个春秋的老战士，是一名以实际行动践行"群众路线"的共产党员；32 年来，他骑坏了 4 辆自行车、5 辆摩托车，行程 80 万余千米，练就了 1 小时为 2 400 多只雏鸭打防疫针、30 分钟之内完成肠坏死切除再重新接好的"外科"手术等诸多本领；他坚定理想与信念，坚守作为一名共产党人的本色，用青春和汗水谱写了一名乡村兽医的奉献乐章；32 年来，莒口镇未发生过一起重大动物疫情；他倡导科学养殖，大胆实施南江黄羊改良，预计每头羊可为农民增收 200 元，带领群众脱贫致富。

李荣正同志 2013 年被评为福建省劳动模范，先后荣获省"优秀共产党员""南平市管优秀人才""实践'南平机制'先进个人""科普工作先进工作者""南平市最美劳动者"及"南平市优秀共产党员"等称号。他所在的兽医站屡次被上级部门授予"先进集体"等荣誉称号。《羊的链球菌病诊治》《鸭的传染性浆膜炎诊治》等多篇论文在《福建畜牧兽医》《畜禽业》等专业刊物刊发。

在南平市建阳区莒口、麻沙、书坊一带，提起"李荣正"这个名字，乡亲们没有不知道的。理着平头，个子不高、精瘦的李荣正，一身迷彩服、一辆摩托车、一个斑驳的棕色皮药箱，穿行在闽北的山乡僻壤，维护着千万养殖户的利益。他 18 岁在校实习时，就因为救了 11 头在田里吃草中毒的水牛而轰动莒口。从 1985 年毕业起，他背起药箱，骑上自行车，走遍了莒口镇 365 千米² 范围内的所有养殖户。李家的鸭子日龄达到 10 天，该打疫苗了；张家的母猪今天会产仔，一定要过去看看；全镇鸡鸭存栏 50 万只、猪存栏 2 万多头、南江黄羊存栏 3 000 多头……讲到畜禽的知识，李荣正如数家珍，非常熟悉。

2017 年 50 岁的李荣正，出生在莒口镇东山村浑头林自然村。他永远忘不了读小学四年级时，全家人赖以生存的母猪，因误食农药，口吐白沫死去，母亲悲恸不已的场景。初中毕业，他考入莒口职业高中，毅然选择了畜牧兽医专业，在 2 年时间里不仅将学校课程全部学完，还自学完成了大学三年的专业课程。一方面是对专业知识的渴求，另一方面是对精准实践的探索，为弄清一种药品的毒性，他从毕业后第一个月工资所得的 15 元中取出 10 元，到集市上购买了一只小猪仔，带到山上做药品毒性试验，并进行组织结构的分析，直到完全明白了组织结构及原理，最后才依依不舍地埋掉。

既防疫，也传授，做畜牧家禽技术的"播种人"

"我跟随李站长十几年了，他没有私心，耐心传授畜牧家禽防疫的技术。"近几年来，莒口镇莒口村的郑加龙每年都养鸭 4 000 多只，在李荣正的指导下，他已经基本掌握了家禽防疫的技巧。

像郑加龙这样的徒弟，李荣正有 30 多个，遍布全镇及周边乡镇，其中不少人成为周边区县养殖大户和优秀的动物防疫员。通过培训、技术指导和科技示范，不断提高乡镇防疫队伍的政治素质和业务水平能力，引导农民走科技致富的道路。在李荣正的带领下，目前，莒口镇已成为闽北畜禽养殖大镇，每年养殖鸡鸭50万羽，生猪4万多头，南江黄羊3 000多头。当地生产的后备母鸭销售区域达到五省三十多个县、市，年创产值1 000余万元。

俗话说：学生是一个杯子，而老师是一个桶，桶里的水要足够多、足够新，才能给杯子供水。

李荣正在莒口职业高中畜牧兽医班学习时，就如饥似渴地学习畜禽专业知识，农业大学毕业的陈少东老师非常喜欢李荣正勤学好问的品格，在离开学校时，将自己大学学习的专业书籍悉数赠送给他。在单位，他耐心向领导和同事学习实践经验。虽然常被牲畜踢咬得浑身是伤，衣服也难得干净，药物侵蚀更使双手粗糙皲裂，右手虎口由于常年按压针筒，留下厚厚老茧，但他的医疗防疫技术却越来越好，受到了农民群众的信任和喜爱。

2008年，福建综合频道和中央电视台七频道《金土地》栏目组，曾慕名来到莒口镇采访，记者和李荣正一起走村入户，防疫打针、治疗、人工授精和消毒，真实记录了他一天的辛苦工作。镜头记录了他在1小时内，给2 400只雏鸭打完防疫针的全过程。娴熟的手法，负责的态度，和养殖户水乳交融的关系，让现场的记者叹服不已。最多时，他曾经从早上5时一直忙到晚上8时，一天内为1.8万只雏鸭打防疫针。福建日报、电视台、闽北日报等新闻媒体多次报道了他的先进事迹，中共南平市建阳区委发出决定通知，号召全区共产党员向李荣正学习，并到全市各地作了10场巡回报告。

李荣正长年与各种畜禽打交道，工作环境差，却乐此不疲，他不但是畜牧兽医技术的指导者，同时还是畜禽养殖技术的"播种人"。他认真推广新品种、新技术应用，因地制宜地结合当地畜牧业生产实际情况，先后从外地引进太湖母猪、江山白鹅、伊普吕兔、内外三元母猪、杜洛克长白、大约克种猪、南江黄羊等优良品种。

2000年10月，为改良当地生长缓慢的土杂羊，李荣正三度前往四川南江，当时没有高速路，路面结冰，人车都在山脊上走，十分艰险，他为车轮装上防滑链，四天三夜小心翼翼地将南江黄羊护送到莒口，并成立了南江黄羊繁育中心。改良了本地土种山羊3 500头。

经改良的南江黄羊生长速度快，屠宰率高，肉质鲜嫩，经济效益高，已经在建阳全区大范围推广，目前在全区10余个乡镇中养殖量达到10 000多头，成为建阳区主要饲养品种。

为了帮助更多的农民致富，李荣正经常组织各种技术培训班，如畜牧兽医、畜禽防疫检疫及疾病防治、中草药制剂等，从养殖技术、饲料、防疫上提供一条龙服务，解决了当地农民发展畜禽养殖的后顾之忧。

心怀感恩，情系群众，是深受村民信赖的"人民公仆"

李荣正最大的心愿，是看到乡亲们通过双手养殖致富。农户只要一个电话他都能保证24小时随叫随到及时出诊，工作没有日夜、没有晴雨，无论刮风下雨下雪，还是天寒地冻。

难怪猪场负责人翁世华逢人便说："多亏了老李，才使我场养猪业红红火火！"2016年11月的一天，天气寒冷，已是夜晚十点多钟，李潘珍的母猪难产，求李站长帮忙。劳累一天的老李不顾疲劳，立即赶到现场。经过紧张的剖宫产手术，一直忙到凌晨3点，顺利保住了价值5 000余元的大母猪和一窝猪仔。不辞辛苦，有求必应，像这样的事例在老李身上不胜枚举。

热心帮助养殖户算细账，节约成本，垫资扶助是李荣正的又一优良品格。翁世华在李荣正的指导下，自己调配饲料，不但质量有保证，每年还节约成本 3 万多元；李荣正还垫资 1 万多元，帮助东山村的村民肖某养鸭，使其走上了致富的道路。

李荣正每年要为养殖户防疫家禽 40 万只以上，100 余万针次，防疫生猪 3 000 余头，治疗生猪 2 000 余例，家禽 35 万只，耕牛 20 余例，生猪各种外科手术 50 余例，检疫生猪 10 000 余头。推广新兽药 10 余种，从业 32 年来为养殖户挽回直接经济损失上千万元，养殖业成为当地一部分农民增收致富的主导产业，多年来没有发生重大动物疫情和安全责任事故。近 5 年均为全国基层农技推广补助项目指导员，负责生猪健康养殖技术推广，2016 年莒口镇成为补助项目的动物防疫示范乡镇。

李荣正身在基层，甘于平淡，领着低廉的工资，用心服务养殖户。几年前，外地的养殖户有人出年薪 10 万元的高价，聘请李荣正担任技术指导，他舍不得这儿的 300 多家养殖户，婉言谢绝了。他常说："我能有今天的技术，得益大家对我的帮助，我一直心怀感恩，也带着这颗感恩的心来回报社会。只要乡亲们有需要，我会尽我所能第一时间赶到现场处置，能帮养殖户排难解忧是我最大的欣慰。"李荣正是这样说的，也是这样做的。他用一名共产党员 32 年的实际行动，践行着"群众路线"的不悔追求。

躬耕青山绿水间　担当实干为农业

——记江西省彭泽县浪溪镇农业技术推广综合站朱永胜

"朱站长，今年我家该种什么，具体都要怎么操作啊。"每至春耕时节，村民们总要询问一下朱站长有关农业生产的相关知识。

朱站长名叫朱永胜，是彭泽县浪溪镇农业技术推广综合站站长。自1983年参加工作以来，这已经是他在浪溪第35个年头了。从精壮的年轻汉子到两鬓斑白的中年人，老朱把人生奉献给了这片土地。35年来，朱永胜曾荣获农业部农牧渔业丰收奖二等奖、三等奖各一次；荣获全省农技推广先进工作者和优秀植物保护员称号7次；荣获市、县先进农技员多次；在省级刊物发表论文4篇及农技推广多篇。

躬耕沃土，农技推广勇担当

在田间地头，总能看见朱永胜忙碌的身影。他深知浪溪镇资源丰富，只要合理配置资源优势，利用好先进的农业技术，一定能促进农业增产、农民增收。因此，每次开展新技术、新品种、新模式的试验、示范和推广工作，他都身先士卒奋战在田间地头。

他的努力为农民兄弟带来了不少实惠。在农业部棉花万亩高产创建示范项目实施工作中，他走遍了全镇每块棉地。从备育苗土到收获都是他亲自现场指导，再热的天，也从不间断，尽管盛夏的气温常常高达35℃以上，脚磨起了多少水泡、头顶着火辣太阳、站在地里浑身直淌汗，但他每天坚持在棉地里工作十多小时，累到腰酸腿疼时，就稍稍站一会，伸伸腰、透透风，又接着干。由于统一品种、营养钵育苗、合理密植、组装技术，进行测土配方施肥、科学防治病虫害、适时进行花调花控，白天在田间地头指导，晚上到农民家中传授新的栽培技术等保姆式服务，功夫不负有心人，经农业部组织专家测产验收，2010年项目区棉花皮棉产量达到412.5千克/亩，比2009年每亩增产112.5千克，仅此一项，浪溪镇农民增加收入900余万元。

在农业部、省农业厅棉花轻简化育苗技术指导工作中，大部分农民对育苗栽培存在疑虑，朱永胜白天在40多℃育苗大棚现场指导，晚上到小组讲课，传授轻简化育苗和移栽技术要点。

"如果育苗移栽失败，给农民造成损失，我个人负责赔偿！"他坚定有力的话语，打消了农民的顾虑。由于工作扎实、技术服务到位，农民积极参与，棉花轻简化育苗和栽培技术获得成功。

2011年5月20日全省轻简化育苗现场会在浪溪镇召开，中国棉花研究所毛树春研究员亲临现场指导，9月28日通过农业部专家组测产验收，籽棉产量达350千克，位列全省第一。项目区籽棉产量比2010年增加50千克，每亩增加收入400余元。2012年3月29日全省轻简化育苗现场会（育苗整个过程被拍摄成科教片）和5月25日全省油后棉移栽现场会又在浪溪镇先后召开，整个棉花轻简化育苗以及油后棉移栽工作得到了省市县有关领导和专家高度赞誉。

2010—2012年，他参加江西省红壤研究所黑芝麻优良品种的选育与示范推广项目，由于工作负责认真，指导精心，该项目被江西省农业厅推荐参加 2011—2013 年全国农牧渔业丰收奖，并荣获二等奖。2014—2016 年负责农业部棉花病虫害专业化防治与绿色防控融合项目工作，他每天奔波在田间地头，查虫情、树太阳能杀虫灯、插性诱剂、制订统防统治和绿色防控融合方案。经省植物保护专家验收病虫害防控处置率 100%，防治效果 95% 以上，防治效率提高 5 倍以上，病虫害损失在 5% 以内，农药利用率提高 5% 以上，化学农药用量减少 20% 以上，棉田生态环境明显改善，核心区面积 1 000 亩，示范面积 3 000 亩，辐射面积达 3 万多亩，农民增收 100 多万元。

不断进取，农技推广勇创新

"就用直升机来防治病虫害！"朱永胜向种粮大户们说道。原来随着农村土地的大面积流转，种植大户越来越多，面积越来越大。农作物病虫害防控由过去人工进行防控已很不现实，对于人工打药来说，成本高，而且还很费人工。传统的喷药机械已不能满足现代农业发展的需求。

朱永胜多方考察论证，认为利用直升机进行农作物统防统治，可以使农作物病虫害防治从人工地面防治变为直升机空中防治，高效安全，节省农民劳动力，节约农业投入成本，最终增加农民的经济效益。

2013 年，浪溪镇在全市率先创新组织直升机对水稻、棉花进行统防统治，为准确掌握直升机对水稻、棉花进行统防统治的相关技术数据，朱永胜同志每天早上 5 点 30 分左右到达田间地头，查病虫情况、查防治效果，制定防治方案。经过他的精心组织实施，当年中心示范片 8 000余亩水稻、棉花取得了亩均降低农药及人工成本 20% 左右、提高产量 10%～20% 的成效。7 月 4日全市统防统治现场会在浪溪镇召开，朱永胜同志作经验介绍。2014—2016 年又在全市率先创新组织实施无人机在多乡镇实施统防统治，每年防治面积达万余亩。农作物无人机的植物保护应用，不仅显著降低化学农药的使用量，避免农产品中的农药残留超标，提升农产品品质和农业生态环境安全，增加了市场竞争力，还可实现每亩节本增收 100 元以上，促进农民增产增收。

2016 年，朱永胜为了能更好地改变水稻成本高、效益低的现状，自费到湖北潜江实地考察、学习稻虾共作技术，通过引进专家授课和精心组织实施，2017 年在全镇推广稻虾共作面积 2 000多亩，让浪溪农民"靠天吃饭不如靠技要效益"的种田观念得到极大改变，也让浪溪镇成为了彭泽县现代农业示范区的核心部分。

情系农民，农技推广勇追逐

朱永胜平常总是与农民打成一片，与农民促膝交谈，总是"三句话不离本行"，宣传党的惠农政策，讲一讲农业致富的好典型，问一问农民对农业技术有什么需求。他常说："农民是我们的衣食父母，为他们服务是我们的职责所在，抓好农技服务是我们义不容辞的责任。"他为农民送资料上门、传技术到位、指导到田，急农民之所急，总是想办法去帮助他们，三十余年来，他累计为农民解决各种生产问题 3 000 多个，为农民挽回损失近千万元。"有事找老朱"成了当地农民的流行语，他就是这样用真情与农民相交，用实际行动取得了农民的信任，成了农民的科技引路人。

适应新常态，推动新发展，他不畏严寒酷暑，进村入户，走东家，串西家，奔波在广袤的田野上，为农民传经送技，手把手教群众科学种田，推广应用新技术、新品种。每年定期开办农业科技培训班，他用浅显易懂的语言，把水稻、棉花种植技术、测土配方施肥技术等技术传送到农民的手中，农民朋友打心眼里喜欢这个与他们打了三十多年交道的农技员，经常有农民朋友点名要他到村里进行技术培训。农民在生产中遇到疑难问题，不管是刮风下雨、天气冷热、时间早晚，他都能及时赶到现场进行诊断，提出解决办法。

躬耕青山绿水间，担当实干为农业。朱永胜作为一名基层农业技术推广员，35 年来，田间地头有他忙碌的身影，课堂培训有他精干的讲解。凭着一颗赤诚的心，在农村科技推广服务的天地里，默默奉献着一名农技员的满腔热血，在平凡的岗位上默默发挥着一名农技员无穷的能量，用平凡和真诚书写了最美的农技人生。

老"技"伏枥　志在兴农

——记江西省莲花县农业局农业技术推广站李林海

36 年来，他始终奋战在农业技术推广一线，为莲花县农业技术推广和粮油增产、农业增效、农民增收致富做出了突出贡献，2016 年被江西省农业厅授予"最可爱的农业人"称号。他叫李林海，是一名高级农艺师，生于莲花、长于莲花，把大半生的心血倾注在莲花这片土地上。他先后在莲花县良种场和多个乡镇农技站任技术员、农技站站长和科技副乡长，现任莲花县农业局农技推广站站长，是莲花县一名老农技推广工作者。

任劳任怨几十载，足迹遍布千家垄

莲花地处湘赣交界的丘陵山区，耕地不多，且相对分散，甚至可以说是山高路远。全县 157个行政村，大垄小垄，没有哪一个垄不在李林海同志的脑海里。全县种粮大户 129 户，油菜种植大户 106 户，没有哪一户不认识李站长。

神泉乡五洲村是莲花县双季稻高产创建核心示范村，坊楼镇新枧村是莲花县稻油二熟高产创建模式示范村，高洲乡高滩村是油菜示范基地，升坊镇石江村、琴亭镇莲花村等六个村是全县现代农业示范园核心区，六市乡太沙村、山口村，高洲乡黄沙村、朱家村，荷塘乡严塘村、珊溪村，这些村是水稻稻瘟病老病区，常年发病严重……全县每一个村都有他李林海牵挂的田垄。隔三差五去重点村，手把手教农民怎样进行水稻和油菜高产栽培，时间长了他和许多农民成了朋友。

为满足农民对农业科技的需求，解决农业技术推广的"最后一千米"，他常年活动在农业生产第一线，了解农民在生产过程中遇到的实际困难和急需解决的技术问题，竭尽全力帮助他们解决技术上的后顾之忧，成为农民的知心朋友和贴心人。为了提高农民的技术水平，他每年都要举办各类农村实用技术培训班，通过面对面、手把手地传授技术，提升了农民科技素质和生产技能水平。他带领县农技人员不辞劳苦，起早贪黑，下乡入村进户，采取集中办班、田间学校、个别答疑和现场点评、电话网上咨询和印发明白纸等多种形式，有针对性地向农民推广农业适用增产增收新技术。根据农事季节，为做好技术跟踪指导服务工作，他本着关键环节、关键技术主动入户，突发事件及时入户，技术咨询指导随时入户的原则，常年活跃在田间地头，帮助农民解决各种生产技术问题，对于一些关键技术亲自示范操作，保证了技术操作不走样。

刻苦钻研新技术，积极推广为增收

无论在乡镇农技站直接与农民打交道，还是在县站统筹全县的农业技术推广，他总能与其他同志一道，着眼大局因地制宜、因时制宜，积极探索适合莲花气候条件、耕作传统的新技术、新方法。由他带领团队开展了研究和推广水稻抛秧技术、水稻"多用一斤种，增收百斤粮"增产技术、水稻薄露灌溉技术、测土配方施肥技术、超级稻栽培技术、水稻精确定量栽培技术、水稻"三控"施肥技术、水稻病虫绿色防控技术等16项技术，尤其油菜免耕直播、油菜高密度免耕直播机收、油菜增施硼肥技术推广与应用，大大降低了油菜种植的劳动力投入，提高了油菜种植的收成和效益，使莲花县成为全省全市油菜种植示范县，冬季农业生产连年丰收，得到省、市领导的高度肯定，全市冬种现场会连续3年在莲花县召开。

近几年他带领站室全体同仁在全县重点培育水稻和油菜高产示范点76个，完成对比试验示范60余项，设立试验小区300余个。其中"多用一斤种，增收百斤粮"增产技术2006—2008年全县累计推广面积达46.23万亩，平均亩增产51.4千克，增长11.6％；"油菜免耕直播技术"2012—2016年全县推广面积68.2万亩，使全县油菜种植面积由2008年的7.9万亩，增加到2016年的15.4万亩，每年平均增长11.9％，平均单产由2008年的62.6千克，提高到2017年的130千克，每年平均增长12％，"早稻集中育秧技术"2013—2015年在全县建立示范点1 117个，集中育秧秧田面积8 045.15亩，抛栽大田19.32万亩。近几年各项粮油生产实用新技术在全县单项累计示范推广面积达316.8万亩，为全县累计增产粮食3.83万吨，增产油菜籽2.07万吨，增收2.47亿元。

李林海不仅带着大家干，还非常善于总结提高，几年来他主持编写了《莲花县农业主推良种配套实用技术资料汇编》和《莲花县新型职业农民科技培训资料汇编》等农业技术资料，并在省级以上刊物先后发表论文8篇，撰写试验示范推广技术总结60多篇。这些技术成果的推广应用促进了全县农业、农民和农村经济的发展，对提高广大农民科技素质和生产水平，加快增产、增收、增效和脱贫致富起到了积极推动作用。

吃苦耐劳干实事，乐于奉献敢担当

2007年，李林海带领县农技中心7位同志在坊楼镇新枧村租赁水田280亩，搞水稻高产基地建设，并大胆与局里签订了自负盈亏承包协议，他既是指挥员又是战斗员，带领同事参与全程管理，从播种、抛秧、施肥、管水、打药、收割、试验等管理工作都是自己亲自带头干，在基地吃住达90天，冒着38℃的高温打农药，仅打农药就干了15天，较好地完成水稻新品种对比试验，水稻栽插密度和用种量等8项对比试验。他从未叫过一声苦，没有领过一分补助。2013年全县遭遇50年一遇的严重干旱，他作为一名农技站长，具体负责全县农作物灾情统计和技术指导，连续40天坚守岗位，不畏高温酷暑，带领相关人员跑遍了全县所有乡村、田垄，准确掌握全县灾情，经常晚上还要加班统计、上报，为领导决策提供数据，得到了视察灾情的省委领导肯定和广大群众好评。

他在2007—2016年十年的年度考核中，有7次被评为"优秀"。曾多次被农业部、省、市、县和县农业局评为优秀共产党员、先进工作者和先进个人，并先后获得省农业厅"农牧渔业技术改进奖一等奖"一次，地市"科学技术进步奖二等奖"一次、"科学技术进步奖三等奖"二次，科学技术部科技扶贫办公室颁发的"科技扶贫服务奖"，萍乡市"优秀科技特派员"，2013年被评为"全国粮食生产突出贡献农业科技人员"。2016年获"2014—2016年全国农牧渔业丰收奖成果奖二等奖"。2016年获江西省"最可爱的农业人"称号。

李林海，这位行走千里的老农技推广工作者，几十年如一日，苦练内功，甘心为农，足迹遍布莲花县的大小田垄，已成为农田作物的守望者、农民朋友的贴心人。如今，他虽已年近花甲，临近退休，却依然大爱农业、坚守农村、服务农民，将一腔热血奉献给了这片养育他的青山绿水。他志在农业强、农村美、农民富，老"技"伏枥，志在千里。

情系田野传科技　开拓创新谋发展

——记江西省贵溪市雷溪镇农业技术推广综合站汪田有

2017年46岁的汪田有，已在乡镇从事农技推广服务21年，已经成为当地群众心目中的农业专家。他平头短发，衣装朴实，皮肤黝黑，形象憨厚，给人的第一印象就是一个长年在外从事农业生产的农民，这就是他20多年扎根农村，耕耘农业的岁月韵味。他一直在农业战线上默默耕耘，孜孜以求，为农业增产、增收做出了积极贡献。党和人民给予了汪田有崇高荣誉：他先后获得全国五一劳动奖章，全国农村优秀人才奖，中华农业科教基金会农技推广奖，农业部科技减灾促春耕活动先进个人，省农业厅抗寒救灾先进个人，市优秀乡镇农技员、农业科技进村入户优秀技术指导员、粮食生产优秀农业技术员、先进示范服务基地干部、先进工作者，乡安全生产先进个人、优秀共产党员等称号。如今的他诸多殊荣集于一身，却从未停止前行的脚步，情系农业的发展甘做农民"贴心人"和"田保姆"。

情系农业，钻研农技

1996年，刚走出校门的他，手捧着江西省樟树农业学校园艺专业毕业证书和贵溪市农业局分配通知书，孤身一人来到了贵溪市雷溪乡农综站任农业技术推广员。

汪田有同志对农民、农业怀有深厚的感情，充满了强烈的激情，他长年下村入户了解农业生产现状，深入田间地头查看农作物长势，探究农作物生长习性，钻研田间管理技术。

1997年贵溪市首次引进水稻抛秧技术，为了做好示范推广工作，他本人率先做试验示范，主动掌握抛秧技术。在示范过程中，他简化了许多育苗程序，将制作营养土程序简化为就地就沟施肥取泥装盘，将压板压盘变成扫把压种压盘，将分次抛秧变成一次性完成抛秧，大大减轻了劳动强度，提高了工效，让许多农户接受，得到推广。汪田有针对农村劳动力严重不足而导致部分良田撂荒的问题，陷入深深的思考，2003年他选择了一块撂荒2年，杂草丛生的水田，进行免耕直播试验，获得了丰收，带动了舒木祥、刘先远、杨双辉等一批种粮大户大力发展粮食生产。由此，促进了免耕直播、少耕直播、翻耕直播等多项技术推广应用，为贵溪市轻型农业的蓬勃发展奠定了基础。

2002年相邻乡镇——金屯镇引进一位浙江西瓜种植大户，采用地膜覆盖取代稻草覆盖种植西瓜，他常骑自行车20千米前往实地察看，与基地瓜农交流体验、探讨地膜覆盖栽培技术。次年动员了当地瓜农进行地膜覆盖栽培示范，带动了地膜覆盖栽培技术在贵溪市的推广应用。2005年雷溪初次引进大棚西瓜种植技术，他深入实践、潜心钻研大棚西瓜生产技术，次年引领当地瓜农种植大棚西瓜，带动了当地雷溪大棚西瓜的发展，如今在贵溪市"雷溪西瓜"成为品牌。2012年雷溪镇引进葡萄大棚种植项目，他经常忙碌在葡萄基地，与果农师傅交朋友，切磋技艺，并前往浙江等葡萄基地观摩学习。汪田有同志把学习到的葡萄种植技术传授给广大果农，提高葡萄品质和产量，如今种植葡萄成为雷溪镇的支柱产业。

做给群众看，带着群众干

为了让老百姓相信农业科学技术的增产增收，提质增效。1998 年，汪田有同志身先士卒，本着"做给群众看，带着群众干"的宗旨，开展了蔬菜地膜覆盖高效丰产栽培示范、蔬菜病虫害无公害防治示范，大棚蔬菜"春提早、秋延后"栽培示范，带动了周边农户发展蔬菜生产，2008 年雷溪蔬菜种植面积达 4 654 亩，其中连片的大棚蔬菜达 2 000 亩，西瓜及葡萄发展到 2 000 亩，从而使雷溪真正成为鹰潭市、贵溪市商品蔬菜供应地，推动了"南林北果中间菜"这一科学布局在贵溪市的具体实施。

2003 年，汪田有同志指导黄世兵、杨海茂、吴均祥等人在荒山荒地率先种植 150 亩西瓜，进行了西瓜一年两茬地膜覆盖栽培和西瓜地膜覆盖连作栽培示范，带动了广大瓜农逐步发展成种植专业户。

2007 年，汪田有指导亲朋好友种植大棚西瓜，发动当地农户共同种植。为了确保推广种植成功，起到示范带动作用。他吃住在西瓜基地，制定育苗、移栽、施肥、病虫害防治等技术方案，起早摸黑钻研技术，掌握了大棚西瓜整套种植技术，创新了许多管理技术，取得了很好的经济效益和社会效益，带动了当地许多农户发展大棚西瓜产业。如今周边乡镇、县市的瓜农常向他请教西瓜种植技术，他都毫无保留地把自己的技术传授给他们。

倾情传播农技，助推农业发展

现在，雷溪周边村庄经常有人向汪田有请教相关技术，有的乡镇也邀请他作专题培训。为了把自己掌握的科技知识传授给农民，让更多人致富，他利用晚上开展技术培训，进行科普教育，将自己收集和整理的图像资料通过放映幻灯片的形式进行生动形象的讲解，让大家能够听得懂并且记得住，常常培训结束回到家里已是深夜 11 点。他激励农民学科学、用科学的种植技术，提高农产品的产量和品质。他和 120 多户种植大户密切联系，开展全程技术指导，服务面积达到 6 000 亩，辐射面积 14 000 亩。

勇于创新，敢于实践

他勇于创新，在科学的道路上积极探索、勇往直前。2008 年他带领当地瓜农黄新和等从事大棚西瓜多茬丰产栽培、轻型移动滴灌节水节肥栽培，取得了较为理想的效果，摸索出了一套适合贵溪市气候特点的大棚西瓜种植技术。2008 年 1 月，贵溪市遭受了 20 多天的持续冰冻雨雪天气，大棚西瓜瓜苗全部损毁。为了尽快恢复灾后生产，汪田有同志在浙江瓜农"三棚五膜"育苗技术基础上独创了"四棚七膜"育苗技术，使瓜苗秧龄由 30 天缩短为 20 天，且返苗快，易坐瓜，能抗 20 多天持续低温。

2013 年，他凭着自己扎实的理论功底和丰富的实践经验，果断动员 52 户农民开展超级稻品种——甬优 12 号示范，示范面积 280 亩，农户从来没有种过这样的水稻品种，心里没有底，凭着对汪田有的信任，积极参与。汪田有打破常规，制定高产栽培技术，对各个生产环节跟踪服务，现场指导，亲自插秧、施肥、打药做示范。超级稻示范一举成功，一般亩产达到 800 千克，最高亩产达到 850 千克，摘取鹰潭市水稻单产桂冠，农户高兴地说："从来没有见过这样好的稻子，想都想不到。"超级稻示范成功对于提高粮食产量和农民增收具有划时代的意义。

汪田有所从事的是平凡的工作，他在平凡的岗位上付出大把时间，奉献才智，做出了不平凡的业绩。汪田有经常挂在嘴边的一句话就是"我是农民的儿子，我要扎根基层，服务农民"。他是这样说的，也是这样做的。21 年来，他始终怀着对党和人民的火热激情、感情和热情，全身心地投入到农技推广事业，不图名不图利，不怕吃苦，甘于奉献。他用科学理论和现代科学知识武装自己，不断提高思想道德水平和科学文化素质，把每一件事情都做得尽心尽力、不留遗憾。

他是农民的儿子，是一名普通的农技推广人员，是默默耕耘的"老黄牛"，更是农民的福音，他就是——汪田有！

田间地头四十载　默默奉献为农民

——记江西省余江县洪湖乡农业技术推广综合站陈有林

陈有林，男，1957 年生人，1974 年高中毕业后回乡任洪湖乡良种场技术员，因其在良种繁育、推广工作中业绩突出，1977 年被调入人民公社农科所任种子员。从此，他就爱上了农技推广这一行，扑下身子从事农技推广 43 载，一直在基层一线兢兢业业、默默无闻地从事服务"三农"的工作。他先后经历了当地多代当家品种更新换代和稻田除草剂推广使用；两次下海南制种，在当地建立优质稻品种繁育基地，积极推广种植优质稻；引进推广优质早熟高产东北大豆品种；稻田配方施肥、水稻病虫害综合防治、水稻病虫害生物防治等农技推广工作，为当地的农业生产发展，为农民增收做出了很大的贡献。

充分发挥技术专长，为农民排忧解难

2010 年 6 月中旬余江县遭遇特大洪水，洪水将大片水葫芦等恶性杂草带到洪湖乡 2 个村的稻田上，水退了草却不走，将千余亩稻田被覆盖得严严实实，而且水葫芦长势茂盛，株高超过 1 米。面对这种情况，如何处理？查资料、咨询都没有答案，因为当时国内还没有先例，并无经验可借鉴。两个村上千农民兄弟焦急万分，时间不等人，早稻损失姑且不算，如何将杂草除掉按时栽插晚稻才是最重要的。有的农民自己购买除草剂喷洒，用去了几瓶却毫无效果；有的农民将水葫芦从田里面拖到田埂上，结果还未拖到十分之一，已是无处堆放。面对如此困境，洪湖乡党委政府把这个艰巨的任务交给了陈有林。接到任务后他走遍受灾的村组农户家里，把田间地头当做"观察室""实验室"。通过大量的分析、研究，陈有林认为要通过"四步"来清除水葫芦的灾害：一是进行排水；二是解决水葫芦蜡质层问题；三是水葫芦长势茂盛，叶面积系数非常大，必须有充足喷水量才能起到防治作用；四是药剂的选择很重要，既要有防治效果、又不能在土壤中积存，影响以后农业生产，用陈有林自己的话说就是"不做千古罪人"。通过采取化学除草、加腐秆剂机耕的方法，历经 12 天辛劳，完成田间清理，按时将晚稻栽插，获得大丰收，挽回经济损失 120 余万元，农民兄弟们悬着的心终于落下了。经过这次实践，陈有林还结合洪湖乡的实际制定了全乡水葫芦防治办法，就凭这个，陈有林还得到了时任江西省农业厅派驻余江救灾工作组组长的表扬。

心系农技推广，助力农民增收

无论是气候宜人的春秋，还严寒酷暑的冬夏，陈有林总是出现在各个村组的田间地头、培训课堂和农户家中，实实在在为农民服务。其他像他一样接近退休年龄人员或许早就回家颐养天年了，可是陈有林心里装着全乡的农民兄弟，认为自己在岗一天就要服务 24 小时，2015 年曾因工作劳累两次脑梗死住院，出院后未休养继续上班工作，竭尽全力做好群众期盼的事。近几年来通

过推广新技术、新品种 6 项，陈有林累计创造社会效益近 1 500 万元。

江西省作为全国重要的商品粮生产基地，洪湖乡更是传统的农业乡镇，主要农作物以水稻为主，兼营蔬菜、油菜、水果等经济作物。因此，使用农业技术在种植中降低成本、增加产量成为乡农技站第一要务，怎样将县农业局的部署技术推广任务落到实处，发挥科技生产力作用，这个课题摆在了陈有林和乡农技站的面前。全站在陈有林的带领下，通过开展户、组、村扎实全面的调查研究，在乡党委政府的大力支持下，从三个方面入手开展工作：

发挥科技示范户的带动作用，加速技术推广。"要致富，瞄准示范户"，陈有林深知，在农村要推广一项好的技术，上一个好项目，光依靠农技人员讲解，作用有限；如果有人带头做了，让其他群众看到实实在在地好处，就会有人照着做，带头做的人有了经验，其他人也就减少了风险，技术或项目更容易推广。为此，他引导全乡建立科技示范户 70 户，有效地实践了上述做法。例如，在水稻配方施肥、"多用一斤种，增加百斤粮"、"一斤石灰一斤粮"等技术推广项目时，采取先印发技术资料，将技术向科技示范户讲解，加强技术指导，依靠示范户的带头作用，使得这三项技术推广面积得到逐步扩大。到 2016 年，水稻配方施肥推广 12 000 亩，"多用一斤种，增加百斤粮"推广 8 000 余亩，"一斤石灰一斤粮"推广 5 000 亩，共节本增效 813 万元。

带领大户干。随着社会的进步，生产的发展，农村种粮大户逐年增多，全乡水稻面积近半是大户在耕种，节约生产成本、增加产量是每个种粮大户追求的目标，陈有林准确地把握到了这一关键，在水稻三控栽培技术的推广上就瞄准这个关键，在种植上通过氮肥总量控制、氮肥分阶段调控、改二次施肥为三次施肥，氮肥后移，依据叶色调整施肥量，适当增施钾肥，主攻大穗，减少无效分蘖，提高结实率增加产量，控制病虫害发生，实现了大户们日思夜想的目标，使更多的人看到了农民有钱赚、农业有希望、农村有奔头。通过 2 年的努力，在全乡推广该项技术 8 500亩，节约成本 33 万元，增加产值 490 万元，取得了显著的社会效益和经济效益。

依托技术培训，告诉农民怎么干。随着人们的生活水平不断提高，农村的养生意识得到大幅度提高，为改变当地油菜品种老化、菜油品质不高的现状，陈有林通过积极争取上级资金，专门组织了一次较大规模的培训，每个村举办 1～2 期"双低油菜栽培技术培训班"，主要讲授食用双低菜籽油的好处和双低油菜栽培技术，村民们兴趣高涨，表示来年一定淘汰老品种，种植双低油菜。据不完全统计，累计推广双低油菜 1.1 万亩，创造经济效益 50 万元，进一步改善了人们饮食结构，提高了健康水平。

积极投身农业改革，促进当地农业持续发展

党的十八大以来，全面深化改革工作不断推进，2014 年余江县开展农村土地登记确权颁证工作，为确保这项工作在基层贯彻落实中不走形、不偏向，陈有林积极参加县农业局组织的业务培训，仔细学习研究下发的相关资料，深入领会了确权工作的重要性、时间步骤和工作要求，结合全乡实际出台了工作方案，农村土地登记确权工作在全乡全面铺开。经过一段时间的摸索和总结，还制定出了"五个一"的确权工作方法：①开好一个动员会；②组建一支好的工作队伍，将老干部，尤其参加二轮承包分田老干部、农机手等熟悉本村田块的人吸收到确权工作组中去；③认真制定好一个确权方案；④认真做好一次培训，使工作组成员真正弄懂、学会工作方法、要求；⑤集中一段时间开展工作，每个阶段用 5～7 天时间完成工作内容。经过实践检验，该工作法切合实际，工作成效明显，群众反响很好，为其他兄弟乡镇开展此项工作提供了很好的借鉴。自土地确权工作开展以来，陈有林经常是"五加二""白加黑"，每天奔波于全乡各村组，使洪湖

乡的土地确权工作有序、快速、高质量完成，走在全县的前列，承接了全省、全国农村土地确权工作现场会的召开，洪湖乡土地确权工作也得到了农业部领导的充分肯定。

在 2017 年，余江县农业局考虑到陈有林经验丰富、作风务实、态度认真，将全县产权制度改革试点放在洪湖。重担在肩，陈有林在退休之年仍然在忙碌、奔波着，从方案的制定、培训材料的编写、各个阶段工作的推进、政策咨询等，无不亲力亲为，完全没有进入退休状态，更没有"人到码头车到站"的心态。目前全乡农村产权制度改革工作正在有序地开展，并得到县领导肯定。陈有林同志说："虽然今年我退休了，但是产权制度改革工作在我手里一定做好，而且还要做好传帮带，不让全乡的农技工作在我手中脱节，使技术推广后继有人。"

四十余年来，陈有林甘当"老黄牛"、乐做"贴心人"，扎根基层农业第一线，为当地的农业生产发展、农民增收做出了突出的贡献，是领导心中的好干部、同事眼中的好站长、群众心中最尊敬的人。

赤子丹心畜牧情

——记江西省井冈山市畜牧兽医局曾昭芙

在井冈山这片红色沃土上，有一位朴实善良、爱岗敬业的农技人员，他将人生中最好的时光奉献在这片红色土地上，他以职业操守传承着井冈山精神，以实际行动来捍卫群众的生命财产安全，以扎实的本领帮助老区贫困群众致富发展。他就是江西省五一劳动奖章获得者——井冈山市畜牧兽医局农业技术推广研究员曾昭芙。

畜牧战线耕耘的"孺子牛"

曾昭芙1986年毕业于江西农业大学畜牧兽医专业，同年8月从学校毕业后分配到井冈山市农业局畜牧兽医站工作。人们眼中的天之骄子学业有成后重返大山，让人很不理解，可是曾昭芙却不这样认为，他觉得搞畜牧兽医工作就必须深入基层，只有认真的实践才能发现问题。带着这份初心、这份执着，在基层一干就是31年，身边同事换了一批又一批，而他依然坚守。他总是笑呵呵地说："都说事业是靠耕耘出来的，在那干工作都得像耕牛一样踏踏实实。"

1995年，一场突如其来的车祸给曾昭芙留下了腿脚残疾。尽管身体不便，但他视畜牧事业为生命的满腔热忱没有变，依然兢兢业业、任劳任怨。在面对动物疫情时，仍然不顾个人安危和自身残疾不便，战斗在处理动物疫情的第一线。2005年除夕前，正当禽流感盛行时，每个人都准备过年团聚的时候，鹅岭乡反映有家禽成批死亡，曾昭芙顾不上与家人过除夕，立即同动检所和乡站兽医员前往处理病禽事件，直到无害化处理所有病死家禽时，大多数人家已吃完年夜饭。

曾昭芙把所有青春都献给了他最热爱的畜牧事业。为掌握最原始的数据，他经常在猪栏过夜，最长甚至达40天。也正是抱着这样的职业精神和工作态度，哪里有畜牧生产上的疑惑，哪里就有他的身影。他用自己不懈的努力，向贫困山区挥洒着勤恳的汗水，贡献着自己的聪明才智，用实际行动在平凡岗位上展现了一名共产党员一心为民、甘当"孺子牛"的风采。

基层一线走出的"土专家"

"工作在基层，虽然条件艰苦了点，但却能让我们贴近畜牧生产一线，对我们进行科技创新和技术推广来说，是很有好处的"，曾昭芙时常这样说。

31年的工作实践中，他始终秉持着一丝不苟、精益求精的精神，刻苦钻研技术。先后主持完成了多项国家、省、市重大科研项目，他主持的"深农配套系猪产业化养殖技术研究与示范推广"项目，历时4年的摸索与研究，最终被评为2014年度吉安市科技进步奖一等奖、江西省科技进步奖三等奖；主持完成的"生猪标准化养殖技术示范推广"经吉安市科技局主持的专家鉴定，成果达国内领先水平、获2016年度吉安市科技进步奖二等奖；主持完成的"深农配套系猪生产技术规程"填补了我国深农配套猪父母代、商品猪生产技术的空白……"经过研究之后，我能达到这样一个水平：一头母猪一年能提供 22～24 头商品肉猪，如果常规饲养，只能达到 17～18 头。一下子能提供这么多，农户看到了实实在在的效益。"曾昭芙以农家子弟的赤子丹心、以扎实的技术成果，回报着井冈山这片红色的土地。

作为长年奋战在畜牧兽医战线的基层工作者，曾昭芙同志深知在基层工作的艰辛，一方面要防控动物疫情，另一方面又要破解畜牧业健康、绿色发展的难题。然而凭着自己对这份事业的热爱，他始终能做到扑下身去，在实践中解决问题、在实践中总结经验、在实践中积极创新。他的 2 项国家发明专利、4 项实用新型专利被授权；主持或参与制定 3 项地方标准相继公布实施；撰写的专著《现代养猪实用技术》出版发行；30 余篇论文相继在国内各种专业杂志发表等是对他扎实工作、刻苦钻研的最好回报。30 多年来，因业绩突出取得多项荣誉，近 10 年被评为各类先进个人、先进工作者达 30 多次。

贫困群众眼中的"授渔人"

真挚情感不是天生的，也不是突发的、偶发的，对于曾昭芙而言，是凝结于"根植基层为百姓"的成长经历里和血浓于水的红色基因中的。

曾昭芙出生于农村、成长于基层，自从事畜牧兽医工作以来，他最大的愿望就是让更多的贫困农户走上致富路。相比资金项目扶持，技术扶持在脱贫攻坚中显得那么默默无闻，但他却毫不在意，"我们去真正解决一些疑难问题，带去一些新的技术，看到贫困群众特别高兴，我的心里就很踏实。"

靠着技术扶贫，这个梦想正一天天得以实现。他将工作 70％以上的时间都放在基层一线，将所学知识向广大养殖企业和养殖户倾力相授，每年以咨询或上门服务的方式为贫困农户解决疫病难题 200 余个，为养殖企业提供养殖技术服务近 200 次。他走过多少贫困村、访问了多少贫困群众、进行过多少次技术指导，他自己数不清，同事和农户也数不清，但他清楚，他每年能为企业、合作社解决疫病难题数百个，累计可以帮助他们增收上千万元，因此而带动的贫困群众均获得了实实在在的收益、顺利脱贫。

"这几年，新的养猪的技术不断推广应用，我们规模养猪业不断发展，在去年我们规模养殖达到 80％以上。"曾昭芙以他扎实的本领，为井冈山率先脱贫"摘帽"贡献着他所看来微不足道的力量。

一身过硬的业务本领，孜孜以求的专业精神，俯身下沉的为民情怀为曾昭芙赢得不少荣誉。特别是 2016 年，曾昭芙获得了江西省五一劳动奖章。"没想那么多，只是希望能多解决一些难题，为群众多增加一些收入。"面对荣誉，他仍然像一块朴实的石头，为井冈山发展继续贡献着自己的力量。

二十年专心做好一件事

——记山东省济宁市兖州区农业技术推广站王燕

7月26日晚，济宁市兖州区突遭狂风暴雨肆虐，作为农技站长，王燕焦虑的心情随着电闪雷鸣而忐忑不安：田间的玉米倒伏了咋办？地瓜、花生等作物地块积水应该采取什么措施不减产？想到这些她连夜与所属10个镇街的农业办分别电话沟通，迅速摸清这次灾害性天气给农业生产带来的影响，并有针对性提出技术指导意见，用最大努力减少农民损失。

"这是王燕的一个习惯，而且坚持了20年，20年她把心思都用在了为"三农"服务上，兖州30多万农民几乎都认得她。"兖州区农业口的领导、专家和同事都这样评价她。

20年，她用过硬的专业知识指导当地农民增产增收；20年，她用"倾心服务'三农'"的理念积极探索现代农业发展新技术、新路径；20年，她用一名共产党员的高尚品德书写了一篇篇敬业奉献的篇章，恪守了共产党员的初心，把对党的忠诚、对人民的热爱变成了实际行动。20年，她获得了30多项国家及省市区级荣誉，还作为党代表光荣地出席了山东省第十一届党代会。

二十年，专心练就为农服务真本事

1998年大学毕业后，王燕就进了机关，工作舒适惬意，没有什么不如意。但她没有贪图安逸，而是下定决心在农业战线做出一番事业，干出一片天地，让人生更有价值，更有意义。

农技站是最辛苦的岗位，田地是办公平台，庄稼是试验载体，庄稼人是他们最亲密的群体。但她没有任何怨言，暗自发誓：做好农技服务工作，自身业务能力必须过硬。从此，她不断学习研究农业生产的新理论、新技术，提升自身的专业理论知识和技术水平，利用一切机会，坚持向专家、同事、农民学习，坚持到农业生产一线去，掌握第一手资料，在日复一日的学习实践、充实提高中，完成了由年轻学子到优秀基层农技人员的转变，成长为当地农业部门的主要业务骨干。

2001年3月27日，兖州遭遇了一次较强寒流袭击，对正在分蘖中的小麦影响十分严重，农田中小麦近乎白花花一片，怎么应对？如何补救？局领导指定她参加小麦受冻情况调查，负责汇总调查材料，并拿出技术指导方案。王燕经过调查研究，连夜查资料，请教老专家，做分析，提出了小麦冻害后的补救措施方案：保现有小麦面积，突击为农田浇水，并印好了技术资料，与同事们一起加班加点发放到农户手中。10多天过后，受冻小麦缓过劲来，开始重新分蘖，夏季收获，平均亩产达到300千克以上。再下乡时，一些老农碰到她，当面夸奖"这个大学生女娃，还真有两下子"。

把自己所学的知识应用于生产实践，在生产实践的基础上进行认认真真地总结，带来了业务水平的不断提升。二十年的坚持，踏实的工作作风，不怕苦、不怕累的奉献精神获得了领导和同事的肯定，2011年她被任命为区农业技术推广站站长。

"我是土生土长的农村人，农村是我的根，农民是我的衣食父母，我喜欢农业技术推广工作，乐于为农民做一切力所能及的事情"，谈到自己的职业，王燕自然而然地流露出对农业技术推广工作的热爱。多年来，她积极推广农业新技术、新品种，先后引进试验、示范推广了济麦22、鲁原502、郑单958、浚单20、H118等30多个农作物新品种；系统推广了小麦规范化播种、小麦宽幅精播、氮肥后移延衰高产栽培、玉米"一增四改"、玉米单粒精播、适时晚收、农田深松等10余项重大技术，组装了配套高产栽培技术规程，确立了适于全区种植的小麦、玉米主导品种、主推技术，实现了一镇一品、多村一品的区域化布局和规模化经营，提升了兖州区粮食整体生产水平。"兖州粮食、十四连增，与王燕的增收路径密不可分。"兖州区领导称赞道。

二十年，唯一的大心思是农民增收

在王燕的心里，田间地头就是她的休闲场地，试验基地就是她的办公场所。她为人亲和，不论走到那个镇的村里地头，总会遇到"熟人"——农民。每年的农时关键时期，她的手机就成了全区农民的热线电话，在农民眼里，遇到生产难题就找王燕，她总能给出切实可行的解决办法。

2011年玉米粗缩病在当地大发生，农户心急如焚，又不了解病因，怀疑是种子问题，产生了不少纠纷，她带领技术人员到田间地头进行指导，发放技术资料，并连续制作电视专题节目，多渠道宣传其病因及防治技术，对病害发生严重的地块指导农户改种大豆等其他作物，尽可能减轻损失。"粗缩病"被称为玉米病害中的"癌症"，一旦发生，只能田间拔除，防治该病害的最好措施就是提前预防。为将玉米粗缩病防治做到全方位、无死角，农民能够家喻户晓，2012年，她采取"讲给农民听、领着农民干、做给农民看"的方式，蹲地头坐炕头给农民宣传。为让更多的农民听到"农技"课，5月中旬，"三夏"各项工作即将开始前，利用晚上农民空闲时间，开展"夜间课堂"，她连续多日，白日上班，夜间两个村进行轮流授课。如果讲讲课、作作报告也就说得过去了，但王燕还要"领着农民干"。她带领站里技术人员，到种粮大户田间，指导他们在最佳播期内进行播种，全面提高播种质量。为提高农技推广的实效性，王燕常常"做给农民看"。她带领同事开展玉米不同品种展示、玉米不同播期、玉米不同密度等多项实验，在最佳观摩期分批组织农户进行实地观摩，了解不同玉米品种特性，现场讲解预防玉米粗缩病应采取的适宜播期、最佳播量等。通过这种更为直观的方式，农民对玉米生产技术掌握的更清楚全面，为玉米的持续增产丰收提供了坚强保障。

农民要增收，不断提高他们的科技素质最为关键，农民培训工作时时挂在王燕心头。她是兖州区小麦玉米首席专家、镇区域专家，承担着"新型农民培训""阳光工程""基层农技推广与示范补助"等项目的大量技术培训任务。在每年三秋三夏生产关键季节，她都按照农民需求，不拘时间、地点，采用各种方式开展技术培训，提高农民科技水平。每年参加举办区、镇、村三级培训班40余场次，夜间到村办班培训30场次，累计培训农民8 000余人次，撰写各类技术资料30余份，制作新闻节目、农业专题节目20余次，确保了农民科技素质不断提升，关键农时技术普及到位率达到100%。

农业项目是很好的载体，在实施过程中即加强了和上级业务部门的联系，又推进了工作的更好开展。她先后承担实施了农业部"丰收计划""小麦玉米高产创建活动"，科技部"粮食丰产科技工程""全国新增千亿斤粮食工程"，山东省农业厅、财政厅2010年、2013年、2015年及2016年的农技推广项目等10余项、各类试验示范50余项。获得各级科技成果奖励16项，其中部省级5项、市（县）级11项。获得"山东省农技推广先进个人""山东省技术市场科技金桥奖""济宁市优秀科技工作者""全市农业技术推广先进个人""兖州市优秀共产党员""三八红旗手"等各种荣誉15项。在国家级、省市级刊物上发表论文19篇。

二十年，矢志不移搞创新

在传统农业向现代农业发展转变过程中，兖州区与全国其他农业强县（市）一样，也面临着农村青壮年劳动力缺失、新型农机更新慢、播种收获机械不配套、农机农艺融合差等问题。为有效解决这些问题，2012 年秋，她充分利用兖州区农机生产企业多、整体技术水平高的优势，牵头开展小麦玉米一体化绿色增产模式建设与示范工作，实现了农机农艺深度融合。该模式应用新型小麦玉米精播机械，以小麦"双宽"种植和玉米机械单粒精播高产栽培技术为核心，集成应用系列配套高产栽培技术。她先在种粮大户中进行推广，与同事们一起对示范地块全程跟踪调研，在播种、管理关键环节更是靠在地里，发现问题立即与农机企业、应用大户进行商讨，形成整改意见，就这样，新模式在推广应用中逐步完善，完善中效益开始凸显。实现了两季节约用种15％，土地利用率提高 6％，肥料利用率提高 20％，小麦玉米个体抗逆性能增强，产量提高，农民年均节本增收 350 元以上，全区应用面积达到 80％，真正实现了省肥、省种、省人工，抗病、抗倒、效益增。2016 年，该种植模式成功申报了山东省农业综合标准化示范区试点项目，得到广大农民认可及省市领导专家的肯定，并在济宁市其他县市区开始推广应用。

小麦树品牌，订单闯天下。近年来，粮食价格波动大，种粮效益持续下滑，严重影响了农民种粮积极性，王燕和同事们一起，积极探索农业供给侧改革，优化农产品结构，在品种、品质、品牌上做起文章。她大胆对全区的小麦生产发展重新定位，借助于现有的三家小麦良种生产企业和当地农民长期种植济南 17 强筋小麦的习惯，加大优质小麦良种繁育基地建设和优质强筋小麦品种改良，将全区 35 万亩小麦面积，规划为 15 万亩的小麦种子繁育田和 20 万亩的优质强筋小麦生产基地。目前，兖州区已成为全省知名的优质小麦良种生产基地，而农户生产出的优质强筋麦，收获后不进家门，直接就进了企业的仓库。优质带来了优价，品牌带来了效益，仅小麦一项，农民实现亩均增收 100 元以上。

"让农业插上科技的翅膀"，在王燕和她的同事们努力下，兖州区现代农业发展已现规模。10 万亩粮食绿色高产高效现代农业示范区建设已经完成；大田农业物联网监测点实时将采集到的田间风向、风速、光照强度、降雨、土壤温度、湿度等数据传送至兖州区粮食生产大数据信息平台；小面积高产攻关栽培技术研究成熟，小麦、玉米高产攻关田亩单产已分别达到 805.9 千克、1 034.5 千克，全区粮食产量水平不断提高。

每个农业工作者都有自己的人生追求，也只有在硕果累累、五谷丰登的季节，才能真切体会到实现人生价值的可贵。作为一个朴实的农家女儿，王燕在兖州这片热土正恣意挥洒着自己的青春与汗水，她已经把自己的生命和这里的农业发展紧紧连在了一起！

当好畜牧养殖的"护航人"

——记山东省济南市长清区畜牧局张夏畜牧兽医站兰俊锴

最基层的工作往往艰苦、繁杂。1993 年，年轻的兰俊锴成为了一名兽医，工作伊始他立志在基层干出一番事业，成为一名技术精湛的兽医。他是这样说的，也是这样做的。在工作中他不计得失、不辞劳苦、遵守纪律，主动承担最繁重的工作任务。防疫、检疫、农技推广……不论严寒还是酷暑，兢兢业业的他总是认真负责。用自身的表现和突出的成绩在长清区闯出一片新天地。

扎根基层的畜牧兽医人

在基层工作，重要的就是"贴近百姓""发家致富""保障食品安全"等，这都需要十分的责任感和敬业精神。"求真务实，服务'三农'"是兰俊锴的座右铭。工作中他也真正做到干一行、爱一行、专一行，以做好"三农"工作为己任！从政治上、思想上、作风上、工作上不断加强自身修养，提高自身的思想觉悟。工作中充分发挥主观能动性，勤勤恳恳，不怕脏，不怕累，积极肯干，成绩突出。平时刻苦学习，注重加强知识的更新，努力学习现代畜牧业新技术，在实践和工作中不断提升自己的工作能力和服务水平。

他经常说："检疫、防疫、食品安全等都关系到群众的生命安全，将这么重要的工作交付基层工作人员手中，就要认真、依法履行自己的职责，努力工作，真正当好'畜产品安全卫士'！"

为了让百姓尝到科技的甜头，兰俊锴从事农技推广工作二十几年如一日，深入生产一线开展技术服务。想农民之所想，急农民之所急，农民需要什么技术，他总是及时指导什么。防疫技术、全价饲料的配制、疫病的防治、粪污的综合利用和治理等。百姓有事，往往一个电话，他总是能给百姓指出解决问题的方法、推广新技术、新理论，老百姓乐于接受，乐于用他指导的方法搞养殖。养殖户都说他是"张夏养殖户的大管家"！

重视技术才能致富百姓

要让养殖户挣到钱，他们才会继续干下去，畜牧业才会得到发展。抱定这个信念的兰俊锴积极服务，推广技术，让辖区养殖户真正受益。近年来，又根据农业市场潮流及区畜牧局的统一安排，兰俊锴主要承担了 2013 年、2014 年、2016 年基层畜牧兽医技术推广与建设项目：在奶牛养殖方面，主要针对奶牛场开展高产荷斯坦奶牛品种改良、TMR 全混合日粮饲喂技术、DHI 后裔测定技术、全株玉米青贮技术、人工授精技术、奶牛场疫病净化技术、重大动物疫病防控技术、现代化奶牛场饲养管理技术等。通过推广以上新技术，奶牛单产由原来的 5.5 吨提高到 8.5 吨，乳房炎、子宫炎、蹄叶炎等三大炎症大大降低，养殖效益明显提高。在生猪养殖方面，主要指导养猪场积极开展大约克、长白、杜洛克等品种的杂交改良技术，推广应用了猪的人工授精技术、阶段育肥技术、科学的疫病防控技术，通过推广新技术，生猪良种普及率达到 95％以上，母猪空怀率大大降低，产仔率大大提高，仔猪初生窝重明显增加，断奶成活率大幅提升，育肥猪出栏天数缩短到 160 天左右；通过指导制定科学的疫病防疫程序，大大降低了猪场的疫病发病率。

他主推的优良肉牛母牛饲养与繁殖技术就是让养殖户得到实际利益的典型。他推广的人工授精技术、母牛科学喂养技术等，有效地解决了种公牛区域的母畜配种问题；同时根据母牛妊娠各阶段生长发育不同提供合适的营养均衡的饲料，补充妊娠阶段所需的蛋白质、矿物质和维生素等营养物质，真正做到科学饲养，提高母牛繁殖率和犊牛的成活率。养殖效益明显提高。

值得信赖的"兰站长"

2017 年 6 月 21 日，是个热天。在这一天，长清区张夏街道只听得到蝉鸣的声音。这时，从畜牧兽医站驶出一辆车，开车的正是兰俊锴。

经过 30 里地的颠簸，他终于来到了诗庄村，这里有张夏街道辖区内最大的蛋鸡养殖场。"老段，今天咱得看看你的档案，防疫、用药、无害化处理的档案，当然还有饲料（出入）的。另外，趁着现在有时间，咱的鸡也该补补（防疫）针了。"

经过检查，养殖档案、无害化处理档案以及饲料批号等全部登记在册。"老段，我再嘱咐你一下，有的抗生素产蛋期禁用，你用的这种抗生素用 3 天就可以了，另外还得停药 7 天，千万别过量，否则检测出了问题你可不少受损失。"

刚刚检查完老段的养鸡场，兰俊锴抹了一把汗，来不及喝一口水就再度出发了。他说，张夏镇所有登记在案的养鸡场、养猪场以及养牛场加起来共有 102 家，基层监管员要全部走完，而他也要陪着下去检查与宣传相关畜牧政策。

"老兰，你可来了，你赶紧看看俺这牛到底咋了？"在一家养牛场，养殖户着急地招呼着兰俊锴。经过简单检查，兰俊锴确定了牛的病因："你看，它的精神不好，粪便不是坨状了，成稀粪了，肛门处也残留着粪便。也不反刍了，肠部有异响，可能是肠炎，也就是拉肚子了，你赶紧去找找专业兽医给牛治疗一下，这个别耽误。"

"7 月就要出台保险政策了，得趁着现在没有入秋，赶紧挨家挨户宣传下，这样，对于他们来说也是好事，减少损失。"

下午 4 点，虽然天依然很热，却还是挡不住他的脚步……

一分耕耘，一分收获，辛勤的付出，换来了丰硕成果。2007 年他评为济南市畜牧生产科技先进个人，2010 年、2012 年、2013 年、2015 年、2016 年长清区服务"三农"先进个人，2011—2016 年连续 6 年评为长清区科学发展目标管理先进个人，2009 年、2010 年济南市畜牧兽医工作先进个人，2010 年济南市动物卫生监督工作先进个人，2007—2009 年第六批济南市优秀乡镇畜牧兽医技术人员，2010—2012 年第七批山东省优秀乡镇畜牧兽医技术人员，2013 年济南市畜牧统计工作先进个人。在 2015 年 10 月份的济南市检疫检验竞赛获得第 1 名，被济南市总工会授予"济南市五一劳动奖章"，被市人社局、市总工会、市畜牧兽医局联合授予"济南市杰出技术能手"荣誉称号；2016 年被济南市政府命名为"济南市杰出技术能手"。

作为一名在基层工作了 24 年的畜牧兽医工作者，正值壮年的他有信心继续扎根基层，服务农村、服务农民。继续用自己的热情，积极主动地为群众排忧解难，爱岗敬业，忠于职守，当好畜牧养殖的"护航人"！努力为长清畜牧大发展再建新功！

"叮铃铃……"一阵电话铃声响起，他又要出发了……

汗水挥洒桑梓地　换取乡亲笑开怀

——记山东省枣庄市市中区农业技术推广中心冯传荣

作为枣庄市市中区农业技术推广中心高级农艺师的冯传荣，2013年，被农业部授予全国农牧渔业丰收奖农业技术推广贡献奖；2016年，被山东省总工会授予山东省富民兴鲁劳动奖章；2015年，被枣庄市委、市政府授予枣庄市有突出贡献的中青年专家；2013年被枣庄市科技局、枣庄市财政局评为枣庄市第十二批现代农业技术领域学科带头人；2012年，被市中区委、区政府授予市中转型先锋荣誉称号；2015年，被市中区委、市中区政府授予2014—2015年度优秀政协委员。这一个个沉甸甸的荣誉，有力诠释了她三十年如一日情系乡土服务"三农"的闪光足迹。

痴心农技情未了，精益求精无止境

冯传荣出生在枣庄市市中区西王庄镇冯刘耀村，祖祖辈辈以务农为生，人口多劳力少，每到收获季节，只能旷课回家帮助割麦子、砍玉米、刨地瓜，汗水交织着泪水，三夏三秋都在流。

1984年高考，冯传荣进入了录取分数线，填报的五个志愿全为农业学校。当时她的老师、同学们很不理解，家里人也反对，但是她心里始终只有一个信念，那就是学好本事来改变生她养她的这片土地。三年后，她如愿分配到了市中区农业局植物保护站，做了一名技术人员。

要揽瓷器活，得有金刚钻。刚参加工作的冯传荣深深懂得这个道理。她不满足学校里的所学知识，注意利用一切机会加强自己的政治业务学习，除及时了解掌握国家大政方针政策外，每天都认真阅读《农民日报》《农民文摘》《中国农技推广》等报刊的农业科技文章，不断拓展知识面，丰富自己的大脑，提高自己的业务水平。

为尽快建立符合绿色食品安全生产标准的植物保护技术体系，她开始新农药应用与农产品安全生产方面的试验研究，摸索出一整套安全使用无公害农药的技术和方法，在全市范围内进行示范推广。特别是近几年引进的生物菌肥与菌剂，经过多地多作物多季节的试验，提出了"保健栽培"技术理念，这一管理理念已彻底解决了因土壤恶化造成的各种病虫害，设施蔬菜连作障碍、土传病虫害的问题得到了突破，为长年种植的老棚找到了一个以菌克菌，投资少、见效快、效益高、可持久利用的栽培方法。这样，减少了农药与化肥的使用量，在正常管理下很少发病，延长1～2个月收获，提高了产量，提升了品质，在草莓、黄瓜、番茄、辣椒上表现都很突出，为种植户亩增效益3 000～5 000元，并为全市农产品安全生产及各大蔬菜基地的可持续发展做出了应有的贡献。

为让更多的乡亲掌握先进的农业技术，冯传荣把更多的精力用在了农技推广上。三十年来，她先后举办培训班100余场次，赶科技大集10多次，培训农民8 000余人次，编写发放技术明白纸10万余份。在枣庄市广播电台金色乡村栏目进行现场专家连线50余次，并在南京、武汉、合肥全国植物保护会上，为山西凯盛肥业的全国客户做专题技术报告，2016年8月又应四川及重庆的辣椒种植大户的邀请去重庆为他们讲解了辣椒保健栽培的技术规程，2016 年 12 月应全国农技推广中心《中国农技推广》杂志社邀请，在 2016 微生物肥料推广应用交流暨《中国农技推广》理事单位座谈会上做了"微生物菌剂在绿色蔬菜'保健栽培'中的应用"专题汇报，把研究的绿色蔬菜"保健栽培"技术推向全国各地，为食品安全、土壤改良撑起一片天地。

实践出真知。对技术的研究与创新也使她的业务取得了各类成果奖励，先后获得农业部农牧渔业丰收奖 1 项、山东省农牧渔业丰收奖 4 项、市科技进步奖 7 项、山东省技术市场科技金桥奖 1 项、淮海科学技术奖 2 项、枣庄市农牧渔业丰收奖 3 项。在国家级各类刊物上发表具有一定学术价值的论文 10 余篇。取得国家发明专利 1 项。

关键时刻显身手，解急救困见真功

冯传荣的足迹踏遍了枣庄市市中区每一片农田，她是市中区的农业活地图。每个有规模的种植户都知道她的名字，在栽培种植管理上遇到解决不了的难题，只要找"植物大夫"冯传荣，就一定会得到她的"灵丹妙药"。

2010 年 7 月份，永安乡一位村民打电话到区农业局，说他的玉米打错除草剂了，一直在死，"快来看看吧，要不老婆就喝农药了！"她马上赶到现场，老夫妻正流着眼泪在地边等着。玉米过了大喇叭口期，她钻进玉米地后仅能看见头部，全身汗水的从西头走到东头，玉米叶片把胳膊拉的一道道红印透着血水，全田看了一遍，死亡的几棵是由于玉米害虫钻蛀茎秆，又赶上下雨高温而引起的茎腐病，他老婆用的是麦田除草剂对玉米没有伤害，原来是无知的卖药人员把她吓着了。她耐心向老夫妻解释了原因，经过她的劝解，老夫妻露出了笑脸，非让去他们家吃饭，冯传荣开玩笑地说，饭不吃了，玉米能吃的时候来吃鲜棒子。没想到一个月过后，那位农民真的装了一袋子玉米送到了农业局院内，千恩万谢溢于言表。一点小事一句话挽救了人命，对她的触动太大了，农业技术不仅仅是对植物……

2015 年 3 月 26 日，接连接到台儿庄区南洛村村民秦兴华 5 个电话，说他的黄瓜出了问题，听到他那焦灼、迫切的话语，她推掉所有事情，去了南洛。棚内的情景让她大吃一惊，从业 30 多年来，从未见过这般惨状，黄瓜蔓上只有上部三片叶是绿色但还带着病斑，整个棚弥漫着濒临死亡的气息。救还是不救；救，没有成功的把握；不救，不忍心看到他夫妻二人那期盼的目光，伤心的泪水，那几万元的投资可是全部的家底呀！他们不断的感谢、哀求，让她没有一点推脱的余地，成与不成都要一试。找来铲子，挖出了根，根系很弱但没死，病都在叶片上，霜霉、角斑、靶斑。当时制定了一套治疗方案，并教给他们处理方法，及管理大棚的注意事项。一周后，他儿子发来了整棚叶绿花黄的照片，整个棚焕发了勃勃生机，半个月后又重新结瓜了。他家当年不仅收回了成本还净赚了 1 万多元。同样的方法，她又挽救了 40 多个大棚，为他们挽回了损失，得到了种植户的认可与信赖。

打造农技 110，植物大夫美名扬

12316 是"三农"服务公益热线，自从 2011 年开通后电话不断，种植上的问题都转接给她。2011 年以来，冯传荣经常接到外地农民打来的电话，果树的、花卉的、苗圃的、中药材的等，什么地方的都有，她总是给人耐心解答。一次，有一位济南的客户打来电话，咨询大棚蔬菜种植的问题，她耐心地给客户讲解，交谈后感觉到咨询者不是种植户，问后才知那是农村大众的记者。2012 年 1 月 5 日的《农村大众致富导刊》以《一个电话考出 12316 诸多问题》为题，公布了山东省农技热线存在的问题，而冯传荣的解答是让记者恋恋不舍非常满意的唯一一位。

微信的开通，让每一个有手机的种植户就如面对面。近几年，冯传荣被农业局安排到旺达农业科技公司做技术顾问，她利用晚上时间，一村一村的为种植户讲解种植技术，解决存在的问题。借助微信平台，她建立了旺达种苗群和冯传荣工作站，把大多数有微信的种植户拉入到群内，能在群内依靠图片就可解决的问题，就可直接解答，在群内经常发布新的技术信息。500 名微信好友，有 90% 为种植户，每天解答他们的问题成了她一项最紧急的业务。

"有困难，找冯姐。"多年来，冯传荣的手机就是农技 110，早上 5 点多就有人打电话，睡梦中的她也从不挂断电话。一天下来她头昏脑胀，女儿心疼妈妈，买来蓝牙耳机，但过多的电话戴上耳机仍然是耳膜疼痛难耐，但她依然是 24 小时开机，从不拒绝一位农户的咨询。

由于长期休息不好，46 岁的时候她患上了高血压，仍不顾家人的担心与反对，一直奔走在田间地头，从来没有节假日。80 多岁的老父亲调侃她说，"她比省长还忙，来一趟给掏火的一样。"

斗转星移 30 年，怀着爱岗敬业的赤诚之心，冯传荣从未离开过自己热爱的这片热土，足迹踏遍了枣庄的五区一市、临沂兰陵、徐州贾汪的各大种植基地。"每当看到乡亲们开心的笑脸，我觉得再忙再累也值！"这就是冯传荣，一名基层农技工作者发自内心的回答。在农技推广的道路上，她将不忘初心，一如既往的默默奉献，尽力放大着自己的人生价值。

绿叶对根的情意

——记山东省平度市农业技术推广站朱瑞华

有一种情感叫热爱，有一种追求叫执着，有一种高尚叫拼搏，有一种美丽叫奉献。

21年，只是历史长河中的短暂一瞬，然而对于一名扎根基层的女农技推广员而言，21年的最好青春年华的付出，足以检验业务与品格的成色，足以彰显对脚下土地和广大农民深沉的热爱，足以镌刻人生价值的精彩篇章。

朱瑞华，平度市农业技术推广站站长、农艺师，山东省第十一届党代会代表、青岛市第十二届党代会代表，青岛市拔尖人才，青岛市、平度市劳动模范，青岛市十大巾帼科技创新英才，青岛市粮油高产创建先进个人，平度市十佳职业道德标兵，平度市巾帼十杰。她用21年在基层一线的坚守与服务，用一路闪光的足迹诠释着一名共产党员的忠诚，诠释着为农服务的真诚。

21年来，她培训农业科技人员和农民近万人次；先后试验、示范新品种40余个，安排栽培试验20项次，引进推广农作物新品种1 000多万亩，示范推广重大农业技术10多项，普及率均在80%以上，增产增收均在10%以上，累计获得社会经济效益10亿多元；参与和主持10多个农业重点项目，发表论文著作20多篇，先后获农业部农牧渔业丰收奖农业技术推广贡献奖、山东省农牧渔业丰收奖二等奖、青岛市科技进步奖一等奖等10余项国家、省、市科技成果奖励。主持的"高产稳产青丰1号小麦新品种的选育及产业化开发"项目，获青岛市科技进步奖一等奖和农牧渔业丰收奖一等奖，改进的小麦宽幅精播技术被确定为青岛市主推技术，探索的"小麦—玉米周年水肥一体化滴灌栽培技术规程"形成了具有平度特色的可复制可推广模式。因为她的创造性贡献，为平度国家现代农业示范区建设增添了一道道闪光的印记。

从农家女到农技推广员，把根深深扎进大地
——别人包里装化妆品，她的包里装卷尺

眼前的朱瑞华留着短发，说起话来思路清晰，语言朴实，笑容灿烂，每当谈及农技推广，充满热情却又娓娓道来，十分干练。谈及为何选择学习农学，与土地、与农民打交道时，她说得轻松又坚定。"世代务农，对农业熟悉、有感情，就想为农业和农民做点事。"在山东农业大学求学时，每到假期，除了下地干活，她还用所学知识"指导"家人种地。

1996年，朱瑞华毕业分配到田庄镇农技站工作。上班后第一个任务，是到荷花屯进行小麦品种试验，从10多个新品种里，筛选出适合田庄镇的主导品种。村党支部书记是个种地的老把式，见她满脸学生气，有些怀疑地说："才毕业的女学生，种过地吗？能行？"朱瑞华嘴上没说什么，心里却想："怎么不行，这大学可不是白上的，我不但会种地，还要种得比你们好呢！"从种到收200多天，她几乎天天泡在地里，认真观察每个品种的特性，随时做好记录，最终确定了高产、抗病、抗倒伏的"鲁麦21号"作为主导品种，每亩比当地小麦增产50多千克。老支书向她竖起了大拇指："不愧是科班毕业的，就是行！"对刚出校门的朱瑞华来说，这坚定了她从事农技

推广的信心，同时感到肩上的担子沉甸甸的。

平度是农业大市，人口138万，耕地277万亩，是青岛市唯一的全国超级产粮大县，是全国唯一粮油肉果总产均跨入百强的县市，连续十二次获评全国粮食生产先进单位。20多年来，在平度从传统农业向现代农业转型的时代轨迹中，朱瑞华见证、参与这一过程，通过自己的努力为全市农业发展作出了重要而独特的贡献。

"朱老师您可来了，帮俺家的小麦把把脉吧！""朱站长，多亏了你推广的水肥一体化技术！"21年悉心服务，朱瑞华已经成为农民眼里的"贴心人"、新型经营主体等着盼着的"大专家"。"无论严寒酷暑，风里来、雨里去，一身土、两脚泥"，这是她工作的真实写照。

别的女同志背包里装的是各种化妆品，而她的包里装的是卷尺、笔、记事本和相机，走到哪里，量到哪里、记到哪里、照到哪里。为了取得第一手资料，在田间地头总能看到她调查记录的身影。2013年5月，朱瑞华到齐河县参加全省小麦观摩会，一到地里习惯性地拿出卷尺量种植规格、行距、株高，边量边记录、拍照片，正是这把卷尺让山东省农技推广总站的领导发现后赞赏有加："这就是我们基层的农技人员，卷尺不离手"。正是得益于平时的随手量、随手记、随手拍，她每年制作的小麦、玉米生产技术总结课件堪称教科书，谁也问不倒。

农技推广就是使命担当——建立市镇村三级农技推广体系，打通农技推广最后一千米

新形势下，如何发挥农技推广的桥梁纽带作用，打通科研与应用的"最后一千米"？作为平度市农技推广体系带头人，这是摆在朱瑞华面前的历史使命。"必须要建立起市镇村三级农技推广体系，才能从根本上解决农技推广最后一千米的问题"，她是这么说的，更是这么做的。

从2012年以来，每年在全市17个镇（街道），选聘100名科技指导员，培育100多个科技示范村的1 000多个科技示范户，广泛实施基层农技推广补助项目，深入推进科技联户活动。为所有的镇级农业服务中心配备了检测设备和农技推广服务车，实现工作有场所、下乡有工具、服务有手段、经费有保障，真正建立起覆盖全市所有镇村的农技推广服务网络。

朱瑞华始终坚持引进推广的技术必须先进适用、得到老百姓认可的原则。为了做好小麦宽幅精播技术的推广，先后到厂家进行考察、组织农机手座谈提意见、在田间反复试验论证，对"开沟器、镇压器、链子盒、挡土板"等设备进行技术革新，要求生产厂家进行订单改进。根据前茬作物不同，配套改进生产了适合花生茬和玉米茬不同类型的小麦宽幅精播机械，并多次召开现场会进行示范推广，改进后的小麦宽幅精播技术被确定为青岛市主推技术，到2016年，推广面积达到50多万亩，平均亩增产50多千克，增收6 000多万元。

农业供给侧结构性改革战线的巾帼英雄——首创粮食生产水肥一体化种植的"平度模式"

2013年以来，胶东地区持续的严重干旱迫使朱瑞华决心在粮食上开展水肥一体化的研究推广，但小麦-玉米周年水肥一体化种植模式是新鲜事物，为把这件事办好，朱瑞华几乎把家搬到了办公室，搬到了田间地头，搬到了出差学习的各地。2015—2017年，她主要做了三件事：一是请进来，与青岛农业大学签订技术攻关协议，研究集成青岛市小麦-玉米周年水肥一体化滴灌栽培技术规程，解决技术难题；二是走出去，2017年4月21—24日，4天的时间，打"飞的"

往返行程 8 500 多千米，与青岛小麦产业体系专家组一行 5 人远赴新疆石河子考察，学习先进经验；三是做示范，依托种粮大户建立了 8 个规模化示范点，创新了可移动式首部系统、小麦玉米共用一条滴灌带等模式，在山东省率先推广面积达到 5 000 多亩。先后多次承接省市观摩会 10 多次，并在《农民日报》头版头条进行宣传报道，形成了具有平度特色的可复制可推广模式，推动了绿色高产高效技术的推广应用。为解决产学研用联系不紧密的问题，她先后与山东农业大学、青岛农业大学、山东省农业科学院、烟台农业科学院、青岛农业科学院等科研院校建立长期合作关系，成立了青岛市第一家农业院士工作站，率先与青岛农业大学达成粮食水肥一体化滴灌技术攻关协议，从而促成了平度市与青岛农业大学战略合作协议暨首批农业合作项目签约，"青岛市农业新旧动能转换研究院"也在仪式上揭牌。这一校地深度融合的模式，在山东省农业新旧动能转换校地合作方面属于首创，将有效提高农业科技成果转化率，更好满足农业发展需求，为基层农业科技推广探索出了新路子。

"我是你的一片绿叶，我的根在你的土地，这是绿叶对根的情意。"朱瑞华，21 年如一日，业精于勤，默默奉献，在农技推广平凡的岗位上做出了不平凡的业绩，这份业绩惠泽大地，使桑梓故园增辉，成千上万的平度农民记住了她，钦佩她，感激她！

情系百姓　无怨无悔

——记山东省临清市尚店镇兽医站孙树民

除夕，万家灯火，举家团圆。饭桌上，一家人举杯庆祝，话谈家常，偶尔也安静下来一起观看电视屏幕中的春晚节目，年夜饭的气氛其乐融融。一阵手机铃声响起，接起电话，他脸上舒展的笑意渐渐消失，眉头紧锁，他一边在电话里嘱咐着，一边就放下了手中的筷子，拎起了药箱，招呼也没来得及打，就冲进了大年夜的夜幕。

打电话的是尚店镇西段屯村一名黄牛养殖户，这天夜里，一头黄牛难产，眼看母牛命都不保了，万般无奈之下养殖户给尚店镇畜牧兽医站站长孙树民打了求救电话。孙树民急匆匆赶到养殖户家中，仔细察看和询问了现场情况后，当即打开药箱，开始对母牛实施剖宫产手术。因为抢救及时，母牛和腹中的两头小牛得以保全。户外接近－10℃的气温，他来不及冲洗一下残留着鲜血的双手，就高兴地向养殖户报喜：没事儿，没事儿了，这个年可以踏踏实实过了。而这时的养殖户已经一句话也说不出来，满眼歉意和感激的泪花向他表达着心中的敬意。此时，已经是凌晨1点……

像这样的故事，在孙树民身上不知道还有多少，而说起这些，他总是说着这样一句话："都是农民，一头牛几千块钱，一头猪几百块钱，也许对别人来说不算什么，但是对他们来说就是一年的利润和希望，咱是搞服务的，打心里表示理解。"凭着精良的技术和一颗热忱的心，他服务着万千养殖户，同时也收获着群众的信任和敬重。这就是人们口中的"贴心人孙树民"：孙树民，男，汉族，1968年生，中共党员，临清市第十一届、十二届、十三届政协常委，高级技师，主要从事畜禽品种改良人工授精、快速育肥、防疫检疫、疾病治疗等，系中国畜牧兽医学会会员、中国动物检疫员，现任临清市尚店镇兽医站站长。

情系百姓，热情服务连接科技与农民

他生在农村，深深体恤农民创业的辛苦，多年来一直扎根农村，服务农民，享受着为农民服务的快乐。

畜牧业是尚店镇的一项传统优势产业，有很好的基础和一定的实力，特别是少数民族群众有饲养牛羊的传统习惯和经验，但是畜牧业发展相对处于低层次，科学技术在畜牧养殖中的优势还没有充分发挥出来。为了帮助农民更快更好的发家致富，孙树民经常为养殖户无偿提供技术服务，每日里走村串户，钻牛棚进猪舍，指导养殖、帮助免疫、诊断治疗、恨不得把自己的养殖技术一下子掏出来用在农民养殖上。十几年来，他平均每年防疫黄牛1.4万头、羊3.8万只、猪3.6万头、鸡21万只，门诊治疗黄牛600余头，猪1.5万头，犬1650只，年挽回直接经济损失160余万元；他还带领技术小组改良黄牛、奶牛品种，为当地创收8000多万元。

不管是冬天的寒风刺骨还是暑季的烈日炎炎，只要养殖户有困难有问题，就有孙树民匆匆赶路的身影，挽救病畜、遏制疫情、化解农民的疑惑和愁容。有一年11月，大雪飘飞，他接到上级通知，需立即组织家畜流行病防疫，他没有丝毫犹豫，立即组织技术队伍，踏雪行走在乡间马路，整整 15 天，每天两条腿裹着泥雪，有时全身湿透，每进到一个养殖户家中，都会被极力挽留，"哪怕喝上一碗热水再走"，他笑着拒绝了，没敢停顿一秒，愣是拖着疲惫的身体按时保质完成了全部防疫任务，有力的控制了重大动物疫病的发生，保护了养殖户经济利益，也为人民的身体健康提供了保障。

勇挑重担，服务铺就农民养殖道路

他的事业在农村，可是他的思想从来没有被禁锢，科技创新与应用的同时，他不忘将这些经验转化为理论成果，以在更大的地域范围内发挥作用，十余年来，他撰写并发表《小尾寒羊喘症的中西药治疗》《黄牛子宫全脱的术疗验法》等学术性论文几十余篇，并获得多项荣誉。为了提升个人技术水准，他经常参加一些高端论坛、培训，并随学术组织自费出国考察缅甸畜牧业，学习相关技术经验，每年花费数万元。看到他这样的付出，很多同行和亲友都表示不理解，但是他觉得只要是能提升自己，能更好地为一方百姓服务，就值。

为了提高养殖户自己的技术，孙树民不但为养殖户提供技术服务，更注重把技术经验传授给他们，开展培训。他每年自己出钱印刷养殖信息、免疫防疫知识等相关材料发给养殖户，提高养殖户的科学养殖意识，在当地引起了强烈反响。2004 年，在他的主持与带领下，农村青年畜牧养殖服务中心落成，该中心拥有技术人员 20 人，会员 50 余人，分别服务社会，指导全镇畜牧养殖事业，并引导农村青年自立创业，带领农民群众发展特色产业。中心在引进高新技术和新成果，提高改良技术水平和效益，提高畜牧业的整体水平方面发挥着重要的作用。现在每年免费印发免疫程序表万余份，定期培训养殖专业户 600 余户，多次聘请专家授课。他还把自己的电话设成 24 小时服务热线，兑现了孙树民"一个电话，服务到家"的承诺。作为临清市农技推广员和镇兽医站站长，他深知肩上的责任重大，十多年来，坚持日常工作的同时他无偿培养了 4 名黄牛改良技术人员，现在都已经独立服务于农业科技一线，为临清畜禽改良工作做出了突出贡献。

互惠互利，谋双赢发展

在孙树民和畜牧青年服务中心的技术支持下，尚店镇及周边乡镇目前已经建立示范养殖场（小区）30 个，规模户 200 余户；辐射带动的畜旺养殖合作社的会员规模也由开始的 5 户发展到了现在的 30 余户，该镇逐渐朝着规模化、规范化、产业化发展的方向迈进。

随着他个人技术水平的提升和影响的逐渐扩大，孙树民已经在养殖圈子中树立了良好的服务形象，具备了一定的威信，对于这个无私奉献、一心为百姓着想的农技推广员，养殖户毫不犹豫地给予了他最高的信任和支持，他们之间建立了长期稳定直接的联系：养殖户信任他的技术，实现了作为一个农技推广员和畜牧兽医工作者的价值；养殖户购买畜牧兽医站的饲料、药品，使站里的收入有了保障，也进一步提高了工作人员的服务热情。

孙树民作为常年工作在农村第一线，长年累月地和农民在一起，把自己的一切贡献给"三农"的中青年知识分子，也获得了很多的荣誉。2001 年被中共临清市委、市政府授予临清市十大杰出青年；2002 年在全省畜牧工作中，成绩显著予以记三等功一次；2003 年被共青团山东省委山东省科技厅授予全省青年星火带头人称号；2004 年 10 月 1 日，孙树民作为临清市唯一代表在人民大会堂参加了中华脊梁海内外杰出创业人才座谈会；2005 年被推荐位临清市劳动模范，获共青团山东省委山东省农业厅评为全省农村青年创业致富带头人荣誉称号；2006 年被聊城市委、聊城市人民政府评为优秀科技特派员荣誉称号；2009 年被评为首届临清英才—农村实用人才；2010 年，他获得科技部中国技术市场协会"三农"科技服务金桥奖先进个人荣誉称号；2012 年荣获临清市首届农村之星荣誉称号；2013 年受第八届山东省优秀乡镇畜牧兽医技术人员表彰；2016 年获临清市畜牧兽医局 2015 年度基层畜牧兽医最美农技员称号。

畜牧搞创新技术惠农家

——记山东省沂南县畜牧技术推广站赵克学

盛夏季节，蝉鸣起伏，酷暑难耐，连蜻蜓都在贴着树荫处低飞。就在这烈日高温的天气里，沂南县畜牧站赵克学却是一天从早忙到晚，连午休的时间都挤不出来。

一天晚上，赵克学接到张庄镇薛家圈养殖户薛念松的求助电话，说他养的肉兔几天内有好多只出现流鼻涕、咳嗽、食量减少现象，而且已经出现死亡。第二天早晨七点半，老赵匆匆吃过早饭，到单位里交接了一下工作就驱车10多千米赶到了薛念松家中。经过查看，老赵告诉薛念松这是兔的巴氏杆菌病，并很快制定了治疗方案。夏季气温高，湿度大，蚊蝇多，容易发生这种疾病，严重的会造成大量死亡。赵克学提醒养殖户，夏季兔的饲养管理很重要，既要防暑降温，在兔舍周围种植树木或藤本植物，使兔舍通风阴凉，还要防雨防潮，做好兔舍的卫生消毒……紧接着，他又赶往了苏村镇瑞沣奶牛场，指导养殖场解决高温天气奶牛采食量不足，产奶下降的问题；顾不上休息，又赶到铜井镇灵山村的富牧奶山羊养殖基地，指导解决奶山羊的驱虫问题。一个上午，他就跑了三个养殖场，行程近百千米，到下午1点多才拖着疲惫的身子回家吃午饭。

赵克学2017年53岁，从18岁毕业分配到乡镇畜牧兽医站，至今他已经在畜牧兽医岗位上工作了35个年头。从乡镇畜牧兽医站到县畜牧技术推广站，他一直坚持深入养殖场户，为群众提供面对面的技术指导服务，立足岗位刻苦钻研技术，由技术员到高级兽医师，成为广大养殖户的技术靠山，为当地畜牧业发展做出了突出贡献。如今，老赵是农业部"万名农技推广骨干"成员、临沂市"第一书记"工作畜牧专家服务团成员、沂南县畜牧兽医学会副理事长、沂南县第十七届人大代表、中共临沂市第十三届党代会代表。

搞创新促进养殖持续发展

沂南县是畜牧业大县，但传统养殖方式造成的环境生态污染曾一度制约了产业发展。要实现产业可持续发展，就必须解决养殖污染问题，促进产业转型升级。2007年8月，赵克学借鉴国内外环保养殖经验，在生猪发酵床养殖技术应用方面作了深入研究和探索，并在2008年将发酵床养殖技术率先用于肉鸭养殖，创新设计了管式节水饮水器，形成了较为成熟的综合配套技术。2011年起，该技术作为首选模式对全县适养区传统鸭棚进行改造，通过发酵床养殖和节水饮水器具应用，延长了垫料使用时间，肉鸭饲养全过程基本实现污水零排放，养殖区域环境生态明显改善，该模式饲养的肉鸭，节约饲料、饮水，无需粪污再处理，每只效益增加0.2元。目前，全县肉鸭发酵床面积达200多万米^2，肉鸭年出栏2亿只，饲养效益年增加4 000多万元，发酵床养殖技术的推广应用，使沂南肉鸭产业走出了困境，实现了产业经济可持续发展。

2008年秋，赵克学提出了沂南县生猪良种中心项目规划方案，率先将发酵床技术应用到种公猪饲养中。种公猪对生物垫料特别喜爱，自主翻拱垫料，代替了人工强制驱赶运动，猪舍及工作间里也不再充斥着种公猪特异的骚臭味，环境空气质量显著改善。实践证明，发酵床用于种公猪饲养效果独特，值得推广。这项新技术填补了国内在种公猪应用研究方面的空白，取得实用新型专利。他还参加了"新型环保养猪试验研究与推广应用""生猪良种繁育体系建设"等多项课题研究，先后获得国家专利 6 项，山东省农牧渔业丰收奖 6 项，临沂市科技进步奖 1 项，县级奖励 10 余项。

做推广扎根畜牧一线搞服务

作为一名科技工作者，赵克学三十多年如一日，始终围绕畜牧业生产需要，做好技术研究和推广工作。沂南是传统的黄牛养殖大县，但当地黄牛个体小、生长慢，养殖效益差。鉴于此，赵克学首先在肉牛品种改良上下功夫。从 2001 年开始，他开始引进利木赞和夏洛来等肉牛良种冻精，全面推广肉牛冷冻精液人工授精技术，设立肉牛人工授精站点 50 个，完善了县、乡、村三级肉牛人工授精服务网络；同时，加强了人工授精从业人员技术培训与管理，肉牛人工授精普及率达到了 98%，杂交肉牛饲料报酬高生长快，每头牛的饲养效益可增加 500 多元，每年通过人工授精生产杂交牛 4 万头，肉牛养殖效益年增加 2 000 多万元。

在做好肉牛品种改良工作的同时，赵克学根据养殖生产需要，积极开展肉牛饲养管理技术推广普及工作，实行集中培训与分片培训相结合，采取多种形式进行技术培训和指导。他主动担任主讲人，传授繁育改良、牧草种植、秸秆青贮、全株玉米青贮、秸秆微贮、饲料配合、疫病防治等知识，深入养殖场户，面对面讲解和指导。在玉米秸秆饲料化利用方面取得了明显成效，全县每年仅玉米秸秆青贮就达 8 万吨，保障了牛羊规模饲养场青绿饲料的常年供应，减少了闲置秸秆焚烧，增加种植效益 1 000 多万元。

赵克学是农民的孩子，能体谅农民的不易和养殖户的苦，经常看到养殖户喂料搬扛累得汗流浃背，就一直琢磨怎么才能减轻养殖人的劳动强度，但现代化养殖场的自动喂料系统投资多占用空间大，对中小规模养殖场来说也不适用。在与多家养殖户深入座谈了解情况后，2010 年 5 月，赵克学成功改进了畜禽简易自动喂料系统，这项技术投资少，占用空间小，安装简便，运行稳定可靠。整个系统利用原有料桶，只添加一个小料箱、一台小电机、一条绞龙料线、一个继电开关和几根吊绳就可以，按棚舍长度每米只花 60 元。原来需要干两小时的重体力活，现在半小时就能做好，解决了中小型畜禽养殖场饲喂劳动强度大、工作效率低的问题，高端设备实现平民化。目前，这项技术已获得国家实用新型专利，并在全县 300 多个养殖户的简易养殖棚舍得到很好的应用。

为畜牧痴心不改做奉献

多年来，赵克学先后参加肉鸭环保养殖、环保养猪、玉米秸秆青贮、猪人工授精技术等电视科教片的录制，并编写养殖技术读本 12 册、明白纸几十种。2014 年起，他根据生猪养殖污染整治工作需要，培植了 40 多个科技示范户，让周边农户干有标准，学有榜样；指导 200 多个养殖场户完成雨污分流改造，完善沼气池、沉淀池及储粪场等设施建设，实现种养结合，并连续 5 年具体负责基层农技推广项目的实施，为群众提供畜禽饲养管理方面的技术指导和培训，累计培训人员 3 000 多人次，圆满完成了项目实施任务并顺利通过验收。

从 2012 年起至今，赵克学连续三届被临沂市选派"第一书记"工作领导小组聘为畜牧业专家服务团成员。先后到 30 多个第一书记派驻村，开展养殖场选址规划、养殖技术培训指导和服务，为产业扶贫提供了有力的技术支持。

他先后撰写《山东沂南肉鸭产业回顾与展望》《种公猪生物发酵床饲养管理技术》《沂南县蜜源植物资源调查》等十多篇论文在国家及省级刊物发表。参编《新时期畜牧兽医管理工作指南》《仔猪健康养殖百问百答》等书，并多次参加国家及省内学术交流活动。

一分付出，一分收获。2010年3月，赵克学在国家淮河流域环境治理工作中做出突出贡献，被记三等功奖励。还先后获得全国农牧渔业丰收奖农业技术推广贡献奖、全国"三农"科技服务金桥奖、全省污染源普查工作先进个人、临沂市优秀科技工作者、沂南县人民政府三等功、县级劳动模范、沂南好人等多项荣誉称号。

赵克学一心扑在工作上，从不计较个人得失，但对家庭就顾得少，家里上老下小都靠妻子照顾，这也让他经常觉得愧对家人。虽然他在社会上交际不多，但全县众多养殖户都认识他并成为他的朋友，养殖户把他当技术顾问，遇到养殖方面的问题都会打个电话咨询他，也被广大养殖户誉为"科学领路人"。"衣带渐宽终不悔，为伊消得人憔悴"，赵克学虽然是五十多岁的人了，但为了他深爱的畜牧事业，为了他深爱的父老乡亲能尽快脱贫致富，仍然在基层畜牧兽医技术岗位上奉献着自己的心血和汗水。

扎根基层农技的"常青树"

——记山东省昌邑市龙池镇农业综合服务中心寇玉湘

在渤海莱州湾南畔的乡镇中，活跃着一位 37 年如一日的基层农技推广工作者。他经常出现在田间地头上，向老百姓推广农业新技术、新品种；农闲时节他就走村串户，普及惠农政策，和农户谈心交流；他还创新传播手段，利用网络平台，为群众送上科技大餐……他就是 55 岁的山东省昌邑市龙池镇农业综合服务中心主任寇玉湘，一位扎根在基层扑下身子从事农技推广事业、被当地干部群众广泛赞誉的"农技推广常青树"。每当提起曾 39 次受到昌邑市级以上党委政府及业务部门的表彰奖励，荣获农业部全国农牧渔业丰收奖三等奖、山东省优秀乡镇农业技术人员、昌邑好人等一系列荣誉称号时，他总是憨厚地一笑："荣誉是大家的，只要老百姓满意，这一辈子就没白干了！"

立志，投身农技推广无怨无悔

1962 年 12 月，寇玉湘出生在农村。老一辈在炎炎烈日下面朝黄土背朝天的景象给他留下了深深的烙印，自小他就发下誓愿，致力改变落后的农业生产方式。1978 年夏天，品学兼优但家庭困难的寇玉湘毅然放弃了上高中考大学的机会，选择了昌潍农业学校农学专业学习，及早迈上了农业推广之路。

1981 年 7 月，寇玉湘从昌潍农业学校毕业被分配到当时的昌邑县最偏远、经济条件最差的双台公社担任农业技术员。双台公社土埠、丘陵多，土地贫瘠，农技推广难度大。为了最大限度地改良土壤，提高农作物产量，寇玉湘凭借一腔热情，骑着自行车，每天跟着包村干部走村串户，进田间、下地头，实地考察土壤结构，积极引进推广"沙打旺"绿肥植物。两年多的时间，全公社 8 个村近万亩土埠、丘陵土地初步得到改良。由于工作成绩突出，1983年底，年仅 21 岁的寇玉湘被调往沿海乡镇之一的青乡农技站担任站长职务。在这里，他一待又是 13 年。针对该乡农业生产特征，他带领全站农技人员大力推广良种化工作。其中大豆新品种推广工作成效显著，4 年时间青乡 3 万亩大豆全部实现良种化，每亩增产 50 多千克，年增收 600 多万元，该项目分别获得了潍坊市和昌邑县科技进步奖三等奖。1996 年 5 月，在农技推广战线已小有名气的寇玉湘受命，调到同样也是沿海乡镇之一的革命老区龙池镇，至今已又扑下身子干了 21 年。

在乡镇工作几十年，组织上至少三次准备把他调到县级农业部门工作，都被他婉言谢绝了。寇玉湘常挂在嘴边一句话："我当初立过志，这辈子与乡镇农技打交道，选择了这个职业，就没后悔过。"龙池镇历任党委书记或镇长离任时，都不约而同为下任送上临别赠言：寇玉湘同志是把好手，别轻易把他调走。

承诺，追求精细服务初心不改

在农村土生土长的寇玉湘心里非常清楚，广大沿海农民兄弟在想什么、盼什么。"服务员"这个角色始终是根植于他内心的庄重承诺。1996 年夏天，他走马上任龙池镇农技站长。时值麦收，他发现联合收割机收割的小麦麦茬太高，农民全部采取火烧麦秸然后再播种的方法，致使麦收期间村村点火，处处冒烟，不仅破坏了麦田植被，也造成空气污染。寇玉湘看在眼里，急在心上，立即动手，对焚烧秸秆的危害，推广秸秆还田和化学除草的好处，以及玉米免耕高产栽培技术等一一写在了明白纸上，并赶印了 6 000 多份准备发到各家各户。他和农技站的同志一起跑地头、进农户，一边发放明白纸，一边讲解技术要领，使广大农民由抵触，到认识，最终变成自觉行动。从此之后二十年来，该镇再未出现大面积田间焚烧秸秆的现象。全镇 5.8 万亩粮田到 2000 年全部普及小麦玉米秸秆还田技术，年增效益 500 多万元。

2002 年春天，乡镇改革农技站、林业站、农业机械管理站三合一，成立了龙池镇农业综合服务中心，寇玉湘同志担任服务中心主任。部门多了，业务量大了，肩上的担子更重了。他深知，巩固和完善秸秆还田技术发展高产高效优质农业的重点在于推广农业机械化。上任伊始，他就主动联系各村"两委"的干部与他们一起，走访科技带头户和种粮大户，把党的农机购机补贴的惠农政策宣传到群众之中，并且做到了逐户认真、及时、细致、无误统计，受到了广大农机户的一致好评。经过几年的努力，龙池镇 7 万亩耕地拥有农机总动力达到 8.8 万千瓦，其中拥有大型拖拉机、小麦联合收获机、玉米联合收割机、秸秆还田机、挖掘机、玉米脱粒机、小麦免耕播种机等农业机械 830 台（部）。这些大型农机的推广应用，不仅极大地减轻了农民的劳动强度、解放了大批劳动力，也有力地促进了全镇耕地土壤的改良和农业的增产增收。特别是大力推广小麦免耕播种保护性耕作技术，效果十分显著。这项农机农艺有机结合技术年推广面积达 5 万亩以上，玉米机收和小麦玉米秸秆还田都达到了 100%，小麦玉米两季全镇年增收 1 160 万元以上，多次受到上级部门的表扬，还因此荣获了山东省农业厅农牧渔业丰收奖二等奖。

龙池镇有多个村庄离镇区较远，农忙时节这里的群众对农业技术的渴求日益增大，农业技术的传播时效性也愈加重要。自 20 世纪 90 年代末先进网络和通信技术开始走进农村，寇玉湘主动联系移动公司，利用电脑和手机每年在产前、产中、产后各个重要环节给全镇农民免费发送科技短信，每年共计 40 余期 10 万余条，从农作物的播种、追肥、浇水、配药，到病虫害的防治、配方施肥、良种推广、惠农政策的落实、农业安全生产等。2013 年他建立起"龙池农技推广 QQ 交流群"，2015 年又建成"农技服务微信平台"，用现代网络常年为农民免费提供科技服务，走在了全省的前列。

创新，挖掘增效潜能矢志不渝

现代农业生产要想实现高产高效就必须改革创新，寇玉湘对此矢志不渝。多年来，他和他的团队，立足农业现状，不断求新求变，在挖掘潜能高效上力求突破。

2011—2015 年，寇玉湘和他的团队承担了农业部、山东省农业厅安排的棉花高产创建项目，通过落实攻关相关技术超额实现了预期目标，经省市专家认定，所属实验两大片区 10 亩高产攻关田棉产量分别达到 155 千克/亩和 150 千克/亩，百亩高产示范田皮棉产量分别达 124 千克/亩和 127 千克/亩；万亩高产示范田皮棉产量 117 千克/亩，极大地带动和促进了全市棉花生产的发展。2014年棉花大面积受旱，而棉花产量不降反升，全市主要产棉区亩均增收皮棉5千克以上。

寇玉湘和他的团队积极推广免耕高产栽培模式，27个村都设有村级农技服务点，配有农技人员。近几年，小麦、玉米免耕播种推广面积分别达到5.3万亩和5.8万亩，普及率百分之百，该技术省工、省力，降低了劳动强度和成本，提高了产量和收益。在试验示范的基础上，寇玉湘和他的团队还积极稳妥地推广实用技术。多年来，盐碱地棉花高产栽培、化学除草技术、配方施肥技术、病虫害综合防治等一项项创新技术无不凝聚着寇玉湘的心血。特别是令他颇感骄傲的良种推广收到良好成效。例如，自2000年开始，配合潍坊市农业科学院对潍麦8号及配套技术进行试验示范推广，为该品种的大面积推广提供了可靠的试验数据。在本地推广该品种8万多亩，增收500多万元。2013年小麦"潍麦8号"小麦品种选育及配套技术研究与推广荣获山东省农牧渔业丰收奖一等奖，2016年12月又获农业部全国农牧渔业丰收奖三等奖。

55岁的寇玉湘在这片他深爱着的土地上，奋战了整整37个春秋，每一个村落都留有他的足迹，每一块田地都留有他的汗滴，每一棵庄稼都呼吸着他的气息……

为了泥土的芬芳

——记河南省获嘉县农业技术推广中心王庆安

"我是农民的儿子，服务农民是我的使命。在农业技术推广岗位上，我有责任使脚下的每一寸土地成为滋养获嘉人民的沃土，生长出芬芳的花朵，结出累累硕果。"这是王庆安参加工作第一天写在工作日记扉页的一句话。

他远离家乡，扎根获嘉，在获嘉县农业技术推广中心一干就是26年。26年来，他胸怀对农民的无比赤诚，对田野的无限深情，对农技的无尽痴迷，走遍了获嘉县的每一块土地，用辛勤与汗水书写着自己的人生，用知识与智慧的火花点亮农民的梦想，在平凡的岗位上做出了不平凡的业绩。2003年他被评为河南省"沃土计划实施先进个人"，2005年被评为新乡市优秀青年科技专家，2006年被评为新乡市劳动模范，2009年被评为"全国土壤肥料工作先进个人"，2013年被评为新乡市学术技术带头人，2016年7月当选中共新乡市第十一届党员代表大会代表，连续多年被省土肥站、市县农业局评为农技推广先进个人。他带领的团队连续20年被评为河南省土肥技术工作先进单位。

服务农民用真心

出身于濮阳市南乐县农家的王庆安，从小看到父辈们面朝黄土背朝天，日出而作、日落而息，深知农民春种秋收的艰辛。1991年王庆安以优异成绩从河南省农业学校毕业来到离家250千米的新乡市获嘉县。从此，在农技推广这个广阔的舞台上，他不断学习、不断探索、不断创新，与农业技术推广事业和广大农民结下了不解之缘，成为了农民群众的知心朋友。

土、肥、水是农业生产的基础，是农业优质高产的保证。就拿土壤样品采集和农户施肥调查这一基础环节来说，不但是个辛苦活，更是一个细致活，要求每个田块进行GPS定位，每个土样要选择15～20个取样点，并要详细记录农户施肥情况。一天下来，每个人都搞得灰头土脸，农民兄弟戏称他是名副其实的"土"专家。为摸清全县各种作物施肥配方，每季都安排了多个肥效试验示范。王庆安作为学术技术领头人，从试验示范田的整地、播种、施肥、浇水到最后的成熟收获，他都亲自现场操作，到了田间观察记录时间，王庆安必定出现在试验田里，无论刮风下雨，严寒酷暑，无一例外。在试验示范中，他与农民兄弟交朋友，聊农业生产管理，恨不得把他知道的农业技术全部都传授给农民。正是这份真情和热心，让他赢得了农民的信任，凡是他搞试验示范的农户，都成了他的知心朋友，也成了他技术推广的追随者和好帮手，并且发挥了良好的技术示范辐射带动作用。

26年来，如果要问王庆安到底在农技推广服务上做过多少事，谁也说不清楚，但获嘉农民知道，他走遍了一条又一条田间小路，熟悉全县222个行政村的每一块土地特性状况。同事们深有感触地说：王庆安真的是深入田间跑细了腿，宣传技术磨薄了嘴，比老获嘉人都更了解获嘉，把心都掏给了获嘉的农民。

推进项目出新招

获嘉县 2006 年开始实施国家测土配方施肥补贴项目，2010 年被确定为农业部测土配方施肥技术普及示范创建县。王庆安深知在以家庭为主要生产单元的格局下，要真正实现进村入户到田，任务十分繁重，仅靠农业技术推广中心的力量是远远不够的，他大胆提出动员社会各方力量、共同推进配方施肥技术入户到田的工作建议，为获嘉县创新技术推广工作机制和整建制推进工作模式提供了思路。2011 年 5 月 24 日，全国测土配方施肥整建制推进工作会议主现场设在获嘉县照镜镇。2011 年 7 月 18 日，河南省人民政府办公厅《政务要闻》，专版介绍了获嘉县创新推广测土配方施肥技术机制，并由时任副省长刘满仓亲笔批转。2012 年 5 月 31 日，河南省小麦测土配方施肥现场观摩活动在获嘉县举行。2006—2015 年连续十年实施了国家测土配方施肥补贴项目，累计推广小麦、玉米、水稻测土配方施肥技术面积 587.6 万亩，增收粮食 19.4 万吨，减少施用化肥（纯量）6 437 吨，节本增效近 4.3 亿元。

2015 年他主持实施了获嘉县耕地保护与质量提升项目，玉米秸秆采用快速腐熟技术面积 87 340 亩，土地机械化深耕翻面积 6 007 亩，夏玉米分层施肥技术推广面积 5 976 亩。项目区土壤得到了培肥，并更加健康环保，据初步统计，累计增加社会经济效益近 1 000 万元。2015 年 9 月 27 日是农历中秋节，这是一个周日，也是一个节日，伴着这天晚上皎洁的圆月，王庆安和他的同事们在太山镇沙窝营村分发"耕地保护与质量提升项目"的秸秆速腐剂和相关配套技术材料。直到晚上 11 点工作结束，他和同事才到村里小超市就着矿泉水品尝了香甜的月饼。沙窝营村村民张再贤看到这一幕，深发感慨："现在有你们这样的技术员这么辛苦亲自上门负责技术宣传，现场发送项目物资，我们一定按照技术规程好好操作，保证不再焚烧秸秆了。"

科研成果在田间

王庆安时常挂在嘴边的话是"农民地里到处都是学问，走进田间才能知道农民最需要什么。"2007 年，为了做好测土配方施肥技术普及，王庆安主编了《获嘉县测土配方施肥技术问答》，深受农民喜爱。2013 年和 2017 年分别两次增补内容再版印刷，成为当地农民科学施肥的小百科工具书。

为了搞好获嘉县耕地地力评价，王庆安放弃了周末和节日，对照获嘉县多年的气候、地形、水系等资料全面汇总，并对特殊地块进行现场调查，提出适宜的耕地地力等级归类。历经三个月的不间断工作，他主编出版了《河南省获嘉县耕地地力评价》一书，受到业内专家好评和基层农技人员的广泛采用。

2010 年，根据获嘉县的土壤特点和不同作物需肥规律，王庆安提出了大宗作物的 13 个肥料配方，并把这些配方交给配方肥定点合作企业，有针对性地满足了农民的生产需求。特别是盐碱地专用配方肥的大力推广，改变了部分地区盐碱地长期存在的立苗难、苗情差、产量低的难题。黄堤镇江营、孙庄等村曾有近 3 000 亩重度盐碱地，只能常年种植棉花，虽历经水洗、沟排、增施有机肥等措施，大部分田块盐碱状况得到明显改善，小麦单产已由 150～200 千克提高到 300～350 千克，但很难再有新的突破。为彻底改良这些地块，王庆安大力推广土壤调理剂和调酸肥料，使当地粮食产量都有大幅度提高。江营村孙青海深有感触地说：自从用了专治盐碱的配方肥料，苗好立了，庄稼长得壮了，现在没有低产田了。

近年来，王庆安发表论著 4 部、论文 5 篇。他参与完成的"小麦测土配方施肥技术集成与推广"2013 年获全国农牧渔业丰收奖一等奖，"河南省耕地质量提升技术研究与推广"2016 年获全国农牧渔业丰收奖一等奖。

技术推广重创新

2013 年以来，王庆安作为获嘉县农业技术推广中心照镜区域站站长，常年举办科技培训班、现场观摩会，深抓科技示范户引导和辐射户技术带动。在与农民朝夕相处中，王庆安深知农民对科技的渴盼，如何创新农业技术快速传播模式是解决农技人员少、服务对象多、时间紧、空间大的难题。

2010 年，他建立了"测土配方施肥短信发布平台"，可为全县农资经营户、种地大户、乡村两委干部等 2 100 个手机用户提供作物施肥信息和管理技术指导服务。2014 年以来，王庆安建立了多个新型农业经营主体农技宣传微信群，利用自媒体平台，他经常发送或转发图文并茂的农事管理、墒情旱情信息、病虫害预报等信息，及时指导田间生产。种植大户通过田间实地拍照实时反映遇到的难点问题，并可以相互交流互动，深受大户的欢迎。王庆安的手机总是全天 24 小时开机，他的手机号码已成为农业技术咨询热线电话之一。目前他手机通讯录有 2 000 多人，微信好友近 700 人，一大部分联系人都是他的农民朋友。

最大的舞台在基层，最美的风景在田间，为了泥土的芬芳，王庆安坚守农业技术推广最前线，不忘初心，在他熟悉并深爱着的这片土地上辛勤耕耘，用对党和人民的赤诚以及忘我工作的行动，诠释着一个共产党员的为民情怀。

农业战线的"穆桂英"

——记河南省濮阳县胡状镇农业服务中心刘素霞

她敦实的身材，黝黑的脸庞，放在农民堆里谁也看不出她是个政府干部；她走路风风火火，谈起农业是滔滔不绝，对"三农"的挚爱在言谈举止间涌现；她扎根基层 32 年，率先尝试、示范、带动当地农业生产的科技化、标准化、规模化和品牌化，被同行们尊称为濮阳县农业战线的"穆桂英"。

刘素霞 2017 年 53 岁，现任濮阳县胡状镇农业服务中心主任。近几年来，她先后荣获全国农牧渔业丰收奖二等奖两项、河南省农业科研系统科技成果奖二等奖一项等。

扎根基层 一心为民

刘素霞同志生在农村、长在农村，与农业结下了不解之缘。她原来在濮阳县农业局工作，1988 年主动要求回到生产第一线——胡状镇农技站工作。在镇里，她一干就是 29 年。

刚踏入农业技术推广一线工作时，为使书本知识和农田实践有机结合起来，她就在自己家的责任田里亲自动手做试验，从播种、中耕、除草、病虫防治、田间管理、观察记载到收获每项作业都必须当天完成，夏天烈日当空，冬季寒风刺骨，她从没叫过苦；室内考种、计算数据常到深更半夜，甚至通宵达旦，她从没喊过累。通过试验示范，积累了大量的科学数据，为新技术推广提供了科学依据，又为群众树立了看得见，摸得着的科学种田典型。

天有不测风云。刘素霞结婚不到一年，公公患病生活不能自理；2 年后刚能照顾自己，婆婆又患重病在身，8 年生活不能自理；婆婆刚去世不到一年，母亲又患重病 9 年，需要人照顾。那时孩子还小、老人患病，每天她都是起早贪黑带着孩子，骑自行车往返 20～30 千米路程，坚持白天上班，晚上照顾老人，由于风吹雨淋，孩子经常冻病。有一年夏天，她去试验地打药治虫，把孩子放在地头，一干就是 3 个多小时，孩子陷在水浇地里不能自拔，哭得跟泪人一样，身上晒出了许多水泡，当她回来看到后心疼得泪水直往下流。有时晚上料理家务或工作到深夜 2～3 点，白天还是一早起床正常上班，不管家务再多，老人多么需人照顾，她从没有因私事向领导请过假，孩子小的时候，她经常感到筋疲力尽，体力不支、头疼头晕，在外地工作的丈夫实在看不下去，就放下自己的工作承担起全部家务，让她全身心地投入到工作中去。

2013 年是濮阳市农业科学院与胡状镇院镇合作万亩经济长廊第一年。瓜果蔬菜试验示范、万亩玉米机械化收割、秸秆还田、深耕深松、万亩小麦精量播种、头绪多、时间紧，一个多月的时间没有一天能正常吃上三顿饭。因工作劳累、吃饭没规律，最后终于支撑不住了，住院半个多月。医生说再好的身体这样干也受不了，以后千万要注意。但她听不进一医生劝说，忙起工作来，总是有用不完的劲，总是全身心地投入。

2011 年，现代农业、粮食奖励资金、农业综合开发、农资综合补贴等 4 000 余万元的项目落户胡状，为使项目顺利施工，镇党委政府让刘素霞同志协调 39 个村的施工任务，每天深入工地、田间地头、走村入户，结合项目单位，圆满完成修路、打井、建桥、硬化水渠等各项施工任务，由于工程质量好、进度快，于当年6月7号在镇里召开了全省农开、农资项目工作现场会，受到了省、市有关领导的好评。该项目的实施既完善了胡状农业基础设施，为农业丰产丰收奠定了坚实的基础，又带动了全县粮食生产的稳定快速发展。

脚踏实地　干事创业

刘素霞同志在农业生产一线工作29年来，以勤奋敬业、脚踏实地、干事创业的精神和坚忍不拔的毅力，用辛勤耕耘洒下的汗水，孕育出了丰硕之果。

2005年全县乡镇机构改革，镇机关的部分农业科技人员下岗。为加强科技推广队伍力量，她走村串户从农村筛选出了6名技术过硬的农村土专家，充实到科技推广站工作，同时在每村挑选出1～2名村级科技推广员，每名村级推广员发展了3～5户科技示范户，形成了"镇-村-户"的科技服务网络。健全的科技网络为先进技术传播打下了坚实基础。刘素霞每年亲自举办大型培训班15期以上，直接培训农民1万余人次以上，接待群众技术咨询2 000余人次以上，解决田间技术难题50个以上。近3年共培养科技示范村26个，科技推广员83个，科技示范户685户，培育新型职业农民108名。其中她把王冠军同志培育成为粮食生产行业领头雁，把刘世金同志培育成为蔬菜种植能手，把杨石岭同志培育成为甜瓜行业生产标兵。

刘素霞善于钻研、善于创新。每年推广农作物高产优质品种、模式化栽培、配方施肥、间作套种、一年多熟、生态农业等新技术20项以上，推广面积28万亩次，年增产10％以上，增产粮食800万千克，增加农业经济收入2 600万元。2011—2013年农业综合开发推广项目每年小麦、玉米各1万亩，万亩方内技术措施实施"六统一"，统一供应优质高产品种，统一取土化验、配方施肥，统一田间管理，统一病虫害防治，统一机械收获。小麦平均单产达到606千克，玉米平均单产达到810千克。2010—2012年，她以炉里村为中心，重点发展千亩设施农业示范园区，新建日光温室193座，塑料大棚7座，流转土地1 332亩，总投资5 000万元，年产蔬菜666万千克，年产值达3 000余万元，年利润1 000余万元，相当于粮食生产的10倍左右；园区内生产的蔬菜已获得农业部无公害农产品产地产品认证，5 000亩绿色蔬菜、甜瓜7个品种已通过农业部产地产品认证，并已注册"豫濮状元""兴炉""乐润"牌商标，产品远销北京、郑州等大中城市，同时也丰富了濮阳蔬菜市场，产品供不应求。

她善于搞好科研开发，增加社会、经济效益：①小麦优质高产综合技术开发推广项目，完成开发面积5万亩，累计增产小麦352万千克，增加社会经济效益528万元。②夏玉米新品种及其配套技术推广项目推广面积5万余亩，增产粮食500万千克，增加社会经济效益750万元。③花生高产综合技术配套开发项目，实现了亩产600千克的纪录。④大田养殖肉鸡技术开发与推广项目，三年来共出栏无公害大田肉鸡22.5万余只，带动养殖户4 210户，直接增加经济效益80余万元。⑤高产多抗型大豆濮海10号选育与应用项目，累计推广面积5万亩，增加经济效益160万元。⑥优质高产大粒型大豆新品种濮豆6 018选育与应用项目，推广面积2万亩，增加经济效益80余万元……5年来完成科技开发21万亩，共增加经济效益5 318万元。

辛勤耕耘　硕果累累

一分耕耘，一分收获。刘素霞同志在农业生产第一线工作32年如一日，带领其他专业技术人员，求真务实、努力工作，不仅为全镇乃至全县农村经济发展做出了突出贡献，得到了各级领导和社会的认可，而且情系"三农"所洒下的辛勤汗水没有白流，科技之花也结出了累累硕果。近几年来，她先后多次荣获省、市县科技先进工作者、三八红旗手，2007 年获濮阳市劳动模范、濮阳市第七批专业技术拔尖人才称号，2008 年当选濮阳市第六届人大代表。2009 年、2012 年、2015 年分别荣获濮阳县委、市委、镇党委优秀共产党员，2012 年、2013 年分别荣获濮阳市先进工作者、河南省"三农"新闻人物、科技推广标兵、优质科技特派员等荣誉称号，2010 年、2012 年、2013 年分别荣获濮阳县农业农村先进个人、十大爱岗敬业标兵、五好文明家庭等荣誉称号，2010—2011 年特聘为《河南日报（农村版）》"三农"发展特约观察员。2009 年当选濮阳市第六届人民代表大会代表；2013 年被濮阳县委县政府评为濮阳县第四批专业技术拔尖人才。

不是在田间　就是在路上

——记河南省方城县农业技术推广中心曹荣

河南省粮食突出贡献农业科技人员、全国农牧渔业丰收奖一等奖、河南省首届"最美乡村农技推广员"、洛阳市科学技术进步奖一等奖、河南省农业技术推广贡献奖、河南省农业科研系统科技成果奖一等奖、南阳市劳动模范、南阳市拔尖人才、南阳市三八红旗手。面对接踵而至的荣誉，曹荣直呼"不习惯"。

2017年4月20日，记者慕名采访方城县农业技术推广中心主任、市人大代表、农技推广研究员曹荣。在方城县赵河镇席庄村的万亩高标准粮田示范区内，曹荣正查看小麦病虫害发生及防治情况："今年风调雨顺，气候适宜，小麦群体大，长势喜人，这两天刚下过雨，田间湿度大，已经发现小麦条锈病、黑穗病、白粉病，点片发生，蚜虫发生也较严重，现在正进行第二次喷防，病虫害基本上控制住了。"曹荣说，防控不及时，锈病极易蔓延扩散，将导致严重减产甚至绝收。这样深入田间地头的病虫害防控，曹荣记不清进行过多少次。方城县农业局的同事们笑称："她不是在田间，就是在路上。"

苦练内功，农村妮儿变身农业专家

屈指算来，曹荣已在农业战线上工作了28年，足迹踏遍方城县17个乡镇街道办567个行政村，哪个村的土质怎么样，应该施什么肥，作物产量大致是多少，曹荣都能脱口而出。28年来，单位的签到簿上，曹荣签得最多的两个字是"下乡"。

1989年6月的毕业季，面对河南农业大学植物保护系主任留在省城的邀请，曹荣腼腆地笑了，"我……我……我还是想回方城老家，我们老家是农业大县，更需要我这样的毕业生！"每当想起在农村务农的父母和辛苦劳作的乡亲们，她总能坚定返乡的信念。用学到的知识去浇灌农田，确保粮食满仓，让大家依靠农业科技早日致富——曹荣相信，她能做到。

28年来，曹荣全面系统学习掌握了农业病虫草害防治、农业增产增收、农作物管理一体化等5大项近25个子项目的专业农技知识，先后发现小麦、玉米新病种8项，排除小麦、玉米疑难杂症和重大病情100多次。她还独立或参与完成了方城县耕地地力研究、方城县农业增产增收技术研究、新品种比较实验、《中国植物保护技术原色图解》绘制等20多项研究活动，发表《河南省方城县耕地地力评价》等论文10篇，获得科技成果奖8项，作为副主编参与编著的《南阳市主要种植作物高产栽培技术集成》由中州古籍出版社出版发行；参与编著的《中国植物保护技术原色图解》一套15册，由中国农业科学技术出版社出版，面向全国发行……

谈起当初大学毕业返乡进行农技推广的初衷，曹荣淡淡一笑："因为咱是农村妮儿！"如今，这个谦虚的农村妮儿已变身为地地道道的农业专家。她所获得的奖项几乎囊括了一个基层农技推广人员能取得的所有荣誉。

农业专家助力高产创建，擎起增收大旗

2014年麦收前夕，由省市县农业专家组成的小麦实打验收工作组见证了方城县高标准粮田的创建成绩——高标准粮田内的小麦平均单产达到576.3千克，与全县平均水平相比亩均增产134.2千克，增幅32.3％。这样的高标准粮田方城已经创建了39万亩。

方城县的高标准粮田创建从2012年开始，而曹荣对高产粮田的研究始于10年前。那时候群众还没有换种的意识，费尽千辛万苦调来的包衣良种群众却不愿意种。好容易说服几个种地户，也不敢甩开膀子干。尽管如此，亩均增产50多千克的良种还是在群众中引起了轰动，良种推广之路由此打开。

2009年，在曹荣的争取下，黄褐土类区的方城县代表南阳盆地生态类型，成功入选河南省5个科技增粮示范县之一，担当起农业技术体系建设、核心生产技术创新、开发推广新型技术产品的重任；2010年，曹荣主动请求担任赵河镇梁营村万亩小麦、玉米高产创建示范区技术负责人，当年推广新品种6个，推广新技术3项，组织专业技术培训和现场会20多场次，总结了"五统一模式""小麦精播、半精播，测土配方施肥、氮肥后移，种子包衣，化学除草与病虫害综合防治""玉米一增四改"高产工作法，在示范区进行推广，经过国家小麦工程技术研究中心、河南农业大学、河南省农业厅、河南省农业科学院共同测定，当年小麦亩产达到713.9千克，玉米亩产达到913.6千克。因为成效显著，2011年方城县开始承担整乡推进粮食高产创建项目，作为技术负责人的曹荣，主持推广新技术、新品种良种覆盖率达到了100％，向示范区外推广使用率达到92％以上，实现两年示范区小麦亩产增产29％，玉米亩产增产32％，并辐射带动全县粮食亩产增产15.2％，总量增产8.5％。高产技术进入千家万户。

情系农技推广，行走在乡间田野

曹荣工作起来就是一个狂人，为掌握第一手资料，行走在乡间田野，足迹踏遍方城县的每一个村庄。曹荣手里有一组让记者震惊的数据——土样采集1.3万份、土壤化验10.8万项次，发放120万份施肥建议卡、累计培训农民30万人次，推广配方肥150万亩、农民亩均节支增收35元。先后完成"3414＋1"田间试验27个，氮肥用量试验25个，养分丰缺指标试验25个，氮肥运筹试验7个，小麦、玉米、花生中微量元素试验8个，肥料校正试验150个。建立了方城县测土配方施肥查询系统，使方城县的测土配方施肥达到了科学化、信息化和普及化，测土配方施肥覆盖率达到100％，为实现到2020年化肥使用量零增长提供了技术支撑。

创新机制促发展，农技推广结硕果

在现代农业建设中，种粮大户、农民专业合作社如雨后春笋般应运而生。曹荣紧紧抓住这一农技普及的新阵地和粮食增产的新动力，在物资、技术、管理上进行倾斜，开展一对一指导帮扶，使每位种粮大户都有技术可依，都有专家可教，都成农业科技明白人。

针对农村外出务工人员多，新型农业经营主体相继出现，农技推广面临新问题的现状。怎样打通农技推广的"最后一千米"？曹荣通过调查、总结、探索，大胆提出农技推广普及"一专四抓"的新方法——"一专"就是以行政村为单位，在长期不外出务工的农民中明确一个长期培养

对象，以乡为单位定期组织开展新农技培训活动，使其成为农技"小能人""土专家"。四抓，就是抓好传帮带、抓好跟踪指导、抓好上门服务、抓好回乡农民工培训。"一专四抓"在实际工作中发挥了强大功效，几年间全县新技术和新品种推广使用率，病虫害防治和田间管理工作双双跨入了全市前3名。种粮大户刘本庆流转土地1 500亩，经过曹荣专家团队的全程技术指导，小麦亩均增产81.6千克，增产15.4%，玉米亩均增产92.4千克，增产16.2%。辐射带动周边群众1 000多户。刘本庆现已成为种粮标兵大户。

曹荣常说："技术看似无形，但农作物要高产，技术是关键。"为方便群众技术咨询，她成为省12 316专家，随时为农民解答疑难问题。她坚持把"群众满意不满意"作为检验工作的唯一标准入心入脑，时刻想群众之所想，急群众之所急，真心诚意为群众办好事、办实事。工作中，通过开办"示范课堂"传科技、开设"田间课堂"送科技。近年来，曹荣先后推广适应连片种植的优质小麦新品种5个、玉米新品种8个，花生、大豆等经济作物新品种16个；组织建设各类大小新技术示范田、示范区50多个，组织建设基层综合监测站、群众监测点150多个，编印农技推广手册、明白卡、口袋书2.5万份，开展热线服务10多万次。为全面掌握全县农技信息动态、跟踪服务和管理，她开通了12 316服务热线，方便与农民交流指导，牢牢抓住了农技推广、粮食增产、农民增收的信息交流主动权。农业技术真正成为保障新农村建设、新型农业建设、粮食增产、农民增收的生力军。

从事农技推广28年来，她一共为群众解决了多少技术难题，没人能够数得清，用脚丈量了多少乡间小道，没人能够算得准，但她用心服务"三农"的感人事迹，却在方城百姓心中定格为一道风景。

一个山里伢的大事业

——记湖北省武穴市大金镇农业技术推广服务中心宋红志

他，是一名地道的山里伢，出生在武穴太平山下的一个小山冲。25 年前，他如愿以偿地考取了黄冈农业学校，跳出了农门。3 年后，面对大城市的诱惑，在别人诧异的目光下，他毅然选择回到了农村，当上了一名普通农技员。22 年来，他默默地守护着心中的那一片青山绿水，无怨无悔地在黑黝黝的土地上播撒着青春和汗水。在他的带领下，面积仅仅 3 万多亩的大金镇，成为了全国全省高产示范典型，他个人也先后荣获了农业部农牧渔业丰收奖二等奖、湖北省科技进步奖一等奖、湖北省农业产业领军人才、黄冈市黄冈青年五四奖章、武穴市十大优秀青年……成为了农民增收致富的引路人、农技推广的排头兵。

希望的播种者

"春种一粒粟，秋收万颗子"。在宋红志的心中，农村是希望的田野，农业大有可为，他的心中充满着对土地、对农民的热爱。22 年来，他心里始终装着农民，与农民打成一片，做农民的知心朋友。他是种植大户的主心骨。他把"带大户、大户带"作为新时期农技推广的着力点，石佛寺镇沉积湖区面积大，大户多，他主动与大户对接，一起制定生产计划，筛选品种，开展示范，联系销售，在他的指导下，董炽平的 300 亩一季稻平均亩产达到 723 千克，当年增产 11.3%，先后有 5 个大户被评为全国种粮大户，受到了农业部表彰，在当地反响强烈。

他是农民朋友的娘家人。他平易近人，从不摆架子，帮助科技示范户制定增产增收计划，帮助贫困户制定产业脱贫方案，帮助受灾农户制定生产自救措施。他总是那么耐心，那么不厌其烦，农民朋友买什么种、施什么肥、打什么药都喜欢找他问一问，甚至有些家事也要找他商量商量、说道说道。2005 年 1 月一场大雪，持续低温给油菜生产带来了严重影响，为了指导示范户抗灾生产，他一大早来到孙保银家，指导他加强田间管理。孙保银看到他满头满脸都是冰霜，心中非常过意不去，执意留他吃早饭，他却连忙推辞，转身又奔走在茫茫的白雪中，为一户户"雪中送炭"。

他是干事创业的"排头兵"。大金是武穴农业一块牌子，他坚持以身作则，干在前头。早春 3 月，他带头赤脚下田，指导农民育秧；炎炎烈日，他亲自蹲在试验田记载；夜深人静，他还在整理试验数据，撰写报告；夜半，风急雨骤，他立马赶到示范田盖膜排水。由于长期工作在田间地头，他的皮肤晒得黝黑，双手粗糙，长满了老茧，看不出一点知识分子的样子。一名领导曾称赞他"五加二，白加黑。风里去，雨中行。一个电话，就上门。不吃不喝，不扰民。"

心血尽洒，换得彩霞满天。大金镇农技中心各项工作在他的领导下得到了全面发展，8 次荣获武穴市农技推广综合考核第一名，每年"以钱养事"公益性服务考核优秀率均为 100%，多次荣获先进单位等称号，先后接待了日本农业专家、孟加拉国农业部部长、国际水稻所农业专家等国内外农业官员、专家学者参观考察达 100 多次、5 000 多人。

科技的传播者

"做就要做好，做就要争一流"，宋红志以一颗敬业的心和一个负责的态度与科技结缘同行。2009年，中国农业科学院油料作物研究所专家张学昆抱着试试看的心态，将一个难度较大的油菜湿害胁迫试验交给宋红志负责。然而，出乎张学昆研究员的意料，40个品种160个小区的试验获得了成功。当宋红志将一套完整试验数据材料交给他时，张学昆感动了，对宋红志敬业精神大加赞赏，当即决定将一批重要试验交给他负责。

近年来，他先后与华中农业大学、中国农业科学院油料作物研究所、湖北省农业科学院、浙江大学、湖北省种子管理局等科研院所合作，承担了试验课题80多个，提供数据万余个；办好了华中农业大学校外试验基地150亩，组建了鄂东南区域试验站。在大金实施国家863、973项目、国家自然科学基金项目、国家科技支撑计划、行业专项等国家重点科研攻关课题有18项，每年有10多位博士、硕士研究生在大金实习。

他建成了大金镇周干畈全省一流的示范样板畈，原湖北省农业厅副厅长、品审组组长王银元评价"区试做得不错，新品种示范也做得很好，凡是我省要推广的早晚稻新品种示范，都要放到大金种一种"。高标准建设示范基地1.1万亩，先后实施了农业部万亩油稻高产创建、双季稻整镇推进、粮食科技丰产工程等重大项目6项，示范推广双季稻旱育抛秧、三免三抛轻简栽培、测土配方肥精准施用等技术15项，每年承办各类现场会30余次，接待各级参观考察4 000余人次，农业部张桃林副部长给予了高度评价，时任副省长赵斌要求将大金镇双低油菜育苗和晚稻高产示范，作为典型向全省推介。

为了打通农技推广"最后一千米"，宋红志积极创新培训方式，坚持室内培训与田间课堂相结合，咨询服务与下乡指导相结合，发放资料与信息化服务相结合，课堂讲解与现场操作相结合等多种方式，把技术培训搞实、搞活。2010年，他开办了全省第一所农民田间学校。每年举办各类培训班49场次，培训4 000余人次，发放《大金科技》24期1.2万多份，构建了一名专家带5名技术指导员带100名科技示范户辐射带动2 000个农户的技术推广应用网络。

丰收的守望者

一株油菜、一根稻穗、一朵棉花……承载的是农民朋友们满满的希望，而农技员就是那丰收的守望者。在宋红志心中，虫情、病情、灾情就是命令，一个口信、一个电话，他总是第一时间、第一速度赶到现场。

20多年来，他先后骑坏了7辆自行车、2辆摩托车，穿坏了无数双雨靴，走遍了管辖的田畈、土地，熟悉每个村庄、农户。1996年3月，余川镇油菜渍害严重，油菜菌核病有可能大发生、大流行，才工作不久的他，提出了统防统治的技术措施，得到了站长和镇领导的重视，迅速组建了全市第一支专业机防队，有效控制了病害发生，减轻了损失，得到了省农业厅检查组的高度评价，组建机防队的经验在全省推广。

2009年4月一场"倒春寒"，宋天佑村350亩刚刚播种的早稻受冻，宋红志一大早赶到该村察看灾情，提出了灌水保温和补育旱育秧等措施，确保了没有一块早稻田翻耕再种。2016年，受洪涝灾害的影响，大金镇农作物受灾面积32 640亩，成灾面积25 760亩，绝收面积10 950亩，经济损失惨重。宋红志及时带领技术人员深入一线，指导抗灾自救，及时调回分发救灾种子

7 980千克，在大灾之年，实现了晚稻亩产 580 千克、中稻 560 千克、返秋亩产 500 千克，湖北卫视、《湖北日报》等媒体对该镇 4 个抗灾自救示范点的抗灾复产和灾后丰收情况进行了报道，产生了很好社会反响。

小康的领航者

"小康不小康，关键看老乡。"农民增产增收事关全面建成小康社会大局。宋红志在埋头拉车的同时，又坚持做到看路把向，把农业产业化、生产科技化、服务社会化作为带动农民致富奔小康的有效途径。

大力推行订单生产，他联姻武穴市粮食储运公司和武穴市福康油脂公司，联合建设优质稻和双低油菜生产基地，农技中心负责种子供应、技术指导、物化服务，企业分别按高于市场价格 0.12 元和 0.22 元进行收购。2013 年，大金镇 12 个村订单种植面积 1.8 万亩，直接为农民增加收入 560 多万元。主动与省种子公司、油料作物研究所等科研单位合作，建设油菜良种繁育基地 3 000 亩、水稻制种基地 2 000 亩，每年生产优质种子 300 多万千克，高出市场价 20％收购，农民增产增收效益明显。

大力开展技术攻关研究，推进实用技术在大金落地生根。他创新开展油稻"三免三抛"（早晚稻抛秧、油菜摆苗）技术试验示范，示范推广 5.3 万亩，亩平节约成本 10％。2010 年，周干村周友明示范油稻 3 亩，经省专家组验收，早晚两季平均亩产 1 067.7 千克；2011 年，周干村冯华贵 2.4 亩超高产示范，经农业部专家组验收，早晚连作同田亩产 1 359.5 千克，刷新了湖北省双季稻单产纪录。

大力推广应用粮油高产高效、轻简化栽培等技术，为了降低生产成本，宋红志积极引入社会化服务，严格落实各级惠农政策措施。他与市种子公司、天诚植物保护专业合作社等企业合作，组织实施"统一品种、统一技术、统一施肥、统一机防、统一标准、统一收购"为内容的订单生产，每年免费为农户提供双低油菜种子 5 000 多千克，补贴种子肥料机防资金 60 万元。2012 年，组织成立了武穴市金兴农作物种植专业合作社，入社农民 1 472 户，为农民组织化生产经营探索出了一条新路子。

天行健，君子自强不息。面对改革发展宏图大业，面对农民群众殷切期盼，在宋红志的心中，大业在田野上，赞歌在脚底下，当朝霞刚刚升起，一个消瘦的身影又活跃在大金镇的田野大地上……

沃土千里书忠诚

——记湖北省丹江口市习家店镇农业技术推广服务中心张瑞

带领的农技推广团队 2011 年获得全省农技推广先进单位称号；2013 年，被省农业厅授予全省最美农技员荣誉称号；主持实施湖北省农业科学院"甘薯新品种栽培技术研究与推广应用"项目，获 2013 年农业部农牧渔业丰收奖三等奖；超高产优质抗倒伏豌豆新品种"秦选 1 号"繁育推广荣获省科技厅重大科技成果奖；双低油菜丰产栽培技术研究及示范荣获十堰市科技进步奖二等奖；多次荣获丹江口市人民政府科技进步奖；2016 年，她当选为丹江口市第十八届人大代表。

一个个闪光的荣誉，照耀着她永不停歇的为农之路。

她叫张瑞，女，54 岁，中共党员，现任丹江口市习家店镇农业技术推广服务中心主任。

37 年来，她一直扎根在基层乡镇从事农业技术推广工作，始终坚持全心全意服务"三农"的宗旨，扎根基层，提升为民服务本领，脚踏实地从事富民事业，用忠于党、忠于人民的高尚情怀，以实际行动和满腔热情为南水北调核心水源区农业健康发展和带动贫困山区农民增收、产业扶贫做出了应有的贡献。

"哪儿也不去，这里需要我"

"晴天一身灰，雨天一身泥。"

这是 20 世纪 80 年代农村的真实写照。

1980 年夏，农业学校毕业的张瑞怀揣着对人生对事业的美好期待，跋山涉水，告别了美丽的家乡来到了大山深处的丹江口市习家店镇，当上了一名农业技术员。

作为农村基层的农业技术推广工作者而言，几十元的月工资，还总是在田间地头工作，看不到他们穿干净衣服的模样，总被冠以"泥腿子"的称呼。

男同志不好谈恋爱，女同志找不到对象。

看到这般工作，父母坐不住了。"回来吧，我们不缺那点工资。"母亲含着泪劝道。

"我试试，别人能干，我也能干。"张瑞执拗地回答道。

工作岗位干一段时间后，张瑞逐渐被大山里淳朴的民风所感染，不知不觉渐渐适应了这里的生活。

她把"痴心农技天地宽，服务"三农"心里甜"这句话当做她的座右铭。

看着乡亲们期盼的眼神，她深知偏远山区农民的不容易，更是拿出了巾帼不让须眉的拼搏劲，潜心钻研自己的业务，遇到不懂的问题总是一方面向老师和同行请教，另外一方面不断通过充电的方式加强学习。

在她的带领下，当地农民耕种的作物收成一年比一年好。在基层不知不觉一干就是 37 年，张瑞也从一名技术员逐渐成长成为了一名高级农艺师。

倾心农业科技，不为城市繁华所动。

2005年，时逢农技中心改制，全家人认为作为一名女性在偏远山区干农业太辛苦，都劝她改行从事其他工作，或者回到繁华的城市另找工作。

她深深地迷茫了：绿色的田野、乡村的小路、农民对丰收的渴望、城市闪烁的霓虹灯……这一幕幕如同电影般在自己脑海里一遍遍闪过。经过深思熟虑之后，她不顾家人的反复劝说，毅然选择了坚守，选择了自己热爱的农业事业。

每天，张瑞都会到田间地头，去观察、去积累、去探索。

她说，只有掌握了富民本领，才能让农民过上好日子，自己的努力和付出才有价值。

"只有农业科技推广，才能让农民吃饱肚子"

丹江口市习家店镇位于湖北省西北部边陲，与河南淅川县交界，同时也是南水北调中线工程调水源头——丹江口水库核心水源保护区。

全镇集山、川、库为一体，土地肥沃，是丹江口市农业大镇。库区沿岸村以发展柑橘为主，公路沿线以发展粮油为主。

边、远、穷始终伴随着这里的农民。农民有土地，但土地也是农民收入的唯一来源。

那个年代，能吃饱饭，但家家户户再也没有任何节余。

如何提升粮油生产效益，助农增收是当地农业技术推广服务中心多年来一直思考的问题。

张瑞走遍沟沟坎坎，怀揣着对农业和农民的深厚情怀，掌握一手资料，不断在寻找机会带领当地农民走上增收路。

如何让贫瘠的土地上长出累累果实，这个问题一直困扰着她。她深知只有为土地诊准脉，才能做出正确对策。

为此，她带领着中心技术人员，历经数月，走遍全镇23个村的沟沟坎坎，通过对6 125个化验点的取样分析，全镇的土壤养分情况被摸清了，6 125份测土配方施肥建议卡顺利地发放到农户手中，她心里有数了。

小麦是习家店主要粮食作物，在祖祖辈辈传统耕作下，小麦亩产常年在200千克左右。

怎么提高产量？她决定在小茯苓村从沟厢改革入手，创办小麦高产示范区。

这里地多人多，示范效应最好。看着村里老农不信任的眼神，她亲自带领一班农技人员在地间开沟、起垄、施肥、播种。

村民们万万没想到，收获的时候，高产示范田亩产达到400千克，老百姓信服了。

高产稳产小麦品种选用、标准化播种、氮肥后移等新技术一一顺利推广开来。

当地群众腰包渐丰，看到希望后，都纷纷找张瑞，要跟着她一起扩大种植效益，在黑土地里掘金。

看到当地群众的信任，张瑞自费三下武汉，找到省农业厅、华中农业大学等单位，为农业产业定位找出路。

经过前期充分地考察，2005年，张瑞决定从谷城圣光种业有限责任公司引进制种油菜。

刚开始，群众怕技术不过关，不敢试种。张瑞在该镇尝试"公司＋基地＋农户"经营模式。

油菜制种，亩产不变，收成提高了四倍。

群众看到了希望，纷纷加入张瑞领办的油菜制种产业。

目前，该地油菜制种在十堰地区已是远近闻名。制种产量由开始的平均亩产70千克增产到现在的平均亩产115千克，高产田块达176.8千克，比常规油菜亩平增收600～1 200元。

"让群众共同富裕，才是农业的希望"

农技推广重在服务。

当地群众说，张瑞就是农民的"农技110"。

多年来，张瑞靠双脚踏遍了这里的村村组组和所有农户。

认识张瑞的人都说她是个大忙人，从来没看见她和别人打牌闲聊天，就连走路她也是急急匆匆的。

免费上门为农户讲解种植技术、帮助修剪管理果树、实施病虫害防治等，群众都亲切地称她"技术张"。

在下村的时候，她总是惦记着老李家的果园该施肥了，要去看看；老张家的大棚蔬菜该揭棚降温了，要及时提醒……

作为农技人员，她非常重视测土配方施肥工作。近年来，她带领技术团队共采集土样10 000余个，超额完成土壤采集任务，并100%完成了施肥调查表和农户土壤基本信息表。所采土样操作规范，数量及标签相符达100%，已送施肥建议卡10 000余份，入户率达100%。

作为一名女性，张瑞言行举止中却透露着一份干练。在日常工作中，张瑞敢为人先，不仅在农业科技方面力促农民创收，而且一直在思考产业升级发展的问题。

习家店镇是南水北调中线工程调水源头，也是丹江口水库核心水源保护区，伴随着南水北调成功向北京送水，如何在水源保护区内推行清洁种植技术，如何助推产业升级发展等则成了张瑞的又一大"心病"。

在工作实践中，张瑞和她的团队不断向农民宣传清洁种植技术，尽量依靠科学种植和科学管理，减少农药和化肥的使用量。30多年来，张瑞一直努力践行农业部门提出的"一控两减三基本"技术目标，所辖区域从未出现农业环境污染事故，从未出现农产品质量事故，农产品合格率达到98%以上。

经过潜心研究及反复实践，张瑞还研究形成了一套科学的适合当地的杂交油菜高产制种技术，制种油菜也发展到5 000多亩，油菜制种已成为习家店镇为民增收的支柱产业。据不完全统计，近年来，仅仅张瑞在该镇推行的制种新模式，为当地农民增收5 000余万元，有力促进了当地农民的转型发展。

当精准扶贫工作这个重大的政治使命和历史责任落在基层干群肩上后，张瑞知道，必须冲锋在前。

张瑞不惜个人花数千元，先后4次奔赴武汉邀请省农业科学院专家到实地帮扶农民开展科学种植指导。通过探索，她尝试三叶菜种植获得成功。她知道，这将是促进当地农业转型升级的新路子。

为了消除农户的后顾之忧，张瑞采取了"先试种、后示范、再推广"的模式，并与湖北统香泡菜公司签订订单生产，让农民看到实惠。同时，通过狠抓病虫害防治和科学管理，三叶菜的亩产量从起初的1 000千克提高到了4 000千克左右。

群众看到了希望，也发现了三叶菜种植的潜力所在。在张瑞的带领下，全镇发展三叶菜种植从2013年的200亩发展到5 000余亩，直接带动当地2 500余户农民脱贫走上致富路。

如今，"致富咱有技术张，随叫随到贴心人"这句话如今成了当地群众的口头禅。

因为这里的每一块儿田、每一片儿地，都有张瑞为民奔波的足迹。

躬身碧野写春秋

——记湖北省枣阳市农业技术推广中心陈斌

初识陈斌，很难让人想象是一位长期奋斗在基层农业生产一线的农技推广工作者，他身材瘦高，戴着一副黑框近视眼镜，说话幽默风趣。就是这样一位一副学究样、书生气十足的人，却始终执着于农技推广事业，坚持深入乡村，蹲点带面，为农服务28年之久，足迹踏遍了枣阳市18个乡镇160万亩耕地的田间地头。

一腔真情融岗位

陈斌同志是个工作狂，他把自己的全部心血和汗水都融入了岗位。在他的生活中几乎没有节假日，有时甚至中午、晚上也在加班。

2016年10月8日，为了落实"小麦绿色高产高效创建"示范基地，陈斌同志于8：00时赶往枣阳南部的兴隆镇灵庙村对全村农民进行秋播小麦生产技术培训后，又于9：30时赶往枣阳北部的太平镇胡庄村、韩岗村、徐庄村和七方镇的西坡村、阮店村、宋王村两镇六个村，协调落实2万亩小麦绿色高产高效创建示范基地事宜，于14：00时在赶回农业局参加"秋播期间气候研判会"途中因疲劳发生车祸，因公导致脊椎骨折和结肠破裂。6个月伤愈后，陈斌同志的工作积极性丝毫没有受到影响，工作热情不减。

在枣阳市粮食作物高产创建活动中，陈斌同志既是指挥官，又是战斗员，全程指挥参与协调粮食作物高产创建活动。主持制定"枣阳市整建制推进粮食高产创建实施方案"，亲自领办高产创建示范样板14个，面积3 400余亩，组织开展技术培训260余场次，培训农民4 000余人次，同时督促落实技术措施。自2007年以来枣阳市被农业部确定为高产创建示范县，年年顺利通过验收。高产创建9年来，共计实施面积达到1 540万亩次，实现粮食增产20.28亿千克。2009年5月26日，农业部组织5位专家对枣阳市小麦高产创建万亩示范点进行了测产验收，亩平单产达到513.07千克，实现了湖北省万亩小麦单产千斤关的突破，创湖北省小麦最高单产，具有湖北省小麦生产水平划时代的重要意义。

为了查清全市耕地地力与土壤环境质量现状，建立和完善了小麦、水稻、玉米、棉花等主要农作物养分丰缺指标和肥料施用指标，指导农民科学用肥，陈斌同志在2008—2010年三年间，亲自带领技术人员骑着摩托车跑遍了全市3 650个村民小组，采集土样10 355个，填写采样调查表15 680份，开展农户施肥情况调查15 680户，共分析检测土样51 775项次。完成测土配方施肥项目基础性试验66个，创办测土配方施肥技术示范样板75个，面积共计24 674亩。制定主要作物施肥配方6个，发放配方施肥建议卡18.3万份。常年在田间地头奔波，加上生活不规律，陈斌晒得又黑又瘦，但看着自己的推广的成果被大面积应用，心中的高兴难以言喻。

勤于探索善创新

陈斌同志爱动脑、勤思考、善创新，乐于在技术应用中推陈出新。

在多年的高产创建活动中，他通过大量的调查研究和试验示范，组装集成了小麦高产"六改"技术，玉米高产"一降五改"技术，水稻高产"一增五改"技术。其中小麦高产"六改技术"即改白籽下田为种子包衣，改大种量撒播为机械化精量播种，改"一炮轰"式的习惯施肥为测土配方多元结合、氮肥后移等科学施肥，改旱地不起沟为四沟配套，改年前年后两次化学除草为年前一次性化学除草，改单家独户病虫防治为机防队统防统治。以此为核心内容的"小麦大面积增产关键技术研究与应用"于 2010 年 5 月 18 日通过了"长江中下游小麦产业技术体系"专家组的验收，并获 2011 年湖北省科技进步奖二等奖。由此衍生的"襄阳市小麦亩产 500 千克高产栽培技术集成研究与推广应用"，三年累计推广应用 210 万亩次，获得 2012 年襄阳市科技进步奖一等奖。水稻高产"一增五改技术"即增加种植穴数，从而增加有效穗数，实现增产；改两段育秧为旱育秧，提高秧苗素质，增强秧龄弹性；改"一炮轰"施肥为根据水稻各生育时期的特点和高产群体的养分动态变化确定肥料特别是氮肥的分配比例，分段多次施肥，前促、中控、后补，达到"前期轰得起，中期稳得住，后期健而壮"的要求；改"一田水包熟"为浅、湿、干灵活调节的灌溉方式，跳出传统的淹水灌溉模式，实施健身栽培；改单家独户的病虫防治为集中连片的统防统治，提高防控效果。以此为核心技术的超级稻亩产 800 千克高产攻关示范于 2013 年 9 月 23 日通过湖北省农业厅专家组验收，由他起草的该技术规程已由湖北省农业厅科技处提出与归口提交申报湖北省地方标准。2006 年秋播，他组织引进了湖北省第一个优质强筋小麦新品种鄂麦 23，此后经常蹲在田间地头探究其在鄂北岗地种植配套高产栽培技术，累计推广面积达到 342 万亩次，该品种及其配套高产栽培技术研究与应用于 2010 年 12 月获湖北省科技进步奖二等奖。

心系"三农"乐奉献

在多年的农技推广工作中，陈斌同志与农民兄弟结下了深厚的情谊，农民都把他当成自己的"主心骨""贴心人"。为了方便与农民沟通，更好地服务农民，不论是田间指导，还是培训讲课，他都会把手机号码留给农民，而且二十多年一直没有更换过手机号码。许多陌生的农民群众，经常通过电话向他进行咨询，他的电话已成了枣阳市名副其实的"农技咨询热线"。每次接到农民的电话，他都不厌其烦地认真加以解答。

2012 年 6 月下旬的一天，吴店镇周寨村的科技示范户王有福，把握不好水稻追施穗肥的时间，就向陈斌电话咨询，陈斌告诉他，穗肥的使用要在水稻第一节间伸长前一周左右追施，而且要看叶色确定施肥量。第二天一大早，陈斌同志又来到这个农户田里，查看水稻生育进程，观察叶色，进行现场指导。有人说陈斌，这点小事还这样认真，他说："农民种庄稼不容易，耽误了就会减产减收，在咱看来是小事，对他却是天大的事。"

2015 年以来，他与 10 个种植大户、10 个家庭农场、5 个农民专业合作社结对子，向他们农业生产经营活动献计献策。同时，他还于 2011 年 3 月始，被枣阳市委指派为驻王城镇圣龙村、茶场村"三万活动工作队"队长，开展送政策、送科技、送文化、送信息、送项目、送服务、送温暖活动。2016 年 3 月，"三万活动工作队"转变为"精准扶贫工作队"。在扶贫工作中，他带领队员利用自身的专业技术人优势，结合贫困村实际，采取了一系列帮扶措施：①扶持组建了

"枣阳市恩谷农民植物保护专业合作社"，在全市范围内开展农作物病虫害统防统治服务。②提高农民科学种养技能。依托新型职业农民培育项目对全村 60 岁以下务农人员进行技能培训，同时组建"粮食作物绿色高产高效农民田间学校"，吸收科技示范户学员 25 名。③全面开展水稻"籼改粳"工程，推广粳稻—小麦周年全程机械化绿色高产高效模式应用，实施订单生产。

28 年来，陈斌同志一心扑在事业上，不为名动，不为利惑，从没有动摇过自己的信念。在枣阳市农村，"陈斌"这两个字已成为一种品牌，深受广大农民的信赖。每次进村入户，农民朋友都喜欢向他询问种子、农药、肥料的品种选用问题，他总能不厌其烦地给予合理化建议。他的建议从不因自己的好恶来取舍，必须是经得起生产实践检验的品种，否则绝不向农民推荐。2014 年 7 月，一个农药代理商，多次托人请他在电视上作专题讲座，并给以丰厚的报酬，被他断然拒绝了。

陈斌同志就是这样，以一名共产党员的情怀和一名农技人员的爱心，志在田野写丰收，求真务实乐奉献。他以至亲至诚、朴实无华的言行在枣阳市广大农民兄弟心中树起一座丰碑、一个品牌。

生态能源建设的先行者

——记湖北省恩施市龙凤镇农业服务中心袁亮

袁亮，男，1979年3月出生，1998年毕业于恩施土家族苗族自治州农业学校农学专业，通过自修获得大专学历。2005年担任农村沼气后续服务管理员，几年如一日克服重重困难，干一行爱一行，认真钻研业务知识，已成为该行业专家。工作上吃苦耐劳，不怕脏不怕累，热忱服务群众，每年都保质保量地完成各项后续服务任务，得到当地群众好口碑和各级领导好评。曾先后被《人民日报》、《恩施晚报》、湖北能源网等十多家媒体报道。本人也多次受国家、省州市表彰。

爱农从农　不知不觉成"专家"

2000年9月，因为爱农，农业学校毕业的袁亮毅然选择了农业技术服务行道。当年，恩施市大力实施以沼气为龙头的生态家园建设，刚踏入农村工作岗位的袁亮被安排驻后山坡村，袁亮与农民同吃同住同劳动。他一方面积极向农民宣传沼气池建设好处，时常为一个群众会开到深夜；另一方面，他主动参与现场建设，虚心向老师傅们请教学习，不怕脏、不怕累，多次亲自下到池内帮农户查找漏气原因，并及时予以维修，功夫不负有心人，在不到两年的驻村工作中，袁亮对后山坡村沼气建设情况一清二楚，迅速掌握了沼气建设与维护的技术。

2004年底，全镇沼气池建设突破6 000口，探索沼气后续管理与服务体系，成为农村能源部门的当务之急，袁亮率先在全镇试行"三包"责任制，即包建设、包管理、包服务。他将自己的电话号码告知沼气建设用户，并公开承诺，只要接到用户电话，一定在24小时内赶到现场迅速解决。有时，为了更换一个小小的开关，袁亮往返山路一走就是几十里，农民们感慨地说，"你们搞事真扎实，像你们这样的干部，我们老百姓最欢迎！"九年来，以袁亮为典型代表的龙凤镇农村能源后续服务中心，每年免费上门维护沼气池600次以上；维修沼气炉具1 200多台；全镇有0.9万口沼气池正常使用，达到78.2%的正常使用率；袁亮所承包的向家村762口沼气使用率更达到95.4%。

袁亮爱动脑筋。为使当地农民合理利用"三沼"，他与村组干部和农民们商议，在向家村建设以柚子为主的"生态果园"。说干就干，他和村民们一道，用自制的喷头为柚树进行沼液喷灌，不仅为柚树施足有机肥，还起到了生态杀虫的作用，用沼渣作柚树底肥，片片柚园益然葱茏，棵棵柚子秀色可餐，果农们个个喜笑颜开，一到收获季节，慕名前来采摘、抢购向家村柚子的客商络绎不绝。2016年，还曾出现车堵向家村口的抢购场面。通过"三沼"利用，全村1 000亩柚子产品质量明显提高，94%的沼气用户发展水果、蔬菜基地，亩产值净增200元以上。

无论是工作中，还是生活里，袁亮都不苟言辞，用他自己的话说，"我是个老实人，自己夸一百遍，不如老百姓说一句。"多年来，袁亮从一名学生，逐渐成为一名老百姓离不开的"沼气专家"，正是他对事业的负责态度和求实精神，他在用行动去坚守自己的选择。

贴心服务成为老百姓最喜欢的人

2010年正月初六，袁亮正在家吃早饭，"喂，袁师傅呀，我是向家村张家湾组张居顺，家里沼气不知是怎么搞的，自己修了几次，都没有修好，请你来帮忙修一下。"接到电话，袁亮放下碗筷，提上挎包，开车来到村民家。一切打理完后，袁亮收村民3元的材料费，老张不干了，还"恶狠狠"地说："正月间，大家都在过年，我打个电话你跑这么远的路来给我修，油钱都不止3元，起码收50块。"老张把钱往他挎包塞。钱在车上车下飞来飞去，最后老张只好把自家种的花生、柚子丢到他车上。

三龙坝村青龙组吴运富，因沼渣过多影响产气，托熟人捎个口信给袁亮，当天袁亮带着专业除料队上门清渣，因池大渣多，袁亮亲自下池掏挖，浑身沾满粪水，满身臭气，又脏又累，整整用了两天才清完，按规定只收了400元的油费和人工工资，主人见他只收这么点钱，硬多给200元，但是袁亮一口回绝说："车子是单位配了专门为老百姓服务的，我只能按标准收。"

"沼气有故障，请原谅（袁亮）"。这句话成了龙凤镇沼气用户的口头禅。九年来，袁亮是这么说的，也是这么做的，凭着他对工作的执着、热情、奉献，赢得了广大老百姓的口碑。在袁亮工作方法，服务效果的影响下，目前，龙凤镇建立了10个村级农村能源服务网点，有18名专业技术人员常年服务于全镇的沼气用户，每个网点设有专门热线服务电话，为千万个沼气用户解决了后续服务上诸多难题，农民深情地说："有这样的服务队伍和技术员，我们沼气池用几十年都没问题，解决了我们的后顾之忧，我们真喜欢。"

拓展思路　让服务水平更优

2014年，带领龙凤镇沼气技术工注册成立了"恩施市源亮沼气专业合作社"，主要从事沼气灶具、太阳能热水器、厨房改造等农村能源设备及产品的销售、安装和维修；沼气池、化粪池清理，"一池三改"、小型沼气工程建设，管网沼气供气收费等服务。合作社设有财务室、技术服务部、工程建设部等部门、现有职工16人，持高级沼气工资质证书4人，持沼气物管员资质证书2人，持中级沼气工资质证书2人，持初级沼气工资质证书6人。合作社从2014年成立以来，清理沼气池680口、化粪池350口，维修太阳能热水器560台，维修沼气管件等2 000多次，建设小型沼气工程18处，销售太阳能热水器、沼气灶具、饭煲等设备400多套，企业年收入达100余万元，获得净利润近30万元，技工平均工资年收入6万元。合作社遵循"供气入户、免费安装、按表收费、综合利用"的原则，2016年在杉木坝村新建的生态循环农业示范工程，建设标准高、运营效果好。该工程集中供气100户，按照1.5元/米^{3}标准收费，1年来供气28 000多米^3，收益4.2万元，深受群众好评。配套建设的"猪—沼—果"生态循环农业示范基地，已种植桃、李、葡萄等水果600亩，安装沼液喷施管道100亩。管网沼气的供应，使周边农户用上了和城市天然气一样的清洁能源；对沼气池的科学管理，增强了沼气池内部的物料循环，提高了沼气产气率；沼液、沼渣的综合利用，杜绝了农药、化肥的使用，减少了支出，提高了品质，增加了收入，经济效益、社会效益和生态效益显著。

袁亮同志是对群众有着深厚感情的生态能源建设者，是有责任、勇于担当的先行者。他扎根基层，服务一线，甘当"掏粪工"，为农村生态文明建设默默地奉献着自己的青春。被湖北省委副书记张昌尔同志誉为"新时代的时传祥"。

田野上的生命赞歌

——记湖北省监利县农机安全监理站夏宜龙

3月29日，全省农机备战春耕会议召开期间，临时增加一项议程，与会代表向监利县农机干部夏宜龙沉痛默哀。原定议程中，监利农机监理推广站站长夏宜龙要作农机报废更新工作经验交流发言，但他却意外"缺席"。而这天上午，正是夏宜龙出殡的日子。数千名农民、农机合作社成员、村干部等不顾春耕备耕的繁忙，从田间地头专程赶到监利县殡仪馆，送夏宜龙最后一程。

阳春三月，田野上的油菜花、紫云英等竞相开放，旋耕机欢快地奔腾在黑土地上。可是，因连续51天奔忙在基层指导春耕备耕，年仅45岁的夏宜龙，却永远留在了春耕备耕的路上。3月29—30日，《湖北日报》连续报道了监利农机站长夏宜龙的感人事迹。

生命定格在春耕备耕路上

记者在监利县农机监理推广站采访时，翻看到夏宜龙近期工作日志：

下村检查验收机耕路工程16天、驻村扶贫11天顺利完成市检查组验收、购机补贴入户核查10天、东风井关示范合作项目乡镇选点8天、农机安全生产下乡检查4天、接待咸安区及广东茂名市农机专班来监利参观2天……

从春节后上班至3月27日，不到2个月的时间内，夏宜龙在基层奔忙了整整51天。简单的工作日志，记录了夏宜龙生命的最后历程。

3月27日早7点，夏宜龙正准备动身赴尺八镇尚禾农业合作总社，筹备监利南部偏远乡镇农机安全集中年检活动，忽然接到县农机局的紧急通知：两天后要参加全省农机备战春耕会议，并代表监利县在会上作农机报废更新项目的经验交流，发言材料上午要研究。

夏宜龙赶到局办公室，研究完经验交流的提纲，就回到农机监理推广站，动笔撰写发言材料。突然间，夏宜龙感觉胸口一阵绞痛，副站长周建国发现他满头大汗，劝他立即去医院检查。他摇摇头说，坚持一会吧，等修改完材料再去医院。10时许，周建国隐约听到夏宜龙办公室传来鼾声，以为他这段时间劳累过度，趴在桌上睡着了。等周建国起身查看，竟惊讶地发现，夏宜龙整个身子已倒在桌子底下，同事们将他紧急送往医院抢救。然而，突发的心肌梗死，已无情夺走了夏宜龙年轻的生命。

监利县农机局局长陈义书接受采访时，几次泪流满面。3月25日周六，一大早，陈义书与夏宜龙一同参加县委中心学习组的集中学习活动，听专家解读中央一号文件精神。11点散会，夏宜龙与陈义书告辞后，并没有回家，却径直来到局机关院内的农机手培训考点，加班到中午1点多才回家。陈义书哽咽地说，没料到这竟是最后的诀别。

3月29日清晨，尺八镇老屋村村支书胥柏平赶到县殡仪馆，为夏宜龙送行。胥柏平回忆说，10天前是个周日，又下着绵绵春雨，夏宜龙冒雨来到老屋村，实地查看该村机耕路建设情况。

当看到机耕路的碎石铺筑不符合质量标准时，浑身湿漉漉的夏宜龙现场发了火，责怪胥柏平把关不严，要求施工方马上填料加厚，保质保量。

陈义书告诉记者，夏宜龙对工作特别较真，作风过硬。眼下春耕生产即将进入高潮，为赶在春耕生产前，完成全县 23 个乡镇 120 个村 350 千米机耕路的工程验收，以及 2 万亩旱地机械深松整地工作，夏宜龙带领专班，放弃双休假日，风雨兼程，每天查验近 10 个村，他甚至亲自拿着 GPS，对照机耕路建设各项指标参数，徒步丈量机耕路的长度、宽度，逐一检查机耕路工程质量，查看土地深松进度，不符要求的绝不宽容。

农机人奋发作为，政府更是倾情助力。近三年来，农机大县监利创新性推出"以奖代补"政策，推进农村机耕路建设，全县共修筑机耕路近 800 千米，县级财政出资 1 500 万元予以扶持。

时刻呵护农机户利益

全省农机会上，为何安排夏宜龙代表监利作农机报废更新工作经验交流？

县农机局长陈义书介绍，监利是全国水稻生产第一县，全县有各类农机具 16 多万台（套），农机拥有量居湖北首位。但随着农机化的快速发展，工艺技术落伍、零配件老化、机器损耗高的老旧农机，也随之增多。为推动农机节能减排，优化农机装备结构，保障农机安全生产，需要通过政策引导农机户报废更新。2015 年，监利县纳入全省农机报废更新试点县。县农机局迅速制订了《农机报废更新补贴工作实施办法》，由夏宜龙所负责的农机监理推广站具体实施。

夏宜龙通过考察发现，县内仅有一家废旧农机回收点，无论大小机械，都按几百元的废铁价回收。一些农机户埋怨回收价太低，只好将老旧农机闲置在家。

为了打破定点收购、压低价格损害农民利益的垄断现象，夏宜龙部署在工业园及城郊火把堤村设立两个收购点，出台保护价收购标准，农户可在两个收购点比价选择，此举最大程度保证了农机户的权益。

永红村三组农机大户王井炎，有多台老旧收割机和旋耕机，一直闲置在家舍不得卖。农机报废更新补贴实施方案出来后，夏宜龙赶紧联系他。"以前一台废旧收割机只能卖到 500～800 元，现在回收价提高到 2 000 元左右，报废更新政策补贴两万多元，最近我报废更新了 1 台拖拉机、2 台收割机。"王井炎说。

为防止已报废的农机再次流入市场，夏宜龙还在回收点安装了视频监控设备，录制了拆解过程视频存档，报废机械的所有零部件流向，都在掌握之中。2016 年，监利农机站申请报废登记的农业机械 475 台，拆解 366 台。

作为农机站长，夏宜龙始终把农机户的权益放在首位。

当前农村机耕路况和作业环境差、驾驶员及作业区农民的安全意识淡薄，导致发生安全事故的概率较高，商业保险公司不愿涉足农机保险，而农机户又缺乏保险意识，一旦出现农机事故，农机户的利益无法维护。

商业保险机构不愿涉足农机保险，如何破解这一难题？夏宜龙借力省农机安全协会的统领功能，率先在监利推行农机安全互助，引导农机户自发入会，"集千家之力，解一家之难。"五年来，共有 8 000 余名农机手加入了农机安全互助协会，全县共发生碰撞、落水、自燃等一般农机事故 230 起，为事故机手补偿 158 万元。

按照《中华人民共和国道路交通安全法》规定，上道路行驶的拖拉机必须投保交强险才能参加年检，但是商业保险机构因为保费低，不愿意承保或变相拒保，机手无法购买交强险参加年检，拖拉机无法投入营运。为此，夏宜龙多次找县内外的数家保险公司协商，几经波折，最终为120多名拖拉机驾驶员购买了交强险。夏宜龙还与县内一家保险公司洽谈，在乡镇设立保险站点，方便拖拉机驾驶员就近购买交强险。

由于安全管理到位，农机安全互助广泛推进，近几年来，农机大县监利未发生一起重大农机安全事故，一些小的安全事故均得到及时补偿。

"敢干事，能干事，不怕得罪人。"副站长董志强这样评价夏宜龙，他们同年进入农机局，一起共事了18年。

2015年10月，夏宜龙和董志强入户核查农机购买补贴经费发放情况。夏宜龙发现某经销商弄虚作假，伪造了相片资料，想蒙混过关，私吞十多万元补贴资金。他当场呵斥经销商："农机补贴资金是国家惠民政策体现，一分一厘都要用在刀刃上，想在我这里弄虚作假，没门！"经销商仍不死心，揣着两条名烟上门求情，被夏宜龙扫地出门。经他们严格核实，全县3 740万元的农机购置补贴全部按规定发放到位。

浓浓鱼水情，拳拳爱民心。农机人夏宜龙的"三农"情怀，如春风化雨，润物无声。

倾情放飞"农机化"梦想

18年来，夏宜龙一直奋战在农业机械化技术推广一线，多次被省农机系统表彰为"先进监理员"；2015年，夏宜龙荣获农业部、国家安全生产监督管理总局颁发的"全国农机安全监理示范岗位标兵"荣誉证书。

2017年是农机监理推广站机构改革合并的第一年。作为站长，夏宜龙不仅要负责全县农机安全生产监管任务，还要围绕农业供给侧改革，搞好农机化技术推广，以及协助县农机局抓招商、扶贫等中心工作。

截至2017年4月，监利农机专业合作社发展到81家，其中带育秧工厂的有48家。全县成功创建了7个平安农机示范合作社，34个平安农机示范村，其中，夏宜龙领办创建的平安农机示范村8个。

2013年，夏宜龙来到红城乡太马村，成立创建平安农机示范村领导小组，建章立制，组织村民学习农机安全法规知识，为村里的农机免费办理牌证，并免费年检。在夏宜龙的精心带领下，太马村当年成功创建了平安农机示范村。

尚正农机合作社地处偏远的尺八镇，为了扶持其创建"平安农机示范合作社"，夏宜龙多次来到尺八镇，帮助合作社建立维修网点，提升资质、增添设备。该合作社购买了53台插秧机、53台大中型拖拉机、12台联合收割机、2台大型植物保护机械、10台套谷物烘干设备，1台套精米加工机械，共需投资1 000多万元，夏宜龙积极向上争取到政府补贴150万元。目前，该合作社可覆盖维修尺八镇、三洲镇两个乡镇的农业机械。为了防范农机安全风险，夏宜龙与尚正农机专业合作社负责人商量，为合作社的农机购买财产保险。这种保险，政府出资60%，合作社需出资40%。夏宜龙耐心细致做宣传，该合作社负责人终于想通了，合作社的28台农业机具，全部购买了保险。目前，全县农机合作社已有430台农业机具购买了此保险。

在尚正农机专业合作社培训室，悬挂着"平安农机示范合作社"的牌匾，这里经常举行农机安全知识宣讲。2015年，尚正农机专业合作社成功创建了平安农机示范合作社。金光闪闪的牌匾上，倾注了夏宜龙几多汗水和心血。

2014年，监利县政府与襄阳的东风井关公司签订战略协议，政府、企业和社会共同发力，建设东风井关县，培育新型农业经营主体，推动全县机械化的发展。全县已建成东风井关水稻全程示范合作社 6 家。2017 年春，夏宜龙马不停蹄深入乡镇选点，准备加快推进"东风井关水稻全程示范合作社"创建工作。可是，他却永远倒在了挚爱的岗位上。

监利县委号召全县党员干部广泛学习夏宜龙精神，把"两学一做"学习实践活动推向深入。

风雨兼程人生路，不负春光为百姓。正是有无数像夏宜龙这样的基层优秀党员，恪尽职守，敬业奉献，才有现代农业的快速崛起，才有小康路上的壮歌声声。

郁江作证　青春不老

——记湖北省利川市忠路镇农业服务中心黄云书

　　黄云书，30 年始终奋战在农业第一线，扎根大地、辛勤耕耘，在平凡的工作岗位上，用实际行动诠释了自己的情怀和梦想，为了大地的丰收，为了农民的微笑，他献出了自己的青春和汗水。

为了柑橘的丰收，扎根示范田，攻克技术难关

　　黄云书于 1987 年 7 月从湖北民族学院（原鄂西大学）特产系毕业，分配到忠路镇特产站，当了一名特产技术员。20 世纪 80 年代忠路镇正在搞扶贫开发，柑橘作为一个扶贫重要产业来培植，忠路镇其中五个村，发展柑橘 3 800 亩。当时缺管理技术，群众种下果树，却收不到果子，干部、群众心急如焚，为了研究栽培管理技术，特产站自己建立 60 亩示范园，他带领一班人，经过几年反复观察和研究柑橘的生长规律，不断探索和总结柑橘的修剪技术、施肥技术、病虫害防治技术，通过 5 年的努力，1992 年秋季，柑橘园获得丰收，60 亩柑橘园平均单产达到 3 090千克（当时利川市柑橘平均单产 425 千克），得到业内专家的普遍肯定，认为达到全省的领先水平，为利川市柑橘高产栽培做出了样板和示范，并将成功的管理经验推广到柑橘种植户中去。由于产量高、品质好，忠路的柑橘远销到重庆等周边城市，每年为橘农增加 100 多万的收入。

为了茶香飘山外，甘愿挥洒汗水和青春

　　1989 年，利川市特产局组织部分专业技术人员，在忠路特产站开展"雾洞"品牌创建，黄云书作为技术骨干参加了这项工作，当初资金困难、设备简陋，每年春季品牌创建活动中，由于茶叶加工的特殊性，常常是通宵达旦，体重都要减 2～2.5 千克，每夜的加班补助仅 0.8 元，但他并不计较个人的得失，想的只是如何提高加工制作水平，经过四年的技术攻关，"雾洞"品牌创建获得成功。1992 年，"雾洞绿峰"获得湖北省人民政府授予"湖北省优良产品"称号，他个人主持制作的雾洞绿峰茶样被湖北省农牧厅评为"湖北名茶"。通过茶叶品牌的创建，提高了忠路茶叶的知名度，为忠路茶叶产业发展奠定了良好的基础，有力地促进了茶农的增产增收。

为了茶叶变产业，十八载奔走大山之中

　　2000 年，受利川市农业局的安排，黄云书担任忠路特产服务中心主任。忠路镇位于利川市西南，是郁江的上游，镇内雨量充沛，土地肥沃，自然环境优美，有 8.9 万人口的大镇，早在明朝就有茶叶进贡朝廷的历史记载。忠路镇党委政府根据忠路镇的地理资源优势，通过科学规划，确定将茶叶产业作为忠路镇的六大支柱产业之一，沿郁江流域 31 个村，建设 6 万亩

优质绿茶基地，实现产值 5 亿元，让这一带 4 万多群众脱贫致富。黄云书带领特产中心一班人，18 年奋战在忠路大山之中，传播茶叶栽培管理科学技术，让荒山变成茶园，让老百姓的日子越过越红火。

推广茶叶无性系栽培技术，提高茶叶品质。此前，忠路镇茶叶栽培一直沿用 20 世纪 70 年代的技术，采用茶籽直播，由于茶籽是有性繁殖，容易发生变异，无法达到整齐一致，难以加工生产出优良的产品。从 2000 年起，黄云书就带领团队开始推广无性系良种茶苗移栽技术，无性系良种茶园，品种纯正，生长整齐一致，便于茶农采摘，也有利于茶叶加工厂加工高品质茶叶，把茶叶生产提高到一个新的水平。

推广茶树栽培新模式，提高茶苗成活率。忠路镇借恩施州西南片区扶贫开发和国家退耕还林政策实施的机遇，群众发展茶叶的积极性高涨，为了提高茶苗的成活率，组织推广了茶园单行双株、黑地膜覆盖栽培模式，控制了农户使用除草剂，从而控制了农药残留，把茶苗的成活率从 80% 提高到 95% 以上。

推广茶树新品种，促进茶产业提档升级。茶叶栽培新技术的推广，与以前相比显现出了明显的优势，为茶农和茶叶加工带来了较好的经济效益。他写报告提建议，忠路镇茶叶基地建设要主推龙井 43、龙井长叶、中茶 108 等新品种。通过茶叶新品种推广应用，茶农、茶叶加工企业经济效益明显提高。茶农春茶采摘 500 克一芽一叶龙井 43 的鲜叶比以前福云六号同等质量的鲜叶价格要高 20 倍，加工后成品茶叶销售价格也高近的 20 倍。龙井 43、龙井长叶、中茶 108 等新品种推广后，以前栽培的福云六号逐渐被淘汰。

培育良种茶苗，确保茶叶基地建设。他不顾艰辛和困难，在忠路镇的木坝、寨坡、八圣三个村共租赁土地 110 亩，组织繁育茶苗，2013—2015 年三年共繁育无性系良种茶苗 3 000 多万株，缓解了茶叶基地建设用苗的困难。

聚焦精准扶贫，推动茶叶产业绿色发展。当初，忠路茶叶的发展由于群众的认可度不高，加上青壮年劳动力外出务工，开展这项工作难度比较大，十余年来，每年的秋冬季，他都带领中心一班人，进村入户，积极发动群众，到 2017 年，忠路镇茶叶留成面积由 2000 年的 0.5 万亩发展到现在的 5.5 万亩，增长了 10 倍，茶叶创造的产值由原来的 150 余万元增加到 1.1 亿元，增长了 70 多倍，带动一万多户茶农脱贫致富。全镇严控农残，大力推广有机肥，建立 2 000 亩有机茶园，引领茶叶产业向绿色、生态发展。此外，他还积极引进客商，在未投产的茶园中科学间作尖椒，订单回收，千方百计增加茶农收入。目前，每年推广应用 1 000 亩，为茶农增加的 200 多万元的经济收入。

农业绿色产业，描绘主坝美丽新村

近年来，黄云书积极参与新农村建设。他组织单位职工积极创办主坝农业休闲观光园 100 亩，组织农户种植茶叶 2 200 亩，引进柑橘、葡萄、草莓等 20 余个新品种，进行生态设施示范栽培。现在，主坝村山间是茶园，平坝是果园，还有度假山庄，郁江从村前款款流过，一年四季水果飘香，绿树成荫，2015 年主坝村被农业部评为"全国最美休闲乡村"。

巍巍太平山，见证着他的传奇；悠悠郁江河，讲述着他的故事。黄云书，一位行走在忠路大地的"农业科技人"，30 年来，他跋山涉水，走村访寨，把脚印刻在田埂上，刻在老百姓的心中。用青春和热血，为忠路的农业产业建设交上了一份满意的答卷。

深耕农业新领域 换得民富产业兴

——记湖北省十堰市郧阳区青曲镇农业技术服务中心常发杰

提起常发杰，家住湖北省十堰市郧阳区青曲镇魏家沟的村民无不竖起大拇指说："去年我们村土豆产业是他帮忙选定的，一直念不准名字叫'费乌瑞它'的土豆良种是他联系引进的，从种到收全程是他技术指导的，网上卖土豆不愁卖还能卖高价是他搞的新玩意儿，一个小土豆能让我们脱贫，当初咱们还真不信呢！"村民念叨的常发杰，1972年5月生，中共党员，十堰市郧阳区青曲镇农业技术服务中心主任、高级农艺师。1992年6月毕业于郧阳农业学校特产专业，同年7月分配至十堰市郧阳区青曲镇农业技术中心工作，一干整整25年。凭着他持续专注的敬业精神，守正创新的工作态度，精益求精奋斗理念，凭着长期的实践操作，丰富的经验积淀，把他锻造成山区农业的百事通，郧阳农民科技致富贴心人。先后获得农业部农牧渔业丰收奖、湖北省政府专项津贴、十堰市政府津贴和十堰市劳动模范、十堰市农业产业化领军人才等诸多荣誉奖励、他在国内核心农业期刊发表9篇专业论文，参与编写多本农民培训教材，成为鄂西北山区农技推广战线的一面旗帜。

倾心参谋决策 给政府百姓分忧

常发杰长期处于农业生产一线，熟悉农村、知晓农业、了解农民，深知农业农村工作的重点及难点。他又作为一个政府农业职能部门负责人，常主持参与政府重大农业决策的制定和落实。怎样让农民所求变为政府所想应为关键。近年来，他先后主持制定了"青曲镇新农村建设柑橘产业发展规划""南水北调新辟蔬菜基地青曲片区规划""青曲镇南水北调库区1千米范围内农业面源污染控制规划"等14个政府重大农业决策规划，为当地农业产业可持续发展打下坚实基础。为了保证政府农业决策规划的可操作性，他时常深入村、组、农户，集思广益，走进田间地头，实地勘测，并查阅文献资料及相关数据，形成翔实、专业的报告，供政府决策参考。让政府重大农业决策更接"地气"。

专注技术推广 助农业提质增效

作为一名农技员，技术推广是本行、是主业。现代农业发展和当代农民的科技需求对他提出了更高要求。特别是青曲镇作为湖北省新农村建设试点镇，农业种植结构调整突出蔬菜、柑橘产业发展的步伐很大，为这些产业发展提供可靠技术支撑和保障至关重要。方案制定稍有差错、技术指导稍有闪失、现场服务稍不到位，都会给产业发展蒙上阴影，影响农民产业结构调整的信心。为此，他经常进村入户，重点季节、关键农时亲自把守，手把手教劝，脚跟脚指导，使青曲镇农业产业结构调整调出了规模、调出了效益、调出了人气，他这名技术员功不可没。这些年，是他主导创建农业部标准菜园，园区400亩菜地，亩年均增收850元；是他创新主推柑橘容器无病毒育苗、大苗下地技术，使青曲镇柑橘面积迅速达到 3 万亩，且缩短"童期"，早见收益；是他主推柑橘高接换种技术，面积达到 3 700 亩，改善了品种结构且亩均增收 350 元以上；是他主推柑橘"以螨治螨"生物防治技术，推广面积 2 200 亩，在环境友好前提下成功控制柑橘红、黄蜘蛛、锈螨危害，亩均减少损失 200 元左右；是他主推性诱剂诱杀柑橘大实蝇生物防治技术，覆盖全镇 14 000 亩挂果园，虫果率控制在 2% 以内；是他试验"莲藕顶芽繁殖技术"喜获成功，正在进行连片 400 亩示范，亩均节本增收 2 500 元以上，该技术已整理成论文在《长江蔬菜》上发表，并拟申报省级科技进步奖。此外，他还推广了双低油菜"一菜两用"生产技术、作物害虫频振式杀虫灯防治技术等十几项技术，年均节本减损增收近千万元。

致力市场营销　帮农民增产增收

现代农业发展要求农技人员不再只是教给农民怎么种，更多的是种什么、怎么卖。这就要求他不再是纯粹技术指导员，而是产前根据市场分析预测指导农民种什么将来好卖，产品收获后指导农民依据农产品特性和消费市场需求怎么卖、卖到哪儿、卖好价。近些年，他也在不断探索尝试，特别是在蔬菜产业发展品种定向和产品销售，柑橘大批外销上做了大量文章。在蔬菜发展上，他协助镇政府、村、组、农户进行周密市场分析，确定合适种植品种。对技术管理粗放，农民易掌握，种植规模大，市场压力大的大路蔬菜品种，他积极联络农产品加工企业进行订单种植；对市场看好，管理精细品种，他全力指导农户注重管理、分批采摘、分级上市、择机上市、卖个好价，最大限度增加农民收入。在柑橘销售上，他充分利用多年形成稳定的销售网络，并极力开拓华北、东北高价市场，抓好柑橘外销工作，年外销柑橘 7 000 多吨，占全镇外销量的 90% 以上，且大多卖了个好价，让橘农既丰了产也丰了收，电商是近年来新兴的销售方式。常发杰自学电子商务的相关知识，创办了"农杰果蔬"网销平台，在淘宝、京东上注册网店，开展网络营销，通过对农产品进行简单初加工及包装，让鄂西北特色农产品搭上电子商务的快车。主打南水北调核心水源地情感牌的绿色农特产品，成为京津冀地区市民餐桌美食。喝汉江清水、吃源头农特产，逐步变为受水区网购群体情感消费的新选择，一举成为郧阳区五大农产品电子商务平台之一。销售以干制槐花、蕨菜为主的山乡干野菜，以红小豆、糯高粱为主的五谷粗杂粮，以菊芋、鱼腥草为主的养生保健菜，以纯粮大曲糯米酿造农家自酿酒四大系列农产品，年销售农产品达 60 多吨，销售收入近百万元，带动农户增收过 40 万元。

尝试源头监管　把好农产品质量安全关

民以食为天、食以安为先。把好农产品生产安全关是当今社会第一责任，乡镇农技推广人员处于农业生产安全监管的第一线，把好农业生产环境控制和农业投入品监管"源头控制关"和推行农产品标准化生产和农产品田间生产记录的"过程控制关"尤为重要，不可替代。常言道：安全农产品是种出来的，不是查出来的。他利用创建农业部标准菜园为契机，尝试蔬菜安全生产监督。从菜地选择到农民安全生产培训教育，从化肥、农药等农业投入品使用到蔬菜生产田间记载记录，从安全间隔期确定到采收上市产地检测均亲自负责，全程监督，确保当地蔬菜无一例超标上市。从 2016 年开始，他又开始将青曲镇另一支柱产业柑橘纳入安全生产监督，先从生产大户入手。利用农民专业合作社形式开展标准化生产，全面效仿蔬菜安全生产操作规程，确保城镇居民能吃到当地放心菜的同时也能吃到安全水果。

培育职业农民　促农业后继有人

农业发展靠科技，科技推广靠他们这些基层农技人员苦口婆心的教劝，而农民素质高低，直接影响科技推广普及速度和覆盖面。传统的技术推广只是农民被动接受，囫囵吞枣式照搬和机械式模仿，其效果总是不尽如人意。由此可见，提高农民科技素质的综合教育和系统培训也是当务之急。2017年他借助"全国农技推广示范县项目农业科技入户工程""新型职业农民培育工程"等项目，分别组织年轻、文化程度较高农民开展系统培训，不仅教他们怎么种、怎么管，还教他们为什么这么种、这么管；不仅讲农业科技还讲国家惠农政策，不仅讲在家创业致富门道，还讲外出务工指南；不仅组织集中培训，还分行业、分时段、分季节开展后续跟踪服务，全方位、多层面提高职业农民的素质，诱导农民自愿行为改变，从而实现政府意图"软着陆"。近两年共培训培育新型职业农民56人、科技示范户84户，培训农民4 100多人次，其中34名职业农民牵头领办专业合作社，创办家庭农场26个成为当地农村新型经营主体的骨干。

强化产业支撑　让贫困不再重返

确保党中央、国务院2020年全民整体脱贫的总部署和"精准扶贫不落一人"的总要求，精准扶贫工作成为当前和近几年全党工作重心，作为基层一线直接为农民，特别是贫困农户直接提供技术服务的农技人员，深感责任重大，贫困农户脱得了脱不了贫，脱贫后能不返贫，产业发展是根基、是依托，而产业发展依靠实用高效技术的推广应用，而这些正是贫困农户的短板、瓶颈，也是致贫主因，怎样帮助贫困农户立足现有资源禀赋，突出地域特色，结合所在村的优势产业，以及贫困户种养习惯，劳动力情况，找出选对贫困户发展农业产业脱贫致富的路子至关重要。近两年，他和镇村干部、帮扶工作队一道，逐村逐户摸排分析，商定因户制宜，制定发展产业思路，增收措施，并组织农户实施，在农户发展产业过程中提供"保姆式"服务，让产业可增收、模式可复制、经验可推广、效益可持续，农户增了收、脱了贫，干部解了围、放了心，深受基层干群认可，在帮助贫困农户依靠农业产业、依靠农业科技脱贫致富实践中，他采用扶持自己帮扶贫困户带头干，做给贫困户看。2015年12月开始，他在他所帮扶青曲镇魏家铺村三组建档立卡贫困户肖道明的0.93亩坪地上做文章，采用一年四熟技术，冬播土豆，春种西瓜，夏种糯玉米，秋育三叶青菜模式，一年四茬毛收入超过1.2万元，除去生产性支出，纯收入近万元。这个活生生的例子，让附近老百姓看傻了眼，不可想象的确又是眼见事实，大家纷纷效仿，该村仅2016年12月份冬播土豆就达170多亩，现在土豆已收获，尽管2017年土豆行情不如2016年，但管理好的农户亩均毛收入也在3 000元左右，让他们尝到了甜头。

控减面源污染　保一江清水北送

十堰市郧阳区地处南水北调的核心水源区，发展生态可持续农业，确保一江清水永续北送是政治任务。推广免耕栽培技术，控制水土流失，推广有机肥替代化肥，病虫草害绿色综合防控技术，最大限度地减少化肥、农药使用，控制农业面源污染，守住南水北调丹江口水库这个大水缸的水质至关重要。为了减少农业耕作控制水土流失，力推汉江沿岸陡坡、缓坡地退耕还林发展柑橘产业，橘园推广免耕生草技术，最大限度减少水土流失，出于他对当地土壤情况熟悉了解，结合测土分析，推行配方施肥、精准施肥技术、有机肥替代化肥技术，减少化肥用量达 35％以上，在他长期与农业有害生物做斗争的农技推广实践中，摸索出一套行之有效农业病虫草鼠综合防控技术，注重农业防治、物理防治、生物防治，少用不用化学防治，特别是以螨治螨、以虫治虫、以菌治虫，光诱、色诱、性诱等生物防治技术推广应用，大大降低化学农药的使用。2016 年农药使用减少达 47％以上，有效地控制了农业面源污染对南水北调核心水源地水质的影响，用生态理念发展现代农业在确保丹江口库区农业不减产、农民不减收的前提下，推广农业面源污染综合控制技术得到当地领导肯定和农民的拥护。

时代在变，基层公益农业技术推广服务的内容、方式、方法都在变，农民自我发展能力提高，可能是农技推广的终极目标。农业的根本出路在科技，再好科技靠推广。常发杰作为一名最基层的农技员，他所干的农技服务最接地气、最贴近和惠及农民，他深感责任重大。相信以他过硬的技术、强烈的事业心和责任感，丰富的经验积淀，一定会将基层农技推广事业做得风生水起。

养殖路上的"女卫士"

——记湖南省怀化市洪江区横岩乡动物防疫站申群燕

没有耀眼的文凭，没有光鲜的履历，初看有点文弱的申群燕，确是洪江区畜牧养殖业的"女卫士"，是广大养殖户的贴心人。21年里，在平凡的工作岗位上，她用最朴实的行动书写着她平凡的人生；作为一名最普通的基层农技推广员，她无数次用娴熟的诊疗技术为养殖户挽回经济损失，用最贴心的服务，为养殖户打开了致富之路。多年来，她用满腔赤诚之心，赢得了全区养殖户们的尊敬，赢得了市、区动物防疫工作先进个人的殊荣，为洪江区获得湖南省动物防疫优胜县、怀化市动物防疫先进区荣誉称号贡献了自己的力量。如今，这位特殊的"白衣天使"依然坚守在养殖业生产的第一线，在她喜爱的工作岗位上一如既往地守护着这些可爱的养殖户们。

刻苦学习兽医知识　练就过硬本领

1993年，申群燕毕业于湖南省农业广播电视学校财会专业，原本以为自己会跟算盘、账本打上一辈子交道的她，却意外地与兽医这个职业结下了缘分。1996年5月，通过招工申群燕进入洪江市城郊畜牧兽医站工作，开始从事兽药经营和疫病防治。专业不对口，缺乏对畜牧兽医知识的了解，成了工作上的"绊脚石"，可她没有退缩。向老兽医们请教，学习畜牧兽医知识成了她每天的必修课。2001年，她参加湖南省农业广播电视学校农技推广专业大专班的学习，获得了大专学历。在工作期间，她利用单位的外派学习机会，积极参加各类学术研讨会、培训班，不断提升专业知识技能。在从事动物疫病诊断工作中，她不断总结自己的工作经验，让她从一名普通的兽药销售员成长为一名兽医师。她对畜禽疫病诊断有自己独到的见解，通过对动物疫病的问诊、观察、解剖以及结合实验室的检测结果给出养殖户疫病诊断的结论和治疗方案，随时回访治疗效果，为洪江区养殖户排忧解难。她还经常到网上学习动物疫病诊断知识，经常向省、市专家请教疫病诊断和监测方面遇到的问题。经过自学、实践、总结，不断提升自己的业务能力，在没有外出学习采样技术的机会，她大胆尝试，根据多年采样经验摸索出牛羊颈静脉采样技术，大大缩短了采样时间、节省了人力，并把自己掌握的技术传授给同事们，对洪江区动物疫病的诊断、监测、流行病调查和新技术的推广做出了贡献。

热爱畜牧兽医工作　坚守基层为养殖户服务

从"门外汉"到技术能手，她用"勤奋＋努力"做了最好的诠释。如今，用执着、坚守更能彰显她心系养殖户的那份热情。针对养殖户防疫意识的薄弱，她做好宣传，挨家挨户进行指导。面对养殖户遇到了疑难杂症，她耐心帮助他们分析病情、认真解剖、对症下药。申群燕这个名字在养殖户们心中就是"守护神"。

2008年1月，罕见的冰灾席卷潇湘大地，洪江区也是受灾严重的地区之一，当时路面结冰，交通受阻，多数养殖户饲养的家禽、生猪因天气寒冷、抵抗力下降出现死亡，申群燕同志顾不上天气的寒冷和身体的不适，冒雪步行奔赴各养殖场进行实地诊断解剖、用药治疗，及时有效控制了病情，最大限度降低了养殖户的经济损失。两天两夜，她没有合眼，在各养殖场来回穿梭，只要接到电话，她便立刻出诊，让养殖户在严寒中感到了无比温暖。冰灾中，她为养殖场挽回了损失，一位受到她帮助的杨姓养殖户激动得泪流满面，谢谢"小燕子"。而申群燕却因长时间在恶劣天气下工作病倒了，看着原本就身体纤弱的她躺在病床上打着点滴，心疼不已，旁人问道："值得吗?"她默不作声，只是笑了笑。

2014 年、2016 年洪江区分别实施了基层农技推广补助项目，她积极参与，不仅为自己负责的科技示范户做好技术指导方案，同时还根据每个养殖户在养殖过程中需要解决的问题对症做好技术指导资料，并亲自上门指导。与此同时，利用农业科技网络书屋学习养殖知识，建立洪江区养殖技术交流群，让 90 个示范户在线上开展交流，对养殖户提出的问题及时进行技术指导，让养殖户不但学到了新的养殖知识，同时也开阔了眼界，能以科学的养殖方法来提高养殖效益。

2016 年申群燕加入到洪江区万名农业科技人员服务现代农业工程队伍中，向全区养殖户进行授课。她充分利用自身专业优势，结合畜牧实用技术培训，分别在横岩乡、桂花园乡和基层动物防疫员中开展"猪疫病诊断与防治""家禽疫病防治""蛋鸡常见疫病""鸡维持体内的营养要求""雪峰乌骨鸡饲养管理""动物疫病监测采样技术"等专业知识的培训。全区 200 余户养殖户参加了培训，周边县市的养殖户也慕名前来学习。

工作扎实　敬业奉献

动物疫病采样、监测是常规性工作，看似简单，却是个责任重、心细的活。月初制定采样计划、制定采样时间、开展抗体检测试验，10 余年申群燕重复着这三个规定动作，她每年检测禽血清样品一千多份，分别进行 H5、H7、ND 的抗体检测。试验一做就是好几小时，遇到血清样品多，经常赶不上吃饭时间，饿着肚子等试验结果的事情经常发生，可她没埋怨过，也不觉得工作乏味枯燥。功夫不负有心人，她在大胆的实践过程中摸索出了鸡翅静脉针头采血技术和牛、羊颈静脉采血技术。把动物疫病监测工作推广到全区的养殖环节中，实验室检测的结果让全区养殖户明白免疫效果评估是控制疫病发生的最根本、最科学、最有效的措施。

2011 年经湖南省畜牧水产局动物疫病预防控制中心专家现场考核，洪江区兽医实验室成为全省第一批通过考核的国家生物安全一级兽医实验室，具备了承担动物疫病诊断，监测和检测等任务的资格，这与申群燕扎实工作是分不开的。她在 2011—2016 年由怀化市畜牧水产局开展的实验室比对试验中，检测准确率为 100%，样品检测结果全部准确，使洪江区的实验室工作得到了上级领导的肯定。

疫病诊断、解剖病体，申群燕的每次出诊为养殖户解决了不少养殖过程中的问题。周边县市的养殖户也经常慕名前来找她做动物疫病诊断。2005 年怀化市洪江市土溪乡长坡村段成龙养鸭专业户联系她到场解剖，申群燕耐心帮助他分析病情、认真解剖、对症下药，通过解剖和细菌培养药敏试验确诊了禽霍乱，对症用药改善环境后停止死亡，病情得到了很好的控制，一周内恢复健康。这样的例子数不胜数，感谢、称赞的话语也常在耳边，可她从来没有为这些懈怠了自己的工作，她总是在不断地学习，不断地摸索经验。2004 年至今，申群燕认真记录了她每次解剖的记录，为解剖技术提高和了解疫情发生情况积累了丰富的病例资料。二十余年来，解剖三千余次，根据她多年的动物疫病诊断经验撰写的论文《农村养殖种鸭存在的问题与改进措施》在

2006 年获怀化市科学技术协会第十届优秀论文奖三等奖；《猪传染性胸膜肺炎》论文在 2006 年获得怀化市畜牧兽医水产学会优秀论文奖一等奖；《洪江区猪高热综合征流行病学调查及防控经验》论文在《2007 年湖南省猪病防治技术研讨会论文集》收录刊印；《规模养猪场外购仔猪成活率低引起的思考》论文在怀化市畜牧兽医水产学会获优秀论文奖三等奖；《免疫抗体监测在养殖中的重要性》论文在怀化市畜牧兽医水产学会获优秀论文奖二等奖；《一例外调仔猪发病案情调查系病毒细菌混合感染》论文 2009 年在《湖南科技报》上发表。

21 年，时间如白驹过隙，岁月在申群燕的脸上留下匆匆的痕迹，但她的心是年轻的，她始终不忘初心，为推广畜禽疫病防治、监测和动物养殖新技术而不懈努力。这条长长的路还不断在延伸，伴着对新知识新技术的渴求和诚心诚意为人民服务的热情，这条路也变得越来越平坦，养殖户的感谢让她步伐迈得更加坚定，她一直会走下去，不忘初心，砥砺前行。

乐做渔民贴心人

——记湖南省湘阴县水产工作站麦友华

他，1988年毕业于岳阳农业学校，立志继承父业，献身水产。三十年来，他不忘初心，坚守渔业生产第一线，走村串户推广新技术、新品种、新模式；他，心中始终装着渔民，为他们排忧解难，提供苗种、养殖、鱼病防治和信息等全方位服务；他，致力于渔业科技成果转化与项目推广应用，为助推当地现代渔业发展做出重大贡献；他，带领水产技术人员开拓创新，大胆探索，突出体制管理制度、水产技术推广、公益性服务职能、有偿服务机制和多元化服务体系创新，受到养殖户的欢迎，得到农业部和全国水产技术推广总站有关领导的充分肯定。他就是"全国农牧渔业丰收奖农业技术推广贡献奖""全国农业技术推广先进工作者""中华农业科教基金会神内基金农技推广奖"获得者、岳阳市劳动模范——湘阴县水产工作站站长、水产高级工程师麦友华。

爱学习　练就过硬本领

近年来，我国农业产业结构正由单一的传统型向现代化、产业化、规模化农业迈进。麦友华认识到，要搞好水产技术推广就必须不断掌握新知识、学习新技术，必须有一手过硬的本领，才能更好地适应新发展、新常态，才能更好地为广大渔民提供优质服务。多年来，他坚持阅读《中国水产》《内陆水产》和《湖南农业》等专业杂志，系统学习了淡水养殖、鱼病学、苗种繁育、疫病防控和健康养殖技术研究等专业书籍，写下了30多万字的学习笔记。为掌握渔业发展最新动态，他多次利用开会、培训等机会到广东、湖北、浙江、江苏等省和湖南省汉寿、沅江、华容等地拜师学艺。他积极参加农业部、省畜牧水产局举办的各种职业技能和技术培训班，不断充实自己，分别获得国家渔业污染事故调查鉴定上岗证、国家无公害农产品内检员证、国家农产品质量安全中心（AQSC）检查员证。他经常挤时间在网上阅读，认真学习优质、高效、生态、安全渔业实用先进技术，不断丰富和充实自我。通过不懈努力，刻苦钻研，他已成熟掌握精养鱼池与苗种繁育场设计与建设、亲鱼引种与培育、水产苗种繁育、名特优水产健康养殖、鱼病诊断与防治、水产品检测与检疫、养殖水域环境检测、渔业污染事故鉴定与损失评估以及大水面综合开发等关键技术，硬是从一个中专生蜕变成精通业务工作的高级工程师、水产专家。近5年来，他每年组织举办培训班20期以上，亲自授课40小时以上，累计培训渔业从业人员6 100多人次，发放技术资料15 000多份，为湘阴县培养了一大批水产技术骨干和养殖大户。并先后在《内陆水产》《科学养鱼》等专业杂志发表论文6篇。2010年8月被评为"中国农村致富技术函授大学优秀教师"。他参与编写的《乌鳢健康养殖技术》《草鱼健康养殖体系研究》等书已经出版，目前正参与"草鱼健康养殖体系研究""河蟹池塘大规格、高产量健康养殖技术研究"等课题研究与养殖示范推广。

恋事业　致力技术推广

麦友华干一行，爱一行，精一行。自岳阳农业学校水产专业毕业后，多次放弃改行机会，一直投身于水产生产第一线。他以技术推广服务为己任，常年深入养殖企业、渔场、养殖合作社和养殖大户家中开展技术指导与服务。先后参与或主持推广了鱼鳖池塘混养健康养殖、水产养殖病害综合防控、优质蟹种规模化培育与成蟹养殖示范、草鱼健康养殖体系研究、池塘全雄黄颡高产高效健康养殖、芙蓉鲫鲤池塘健康养殖、纯系抗病草鱼池塘健康养殖等关键技术。2006—2010年，他主持的"鱼鳖池塘混养健康养殖技术推广项目"推广养殖面积9万亩、亩平新增鲜鱼200千克、商品甲鱼38千克，纯利3 800元，项目获2008年"湖南省农业丰收奖二等奖"。2007—2009年，他参与省"水产养殖病害综合防控技术项目"研究，并应用于指导全县鱼病防控，每年为养殖户节省鱼病防治费1 600多万元，减少鲜鱼损失3 000多万元，项目获2009年"湖南省农业丰收奖一等奖"。2008—2010年，他主持"优质蟹种规模化培育与成蟹养殖示范"项目研究与试验推广，使湘阴县湖泊河蟹养殖单产从9千克提高到48千克，每亩新增纯利3 600元，项目获2011年"湖南省农业丰收奖一等奖"。2012—2013年，在全县推广芙蓉鲫鲤池塘健康养殖技术，推广养殖面积5.3万亩，产量5.46万吨，产值5.68亿元，新增纯利2.2亿元。2013—2014年，在全县推广黄颡鱼池塘健康养殖技术，推广养殖面积3.7万亩，产量3.69万吨，产值8.46亿元，新增纯利3.3亿元。2015—2017年，在县推广纯系抗病草鱼池塘健康养殖技术；2016年，推广养殖面积6万亩，产量1.5万吨，产值1.65亿元，新增纯利0.7亿元，为湘阴县水产事业持续稳步发展，为渔业增效、渔民增收做出了突出贡献。他爱事业，更乐做渔民贴心人。熟悉麦友华的人都说，麦友华有种"拼命三郎"的精神，别看他身材瘦小，为渔民服务身先士卒、雷厉风行。每年鱼类生长旺季，养殖生产上的问题较多，只要渔民朋友一个电话，他便亲自带领技术人员赶到现场，不厌其烦为渔民排忧解难。养殖户亲切地称他为"麦教授""麦劳模"。一年到头他不知加了多少个班，放弃了多少个节假日，经常一身水一身泥，辛苦程度可想而知，家里人心疼他，有时也难免不理解，可他总是说水产技术推广人员的职责就是为渔民服务。

敢担当　成就不凡事业

2004年，组织上决定他担任湘阴县水产工作站站长，他临危受命，白手起家，外树形象、内强管理，锤炼出一支技术精湛、服务优质的水产技术推广队伍，将一个仅有几间小办公室的小站建设成为办公环境优美、设施完备的国家级示范站。他敢为人先、大胆改革，在水产技术推广、公益性服务职能、有偿服务机制和多元化服务体系等运行机制上积极创新，大胆探索，受到渔业生产者的欢迎。他们的做法也得到上级政府和上级主管部门的充分肯定。湘阴县成为全省唯一的全国基层水产技术推广体系运行机制创新示范县，麦友华作为优秀代表在全国基层水产技术推广体系运行机制创新经验交流会上作了典型发言。近年来，国家、省水产技术推广总站领导多次到湘阴调研指导工作，并把湘阴县水产技术推广站基础建设、制度创新、技术推广、有偿服务等方面的做法作为典型经验在全国推广。全国基层水产技术推广体系运行机制创新试点工作现场会曾于2009年5月在湘阴县举行。同年6月，全国水产技术推广总站委托省站在湘阴县举办湖南省基层水产技术推广人员知识更新培训班，为县里渔业争得了荣誉。2013年，湘阴县又被省畜牧水产局确定为全省唯一的水产类农技推广改革与建设补助项目实施重点县。麦友华带领他的团队积极按照上级主管部门的工作要求，把项目实施作为深入推进基层渔技服务创新、大力发展现代渔业的首要任务来抓。通过2年多的扎实工作，项目建设顺利推进，成效显著。以"包村联户"为主要形式的工作机制和"专家＋技术指导员＋科技示范户＋辐射带动户"的技术服务模式不断完善，县、乡镇渔技人员定岗定职的绩效考评制度建立健全，基层渔技员的业务素质和服务水平明显提升，水产健康养殖新技术、新品种、新模式的应用推广加快，有效解决了基层水产技术服务"最后一千米"的问题，助推湘阴现代渔业稳步发展。2014年11月，湘阴县水产技术推广站被全国水产技术推广总站授予"全国水产技术推广示范站"称号。他个人也先后获得"全国农业技术推广先进工作者""全国农业技术推广贡献奖""湖南省水产养殖病害测报工作先进个人""岳阳市劳动模范""中华农业科教基金会神内基金农技推广奖（推广人员）"等荣誉，并享受岳阳市政府特殊津贴。

面对成绩与掌声，单瘦而精干的麦友华总是谦逊地说："我是一位老水产技师的儿子，为渔业、为渔民奉献自己的一份心、一份力，这既是我父辈鱼水情结的回归，也是对上级的信任交一份答卷。"这位献身水产技术推广事业近三十年的水产技术推广专家，就是凭着自己对水产技术推广事业的挚爱，以无悔的热爱、执着的追求、无私的奉献，生动地诠释了一位基层水产技术推广工作者的为"渔"情怀，他就是湘阴的最美渔技员。

梦想在心里　心在梦想里

——记湖南省长沙县青山铺镇农业综合服务中心李再

满脸黝黑、走路生风、嗓门响亮，李再总是那么风风火火。他19岁踏上农技推广岗位，27年初心不改，痴心奉献，用全部的心血和智慧亲吻脚下的土地，科技兴农梦驱使他忘我前行。他先后30余次获评市、县、镇先进工作者，6次获得县政府嘉奖，荣获市科学技术进步奖二等奖、县科学技术进步奖二等奖等多个奖项。青山铺农技站获评长沙市"秀龙杯"农技站、长沙市示范性乡镇站、湖南省平安农机示范乡镇、湖南省"五星级"农业综合服务中心，全国"五星级"农机推广机构。

两代人　一个梦

李再说："我对这片土地的朴实情怀源于父亲的执着梦想。"李再的父亲是长沙县青山铺镇的农技站站长，很小的时候，父亲就时常带着他走村入户推广农业种植技术。在父亲耳濡目染之下，他幼小的心灵早早播下农业梦的种子。因此，1990年李再中专毕业时，毅然回到家乡，当上了一名基层农技人员，2002年被任命为青山铺镇农技站站长。

建设主阵地　起飞兴农梦

走进今天的青山铺镇农业综合服务中心，一栋两层楼房干净整洁，院子里绿树成荫。市内首家稻田＋生态种养专家工作室、农业信息化总监控中心；农残检测室、农民书屋、新型农民培训室、农业发展博览室等一应俱全。

"以前可根本不是这样呀"，李再深有感触地说。到位后的好几年里，李再一直被三大困难急得直挠头：人员编制不齐、办公靠游击、设施设备奇缺。李再深知：没场地，农业的技术无法普及下去，科技兴农只能是空话一句。他横下一条心：不等不靠，白手起家！

2005年，青山铺镇老预制厂转让，当时不少单位和个人争抢。他找领导，磨嘴皮，终于以理服人获得支持。但新的难题又接踵而来，到哪里去筹支付场地的12万元现金呀？在当初一穷二白的站里，他又只得厚着脸皮找朋友，找亲戚、找员工，一连整整折腾了7天。2005年10月21日晚10点回家的路上，他倒在马路上，路人以为是交通事故，好心人将他送往医院，原来是由于劳累操心过度，造成暂时性晕倒。

李再常说："在科技兴农的路上，没有吃不了的苦，只有享不了的福，只要梦想不灭，就会前行不止！"

史上最大洪灾前　他挺起使命担当

2017年7月1日，赛头村建档立卡的贫困户朱柱感激不已，眼睛含泪紧握着李再主任的手久久不松开："幸亏你们及时赶到拼力抗灾，保住了我的稻鱼基地，真是我的救命恩人！"

6月底到7月初，湘江流域遭受了有洪水记录以来的最大洪灾，防汛应急响应由3级到2级直至1级。"在这场历史罕见的特大灾害面前，作为服务'三农'的排头兵，我们必须冲在最前面！"李再下达作战令。长沙县青山铺镇共有农田近2万亩，农业企业、家庭农场、种粮大户等共有20多个，镇农业综合服务中心的防汛抗灾任务异常艰巨，责任重于泰山。李再带领全体工作人员昼夜奋战在抗洪抢险第一线。

洪河村兰春塘组王稳根的稻蛙基地，有稻蛙养殖60亩、水稻200余亩。7月1日上午，李再主任带人赶到时，由于河堤垮塌，河水倒灌进了稻蛙池，青蛙幼苗逃的逃，死的死，令人万分揪心。李再主任一面指挥堵隙，一面将能找到的木板、泡沫板扔进池中，尽可能减少灾害损失。当天下午，就请来财险公司的人勘察灾情，第二天又请来湖南农业大学专家教授现场指导防灾救灾。

20多天里，李再带领全体农技员奔赴各处抗洪救灾、指导恢复生产。在这场史上最严酷的洪灾面前，青山铺镇农业受灾损失最后勘定为298万元。"能把人民群众的损失降到最低，再苦再累也值得！"20多天里，李再没有睡过一个囫囵觉，他瘦了一圈、黑了一层。一篇《洪灾面前，基层农技推广人员的担当》被多家媒体转载。

万亩稻谷示范区：安全米仓农户钱袋

青山铺镇沿麻林河的洪河、梅数、黄鹄三个村，向来是百姓心中的粮仓。李再2008年起就在三村范围建立粮食生产功能区。他心中的蓝图是：要打造青山铺的万亩粮食高产成建制示范片，让它成为安全米仓、百姓钱袋。

李再信心满满地带着技术人员进村了，但想不到的是，迎接他的是一瓢瓢冷水。由于老百姓心存犹豫，推进工作举步维艰。李再巧妙选择了一个有威信的农户梁恺林，买了2床被褥等日用品，住进了老梁家，以建示范户现身说法。群众看在眼里，服气在心里，终于以老梁的示范效应赢得了大伙的共识。终于，粮食高产创建"六统一"技术得到应用推广，并在他的万亩粮仓，自筹资金架设电线2.6千米，配置了46盏杀虫灯。2009年以后，农户双季稻产量普遍达到1 050～1 200千克，农民每亩增加纯利润600～700元。

如何打造万亩粮食示范区升级版？李再决心向农业机械化要高产。2013年，在梅数村建设成了双季稻全程机械化示范基地和集中育秧工厂，并进行双季稻水稻全程机械化"四双超"攻关示范，聘请了湖南省杂交水稻中心马国辉研究员担任技术顾问。2014年，他迎来了湖南省水稻全程机械化增产模式攻关现场会，成为农业部双季稻高产创建长沙县核心示范区。

寻觅根治抛荒良策　忠诚不负青山不负天

随着城镇化建设大幕拉开，农村耕地抛荒随之而来，这让李再忧心不已。问题出在哪里？刘少奇主席当年深入青山铺镇天华村调查走访18天的事例启发了他。他深入田间地头，进村入户调研了20多天，大胆地设计实施了一个全面推进双季稻生产"二重、三协、四自"的管理方案，迎来长沙市粮食生产工作先进会议在青山铺镇召开，创建模式在全市推广。以袁隆平院士为首的12位中国工程院院士前来调研"稻菽披风千重浪"的迷人风采。

李再先后在镇创办了市级农民文化技术学校、市级社区学校，悉心推广"一轴八点＋农民夜校"的新型职业农民培训模式。在发展粮食生产的同时，培育主体、调优结构、促进农业转型升级。农业部、省、市科教处以及江浙等省、市区领导多次到青山铺镇调研，人们总都能看到一个黝黑的汉子在向大家介绍情况，他就是李再。

探索现代农业　铸就农村脱贫梦

天华村杨芳，逢人就夸李再。她是一名只有小学文化的农村妇女，家中的收入全靠饲喂生猪。2013年的一天，李再入户走访，眼前的一幕深深地刺痛着他：坪中横七竖八摆放了需要无害化处理的几十头死猪。杨芳流着泪哭诉着，一场猪病，一年的希望没了，还落下一身债。一名农业技术推广者强烈的责任感油然而生，他决心用科技让杨芳摆脱贫困。他深入杨芳家，制定科学种养致富计划，送她参加市、县新型职业农民培训。一年后，杨芳搞起林下生态养殖基地和水稻＋特种种植基地，纯农家农产品加工展厅办得有声有色，一个样板家庭农场脱颖而出。

青山铺镇是一个以传统种养为主业的乡镇，镇域经济滞后，镇内的天华村还是省定贫困村，至2014年，全镇建档立卡的贫困户有531户。李再深深感受到：科技兴农首先应该瞄准这些还生活在贫困线下的弱势群体。

朱柱是青山铺镇赛头村残疾青年，患有先天性侏儒症，靠驱着轮椅在路边修鞋为生。2014年的一天，李再邂逅了在路边修鞋的朱柱，他为小伙子自强不息的精神感动，决心帮助他重拾生活的信心。李再亲自把他背进农业服务中心的新型职业农民培育教室学知识，又把他背进湖南农业科学院有机豆芽菜加工厂学技术，还把他背进长沙县农业局局长办公室求支援。朱柱2016年注册了长沙绿普农业科技有限公司，现拥有有机豆芽菜加工车间和水稻＋鱼生产基地，年利润十多万元，自购了小汽车。用朱柱的话说：是李再主任让我过上以前想都不敢想的好日子。

这样的感人故事在李再的身上还有很多。27年来，李再踏遍了青山铺镇7个行政村147个村民组。李再潜心研究的葡萄在南方栽培应用技术以及刺葡萄的应用与开发技术获得长沙县科学技术进步奖三等奖，如今的青山铺镇已成为小有名气的葡萄之乡，并建成了曙光和七鑫两个以葡萄产业为主的省、市级农业龙头企业；建成星光等4个市级葡萄示范专业合作社。经他精心培育的职业农民95％以上成为了科技示范户和农业新型主体。其中1户成为省级种粮大户、1户成为市级三八红旗手，1户是市级创业富民示范典型，另有2户创办合作社后，被上级政府授予"省委省政府为民办实事示范合作社"。

责任牢牢扛在肩　食安扎紧篱笆墙

民以食为天，食以安为上。农技推广战线扼守着农产品质量安全生产关，一副看不见的千斤重担压在李再的肩头。

食品安全，重在源头。李再先后带头推广了螟虫无害化治理技术和葡萄避雨栽培及小水果套袋技术，农户接受率100％，并获得长沙市农业丰收奖二等奖；创建了农资超市示范店，农业投入品实现了超市经营、分区存放、网络管理、电子系统收银、电子监控模式；镇域内农产品基地、加工车间、农产品展厅全部实行电子监控，并在农业服务中心建设了农产品质量安全电子监控中心。治理农业面源污染推广建设了四池净化全处理池530处，特别是在粮食高产创建区推广建设了集中式生活污水处理设施7处、人工湿地11处。

李再还牢牢把握住宣传这根弦，他创办了科普小报《青山铺农业科普简报》和《青山铺镇科技工作者之声》，将农作物各生长期的安全生产技术信息传播到各家各户。他策划成立了国内首家农村集体聚餐公司，在全市应用推广既对农产品营销实行了集中配送，又促使集体聚餐食品安全监管的难题得到有效解决，湖南省人大进行了专题调研，中华网、红网等多家媒体进行了报道。

　　李再深有感触地说："每每望着绵延不断的葡萄架，稻浪翻滚的粮食高产万亩片，鸡鸭齐欢的经济林，月下茶香的农民夜校，我所做的一切都是值得的！"

与病魔战斗　同生命赛跑

——记湖南省湘阴县农业技术推广中心李概明

李概明，男，1962 年生，湘阴县农技推广中心副主任，1982 年参加工作以来，35 年默默奉献在农业第一线。在农民眼中，他是财神、是朋友、是及时雨；在同事眼中，他是专家、知己、孺子牛。特别是 2000 年以来，他身患癌症仍痴心不改，坚守田野，用实际行动诠释了一个普通农技员与病魔战斗、同生命赛跑的职业道德和最美风采，为湘阴农业跨越式和可持续发展做出了重要贡献。

战胜病魔，用工作超越生命

2000 年，他下乡途中因无痛性大血尿入院治疗，经湘雅医院确诊为肾癌，切除了左肾；2012 年转移为右肾癌和左肾上腺癌，切除了左肾上腺，右肾由于是孤肾，只能靠进口抗癌药控制病情；后又并发药物性肝炎、胆囊炎及胆囊结石等疾病，身体一度十分虚弱，体重剧减了 25 千克。由于抗癌药对身体的摧残，他极易感冒，经常手脚溃烂、腹泻，但从不把自己当病人看，更加发奋工作。哪里任务重、工作忙，哪里就有他的身影。在办公室，他到得最早，走得最迟，同事戏称为"编辑部"，每年经他编辑的各类文字材料不下 100 万字；在田间，他身先士卒，带药深入乡村每年不下 100 天，试验示范、田间调查、农民培训、农田疑难问题处置等，一个也没落下，每次均自觉留下电话给农民，主动提供后续服务。每逢加班，他的腹泻就显著加重，常无知觉泻在了裤里，甚至在床上，但他从不要求组织照顾，总是"悄悄"地防护和处置，工作"来者不拒"并出色地完成任务。

2013 年 7 月底，是他最艰难的一段日子，由于抗癌用药加量并发药物性肝炎后，手脚严重溃烂，步履十分艰难，无法到单位上班，此时正值全县大旱，他就在家里办公，因久坐臀部还生了疮，他硬是克服难以想象的困难，出色地独自完成了《农作物抗旱技术手册》编写等工作。有人问他："你舍死舍命工作为了啥？"他总是回答："这是我的本职工作，应该尽力而为。"

患病至今 17 年，经历二次大手术，他一天没"养"上，超负荷工作了 17 年，不但从没休过应有的年休假，还经常利用节假日和晚上拼命加班，就连住院期间都在操心工作。同事李明章在局道德讲堂介绍他的事迹时泣不成声，全局干部职工均流下了感动的眼泪。患病 17 年荣获各类荣誉 34 次。其中，2011 年获湘阴县第二届道德模范，2012 年获岳阳市建市 30 年感动岳阳 30 位人物提名，2013 年获岳阳市"全市党员学习明星"，2015 年获神内基金农技推广奖。他的事迹先后被中央电视台七频道《聚焦三农》栏目、岳阳电视台《巴陵先锋·我是共产党员》栏目及《中国农技推广》、《湖南日报》、《岳阳日报》、《湘阴周刊》、湘阴电视台等媒体报道。

情系田野，用苦干锤炼本领

农技推广是一项辛苦事业，没有对"三农"的热爱和过硬的专业本领是干不好的。试验示范是他每年的"必修课"，开展田间调查，脚踏污泥浊水、头顶烈日风霜、晴天一身汗、雨天一身泥，没有周末、没有节假日，可李概明却自始至终无怨无悔爱上了这项工作，一干就是 35 年。每年均要亲自主持完成试验示范项目 3 个以上，其中最多的一年达 40 个，试验示范小区 100 余个；时至今日，虽重病体弱，却仍在坚持。

2016 年，他主持承担了"中稻—再生稻""杂交晚粳稻""水稻＋龙虾"，超级稻高产攻关等新技术示范任务，其中"水稻＋龙虾"高效种养是一项全新技术，为了让示范出实效，他不顾春寒、身体脆弱和爱人劝阻，谢绝单位关照，固执地一天来回驱车 600 多千米奔赴湖北潜江考察学习，后又主动要求和参加省级培训，通过多种途径查阅大量的技术资料，迅速掌握了养虾技术。学成后，他精心指导鹤龙湖镇"水稻＋龙虾"高效种养百亩示范片生产，在遭受水灾的情况下，取得了水稻亩产 634.8 千克、龙虾亩产 130.7 千克，亩平纯收入 3 717 元的好效果。为了迅速推广技术，他精心制作"水稻＋龙虾"ppt 课件，对全县农技人员及各乡镇农民开展培训，还组织有意参加种养发展的农户在示范基地开展农民田间学校培训，使之在全县得到了快速推广，2017 年全县推广"水稻＋龙虾"高效种养面积达 10 650 亩，其中，500 亩以上的大户 4 户，100～499 亩的达 18 户。

2016 年 6 月底，因低温影响，本应收获的特早熟早稻才刚刚齐穗，社会上刮起了早稻不结实的谣言，不明真相的群众纷纷刈青抢播晚稻，为帮助农民解惑，他奔赴种植面积最大、最偏僻的南湖洲镇田间会诊，实地做好村组骨干和农户的工作，用微信等向全县干群通报，避免了全县特早熟早稻大面积刈青损失。

丰富的实践练就了他过硬的专业本领，先后在部、省级科技核心期刊上发表论文 11 篇；在岳阳市优秀学术论文评选中获奖 6 篇，在《中国农业信息》《湖南科技报》等报纸杂志及农技推广网络发表科普文章 160 余篇；2010 年晋升为农技推广研究员，2015 年获岳阳市政府专家特殊津贴，成为了大家公认的优秀专家。

勇于奉献，用勤奋打造业绩

农技推广是农民增产增收赋予的使命，李概明视使命如生命，常年骑摩托奔波于乡村，忙碌在田野，带领大家不遗余力地推广，先后荣获市级以上农业科技推广奖 11 项，累计实现农民增收节支达 10 多亿元。

农产品质量安全是农业生产的头等大事。2004 年，李概明就专注于绿色水稻标准化生产探索与推广，大量搜集相关标准、技术、管理、工作经验等，根据湖南省《A 级绿色食品水稻种植技术规程》，结合生产实际，牵头制定了湖南省第一个符合绿色水稻栽培的县级农业标准——《水稻栽培》（DB 430624/T006—2005）。骑摩托跑遍了全县 400 多个乡村，实地挑选了 9 个乡镇中符合条件的村为生产基地。为让基地农户尽快掌握生产要领，他精心集成创新优化，制订了湘阴县《绿色水稻栽培技术规程》《绿色水稻栽培农户使用手册》《农户田间档案》等明白纸发放给农户，对基地农户、农资经销商、质量监督员等分期分批亲自送上"技术大餐"，深入现场指导，解决一个又一个技术难题；牵头建立了 5 个 5 000 亩以上核心示范区和 24 个实行连锁经营和配送服务的农资专营店，制订了 11 项生产基地质量管理制度；对基地产品建立了质量追溯的电子信息档案，组织订单收购。通过源头控制、严格农事操作，规范生产溯源等措施，在全省领先实现了水稻生产从普通大米到绿色食品的跨越，2007 年生产基地被国家批准为全国绿色食品原料标准化生产基地，2008 年基地面积扩大到 31 万余亩，据专家对比测产，平均比非基地亩增产 17.3 千克，稻谷单价提高 7.4%，年亩增收节支达 247 元，年增收节支 7 000 多万元，且带动康田米业和兴隆米业顺利通过国家绿色食品认证。为此，李概明先后荣获湖南省农业丰收奖一等奖和农业部农牧渔业丰收获农业技术推广成果奖二等奖（第一完成人）。

推广超级杂交稻是粮食高产创建的重要措施，2007 年始，李概明就主抓这项工作，制定方案、组织培训、印发资料，田间调查和试验示范等均亲力亲为。2013 年 3 月，大病初愈不到一年，他就顶着寒风、穿着厚厚的棉衣棉裤搭乘摩托来回穿梭于东塘镇万亩超级稻示范片，走村串户送种子、送肥料、落实技术措施，事迹在中央 7 台专题报道。在他的推广团队共同努力下，2007—2016 年 10 年统计，全县累计推广超级稻 226 万余亩，增产稻谷 24.5 万余吨，实现农民增收 4 亿多元。周强省长、袁隆平院士等各级领导和专家先后视察他主办的示范片并给予充分肯定。2009 年，该项目荣获湖南省农业丰收奖二等奖，在项目助力下，湘阴县连续 10 年被评为全国（省）粮食生产先进单位（标兵）。

在主持"基层农技推广补助"项目中，李概明精心制定实施方案、编写技术资料和培训课件，从建立高质量的科技入户体系入手，通过建章立制、合同化管理、规范化实施，认真搞好主导品种和主推技术的遴选、培训与推广服务，深入农技站、示范户、示范基地巡回指导等，有效解决了农技推广"最后一千米"问题，2013 年湘阴县被列为全国农技推广示范县，在绩效考评中，每年均位列省、市前茅。

"只要身体能坚持，我就要努力工作。"这是李概明同志的誓言，也是鼓舞和激励他在农技推广道路上走得更坚定更遥远的动力。

"农民最多乡镇"里的"喇叭站长"

——记湖南省石门县蒙泉镇农业技术推广站张斌欣

蒙泉镇，这个湖南农业人口最多的乡镇，地处湘西北的湖南省石门县南部，拥有 238 千米^2 土地，6.5 万农业人口，17.5 多万亩耕地、园地，其中水田 10.75 万亩，旱地 1.3 万亩，橘园 5.5 万亩。在这里，有位被农民朋友称为"土专家""大能人"的"喇叭站长"——张斌欣。2017 年 54 岁的张斌欣，是镇农技推广服务站现任站长，自 1982 年高中毕业后在该镇农技推广站参加工作至今，已经有 35 年了。

35 年间，他从普通农技员成长为农艺师、站长，先后获得湖南省农业丰收奖一等奖 1 项、二等奖 1 项，常德市农业丰收奖二等奖 1 项、三等奖 2 项。县政府 6 次对其嘉奖，连续 9 年授予粮油生产先进个人，并多次被县委、县政府授予优秀共产党员、服务社会主义新农村建设优秀专家、十佳为民服务先进个人、科技兴农先进个人。在他出任站长的时间里，农技站于 2014 年 4 月获评湖南省五星级农技站，2015 年还被评为全国五星农技推广服务机构。

愿带喇叭走田野，是因为服务效果更好

35 年来，张斌欣一直负责农作物病虫测报与防治工作。出身农民，他深知病虫害是农业生产的克星。蒙泉镇有 10.75 万亩水稻，5.5 万亩柑橘，两大农业主导产业，如果病虫防治不到位，一旦暴发成灾，后果不堪设想。

刚参加工作，正逢农村联产承包责任制启动。农村经营形式变革之后，作为农业生产原有的指导平台乡村有线广播几近瘫痪。尽管张斌欣晴天一身灰，雨天一身泥，然而由于种植品种、时间不一致，农户各自为政，着实让他在农业生产指导上力不从心。一次偶然的机会，他在集镇上发现一位摆地摊的商贩用电喇叭吆喝，生意竟然特别好。他心里一动，赶紧到商店买了一个，随后走到哪里喊到哪里。

张斌欣说，用电喇叭用两大好处：一是声音大，一声吆喝就可以把周围的乡亲召集过来；二是召集过来后面对面与乡亲们交流，比过去开广播会效果好多了。

20 世纪 90 年代初，摩托车面世后，他一咬牙花 3 200 元买了一辆二手南方摩托车，再带上电喇叭，摩托车骑到哪里就喊到哪里。一开始，有人还以为来了货郎，后来明白了真相，只要听到他的喇叭声，老百姓就会感叹一句："'喇叭站长'又来了，我们快去取经！"

张斌欣骑着摩托喊着喇叭至今 20 多年了，喇叭用了一个又一个，从装电池式的到充电式的；摩托车骑坏了一辆又一辆，如今已经是第五辆了。就是凭着这独创的服务方式和几十年如一日的坚持，他准确掌握了全镇农作物主要病虫害的发生发展规律，建立健全了一套独特的病虫害预测预报系统和控防机制，并定期编印《蒙泉农技》向全镇发布病虫防治指导意见。每年为农民挽回的水稻、柑橘两大作物病虫损失在 2 000 万元以上。2012 年 8 月，石门县中稻稻飞虱大面积暴发成灾，但蒙泉镇由于他调查监测及时，并准确发布稻飞虱大发生的病虫防治意见，镇村户联动跟

踪防治，全镇 3.5 万亩中稻无一"穿眼死秆"，按当年全县平均 12% 的损失水平，蒙泉镇共挽回损失 492.8 万元，当年该镇中稻平均亩产达 512.5 千克，大灾之年仍获得较好收成。也因为病虫防治到位，该镇每年柑橘总产量均稳定在 10 万吨以上，产值在 2.5 亿元以上，得到了老百姓的纷纷"点赞"。

敢带喇叭走田野，是因为业务水平过硬

服务方式再受欢迎，如果业务水平过不了硬，服务效果也无从谈起。

早在 1991 年就张斌欣获得了农艺师的职称，成了名副其实的农业专家，作为一名在"半工半读"时代背景下的一个高中生，能有如此成就，可以想象其业务水平提升的来之不易。

为了确保业务水平过硬，刚参加工作那年，他就自费购买了《作物栽培》《植物保护》《土壤肥料》等一整套农技推广业务书籍，一切从零开始，反复学习刻苦钻研，凭着一股子韧劲终有所成，曾被县总工会树为"自学成才标兵"。无论是作为普通技术员还是出任站长后，他一天也没有停下业务指导和服务。

35 年间，凭借自身业务过硬，他先后主持、参与引进、试验示范、成功推广优质水稻、柑橘新品种就达 150 个以上，累计推广达 450 万亩次以上；先后完成了水稻"双两大"、水稻抛秧栽培、再生稻栽培、早稻集中育秧、油菜两组四行栽培、一穴双珠、双低油菜高产栽培、农药药效试验等技术试验示范项目，推广应用 600 万亩次以上，累计帮助农民增收超 3.5 亿元。

2011—2013 年，他承担国家水稻杂交中心"种三产四"示范项目，创办核心示范片 1 000 亩，三年平均亩产达到 679 千克，较大面积亩平增产 232.5 千克，项目区农民增收 181.2 万元；2012—2014 年，承担国家水稻杂交中心"三分地养活一个人"粮食丰产项目，实施一季马铃薯加一季超级稻的粮食超高产方案，马铃薯三年平均亩产达 2 142.8 千克（折原粮亩产 535.7 千克），一季超级稻平均亩产达 723.7 千克，两季平均亩产粮食 1 259.4 千克，超项目计划指标 59.7 千克/亩；2014 年实施"万亩玉米高产创建示范工程"，核心示范片望仙树村 1 128 亩玉米，推广宽行窄株起垄栽培标准化生产技术，亩平达到 631.5 千克，比 2013 年亩平增 107.5 千克；2012—2016 年连续 5 年实施"早稻集中育秧"示范工程，累计推广 12.5 万亩，通过实施统一播种时间、统一技术指导、统一病虫防治、统一机耕机收等技术措施，早晚稻双季平均亩产达 892.5 千克，累计增产增收 5 625 万元；2016 年，该镇七个村实施柑橘病虫害统防统治工程 1.5 万亩，亩平增收节支 137.5 元，为橘农增加收入 206.35 万元，受到省市县业务主管部门的高度肯定。

藏起喇叭走田野，是因为时代需要创新

过去带着喇叭服务是创新，进入信息时代后，张斌欣的服务方式再次与时俱进，又一次进行了创新。几年前，他利用信息技术建起了镇村户三级农技推广网络，开通了 2 000 多名橘农加入的农技服务"微信群"。在不放弃传统服务方式的基础上，让蒙泉镇的农技服务推广紧跟时代，取得了更加突出的效果。

该镇保宁桥村村民徐雪荣，曾任过民办教师，离开教育战线后一直在集镇做小生意。2014 年，她得知国家大力支持家庭农场经营，也想过一把"地主"瘾，一口气流转当地村民土地 150 亩。摊子铺开后才发现自己农事不清、生产不会，正在她准备退掉流转的土地时，张斌欣通过

"微信群"知道她的难处后，马上主动找上门，从政策支持、自然条件到市场趋势，一条一条分析有利形势，并主动请缨当农场技术顾问，长期利用手机为其提供全方位指导。每到生产关键时刻，他还会及时出现在农场，现场指导农场落实每一项技术措施。功夫不负苦心人，农场当年双季稻平均亩产 955 千克，较种植一季稻每亩增产 405 千克，150 亩水田实施"单改双"全场增收达 18 万元。现在，该农场已发展成为常德市境内影响较大的家庭农场，不仅每年种植优质稻 150 亩，还开发了"稻田养鱼"50 亩，注册了农场自己的"袁哥"牌优质稻鱼米商标，其经营效益节节攀升。

黄旗峪村种粮大户覃秀英，2015 年以"公司＋农户"的形式成立了九九太浮水稻专业合作社，流转土地 1 568 亩，张斌欣同样积极支持，并在此建立了"优质稻标准化生产示范片"和"稻鱼共生"技术示范片，引进、示范了 Y 两优 1 号、农香 25 等优质稻品种，示范推广了优质稻标准化生产、水稻再生稻综合配套高产栽培技术，还为合作社争取到种粮大户奖励资金 85 万元、产粮大县奖励资金 50 万元，建设了晒坪、谷物烘干机及粮食仓库等设施，使合作社经济实力和服务能力显著增强，2016 年合作社年产值达 218 万元，经营利润 17.5 万元。

短短几年间，张斌欣以信息技术为服务平台，促进该镇培育发展了科技带头人 20 名，培育家庭农场 47 家、科技示范户 156 个、种粮大户 189 个，取得了良好的示范带动效应。2016 年，蒙泉镇实现农业总产值 6.5 亿元，农民人均纯收入达到 9 356 元，成为了石门这个国家级贫困县里的"发达地区"。

面对这一切，张斌欣这个"喇叭站长"只是欣慰而又羞涩地笑了笑，拿着草帽往中稻田里走去：近日来，常德持续干旱，他又需要去了解旱情，为大家做抗旱指导去了……

乐在其中的"泥腿子"专家

——记湖南省宁远县水市镇农业技术推广站周火玲

6月17日，烈日当空，宁远县水市镇刘家洞村粳稻新品种示范田里，老乡们把周火玲围成一团，听他讲授如何防治基腐病的关键技术。"以前老把基腐病当成钻心虫来治，没对症下药，难怪治不好！"示范户荆本桥听课后豁然开朗。

周火玲，永州市宁远县水市镇农业技术推广站站长，20年来，他时刻想着农民的需求，执著地扎根在农技科研一线。用他的话讲，满足农民对科技的渴望，是自己最大的责任；农民的信任和他们致富后的笑脸，则是自己最大的自豪。脚踏热浪指导生产，满腿泥巴传授科技，尽管无比艰苦，周火玲仍乐在其中，当地农民送给他一个"绰号"——泥腿子专家。

将办公室搬到了田间地头

农村娃出身的周火玲知道，土地对农民不仅意味着温饱，还寄托着对美好生活的向往。亲眼目睹农业生产技术的落后，导致农作物产量徘徊不前，农民应对农作物病虫害肆虐的沮丧和无奈，周火玲打小就在心理许下一个愿望，做一名农技专家，帮助农民伯伯把地种得更好。

1997年周火玲从常德农业学校毕业后，宁远的山山水水，就成了他施展拳脚广阔舞台。很多昔日的同学早已跳出"农门"另谋高就，而周火玲扎根宁远水市镇20年如一日，与农民朝夕相处，书写了一名普通农技员大美的人生。

"泥土里能开出最美的花。"周火玲在日记里如此表达心志。从一个青涩的农技员，到独当一面的农技专家，周火玲不知晒脱了多少层皮，跑坏了多少双鞋，写满了多少本农技日记。在他心底里，田间地头是农技员的唯一去处，因为最接近泥土的芬芳。

农技领域的探索之路，注定辛苦且漫长，周火玲不忘初心，坚持"志不求易，事不避难"。2005年，他开始担任水市镇农技推广综合服务站站长，这一年，水市镇农业状况堪忧：规模大而不强，农产品多而不优，农民累而不收。

"将办公室搬到田间地头，搬到群众最需要的地方，搬到问题最集中的地方。"上任之初，周火玲通过深入走访调查，在"病历本"上开出了一剂处方。

抓人才培训，周火玲以站为家，一心扑在农技推广事业上。为了向农民推广新品种、新技术，不仅在镇里举办培训班，还深入到田间地头培训，甚至将课堂搬到百姓家中。先后举办了农业先进实用技术培训班200余期次，培训农民1万人次，累计接受咨询58 000人次以上，为农民解决8 200余个疑难问题。

抓产业结构调整，发展特色农业。随着2012—2017年耕地保护与质量提升项目的实施，每年提高近5 000亩基本农田土地生产力。2016年主持实施的水市镇"湘米工程"项目，包括三个村，核心面积1 988亩，带动面积5 240亩，统一种植优质稻泰优390。通过订单生产，以"龙头企业＋基地＋大户"的模式，实现农企紧密联结，保证了示范基地稳产高产，增加了农民收入，建成了万亩优质水稻基地。

如今，150 名具有一技之长的土专家、田秀才活跃在田间地头，发扬周火玲心系农民的朴素情怀，为农民传播农业新技术、新品种，成为发展农业经济的带头人。迅速推广开来的特色农业，降低风险合作共赢的订单农业，大大加快当地农业产业化进程，让农民种地有利可赚。

推广农技解农民忧愁

时刻把农民装在心中，把农民的利益放在第一位，是周火玲留给身边同事和上级领导最深刻的印象。县农委主任郑曦曾如此中肯评价他，"在长期与农民打交道的过程中，难解的'恋农情结'已深深地融入周火玲的生命中，农民的问题他有求必应，与当地老百姓结下不解之缘。"

诚哉斯言！在推广农技的同时，周火玲思考最多的，就是如何更好地服务农民，帮助农民排忧解难。

2008 年 6 月，水市镇水市村种粮大户唐义成，因为在资金周转上出了点问题，无奈中他找到了周火玲。当天，周火玲把手头仅有的两万元积蓄借给了唐义成，解了他的燃眉之急。后来，唐义成的规模农业得到长足发展，2013 年还被评为湖南省种粮大户。"周站长真是比我的亲人还要亲。"唐义成逢人便说。

20 年里，周火玲用过硬的专业技能，低调谦卑的处事作风，深深折服了每一位和他打交道的农民，赢得了群众的好口碑。除了农业技术方面的问题，不少农民还把他当知心朋友，跟他拉家常，甚至在遇到困难时，第一时间也会寻求周火玲的帮忙。认真倾听、每求必应，周火玲用自己的诚意回馈农民对他的信任。

2011 年 6 月，宁远县发生大面积的南方水稻黑条矮缩病，当地群众误认为是种子质量有问题。30 多名种植户不明就里，冲到一家种子经销店闹事。"水稻已经纳入农业保险，你们不用担心，按程序鉴定理赔就可挽回损失。"危难之际，周火玲挺身走进激愤人群，以科学务实的精神，告诉现场群众，"这是白背飞虱迁飞新传入的南方水稻黑条矮缩病病害，与种子质量无关！"

周火玲又顶着炽热的太阳，带领店主陪同种植户深入到田间，教农民识别黑条矮缩病症状及防控用药知识，让农民心服口服。在他的精心指导下，全镇 2 万多亩患病水稻得到了有效控制。事后，群众给周火玲绣了一面锦旗，称他为"农业卫士"。

2017 年，宁远县扶贫攻坚进入冲刺阶段，周火玲负责产业带动扶贫项目，落实产业帮扶项目 15 个，成立专业合作社 20 个，全镇建立产业扶贫基地 20 余个，500 多名贫困人口可以在家门口进合作社务工、小额贷款入股合作社当股东。紫源洞村贫困户蔡高旺在周火玲指导下养蜜蜂，通过两年发展，现在有蜂 80 余箱，每年卖蜜收入 3 万余元，彻底甩掉贫困帽。

自办科研基地让全县黄土地流金淌银

宁远是一个大豆种植传统大县，一度平均亩产只有 100 千克。2003 年，周火玲协助县农业局长赶赴湖北省引进新品种，哪料大豆产量是上来了，却因体形不美，遭受市场冷遇。

后经过努力，又改种湖南省农业科学院作物研究所大豆栽培专家李小红副所长开发的湘春豆 21、湘春豆 24、湘春豆 26 等。周火玲负责示范推广和种子繁殖，当年亩产迅即提高到 160 千克以上，外形优美，符合市场预期。

好事多磨，采用当地传统的留种方法，湘春豆种子的发芽率太低。面对新难题，周火玲的团队开始了异常艰难的摸索。"将春繁大豆种子改为秋繁留种,加大种植密度,以提高群体产量。"这一创举,不仅彻底破解了湘春豆的留种难题,更是让湘春豆"多子多福"。湘春豆品种的引入和改良,让宁远县的大豆产量每年增加100万千克,农民增收600多万元。大豆面积迅速扩大,由原来的5万亩发展到8万亩。

敢于攻坚克难,迎头而上,是周火玲永不服输精神的生动写照。周火玲把双脚深深地扎在泥土里,20年扎根农村不挪窝,真正体会农民的需求,真心帮助农民"拔穷根",他的科研才有了源头活水。一个个科技难关成功被攻克,周火玲让脚下土地流金淌银,帮助农民增产增收。

2013年,接到省农业厅下达的"湘南丘陵红壤旱地花生高产栽培技术研究与示范"项目后,周火玲经常在盛夏的中午到实验田里观察记载,一干就是两三小时,炙热的太阳晒烤着科研团队,周火玲多次中暑。功夫不负有心人,他总结出的"一换种、二提早、三统一"标准化、模式化高产集成技术,获得2013年度永州市科技进步三等奖。

农业科研的广阔舞台离不开泥土,许多工作的源头也存在于基层,只有把根深深扎下去,才能有所建树。2011年他主持的"宁远县丘陵红壤万亩花生高产创建"项目获得湖南省农业丰收奖三等奖;2014年获评湖南省"扎根基层优秀人才"支持计划人选。同年,水市镇农技站被评为"湖南省五星级服务乡镇农技推广机构";2015年他主持的"烟稻轮作高产高效栽培技术示范推广"项目获得"湖南省农业丰收奖三等奖";2016年被评为"宁远县农业农村工作先进个人"。

在周火玲的帮助下,很多农民都走上小康的道路,但他一家三口如今却仍挤在不到80米^{2}的房子里,过着清贫的生活。但他说:"我愿意坚守梦想、坚守大山,不忘初心,砥砺前行。"

扎根基层的农技员

——记广东省揭阳市揭东区玉湖镇农业技术推广站林桂发

全国科普惠农兴村带头人、潮汕星河国瑞科技奖、广东省农业技术推广奖、揭阳市第七批优秀专家拔尖人才、揭阳市科普先进工作者、揭阳市科学技术进步奖、优秀共产党员……各种各样的证书有30多份，记载着林桂发28年在基层扎根的辛勤和成果。吴厝淮山、坪上绿茶、东寮芋头等大家熟悉的特色农产品，是玉湖镇在农业产业化，品牌化建设中取得的丰硕成果，这除了当地党政的重视，还有耕耘在基层一线的农技人员默默的付出，该镇农业站长、高级农艺师林桂发就是这样的一个人。

他培育的淮山药让农民赞叹不已

玉湖传统的吴厝淮山存在粗种粗管、产量低、质量差等问题，如何开展产业化技术研究，加快新技术的推广应用，提高淮山药产量，让农民增收，成为林桂发最着急的问题。

由于淮山药块茎生长的向地性，传统栽培必须选择地下水位低，土层深厚的冲积砂土，采收劳动强度大，且易损伤块茎，限制了淮山药的大面积推广，也让林桂发睡不着、吃不香。在获悉有些农民尝试过用垫层限制淮山药伸长的消息后，他想到用垫层引导淮山药横向生长，立刻开始试验，第一年他用织塑袋作为垫层，实现了横向生长，但收获的淮山药外表凹凸不平，十分难看，第二年他改用竹槽做垫层，竹槽内节与节之间的凸起处，不但影响淮山药的外观，而且阻挡了淮山药生长的去路。别人劝林桂发别浪费时间和金钱，但他不轻言放弃，经过近四年反复试验研究，终于研制出适合淮山药定向浅生栽培的U形塑料槽（长1米、深3厘米、宽6厘米，可用PVC塑料，材料来源广，便于工厂化批量生产），淮山药从原来的垂直生长变成在浅土层的塑料槽内躺着生长，U形塑料槽获得了国家实用新型专利授权，林桂发同时总结出一套使用定向槽栽培技术，获得了国家发明专利授权。淮山药定向槽浅生栽培技术研究项目通过市级科技成果鉴定，达到国内领先水平，获得揭阳市科技进步奖一等奖。收获淮山药效率提高10倍，每亩年增收节支3 000元，更为难能可贵的是，该项技术的突破，改变淮山药种植单纯依赖土层深厚的冲积砂土的局面，有利于大面积推广。目前国内外引进使用此项技术，累计面积三十万亩以上，有力促进了淮山药生产规模化、产业化的发展，获得各界的重视和认可，在百度上输入"定向 淮山 山药"，得到281万的搜索结果。农民应用该项技术，看到地里塑料槽内躺着的淮山药，赞叹不已，纷纷称赞太神奇了。

在此之前，林桂发先后承担了"万亩淮山药产业化技术研究""开发淮山药优质种苗组织培养与工厂化生产技术"两个项目，前一个项目使淮山药亩产提高400千克，在全县万亩淮山药基地上推广，年增收1 200万元。后者使淮山药产量和质量同步提高、农药施用量减少，每亩可增加收入1 000多元。这两个项目也获得了揭阳市科技进步奖一等奖。

从产量提高到质量提高，人工成本的降低，再到大面积推广，林桂发在揭阳淮山药产业的发展史上，写下浓墨重彩的篇章。

2006年9月18日和2007年1月7日，时任广东省委书记的张德江、汪洋先后分别到玉湖镇吴厝淮山基地视察，对玉湖镇农技人员坚持科技创新，发展淮山药产业的做法给予肯定和鼓励。

他推广的技术让农民盆满钵满

科学技术要转化为生产力，让农民分享科技成果，必须在推广应用上做足文章。林桂发除了在淮山药栽培种植技术上颇有建树外，还在麻竹笋高产优质栽培技术、槟榔芋栽培技术、绿茶无公害生产技术等方面取得了骄人的成绩。林桂发不但在玉湖镇，还应邀到其他镇及外地，通过举办培训班、现场指导、印发书面材料、制作视频知识讲座等途径，不遗余力地进行示范推广农科技术，做好农村科普工作。"林站长是实实在在的人，我们技术不明的时候，一打电话他就立即来到田头指导。淮山药浅生槽种植属于新技术，开始时不明白，经过他指导掌握了技术，收入增加了。"观音山村种植户黄会团说。

林桂发连年来被揭东区农林局聘为全国基层农技推广体系改革与建设专家顾问，还聘为玉湖镇农业技术指导员，负责十户农业科技示范户的技术指导工作，为农户提供淮山药的优质高产栽培技术，还被推举为玉湖镇茶叶协会会长，为玉湖镇茶叶的优质、安全、高产提供技术服务。在《中国农技推广》上发表《淮山（山药）定向槽浅生栽培技术》，在《广东农业科学》上发表《淮山药常见病虫害的发生及防治》和《无公害麻竹笋高产栽培技术》，为揭东区农业技术培训编写培训教材，参与制订《吴厝淮山（山药）生产技术规程》和《东寮芋（东寮槟榔芋）栽培技术规程》，办好吴厝淮山省级标准化示范区和东寮芋头市级标准化示范区。

积极协助申报农产品无公害认证和产地认证，目前玉湖镇获国家无公害农产品认证的有吴厝淮山、坪上绿茶、东寮芋头，吴厝淮山还获国家地理标志产品保护，使拳头产品形成标准化、规模化、无公害化和品牌化生产格局，收到了显著的经济效益和社会效益。吴厝淮山、坪上绿茶、东寮芋头三个品牌已在粤东市场上享有很高的知名度，产品价格比其他地方同类产品普遍高出30%～50%，极大地激发农民兄弟发展农业生产的积极性。湖岗村淮山药种植户邱舜乔，种植淮山药5亩，年收入5万多元。

56岁的林桂发在基层辛勤工作，奋战了整整28个春秋，每一个村落都留有他的足迹，每一块田地都留有他的汗滴，每一个特色农产品都留有他的心血，他就是这样的农技员。

百果飘香花为媒

——记广东省连州市水果技术推广总站黄美聪

炎炎夏日似火炉，而南国广州荔湾古街举办的一场国家地理标志产品——连州水晶梨推介会，却飘荡着徐徐清凉、缕缕果香。台上嘉宾满座，高谈阔论，台下游人如织，人头攒动，生活在广州这样的国际大都市，什么世面没没见过，什么水果没尝过？而他们却年年忘不了产自本省山区的连州水晶梨。只见人群中不时移动着一个窈窕身影，不停给广州老街坊的大爷大妈介绍水果的特性，她，就是广东省清远市连州市水果技术推广总站站长黄美聪。

2017年黄美聪52岁，1986年参加工作，从事水果生产技术推广指导工作已经足足31年了，可以说，把自己的一生都贡献在了农村水果生产事业上。她在全市水果产业发展规划、新品种新技术的引进试验、示范推广、技术培训、生产指导、品牌建设等方面做了大量的工作，在科技推广、服务"三农"上做出了成绩。成功引进并推广发展的品种有连州蜜柑、连州水晶梨、东魁杨梅、鹰嘴桃等，对推动连州水果产业的发展、促进当地农业增效、农民增收做出了突出的贡献。当然，她也得到了回报和荣誉：全国农牧渔业丰收奖农业技术推广贡献奖、国家职业技能鉴定考评员、广东省12316"三农"信息服务平台专家库专家、清远市农业专家、2016年连州市三八红旗手荣誉称号……这些荣誉是她工作的见证。

初出道，起步在乡镇

早在1986年，从县农业学校毕业不久，刚参加工作，黄美聪就在家乡的星子镇负责全镇水果生产和渔业养殖技术指导工作，是全镇唯一的水果员和渔技员。工作站只有一个技术员，还是一个娇小的女孩，工作面广、任务很重，她经常单枪匹马下乡指导，通过采取定期举办生产技术培训与下乡指导相结合的方式，抓好了全镇的水果生产和渔业生产的发展，得到了镇领导和市主管部门的肯定和群众的好评，由此获得了连州市农业系统先进工作者和省渔业厅颁发的先进渔业工作者荣誉称号。

在基层工作一干就是6年多。晴天果园两脚泥，雨天鱼塘一身水，积累了工作经验，也和群众建立了深厚的感情联系。现在回到农村，当地群众还称她为"黄师傅"。

钻专业，成为多面手

1992年，随着水果种植面积不断增大，市里成立了水果技术推广总站，黄美聪调入县城从事全市水果生产技术指导工作，从技术员晋升为高级农艺师、水果技术总站站长。不论规划发展、新品种新技术的引进试验，还是示范推广、技术培训、生产指导和技术鉴定工作，她都全程参与，成为一位专业多面手，不知不觉，算下来又是25年。她所做的工作，只能用流水账来算。

20世纪90年代初，她参与了全市柑橘黄龙病综合防控工作，并利用温州柑橘作中间砧，高位嫁接朋娜和奈维林娜脐橙品种，开展了脐橙高接技术的推广应用工作，推广及成果获得了连州市科技进步奖三等奖。

自1993年始，先后从浙江、重庆等科研单位引进新世纪、翠冠、黄金、大果水晶等水晶梨接穗和果苗，选择在高海拔的地区，进行了高接换种和栽培对比试验。1996年试验成功后，连州地区开始大力推广种植连州水晶梨。"连州市优质水晶梨引种示范项目"荣获2002年度清远市科技进步奖二等奖。

从1996年开始，为了解决新世纪水晶梨裂果严重等问题，组织开展了水晶梨疏果套袋技术试验研究工作，1999年水晶梨疏果套袋技术全面推广应用。她作为单位技术骨干，参与了项目组织实施的全过程，在生产试验、技术培训、生产指导、推广发展等方面做了大量的工作，2003年"连州市新世纪水晶梨疏果套袋技术的推广"荣获广东省农业技术推广奖三等奖。

1997年连州市大力开展山地开发、发展水果生产期间，成功引进推广发展了东魁杨梅新品种，2008年东魁杨梅果树的引种示范与推广获得连州市科技进步奖二等奖。

2009年在东魁杨梅生产发展过程中，开展了果园安装太阳能杀虫灯、树冠悬挂诱虫板诱杀黑腹实蝇和避雨栽培技术的研究试验和推广应用，项目开展取得了良好的成效。2013年东魁杨梅标准化技术的推广应用2012年度广东省农业技术推广奖三等奖。

成功引进和示范推广了双季板栗、大甜槠、无核黄皮、大五星枇杷、鹰嘴桃等优质水果品种。

为增收，推广标准化

为了解决水果质量和产品销售问题，黄美聪主持了连州市水果标准化生产工作。先后开展的新世纪水晶梨、东魁杨梅、脐橙农业标准化示范区建设和"国家级水晶梨标准化示范县"建设项目，这些项目建设均获得了清远市农业产业化建设奖。

在项目建设中，组织指导企业积极开展"三品"认证，不断提升产品品质和知名度。目前，连州水晶梨成为"中国水晶梨"之乡、"国家水晶梨农业标准化示范区"、广东省名特优新农产品、广东省名牌产品等荣誉称号，并通过了无公害食品认证、绿色食品A级认证、地理标志认证产品。

制定农业地方标准，开展标准化生产。先后主持和参与集成制定商品水晶梨的质量要求，水晶梨、脐橙、东魁杨梅、鹰嘴桃生产技术规程，东魁杨梅避雨栽培技术规范共6项农业地方标准，并获得广东省质量技术监督局标准化处备案，并已颁布实施，大大推动了连州农业标准化生产步伐。

促发展，带动产业化

2014年以来，连州市提出发展水果产业带项目建设工作任务，主要由水果总站负责组织落实。工作任务重、压力也大。黄美聪作为站长和技术负责人，肩负着重要的职责。两年来她全身心地投入到项目建设中，带领本站科技人员，通过制定切实可行的项目申报指南和建设方案，按照现代农业生产模式和管理理念，实地指导各企业做好了果园规划、基地建设和生产管理工作，完成了3 400亩示范基地建设任务。

在水果产业带项目建设中，她还组织开展了现代农业新品种、新技术的引进试验、示范推广工作。先后组织引进了早熟梨、优质桃、蓝莓、猕猴桃、南方冬枣、金橘等30多个新品种，开展了生产试验和示范推广工作。蓝莓、金橘、猕猴桃、红心蜜柚等新品种初试成功，并已初步取得了良好的示范推动效果。

针对近年来连州水晶梨品质下降、鹰嘴桃病虫为害严重的问题。通过建立示范点，在水晶梨、鹰嘴桃和柑橘果树上开展了"测土配方施肥、病虫害绿色高效综合防控技术、水肥一体化"技术的推广应用，取得了良好的成效。两年来，通过水果产业带项目建设，示范推动连州市进入了新一轮的水果产业发展热潮，除当地群众积极种植外，社会各界人士都纷纷投入到发展水果产业、建立观光采摘果园的行列，并撬动了不少社会资金投入到连州水果产业的发展建设中，这些都离不开她对连州水果产业发展的努力和付出。

做品牌，又上新台阶

为了使水果产业适应市场变化，黄美聪敏锐认识到抓品牌的重要性，在连州水晶梨产品宣传和品牌建设上做了大量的工作。产前、产中、产后的生产，产品分批采摘、分级包装，宣传资料编印，组织申请农产品国家地理标志，2015年终于使水晶梨获得了广东省名特优新农产品称号。

事业追求是无止境的。近几年来，黄美聪通过向广东省农业厅种子总站、广东省农业厅植物保护检验总站和农业部申请，成功引进了"宝岛甘露梨"在连州高山地区试种、示范和推广，努力推动连州水果产业上新台阶。

自2015年，她还担任水晶梨职业技能项目开发专家，组织完成了广东省职业技能鉴定题库《水晶梨种植专项职业能力》考核规范和试题的开发任务，同时还利用周末时间，完成了市人社局组织的果树类专项职业技能的鉴评任务。

起草制定《连州市柑橘黄龙病综合防控实施方案》，通过建立示范区，全面开展了柑橘黄龙病综合防控工作，对稳定本市柑橘产业的发展起到了一定的作用。在科技培训和实用新技术的示范指导上做了大量的工作。多年来，她组织编写了不少水果生产技术手册和阶段性的生产管理技术资料以及产品宣传册、病虫防控宣传片等，如《水晶梨标准化生产技术手册》《东魁杨梅规范化栽培技术》《连州市枣子规范化生产技术规程》《连州水晶梨宣传册》《柑橘黄龙病综合防控宣传片》等。通过宣传推广和组织培训，全面普及科学种果技术。2014年以来，由于人员少、工作任务重，为了扩大技术指导覆盖面，利用企信通平台，准时于每月上旬将各品种、各阶段的生产管理关键技术传送到农户手中，有力地促进了连州水果产业的全面发展，得到了广大群众赞评。

30多年来，黄美聪就像百果园中的一朵花，用自己装扮着水果事业，使山区百姓脱贫致富。

红土地上的"农技推广者"

——记广西壮族自治区田阳县田州镇农业技术推广站叶东明

从 35 年前刚刚走出校园，叶东明就一头扎进了田阳这片红土地的农业推广工作中，几十年如一日。如今，田阳从一个贫困的农业县蜕变成为全国优质蔬菜生产基地县，他也从一个满怀热忱的青年到鬓角泛白的农业技术专家。2010 年百色市秋冬农业产业开发先进个人、2010 年度农业部农牧渔业丰收奖农业技术推广成果奖二等奖、2010 年农业部农牧渔业丰收奖农业技术推广成果奖三等奖、2014 年田阳县专业技术拔尖人才、2016 年农业部农牧渔业丰收奖农业技术推广贡献奖，一个又一个的荣誉是对他殷殷奉献的肯定。但是于他而言，在基层一线从事农业技术推广及相关产业的开发试验、示范项目建设的工作，看到他热爱的这片土地上生产出来的小番茄、芒果等产品收成一年比一年好，全国各大城市客商的抢购热潮一浪比一浪高，当地农民群众的收入一年比一年多，才是最能让他露出笑容的成就。

打造品牌创名声

从投入田阳的农业技术推广工作开始，面对没有亮点，没有特色的这片红土地，叶东明就一直在思考，怎么样能开辟一条出路呢？2000 年开始的田州镇优质农产品的品牌创建给他指出了一个方向。他毅然投身于发展当地特色农业中，以田州镇东江芒果专业合作社、田州镇兴城番茄专业合作社以及东江芒果高产示范基地、兴城番茄现代农业技术集成示范区为依托，着力打造"七月香"芒果品牌和"壮乡红"番茄品牌；并在 2008 年参加了"广西芒果优质高产栽培技术集成应用与示范推广"项目的建设和实施，叶东明作为该项目具体组织实施人，精心拟定了项目的实施方案，积极下乡蹲点，到实地开展技术培训和技术指导，探索适合于百色右江河谷气候条件的技术。把采果前修剪、树冠内堂嫁接、高接换种、控花、促花保果等新技术总结集成一套芒果优质高产综合栽培技术，将右江河谷芒果栽培管理技术水平推上了新台阶。这一项目实施面积24.3 万亩，年均新增纯收入 6 497.47 万元，新增产值 1.07 亿元，技术措施效果显著，为芒果成为百色右江河谷农业支柱产业打下坚实的基础。到目前为止，芒果优质高产栽培技术集成应用与示范推广成果在右江河谷得到了全面的推广。2010 年，他本人也因此荣获农业部 2008—2010 年农牧渔业丰收奖农业技术推广成果奖二等奖。2001 年，他还参与"创建全国无公害蔬菜生产示范基地县"和"广西百万亩番茄高效生产技术研究推广项目"的建设和实施。目前，田州镇已取得无公害生产基地认定面积 2.31 万亩，占全县认定面积 11 万亩的 21％。2011 年田州镇通过国家认证，成为全国优质蔬菜生产基地。番茄高效生产技术也已在全县番茄生产中得到了全面推广应用。由于项目实施效果显著，2013 年他本人荣获农业部 2011—2013 年农牧渔业丰收奖农业技术推广成果奖三等奖，2011 年获 2010 年度百色市秋冬农业产业开发先进个人。同时，他还推进了"一村一品"创建工程，效果显著，得到国家和区等相关部门的充分肯定，2012 年、2013 年、2014 年、2015 年有兴城村、东江村、田州镇和龙河村 4 个村镇先后分别被农业部授予全国"一村一品"示范村镇荣誉称号,田州镇、东江村、兴城村也分别被自治区人民政府授予"广西番茄之乡""广西芒果村"和"广西番茄村"称号。东江芒果基地、兴城番茄基地、龙河秋冬菜基地等的特色农产品誉满全国及东南亚地区,小番茄、芒果等农产品远销东南亚和国内 140 多个城市。

不断创新保优势

叶东明没有就此满足,也没有停下脚步,而是想要更向前一步。这个时候,新的问题摆在了他面前:有了特色和品牌后,怎么能够保持田州镇番茄和芒果这两个产业在全区乃至全国的特色优势呢?叶东明认识到,必须以创先争优为契机,引导村民树立科技兴农意识,大胆引进推广番茄和芒果名优新品种,加强新技术培训、提升产业科技含量,才是解决之道。只有积极主动引进推广国内外名特优新良种,不断推进田州农产品的更新、升级,才能让田阳县的特色农业走得更快,前进得更远。从 2000 年到 2016 年,他参与组织引进番茄新品种有 26 个,成功推广应用了其中的 18 个,其中金币、千禧、拉比等番茄品种已成为市场畅销主打品种,累计推广应用面积超过 20 万亩。全镇番茄良种推广应用覆盖率也由原来不足 60% 提高到现在的 98%。番茄主栽品种由过去的红宝石番茄、石头番茄等,更新、升级为现在的以色列大番茄、中国台湾小番茄等顶尖品种。主要参与引进的芒果新品种 7 个,其中台农一号、金煌芒、台芽等优质品种已成为田州镇的芒果主导品种,推广面积已占种植面积 85%。现在,提起田阳,大家立刻就能想到芒果和番茄,这是他最自豪的事情。

日常工作不松懈

除了钻研品种创优和质量提升,日常的农业常规性工作他也从不松懈。病虫害向来是农业生产最为头痛的问题之一。在病虫害的预测预报和综合防治工作上,叶东明始终坚持不懈。他一直将"预防为主,综合防治"的植物保护方针贯彻在他的工作中,倡导绿色植物保护,加大监测力度,积极开展农作物病虫害的监测和预测预报,注重测报调查的规范性和时效性,准确对病虫害进行长短期预测,有计划地加大对水稻、番茄、芒果等主要作物的病虫预测,这几年间水稻"两迁"害虫和番茄疫病、青枯病危害严重,每到病虫多发季节,他总以务必保证预报准确、防治及时为工作目标,坚持深入田间地头指导群众进行防控工作。特别是 2016 年初,番茄细菌性斑疹病发生严重,刚过完春节假期上班的第一天,他就每天带领全站人员到村屯宣传发动群众进行防治,并在重点发病重灾村进行番茄细菌性斑疹病防治技术开展培训,同时深入田头发放防治技术资料指导群众用药,由于及时发现并得到及时防治,灾情得到了有效的控制,减少了群众的损失。35 年来,不管烈日当头,还是风雨交加,他都坚持每周下田调查,走村串户为广大农民"传经送宝"。他始终坚持科学技术是第一生产力的思想,为能提高科技在农业生产中的含量,实现农业增产、农民增收,不断加大农业科技培训力度,每年主持开展各类科技培训班 12 期以上,任农艺师以来共参与培训 186 期,受培训人数达 13 500 多人次,发放技术资料 33 500 多份。培养各类种植科技示范户一百多户。培训内容包括水稻病虫害防治技术、测土配方施肥技术、超级稻高产栽培技术、芒果高接换种技术、当前芒果管理技术、芒果套袋技术、水稻免耕生产技术、水稻抛秧栽培技术、水稻"两迁"害虫防治技术、番茄种植管理技术、番茄病虫害防治技术、番茄无公害生产技术等农业实用技术。做到了农民朋友需要什么就培训什么,真正把群众需要的农业科技送到农民手中，使参训人员都掌握了相应的实用技术，有效地促进了实用技术的推广应用。他本人也因农业推广工作成绩突出而获得了农业部 2016 年农牧渔业丰收奖农业技术推广贡献奖。

技术推广兴风潮

　　长期的技术推广工作，让叶东明深知科学技术对农业的重要性，他也在工作中不断地把这个理念传递给农民群众。从 2008 年至今，为了搞好超级稻的推广，他在主持实施超级稻集成技术示范片的工作中，将示范片集水稻免耕抛秧技术、测土配方施肥技术和病虫害综合防治技术以及粮食高产创建活动集于一体，示范片经测产验收单产达 680.2 千克/亩，比全镇单产亩增加 50 千克，增收 120 元以上，达到了增产增收的目的，取得了明显的示范效果。农户们都觉得新技术看得见、听得懂、学得会、用得好，纷纷仿效超级稻种植技术，科学种田之风在全镇兴起。

　　在农业推广战线上的这么多年来，叶东明用一棵棵芒果树、一株株小番茄、一片片超级稻铺满了他深爱的这片红土地。明天，他还将继续耕耘，让这片土地更加农产丰茂、瓜果飘香。

一如既往　服务于农　永不褪色

——记广西壮族自治区灵川县潭下镇农业技术推广站杨国平

身处基层农技推广一线的杨国平，是广西灵川县潭下镇农业技术推广站的站长，从1995年中专毕业以后，一直在该站从事农业技术推广工作，至今已有22年。努力工作，让他在晋升技术职称中一步一个脚印，从技术员到助理农艺师、农艺师，再到2014年获得高级农艺师。参加的"100万亩沃土工程综合技术示范"获广西农牧渔业丰收奖一等奖，"水稻高效节水免耕抛秧栽培技术研究与示范应用"获广西科技进步奖一等奖，"测土配方施肥技术研究与示范推广"获广西科技进步奖二等奖；"优良水稻新品种引进展示及示范""超级稻高产栽培技术集成与示范推广""桂林市马铃薯高产栽培创新模式研究与示范""双季稻抛栽最佳密度确定及配套高产栽培技术研究与示范推广"均获得桂林市科技进步奖二等奖。先后获得神内基金农技推广奖（农技人员）、广西农业技术推广先进个人、广西土肥工作先进个人、桂林市农业局系统先进个人，并于2014年被广西科技厅聘为科技特派员。2011年8月，上级把带领潭下镇农业技术推广站同志开展工作的重任交给他，在新的岗位上，他继续发扬严守纪律、工作努力、学习不断、团结同志、不怕苦、不怕累的风格，不忘初心，服务于农。

积极投身农技推广、成绩显著

刚满20岁参加工作的杨国平，经历了水稻旱育稀植技术、水稻免耕抛秧技术、测土配方施肥技术、无公害及绿色农产品生产技术等农业技术的试验、示范、培训、推广工作。为了培育壮秧，他亲手示范，让农户掌握要点；为了科学施肥，他亲自针对不同类型田块取样，按化验结果制定配方施肥方案；为了防治稻瘿蚊，他大力推广药肥并举，使晚稻种植不再谈"蚊"色变。由于农技推广工作突出，广西测土配方施肥现场会在潭下镇薛家村召开、东南亚国家农业专家参观潭下镇抛秧技术示范现场、县农技推广现场会多次在潭下召开。掌握了潭下镇的耕地地力情况，他参与编写了《灵川县耕地地力评价》。深感理论知识的重要，他在业余时间通过自学，到2006年先后获得了自考大专及本科文凭，提升了自身的理论水平，在技术指导中让他更有能力解决问题。

2015年对杨国平个人来说，是极其难忘的一年，在广西基层农业技术推广站中被选为2015年度神内基金农技推广奖（农技人员）获奖人员。这项奖对他来说是莫大的荣誉，也让他回想起测土配方施肥技术推广、免耕抛秧技术推广、广西水稻品种引种试验等工作中的一幕幕：挖土取样、田间区划、进村入户培训农户、田间地头指导、田间记录、测产验收，都是脚踏实地、挥汗如雨进行，晒得比别人黑，也晒出了一个农技人的本色。然而，他并没有故步自封、沾沾自喜，悄悄地把荣誉锁进柜子里，又一如既往地投入到农业技术推广的工作中。

加强办公条件建设，提高队伍从事农技推广的能力

从 2015 年开始，在上级经费保障下，杨国平拓宽思路，对现有办公条件升级，装修出三室一厅（办公室、培训室、检验检测室、咨询服务大厅），完善了办公、培训、检验检测仪器设备，站内同志特别满意，上级部门赞许有加。他建立健全了相关责任制度，组织开展包村联户工作，安排站内技术人员并身体力行开展技术咨询、培训农户，到田间地头指导农户施肥、病虫防治等，农户通过面对面、微信、电话等多种方式咨询他，他都积极热情，将技术传递给农户，多年来累计服务农户 4.5 万人次。

加强农业新技术试验示范，促进农业新技术推广

多年来，他独立开展了"3414"肥料试验、秸秆腐熟剂品种筛选试验、广西水稻品种引种试验、药效试验等多项农业试验，总是实地测量，根据田块形状做好试验设计，一丝不苟开展田间区划，不管刮风下雨、艳阳高照，他总是按时到田间观察、记录，确保数据的有效性。收获的季节，他那忙碌的身影又出现在试验田里，测产、取样，晒得汗流浃背、满脸通红，直到完成田间工作才看见他脸上露出轻松的笑容，接着马不停蹄的进行室内考种、晒干样品、对试验数据分析，总结。通过试验，他掌握了很多适宜潭下镇推广的农业新技术，也让他积累了丰富的试验数据，撰写文章投稿农业期刊，发表了 10 篇农业科技论文，同时吸引了农民到试验田参观、学习，农业技术推广也有了基础。

运用多种方法推广农业新技术，他独立（或参与）完成下龙村水稻旱育稀植技术示范点、潭下村水稻免耕抛秧示范点、薛家村、镇东村、杨梅桥、香殿村测土配方施肥技术示范点的工作，完成薛家村、枫林村、香殿村、上埠头村、老街村超级稻高产栽培技术集成示范工作，完成粮食高产创建示范项目。通过农业技术示范推广，有力地提高了全镇粮食产量。

大力推广农产品安全生产技术，确保农产品质量安全

农产品质量安全这根弦紧紧地绷在他的心里，他用很多种工作方法来确保全镇农产品质量安全。多少个日日夜夜，在农技站培训室、晚上村民相对集中的村会议室，只要农业生产上有需要，都会出现他的身影，向农户讲解各种农业技术及农产品安全生产技术，年培训农户 1 020 人次，提高了农户安全生产农产品的意识。到集市、田间地头发放农产品质量安全宣传单页，监督站内检测人员及时采样检测，在高温、蔬菜集中上市、节前等时节加大取样数检测，增加下乡田间指导次数，保障农产品质量安全。

抓好良种、良法推广，助农增收

他重点推广了株两优 819、陵两优 268、五优 308、深两优 5814、Y 两优 087、淦鑫 688 等超级稻新品种，配套推广水稻生产全程机械化技术、水稻测土配方施肥技术、冬种绿肥技术、农作物病虫害统防统治技术等。其中水稻生产全程机械化技术以兆丰种植专业合作社示范带动全镇年推广 1.1 万亩，占水稻种植面积的 18.8%，极大地减少了农民的劳动强度；水稻测土配方施肥

技术在镇东村、香殿村等村建设示范点，全镇推广种植面积44万亩，推广配方肥14 715吨，农产品增产4.7万吨，节约肥料2 056吨，增收节支7 900万元；年推广冬种绿肥面积2.44万亩，在果园行间及稻田种植，增加了土壤有机质；推广农作物病虫害统防统治技术，年防治面积8.3万亩，防治效果好；推广水稻免耕抛秧技术32万亩，增收节支，降低了农户的劳动强度。

他带头积极完成全国农技推广体系改革项目示范县指导示范户的工作。每年下乡指导示范户120次以上，集中培训示范户3次以上，示范户的水稻种植技术优于普通农户。水稻试验示范基地中开展的试验多次获得县农业局表彰为一等奖。发现有发表价值的信息，及时撰写上传发表，近年来共发表40余篇，展现了潭下镇的农业发展状况及农业技术推广成效。

一项工作交给他，心里总是惦记着，盘算着如何开展工作，工作中会出现什么问题，有多少解决方法，哪种方法是最好的等，直到完成任务才放下心来，让他养成了不怕工作、有了任务就圆满完成的工作风格。在他看来，他只是许许多多基层农技推广人中的普通一员，但工作只要对农民有利，农民有需要，他都不竭余力、认真去做好，不给当地丢脸。从他坚定的眼神中可以看出，今后的工作将更加大放光彩。

我的舞台就在田间地头

——记广西壮族自治区北流市农业技术推广站李金旺

顶着自治区先进工作者，玉林市、北流市专业技术拔尖人才，中共北流市委候补委员（北流历史以来首位以普通党员身份当选市委候补委员），中共玉林市第四、第五届党代会代表，北流市第十二届、十三届、十四届党代会代表，全国粮食生产先进个人，广西十大农业技术推广标兵，"三农"和"三电合一"农业专家等光环，李金旺同志可以选择转行寻求更大的发展，但他对土地有特殊感情，喜欢与农民相处，更喜欢看着田地里的禾苗一点点抽穗，逐渐变成金黄灿灿一片……

一个把农村当舞台的人

2016年6月16日和2017年4月14日，玉林电视台、玉林日报、玉林晚报、北流电视台的记者两次走进北流市农业技术推广站对他进行了专题采访，眼前的李金旺皮肤黝黑，衣着朴素、言语朴实、笑声爽朗，如果不是鼻梁上架着一副近视眼镜多几分书卷气，作为高级农艺师、党支部副书记、副站长的他就是一个地地道道的农民形象。"实际上我就是一个农民，离开了农村，我还真的不适应。"42岁的李金旺打趣说，他是农民的儿子，学的又是农学专业，理所当然根植土地，奉献农村，服务农民。

讨来药方救了老农，深受触动置身田头不言苦

1994年，李金旺从梧州农业学校毕业返程，之所以选择把技术带回家乡，他的想法很简单，也很实际。当时，农民耕种田地无技术可言，仅凭着蛮力种出的粮食产量不高，米粮严重不足，村里农户只能依靠红薯或木薯充饥。他小时候因为饥饿吃木薯充饥，出现木薯中毒，让李金旺差点丢掉了性命，而那次刻骨铭心的经历，让他明白了农业技术支持对农民的重要性。决定通过自己的农业技术指导，让家乡农田增产和农民增收也就成了李金旺的人生目标。就这样，好不容易脱离农村生活的李金旺又回到田头，走上了农业技术推广道路。

刚开始，李金旺以为凭借自己系统学习了四年的农业专业知识，指导农民种田不过是"小菜一碟"，可接下来发生了一件事，彻底改变他的想法。1995年夏，白马镇金头村的一个老农家水稻出了问题，碰巧站长不在，作为技术人员的李金旺自告奋勇跟随到田地后傻眼了，很多水稻心叶像绳子一样向上扭曲，这种情况他在书本上没见过，支支吾吾说不上所以然，只好找到邻镇的老技术员请教，人家一看就说这不是病害，而是打药致水稻中毒了，还给了解决方法。果然，按照老技术员的药方，一周后，老农家的水稻全好了。这事对李金旺触动很大，他明白要指导农民种好庄稼，不光要活学活用，还要随时"充电"，否则还真干不好。

为了做好技术指导服务，李金旺不再觉得下田观察苗情、查虫子、测产、登记数据等简单的

工作枯燥了。每年 4—9 月期间，为了做好水稻病虫害发生预报，李金旺每天早上 6 时要到田里赶虫搞定点调查，这个时候田中禾苗里的卷叶虫还没藏起来，容易查找并驱赶，得出的数据更准确，李金旺总是提前赶到，一头扎进田地里。虽然早晨比较凉快，但露水多，禾苗密集，经常是赶虫工作结束了，他身上的衣服也湿透了。看着一身湿水的李金旺，农民都说他太辛苦了，可他觉得这样的日子过得更踏实。每次看到农民按他的预报进行喷药，都能有效地防治了病虫害，获得了粮食增产增收时，他认为所有的苦累都不值一提。

对农村土地有感情，看着农民增收心里高兴

农业部门是清水衙门，与李金旺一起参加工作的同学或同事有的转行或辞职下海了，李金旺拥有技术，要选择离开也不难，可他对农村土地产生了感情，认定农村就是他的根，离开了田地，他好比无根浮萍，心里空落落的不踏实。他喜欢转悠在田间地头，看出谁家庄稼有问题就主动提醒一声，看到大家都丰收了，他看着心里就高兴。风里来雨里去，长年工作在农村基层和农业生产第一线，虽说与衣着光鲜的同学形成了巨大反差，但他从不言后悔。"每当看到农民在我的技术指导下，种植良种，搞好田间肥水管理和病虫害防治，获得了增产大丰收，我心里十分满足，很有成就感。"这样的归属感，注定李金旺离不开农村。

从一名普通的技术员，到后来的镇农技站站长、市农技站副站长，李金旺的工作现场就在农村，在农民的田间、地头、大棚里。曾有农民问他："李副站长，你现在都调回城了，怎么还天天往乡下田地里跑呀，你图的是什么？"他当时就回答说："我一不图名、二不图利，我干的就是往田地跑的活，图的就是粮食增产、农业增效、农民增收致富。"多年来，为了将全市农业生产的底子搞清楚，他走遍了全市 278 个行政村，逐渐成了农业生产现状的"活字典"。

2014 年开春，气温特别低，有的农民田地里的禾苗生长受到了影响，一名老农心急如焚找上门求助，李金旺赶到现场一看，田里的蓄水已泡过禾苗根部。李金旺知道问题出在哪里了，水遇低温天气会变得更冷，农田蓄水量过多，对正在寒风中挣扎生长的禾苗无疑是雪上加霜，他建议农民把田水排掉，提升泥土温度。就这样，禾苗得救了，老农感恩戴德。而对李金旺而言，在开展农技推广服务过程中遇到多少这样的农民，又让多少禾苗起死回生，他数都数不过来。

"他三两天就到这里看一次，我们碰到什么不懂的问题，一个电话过去，他也随叫随到。"塘岸镇凉亭村村民刘宗和对记者说道。

从 2001 年起，李金旺连续 17 年带队下乡蹲点搞农业示范片，担任北流市农业局示范片下乡工作组组长，其中带队下乡北流市新圩镇示范片蹲点连续 8 年，大里镇示范片蹲点 2 年，民乐镇示范片蹲点 2 年，北流镇示范片蹲点 1 年，塘岸镇示范片蹲点 4 年。在观察苗情和病虫害的时候，粗糙的禾苗叶子在他的手上留下了一道道划痕。长时间的室外作业，他的皮肤被太阳晒得黝黑发亮，加上身着经常沾满泥巴的衣裤和鞋子，形容他像一个乞丐并不为过。对此，李金旺总是一笑而过。在他看来，要让粮食增产，农业增效，必须得下苦功夫。

坚守农业生产第一线，工作 24 年来硕果累累

在接受记者采访过程中，李金旺的电话没停过，来电的农民都是咨询有关农田的管理技术或病虫害防治方面的问题，李金旺不厌其烦，一遍遍耐心解答。在他看来，既然农民信任他，他就不能让他们失望。"只要李副站长来到田头，身旁总是围着一大群农民，他特别受农民欢迎。"当

天中午在塘岸镇凉亭村，村主任温辉手指贴在村头的"田间管理紧急通知"告诉记者，2014—2017年，为了办好该村的1 200亩高产示范片，李金旺不管刮风下雨，都要到试验田观察调查，或是深入田间地头或是到农民家中，通过科普推广和技术服务，让优良新品种结出累累硕果，让农民富起来。他所做的一切，农民都看在眼里，并打心眼里敬服他。

有一年，因推广免耕抛秧示范片种植，涉及一农户的利益，农户说什么都不同意置换到别处，村干部做了大量思想工作仍无结果，最终由李金旺上门沟通。知道李金旺向来都为农民着想，该农户点头了。"有他在我们心里踏实，我们都服他。"农民刘金昭说，他家的两亩半农田，原来每亩产量在四五百千克，自从李金旺面对面为该村农户讲授品种特性和种植技术后，他按照李金旺传授的方法运用到农田里，每亩比原来增加了30%以上的产量，在他心里，李金旺就是再生父母。

从事农技推广服务"三农"工作24年来，李金旺安心农业，坚守农业生产第一线，他不仅得到农民的信赖，还得到上级党委、政府的多次肯定和表彰：省部级表彰4次；地市级表彰22次，县市级表彰9次。他的工作成果获省部级奖励5项，地市级奖励3项。在国家级和省级农业权威刊物发表具有较高学术价值的成果论文25篇，主编著作《北流市耕地地力评价》。由于工作积极，任劳任怨，成绩优秀，他于2010年被授予自治区先进工作者（省劳模）荣誉称号，同时获2008—2010年全国农牧渔业丰收奖农业技术推广贡献奖；2011年获神内基金农技推广奖；2012年被授予广西十大农业技术推广标兵称号，同年被破格晋升为高级农艺师；2014年被评为全国粮食生产突出贡献农业科技人员，2015年被玉林市委、市人民政府评为玉林市第六批专业技术拔尖人才和北流市第七批专业技术拔尖人才，2016年被授予玉林市、北流市优秀共产党员称号等。由于李金旺同志特别优秀，2016年当选为中共北流市第十四届市委候补委员，是北流历史以来首位以普通党员身份当选的市委候补委员……以农村为舞台，李金旺用实际行动积极发挥了先进农技人员的模范带头作用，书写了一名优秀农技推广人员的辉煌篇章。基层农技人员在带他身上看到了希望，原来搞农技推广工作也是大有前途的，在他的带领和影响下，纷纷向他取经学习，在服务"三农"的农技推广工作中广大农技推广人员热情空前高涨，掀起了一个又一个服务搞创新争先进的高潮，大幅度提高了农业技术对农业生产的贡献率，为粮食增产农业增效、农民增收做出了突出的贡献。

廿九载辛勤耕耘　无私奉献不言悔

——记广西壮族自治区容县容州镇农业技术推广站吴华球

吴华球，女，广西壮族自治区容县容州镇农业技术推广站站长，高级农艺师。1989年7月参加工作至今，一直扎根乡镇基层做农业技术推广工作，义无反顾，敢于开拓进取，一点一滴积累成绩。曾获得农业部农牧渔业丰收奖2次，获自治区级科技成果奖2次，获自治区级先进工作者称号4次，获市级科技进步奖、贡献奖、先进工作者等奖励、称号13次；在省部级学术刊物发表专业技术论文4篇。工作以来，怀着对农业技术推广工作的无限热爱、对敦厚朴实农民的特殊感情，一如既往，给农民上课，传授农业知识，把实际有用的农业技术传授给农民，获得单位同事及农民朋友的一致肯定。

艺高为师，勤拼为范

艺高而声不高。一直拒绝媒体采访的容县容州镇农技站站长、高级农艺师吴华球，黝黑的皮肤、朴素的衣着、朴实的言语，外表一点不出众。如果不与她交谈，你看到的她，完全是一个敦厚的农村妇女的形象。"我就是一个农民，离开了农业，离开了土地，我不知道我还能干什么。"提到自己的工作，长期忙碌在基层农技岗位的吴华球一直这样认为，她是农民的女儿，学的又是植物保护专业，理所当然就是为农业种植物保护驾护航，奉献在农村，服务于农民，既是职责所在，又是欢乐所在。

容县"沙田柚"是容县特色农业产业，扩量提质工程是沙田柚种植的重要任务，为了加强沙田柚种植技术的推广，吴华球想农户之所想，急农户之所急，利用科技特派员的身份以及科技特派员的团队机制，多方学习，把权威的专家请到当地来，为农户请来自治区柑橘专家区善汉、许立明、卢运胜、莫海源等教授来容县授课，结合当前沙田柚种植难点热点问题，推进"以菌治菌技术在容县沙田柚园示范和推广"等课题项目，促进沙田柚的品质提升。利用课堂讲座、田间学校等多形式的专题培训，提高果农认识，鼓励果农走出去，开拓更大的市场。利用新型职业农民培育工程组织培训，组织引导果农加强学习、积极讨论，促进各方沙田柚种植经验的交流。通过内容丰富、技术针对的培训及果园实践，在当地造就了一批批沙田柚种植能手。2016年度容县"十佳沙田柚种植户"李绍文、潘锋深有感触：在高级农艺师吴华球的技术指导下，大面积的沙田柚果品品质保持稳定，区内外客户长期给予好评，对加快推进容县沙田柚扩量提质工程做出了突出的贡献。

都峤山铁皮石斛是容县新兴特色农业产业。近两年，由于市场原因，铁皮石斛有价无市，农户种植铁皮石斛的热情下降，已种下的苗地也有弃管现象。针对这种现象，吴华球利用大学生涂湘炎回乡创业建设的基地，开发铁皮石斛与金线连立体种植技术，利用原有铁皮石斛苗床下进行金线连仿野生栽培，在原有基础上实现了增效增收，获得农户的高度认可。该技术在铁皮石斛种植中起到了较大的促进作用，有关部门的高度重视，在2016年设立容县科技企业孵化专项资金补助的项目"金线莲种质优化与仿生栽培技术研究"对该项技术做进一步的研究开发。

近5年来，吴华球主持并承担了5个农业技术推广项目，参与协助实施9个新技术推广项目，受益农户达2 000多户，在项目区起到示范带头作用；举办培训班50多期，培训人数达5 000多人次，获得了有关部门及广大农户的好评；积极参与并协助广西特色作物研究所、容县科技局实施"容县沙田柚优质高产技术集成与示范""清洁环保技术在容县沙田柚生产上的示范与应用"等项目，并于2016年11月通过了广西科学技术厅的验收。

辛勤耕耘，硕果累累

从普通技术员到高级农艺师，二十九年来，吴华球注重理论与实践相结合，一步一个脚印，坚守农业生产第一线，以农作物种植中的疑点难点为方向，成立课题项目探索研究解决之道。并通过课堂培训、田间地头现场培训等多种形式进行农业新技术的推广。她不仅得到农民的信赖、社会的认可，还获得上级党委、政府的肯定和表彰。1995—1996年实施的"创建20万亩吨粮田活动项目"在1997年获全国农牧渔业丰收奖三等奖及广西农牧渔业丰收奖二等奖，2002—2006年实施的"有机沙田柚生产技术开发"在2007年获有机沙田柚生产技术开发广西科技成果认定，2016年获2014—2016年全国农牧渔业丰收奖农业技术推广贡献奖。近年来，开展新型职业农民、新型农业经营主体（家庭农场、合作社、种植大户）培育，成绩突出。

2006—2017年，吴华球连续11年被委派为玉林市科技特派员，并被评为2009年度玉林市优秀科技特派员。她扎根农村、深耕农业、服务农民，作为容县容州镇农业技术推广站站长、高级农艺师的吴华球，工作足迹轨线在家庭、单位和农村间三点一线，正是"廿九载辛勤耕耘，无私奉献不言悔"。

用青春与汗水助力农业的发展与农民的丰收

——记广西壮族自治区贺州市八步区贺街镇农业技术推广站林玲

"林站长，这么早到田里了?"

"林站长，你来帮我看看这菜种的到底怎么了?"

在广西贺州市八步区贺街镇这一"美丽宜居小镇"的田间地头，常常能听到或干活或蹲站的农民朋友在与一位穿行于田间地头的衣着朴实的中年女子打着招呼，这些农民朋友已然非常熟悉这骑着农产品质量安全检测摩托车的中年女子，在他们眼中，这红黑着装与随行的绿色检测摩托车似乎构成了一道亮丽的风景，风景中的主角便是该镇农技站站长林玲。

素有"千年古镇""百年菜乡"美誉的广西贺州市八步区贺街镇，是贺州市八步区所辖农业大镇，八步区农业发展的窗口，是珠三角的"后菜园"。盛产稻谷、蔬菜、马蹄、淮山药、三华李等农产品，是八步区农业规模化种植前沿的微观缩影。自1992年参加农业技术推广与服务工作伊始，林玲便在这一小镇工作至今，从最开始的普通技术员到今天的高级农艺师、站长。二十多年的时间和努力，始终立足农业、农村、农民，推广农业新技术，发展现代农业，甘当农业增效、农民致富的带动者、引航人。用自己的青春和汗水，助力该镇农业的发展，用热情的农技服务换来了一茬又一茬的农业丰收、一拨又一拨农民的喜悦，在广阔的农村大地上谱写了一个普通农技人平凡而朴实的诗篇。

打造优秀的技术团队

贺街镇农业技术推广站现有技术干部4人，其中高级农艺师2人，中级农艺师2人。贺街站作为贺州市八步区农技推广体系改革和运行机制创新示范点，以"服务基层农民群众，打造一流农技队伍"为目标，积极为农业增效、农民增收提供了强有力的技术支撑。

创新农技推广服务理念

林玲同志不断探索和创新服务理念，以过硬的技术为基础，以服务农民群众为宗旨，以增加农民收入为核心，把最先进的技术推广到基层农民中，同时引导他们的种植向绿色生态型发展。首先确立农民对技术需求的主体地位，提高农民采纳农业新技术的自愿性。及时地把市场需求的正确信息、先进技术传递给农民，引导千家万户自愿采纳农业新技术。根据贺街镇种植业的实际生产特点、本地地理和气候制定出适合本地的农作物标准化栽培技术和高产优质高效的种植模式，在全镇进行全面推广，取得良好成绩。同时充分利用农技咨询服务厅，向农民推广优良品种，耐心解答农民咨询的问题。由于服务耐心周到，理论结合实践，技术含金量高，实际指导性强，为群众解决了生产上的许多关键的技术难题，群众满意率极高。

积极推广农业新技术，充分发挥科技人员的桥梁作用

十多来，林玲同志携贺街农技站技术团队担负着全镇 4.5 万亩水果、5 万亩蔬菜（含复种）和 4 万亩粮油作物的技术指导和咨询服务工作。在新技术推广及服务过程中，严格遵守"试验—示范—推广"的原则，针对新技术的关键环节，以生态、优质、高效为目标，开展技术攻关试验和技术探索试验，改进栽培技术及配套技术，并把成功的技术通过培训、现场指导等形式传授给农民。由于工作成绩突出，2013 年 1 月被广西农业厅授予 2005—2012 年度广西农业技术推广先进个人，2016 年 3 月获得 2015 年首届八步区敬业奉献模范、2016 年获得农业部 2014—2016 年全国农牧渔业丰收奖农业技术推广贡献奖等多个奖项。

认真开展新品种、新技术的试验研究，促进农业增效

林玲同志积极主持或参与系列农业项目的实施工作，2014 年承担广西农业科学院"国家星火计划项目"（2013GA790015）"荸荠组培苗生产技术栽培示范"八步区贺街镇寿峰村示范基地的技术指导工作；2015 年承担广西农业科学院"广西研究与技术开发（桂科能 14121008－1－12）荸荠育种材料创新与繁育示范"八步区贺街镇寿峰村示范基地的技术指导工作。由于科技含量高，示范效果显著，让农民实实在在看得见新品种和新技术的效果，非常有利于新品种和新技术的推广和普及，良种推广普及率达到 80％以上，促进项目区增产或增收 16％。近年来还参加了农业部超级稻推广万亩示范等各项目的实施工作。连续 5 年主持贺街镇寿峰村的百亩超级稻核心示范项目技术指导等工作，2014 年 7 月 19 日经农业部、自治区农业厅等组织的专家验收组对水稻高产创建项目的测产验收，干谷亩产达 725 千克。示范户周永寅的田块亩产高达 753.8 千克，专家组对该示范区取得的高产给予了很高评价。

认真做好试验、示范工作

多年来，林玲同志承担了大量的试验、示范工作，如水稻、马蹄、蔬菜的测土配方施肥肥效试验和品种对比试验、栽培技术试验、高产攻关试验、农机农艺融合试验等。在淮山药间套种示范基地建设中，积极推广蔬菜避雨、避寒、避晒"三避技术"。2014 年冬，林玲在淮山药基地刘泽辉和庄月银的地块中的"三避技术"科技大棚进行蔬菜（以瓜类蔬菜为主）"避寒地热温床＋地膜＋小拱棚农膜覆盖＋灯光（加温）＋大拱棚农膜覆盖"（简称"三膜"育苗）的育苗模式试验，在当时如此恶劣的环境条件下，其他一般"避寒拱棚农膜覆盖育苗"模式的苦瓜死苗率达50％以上，而采用"三膜"的模式育苗，死苗率极低，所育的苦瓜苗移栽大田后长势很好。刘泽辉和庄月银等农户种植的苦瓜在 5 月 15 日已可采摘上市，比其他模式提早上市 15 天，增产 20％以上，蔬菜卖价较高，亩增值 1 000～2 000 元。而未采用该模式育的瓜类蔬菜到 6 月上旬才可采摘上市。两相对比，截然有别。农民们对这一科技的神奇效果啧啧称赞，也纷纷仿而效之。

加强农业科技示范户的培训

近年来，林玲同志按照上级关于加强农业科技示范户和职业农民培训的精神要求。选择具有

代表产业特色和主导产业的双瑞村为主，培训内容以蔬菜间作套种、马蹄标准化种植等栽培技术和病虫防治为主，在全镇范围内对科技示范户和部分辐射带动户开展科技培训，同时宣传科技示范户的作用、党的惠农政策、农业环保等。几年来共举办培训班 200 多期，培训科技示范户 500 多户、辐射带动户 1 771 户，农民党员 2 000 多人次。印发各种技术资料 8 000 多份。

认真做好农业技术咨询及服务工作

深入农业生产第一线，了解群众急需解决的生产实际问题。并加强技术咨询指导。深入田间地头，面对面指导农民做好免耕抛秧、地膜玉米、地膜苦瓜等技术指导。充分利用农业技术服务大厅这扇窗口，全心全意为农民做好技术咨询和指导。

林玲同志二十多年的青春与汗水、二十多年的努力与坚持、二十多年与站内农技团队的精诚团结与合作，助推着贺街镇农业丰收版块蓝图的不断发展与壮大，加之农民朋友的不懈努力，贺街镇农业版块中"一村一品"模式得以不断完善，农业丰收增效得以不断凸显，由此亦引来从地方到农业部等有关政府部门及业务部门、媒介关注的目光，当这些目光掠过并聚焦于已具规模的万亩水稻高产创建示范项目、万亩淮山药种植示范基地、百亩荸荠栽培示范区、万亩三华李示范基地、作物新品种对比、展示及配套栽培技术试验时，映入眼帘的不是一片片的油绿，就是一片片的金黄，还有那泛绿丛中点点红的丰收景象。啧啧感叹这一农业新景象的同时，不免点赞随行的林玲站长。可她每次都只是淡然一笑："这些变化与发展主要是各级政府对农业的关注与重视、农民朋友意识的转变提升与辛勤努力的结果，我只不过是一个普通的农技员参与其中而已。"

面对农民朋友及各级部门领导的高度认可与赞誉，面对办公桌前摆放的一摞荣誉证书，"不忘初心、继续努力，怀揣梦想、继续前行。"这便是林玲同志的真实写照。

清晨，朝阳刚刚升起，便见那一掠熟悉的红黑绿相间的动影迎着清爽的晨风，飘移在这"美丽宜居小镇"的田间蜿蜒小道上……

种子·泥土·根系

——记海南省琼海市农业技术推广服务中心周王鼎

万泉河畔，琼海大地。在这片热土上，不仅有红色娘子军铿锵的红色传奇，还有博鳌亚洲论坛发出的蓝色交响乐，更有一批大地之子——农技员，为了这热土更美丽，为了这大地更丰收，长年累月，默默耕耘，周王鼎就是其中的优秀代表。当地百姓说，周王鼎一年到头从事优良品种的引进试验示范推广，其实，他就是一粒响当当的良种，在家乡肥沃的泥土里生根发芽开花结果。

像一个优良品种，播到哪哪就盛开丰收的花结丰硕的果

庄稼一枝花，全靠种当家。水稻瓜菜等农作物优良品种的引进试验示范推广，是周王鼎的一大职责和重要课题。

琼海市大路镇大路洋，是该市乃至海南省重要的水稻生产基地，为了充分发挥基地的"窗口"作用和辐射作用，他把这作为一个重要的工作联系点，长年驻扎在这里从事水稻新品种的试验示范工作。

水稻新品种的引进试验示范推广，关系到全市粮食的增产增收和国家粮食生产安全，为了做好这项工作，他选择大路镇江湖村支部书记杨传仁作为带头试验示范户，除了按季节定时下去进行技术指导外，平时经常保持热线联系，及时掌握品种试验数据资料，碰到发生自然灾害或病虫害情况，更是吃住在农户田头。杨传仁在当地被称为"百姓铁"（指经验丰富的老农），从1990年代便作为"试种专业户"，除了用自家农田作为试验田，必要时还带头周边村民一起试种，面积从几十亩至几百亩不等。几十年来，与周王鼎他们朝夕相处，无不感慨地说，周王鼎工作认真较劲，试验种植每个环节事必躬亲，毫不含糊。逢验收时，亲自下田收割、过秤、核实。有个别试验示范点，由于相关部门对试验种植农户有一些肥料农药补贴支持，当地村干部打算用试验示范田送人情，他坚持原则，杜绝这种现象，从而保证试验效果的科学性。

30年来，他先后主持参与推广农业新技术新品种累计面积达710.55万亩，累计新增社会经济效益达21.98亿元，为该市"三农"发展带来了切切实实的效益。共引进示范水稻新品种300多个，成功推广20多个。其中成功推广杂交稻Ⅱ优128，1998—2005年累计推广面积60万亩，新增产稻谷42 000吨，新增社会经济效益达13 371万元。同时，承担农业部的水稻高产创建项目，从2010—2015年间，累计创建高产示范区面积14.7万亩，平均亩产491.4千克，比全市五年平均亩产高163.6千克，增产粮食2 411.4万千克，按目前市场最低价格每千克2.6元计算，增加效益6 269.6万元。

除了解决"有粮吃"，还要解决"有钱花"问题。2000—2008年间，他承担省种子站瓜类、辣椒、番茄等新品种对比小区试验、示范项目，供试品种有496个，通过试验示范，筛选出适合该市推广种植的新品种10多个，其中2005年2月湘研3号、湘研13"引进示范推广项目获得海

南省科技成果转化奖一等奖，给当地农民群众带来实实在在的经济效益，有力地促进当地农民群众增产增收。

像朴实的泥土，默默地献身且不希冀回报

一位作家曾这样赞美农技推广员，"她像泥土，朴实无华，为了长出丰收的果，她把自己深埋，当人们欢天喜地分享丰收的果实时，她默无声息。"这不是周王鼎的写照么？

推广水稻塑料盘育苗抛秧技术是周王鼎感觉最艰苦也是最得意的工作。目前，全市水稻塑料盘育苗抛秧覆盖率达 96.8%。1997—2017 年，累计推广水稻塑料盘育苗抛秧技术面积达 595.36 万亩，总产量 2 001 000 吨，新增总产量 155 984.32 吨，新增总产值 32 756.7 万元，新增社会经济效益 161 354.46 万元。该技术具有省种、节劳、高效，深受农民群众欢迎。本项目 1999 年获全国、省农牧渔业丰收奖二等奖和一等奖，2008 年省科技成果转化奖一等奖。

在推广水稻塑料盘育苗抛秧技术工作的日子里，为了赶季节，他日以继夜，任劳任怨。为了使群众信服，打开推广局面，1996 年被立项为该市农业重点推广新技术项目后，他又是参与项目的方案设计、技术措施制订，又是进行小区试验和大面积示范、举办抛秧技术骨干培训班，还负责"水稻塑盘育苗抛秧技术"录像摄制，制作 200 多盒科教片在当时全市 21 个镇进行播放。农民群众是最讲实际的，他们需要的是看得见摸得着技术指导。为此，他首先自己抓紧熟稔抛秧技术，然后亲自进行抛秧技术现场演示，使该项技术迅速在全市推广应用。

百姓看到周王鼎他们在田间劳作的情形，开玩笑地说："这个才是正牌的共产党干部。"分管农技推广工作的农业局副局长雷震肯定地说，周王鼎一年四季不管刮风下雨日晒雨淋，为农技推广奔忙在田间地头，晒得黑黑的，不仅表面像个农民，而且农活件件在手。

新技术推广应用是农技工作的重要一环。2002 年至 2003 年 5 月，他承担省农业厅瓜菜无公害生产日本酵素菌技术应用示范面积 600 亩，项目通过省农业厅组织专家组鉴定验收，新增社会经济效益 31.23 万元。该项技术已在全市瓜菜、香蕉、番石榴、菠萝、胡椒、荔枝、槟榔、水稻等农作物上应用，迄今推广面积累计可达 62.1% 以上，该项目 2004 年获琼海市科技成果转化奖一等奖。2003—2005 年实施琼海市无公害蔬菜生产技术推广应用项目，完成农业部下达的"全国无公害蔬菜生产示范基地县"任务。项目自 2001 年开始实施，无公害蔬菜生产示范基地由 10 万亩扩大到 16 万亩，加上 15 万亩水果基地和 21 万亩水稻生产基地，累计新增社会经济效益 2.24 亿元，该项目 2007 年获琼海市科技成果转化奖一等奖，不断提高当地农民的科学素质和耕作水平。

像农作物发达的根系，深情依恋肥沃的田野

如果选用一物形容周王鼎对农技推广工作的热爱，那么，非"根"莫属。

周王鼎 1987 年从海南农业学校毕业后，一直从事农业技术的应用推广工作，与农民结下了深厚的感情，热爱自己的专业。曾经几次，领导打算推荐他到乡镇任职和转行回机关，他不为所动，坚守初心。

为把科学技术传播到千家万户，使广大农民群众掌握丰产技术，他坚持下乡举办农业技术培训班。农技推广工作，对象是农民，不像机关按部就班，他经常要放弃中午或节假日时间，深入农户田头开展工作。近几年来下乡举办各类技术培训班、现场会 462 期次，受训 198 127 人次，

接受技术咨询 19 380 人次，并制定技术方案、技术措施和撰写技术培训教材 48 份。同时还制作 10 多部科教幻灯片，摄制 200 多盒"水稻抛秧技术"录像带，并采用课堂讲解与现场指导相结合的方式，使农民群众看得见、学得到。

那年在全国开展农业科技入户工程，他主动请缨到任务艰巨的博鳌镇北山村，全村早造 1 290 亩总产 592.95 吨，比 2004 年早造增产 122.1 吨，出现单产达 680 千克的历史最高纪录。晚造 1 690 亩，总产 708.14 吨，平均亩产 419 千克，比 2004 年晚造增产 65 千克，增产率 18.4%。该村被评为"全国农业科技入户工程示范先进村"，本人获农业部"先进农业科技普及宣传员"。

为了扩大农技推广效应，他在勤于实践的基础上，善于总结工作经验，积极撰写科技推广资料、意见，每年的农作物种植品种季节安排，风灾水灾应急措施，上报市领导用以指导工作，供领导决策参考。此外还通过实践总结经验，撰写论文，发表于《海南农业科技》《中国农技推广》《种子世界》和《中国瓜菜》等刊物，如《超级稻早造高产栽培技术总结》《"一沣"系列生物有机肥在青皮冬瓜上应用效果》《小果型番茄品种对比试验》《黄灯笼椒高产栽培技术初探》《江淮五号黄皮尖椒高产栽培技术》《小南瓜（笋瓜）栽培技术规程》《优质常规稻桂农占丰产示范栽培技术研究》等。同时，他还编著琼海市新型农民培训教材，包括《无公害瓜果菜新技术——酵素菌应用技术》《冬瓜无公害生产技术规程》《辣椒无公害生产技术规程》《香蕉高产栽培实用技术》《水稻栽培技术》《超级稻高产栽培技术规程》等，为不断提高琼海农技推广工作水平做出了突出的贡献。

一路耕耘，一路收获。这些年来，他参与实施的农业新品种、新技术推广项目，先后获得部、省、市级奖励和表彰 10 多项：1999 年"琼海市水稻抛秧技术的应用推广"获全国农牧渔业丰收奖二等奖，同时获海南省农牧渔业丰收奖一等奖；2005 年"湘研 3 号、湘研 13 泡椒引进示范推广"获得海南省科技成果转化奖一等奖；2006 年"优质杂交稻 II 优 128 引种、试验、示范与推广"获得海南省科技成果转化奖一等奖。特别是近五年来，"长丰 2 号紫长茄引进、示范及推广"获海南省科技成果转化奖一等奖，"三水黑皮冬瓜引种试验及示范推广"获琼海市科技成果转化奖一等奖，"丰产优质抗病黄瓜新品种海大 2098 中试、示范与推广"获海南省科技成果转化奖一等奖，"丰产优质抗病黄瓜新品种海大 2098 中试、示范与推广"获海南省科技成果转化奖一等奖。由于出色的业绩，他先后荣获农业部"先进农业科技普及宣传员"、海南省农业系统"先进工作者""全国无公害农产品优秀检查员"和"全国粮食生产突出贡献农业科技人员"等荣誉称号。

谈起几十年农技推广工作的感受，周王鼎憨厚地笑着说："没有什么比群众认可、自己的工作给群众带来实实在在的好处最快乐。"

周王鼎就是这样，没有豪言壮语，只有实干苦干，朴实得像无言的种子、厚重的泥土、简单的人生、丰富的哲理。

敬业务实农技人　扎根农村展作为

——记重庆市秀山自治县农业技术服务中心许洪富

出生于农村，毕业于农业学校，从事农业工作 27 年，作为一名基层农技推广人员，许洪富始终坚持从农村来，到农村中去，常年深入生产一线开展服务，用自己的实际行动，践行"两学一做"，服务"三农"事业。他从一名农技员成长为秀山自治县农业技术服务中心副主任、工会主席，高级农艺师、中国沼气学会会员、农业部万名农技推广骨干人才、全国农牧渔业丰收奖农业技术推广合作奖、神内基金农技推广奖（推广人员）、重庆市最美农技员、重庆市五一劳动奖章获得者、重庆市政府采购评审专家、首届县先进工作者，虽然身份在转变，但他一心为农的情怀始终没变，争做敬业务实农技人，扎根农村展作为，让农技推广真正落地利民。

重学习、求实效，服务农业

在工作中，许洪富坚持做到"服从是前提、尊重是原则、党性是根本、政治是保障"的准则，时刻以共产党员标准严格要求自己，树立"心底无私天地宽"的思想，扎根基层，爱岗敬业，曾三次进村任职锻炼，三年驻村支农，六年担任科技指导员，始终坚持把学习摆在重要位置，先后参加全国沼气技术远程培训高级研修班、农业部万名农技推广骨干人才等国家级涉农专题培训 20 余次，获沼气高级工、国家职业技能鉴定高级考评员、高级农艺师等证书，在《中国农技推广》等国内外公开发行刊物发表《秀山县稻油轮作高产关键栽培技术》等论文 20 篇，在网络媒体信息宣传报道 580 篇次。在应对"7·18"特大洪灾和"3·10"雪灾低温天气等灾情，编制了《秀山县主要农作物防冻抗寒减灾技术》等技术资料指导生产。

科技助力精准扶贫，结对帮扶梅江镇八幅组冉从华，开展走访慰问活动，召开看禾定种现场观摩会，深入贫困村开展技术培训 2 000 人次；历时 40 多天深入全县 16 个乡镇 30 多个村居了解掌握核桃产业发展情况，编制了《核桃管理周历》和《标准化栽培管理技术手册》，举办"科技助力精准扶贫·我们一起奔小康"现场管理会，发放复合肥 4.08 吨，农药 1 000 瓶/包；率先在全市建成紫薯绿色高效示范基地、重庆市最大的紫薯电商生产基地，发展紫薯特色产业助力脱贫攻坚；2013 年 11 月被县人民政府授予第一届先进工作者荣誉称号；2015 年 2 月被重庆市农技推广总站评为重庆市最美农技员。

干一行、钻一行，业精于勤

许洪富先后从事农技推广、土壤肥料、农村能源等工作，他经常对身边的同事说："我出身于农村，又是一名基层农技员，深感身上的担子不轻，只有不断努力，才能回馈养育我的这方土地。"晴天一身汗，雨天一身泥，他如同一名辛勤劳作的农夫，不忘初心，以农为本，为农服务。

1996 年 1 月参加农业部丰收计划西南三省培训水稻抛秧栽培技术，培训结束后从成都背 40

个秧盘回秀山，率先在黔江地区推广水稻抛秧技术和集中育苗示范工作，增产 17.6％；组织实施岑溪河堤整治、李家溪河流域整治等工程，累计完成国家投资 1 200 万元，改造低产田土 25 304 亩，完成土石方 50 万米³，新增耕地 1 680 亩，新增粮食 1 265 吨，新增纯收益 3 416 万元；创建的"一池五改""一池八改"模式，主编《秀山县农村沼气建设管理服务技术手册》，在全国创建"模具配备振动棒碘钨灯烘烤加温脱模凝固技术"和"规划放线五步法"；累计完成沼气池 36 980 座，建设沼气后续服务网点 35 个，增收节支 3 478 万元以上，相当于保护林地 12 万亩，提供优质沼肥 66.56 万米³。即使毒蛇咬、狗咬、中暑、雨淋，也阻止不了他为建设新农村、改变农村面貌的决心。

2015 年率先在重庆市示范推广水稻钵苗机插新技术，建成了重庆市首条水稻钵苗机插育秧生产线，累计示范面积 2 000 亩，实现亩产 712.6 千克，比全县水稻亩产高 240.6 千克，创造性拓建了一条水稻机械化高产、超高产机械化精确栽培新路径；2010 年 2 月加入中国沼气学会会员；2010 年 3 月被国务院第一次全国污染源普查领导小组、环境保护部、国家统计局、农业部评为全国污染源普查先进个人；2012 年 2 月荣任九届县政协委员；2016 年 11 月当选为秀山自治县农学会第五届理事会理事长；2017 年 6 月聘请为重庆市政府采购评审专家。

农村来、农村去，问计于民

对于出身农村的许洪富一直不忘根、不忘本，先后参加社教、驻村、支农三次进村任职锻炼，在四川汶川大地震中自愿向中共中央组织部交纳"特殊党费"1 200 元，在驻村结穷亲帮扶中自愿向 4 户帮扶对象捐助 1 900 元，爱心捐赠彭水县冉明星等人 3 600 元。

自 2009 年以来，连续三年参加专业技术人才支农服务兰桥镇巨龙村、官庄镇、清溪场镇，以所学真心支农、以所干真心帮农。培育全国种粮大户吴洪杰，指导天人农业股份合作社实行绿色健康种植，发展优质特色效益农业，新建日加工 60 吨精米和 10 吨油菜籽加工生产线，注册"天人丰"品牌，"天人丰"大米获无公害农产品和 QS 认证，结束了秀山县无优质粮油加工品牌的历史；连续六年担任科技指导员指导杨成中、彭安忠等 53 户科技示范户，亩平增产 18％以上，每年向科技示范户垫资种子、农药款 2 万余元，指导平阳村杨成中发展"种养"生态循环农业家庭农场模式，成为全县脱毒种薯扩繁基地和市级示范家庭农场；指导茫洞村彭安忠发展"油菜＋南瓜＋紫薯"模式，三次到重庆双福市场联系销路，助力彭安忠获神内基金农技推广奖（农户）；全程指导秀山县腾声农业合作社和秀山县张坝蔬菜股份合作社参加全国甘薯特色产品展销会；2017 年帮助忠云农业合作社等 9 家种粮大户解决优质水稻种子 4 475 千克，节约成本 17.5 万元……和他接触过的农户、业主都有同样的感觉，"他一点都不像干部，倒像一个地地道道的农民，每次经他点拨的技术都很有用，对我们的帮助非常大！"

抓项目、搞推广，从不搞遥控指挥；摸泥土、配农药、修沼气，亲自操作示范，以至双手患上过敏性神经皮炎……功夫不负有心人，许洪富连续三年度支农被县组织人事部门鉴定为优秀，被评为"三万计划"优秀个人；连续六年被县农委评为优秀技术指导员，2015 年 4 月被重庆市总工会授予重庆市五一劳动奖章，2015 年 7 月被中华农业科教基金会评为 2015 年度神内基金农技推广奖（推广人员）。

抓创建、搞示范，稳粮增产

抓创建、搞示范一直是许洪富的工作重心，他积极开展化肥农药减量行动，组织实施粮食稳定增产行动，开展粮食绿色增产增效技术攻关，主持开展了水稻等试验示范 40 余项，创新推广油菜高产高效技术体系集成创新与应用和"五个一"马铃薯高产种植技术等重大农业技术近 20 项，累计推广面积 435.9 万亩，实现农业生产增收节支 4 亿元以上。

　　近 5 年来，全县引进推广优质良种 700 多吨，马铃薯原原种 65 万粒，高淀粉甘薯种苗 100 万株；累计实施高产创建 34.76 万亩，增产粮食 7 600 多吨。创办农民田间学校 21 所，建立农业科技示范基地 67 个。成功组织了"中国边城·美丽秀山"2012 年油菜花摄影大赛创作活动、全市秋冬种生产油菜高产创建现场会和全市 2015 年超级稻高产创建示范技术培训暨钵苗机插现场会；培育龙凤花海，被评为中国美丽田园十大油菜花景，五届菜花节累计吸引游客 75 万余人次，实现旅游综合收入 14 400 余万元；2016 年主持实施市级集中科技推广项目——稻油新型高效轮作模式技术集成推广项目示范面积 1 000 亩，实现水稻亩产 621.2 千克，比全县平均亩产高 147.95 千克；油菜亩产 179.8 千克，比全县平均亩产高 46.44 千克；承担的工作荣获重庆市人民政府首届科普工作普及奖先进集体奖，中国农业技术推广协会先进单位，全国农业技术推广通联工作先进单位；2012—2013 年连续两年被市农委评为重庆市粮食生产先进个人，先后荣获全国农牧渔业丰收奖农业技术推广合作奖 1 项、全国农牧渔业丰收奖三等奖 1 项、重庆市农牧渔业丰收奖三等奖 1 项、县科学技术进步奖一等奖、二等奖、三等奖各 1 项。

扎根田野吐芬芳

——记重庆市涪陵区义和镇农业服务中心黄久龄

黄久龄，男，1965年11月出生，毕业于西南农业大学，在职大专学历，高级农艺师，1987年2月参加工作，是重庆市涪陵区义和镇农业服务中心的一名农技干部，九三学社社员。30年来，他始终默默无闻地扎根在为农服务的田间地头，忘我工作，勤勉敬业，严谨求实，无私奉献，做到干一行、爱一行、钻一行，从不计较个人得失，在平凡的工作岗位上谱写出了一曲曲感人的乐章，把自己的人生和汗水融入了服务"三农"的热潮之中，为当地粮食增产、农业增效、农民增收作出了突出贡献，多次得到农村广大群众的一致好评。

一支笔，墨迹描绘业务功底之美

黄久龄十分注重农技业务理论知识的学习，他常说：只有掌握深厚的业务功底才能更好地为民服务。人们常常看见他在办公室、会议室、农家院坝甚至山间田野，随时掏出笔来记录政策理论、业务知识和试验数据。他不断学习党的路线、方针、政策，努力提高政治素养，增强为民服务能力，以实际行动坚定不移地跟党走。他坚持学习记录涉及农业法律法规、现代农业、农技推广、农业科技、植物保护、农业生态环境、农业面源污染、测土配方等专业知识，随时掌握农业科技动态和研究方向，了解最新的农业技术信息，并在工作中认真实践和印证。通过长期学习积累，黄久龄成为当地小有名气的农业"土专家"，农民一有什么种植技术方面的难题，马上电话邀约他来现场指导。

一双鞋，足印雕刻农技服务之美

农业服务中心肩负着农业技术推广和服务工作，工作的性质决定需要经常深入基层走访农户、掌握农情。30年来，黄久龄跑遍了全镇的每一个角落，到处都留下了他的身影和足迹。他经常深入到田间地头、农家院户，开展农业实用技术的宣传、培训、示范和指导，为农民解决生产疑难问题。面对交通不便、人员少、任务重、时间紧的现状，他积极发扬连续作战、甘于奉献的精神，绝大多数双休日、节假日也没有休息。在平时工作中，凡是接到农民的请求，他都争取第一时间赶到现场为农民排忧解难，常常是风里去、雨里来，雨天一身泥、晴天一身汗，记不清摔了多少跤。尤其是灾害天气，农作物普遍出苗差，长势也不好，群众都非常焦急，他尽可能做到随叫随到，到农民的田间地头指导，如不能及时到达现场的，则电话联系帮助解决。为了更好地指导农业生产，他每年坚持对义和镇水稻、玉米、再生稻等作物100多个田（土）块开展测产调查、室内考种，田间取样经常到傍晚，室内考种时常加班到深夜。

一个本，勤奋铸就试验贡献之美

黄久龄把"做事先做人，万事勤为先"作为自己的行为准则，扎根基层几十年如一日，做到"眼勤、嘴勤、手勤、腿勤"，不怕苦、不怕脏、不怕累、不计名利得失，处处发挥模范带头作用。在他泛黄陈旧的记录本上看到，黄久龄先后承担实施"杂交水稻新品种同田对比试验""杂交水稻旱育秧对比试验""水稻无盘旱育抛秧技术研究试验"等农业新品种新技术试验项目42个；"稻田免耕栽培水稻示范片""重庆市涪陵区再生稻高产示范片""稻草覆盖栽培秋洋芋示范片"等示范项目40个；曾先后为重庆市、涪陵区（市）举办水稻抛秧现场、春播育秧现场13个。在农业新技术推广方面，水稻旱地育秧、水稻塑料软盘抛秧、水稻无盘旱育抛秧、免耕栽培技术、测土配方施肥、秸秆还田土壤有机质提升等一批重大农业新技术在义和镇得到了较快的推广普及，走在涪陵区各乡镇前面，起到了领头羊作用，产生了较高的经济效益和社会效益。他在平凡的工作岗位上以自己的实际行动，为当地农业持续健康发展、农民增收、农业增效做出了不可磨灭的贡献。

一份情，奉献收获荣誉成果之美

黄久龄说，他生于此，长于此，服务于此，与这块土地和人民早已结下了不可割舍的深厚情谊，在工作中公而忘私、忘我奉献已经成为常态。为确保农业科技试验的准确性，由于经常深入试验田日晒雨淋，他于2003年累倒在试验田中，生病住院20多天；2008年2月在为涪陵区举办春播育秧现场期间，他父亲在重庆身患重病住院治疗，为了确保春播质量，一直未离开育秧现场，到春播结束后才去看望自己生病的父亲。30年来，他的努力得到了上级业务部门和广大人民群众的充分肯定，他被涪陵区（市）人民政府、重庆市、涪陵区各级业务部门评为先进个人、先进工作者30次；先后16年被重庆市涪陵区机关事业单位工作人员考核委员会确定为优秀干部；曾先后获各级各类科技成果奖9项，其中获省部级农牧渔业丰收奖1项、地厅级科技成果奖8项；他本人被涪陵区委、区政府授予重庆市涪陵区第一届第二批科技拔尖人才、第二届第二批科技拔尖人才、第四届科技拔尖人才光荣称号。

丹心化雨润沃土

——记四川省绵竹市新市镇农业服务中心何洪元

他，个子不高，脸庞黝黑，朴实憨厚的外表中，透出执着和坚韧。他把农民当自己的父母，把农田当自己人生的舞台。正是他，新市镇农业服务中心主任——何洪元，与联合国粮农组织的国际国内专家并肩授课，得到农业部、省农业厅有关专家的高度赞扬，让绵竹市的有害生物综合治理技术（Integrated Pest Management，IPM）享誉全中国乃至世界；正是他，创造性地推广各种农业新技术，在全镇上下举办过数以千次的农业技术培训和现场示范，为全镇农民的增产增收做出了重要贡献，他在平凡的基层农技推广工作岗位上，全身心地奋斗了三十多个春秋，奉献出了青春和心血，浇灌出农业科技之花在家乡土地上灿烂开放。

勇担重任攀新高　国际合作创佳绩

1992年联合国粮农组织IPM项目在绵竹实施，新市镇因农技工作基础好，承担了这一国际合作项目。何洪元认真学习请教，刻苦钻研，成为了一名这项技术的培训辅导员。他熬夜备课、顶风雨、冒酷暑下村下田辅导，踏实刻苦的工作态度，受到大家的赞扬，新市镇推广IPM技术也取得了丰硕成果，在评价验收中，受到联合国粮农组织官员和农业部的高度肯定。

1998年，何洪元根据农村种田妇女多的特点，在金兰村组建了一个由25名妇女组成的IPM学习班，这在全省乃至全国都是首创。他认真辅导、指点，使这个班的女学员迅速掌握了技术并结业，而且在国际上扬名。联合国粮农组织的官员亲自为这个班的女学员颁发了全世界第一批通过IPM培训结业证书，班长还被国际粮农组织推上互联网。

2008年汶川大地震发生后，为恢复灾后农业生产，新市镇农业服务中心经多方努力，争取到600亩的"稻鸭共作"示范项目。为把此项目落到实处，何洪元申请举办了"中国—加拿大农业可持续发展"农民田间学校稻鸭共作技术培训。当时遍地废墟，没有教室就用农户的竹林院坝，没有黑板就在围墙上贴白纸做黑板，这样的培训被中加可持续农业发展项目四川办公室项目官员李莉女士称之为"地震震不倒的农民田间学校"。通过培训示范当年每亩增收263.53元，为新市农民灾后增收找到了又一条致富之路。

心系农技推广事业，努力实践"科学发展观"

2000年何洪元担任了镇农技站站长。他更深入地了解农业生产存在的问题并对照检查及时整改，向全镇群众做出公开服务承诺。在生产中出现任何问题，农民都给他打电话求助，他都会第一时间赶到帮忙解决，受到了干部群众的好评。

2008年3月何洪元从市农业局学习了"水稻超高产强化"栽培技术回来，决心要在全镇大面积推广这一最新高产增收技术。但要改变多年来农民习惯的耕作方式不是一件容易的事，他知道"打铁先要自身硬"，要让乡亲们信服一项新技术，先得拿出样板给大家看。于是他落实了近20亩田首先搞起了"水稻超高产强化"栽培技术试验。为了掌握水稻的生长变化规律，他坚持亲自下田调查掌握第一手材料，有时骨质增生痛得他直不起腰，他也没有叫一声累。水稻收获季节到了，两块试验田水稻产量分别达到了734千克和716.1千克，比其他栽培方式增产234和216.1千克，每亩除去多用两个工和20元肥料外，增收300元以上。

农民信服了！第二年，在全镇13个村大面积示范，面积从2008年的20亩扩大到2009年的近千亩，他从苗床地的选择到播种，从移栽到水分管理，从施肥到病虫害防治等，每天都奔波于示范点上进行指导。水稻收获后，石虎村十一组村民王道高高兴得合不拢嘴，他说："我去年1.2亩水稻才收了12袋，有540千克，今年在何老师他们指导下，同样那块田收了19袋有850多千克，比去年多收300多千克，明年还是要你们来指导，把几亩田全种上。"

一项新技术的推广需要耐心而艰苦的培训。何洪元除坚持搞好一年两度的大、小春技术培训外，还对一些新技术进行专项培训，经常到村、组甚至到农户的田头和家中，最大限度地扩大培训面，每年培训人数多达5 000多人次。2017年的农业产业技术扶贫培训时，有时一天要讲两三个村的课，哑了嗓子也坚持讲下去。他在走村串户的过程中，留意生产中发现的问题，并用相机照下，制成幻灯片或多媒体，在乡镇率先采用多媒体对农民进行培训，农民乐意静静地听他这种贴近实际的讲课，往往是将整个村会议室或农家小院挤得满满的。

通过这样几十年如一日的示范培训，全镇农民学科学用科学的劲头更足了，农民的科学文化素质得了提高。

为民致富任劳任怨　服务农业无怨无悔

2008年5月12日，突发其来的大地震给新市镇的农业造成了破坏性的打击。地震发生时正好是农村"双抢"大忙季节，一些农户也给震蒙了，眼看成熟的小麦、油菜籽无人收获。何洪元带领农业中心技术人员一边及时将情况汇报给镇党委政府和上级主管部门，一边深入到村组群众的防震棚宣传抗震救灾知识，帮助群众消除因地震带来的恐慌，恢复信心搞好生产自救。干部群众齐心协力，挥汗抢收小麦油菜籽，又及时栽上了秧苗，使全镇"双抢"工作比市里其他镇提前完成。

在那段非常时期，何洪元一天工作超过10小时，常常是天还未亮就出门，要晚上七八点钟才回家，有时更晚，而且从没有节假日和周末。

就在这时，镇里又发生了稻瘟病。5月30日，他为了让农户辨别"稻瘟病"，早上5点过就起床赶到离家约6千米的花园村9组农户的稻田边，一边帮助农民识别"稻瘟病"，一边采摘"稻瘟病"样本，为7点钟在该组和8点钟在下东林村1组召开的"稻瘟病"现场会做准备。当天，他手把手地教会了两个组150余农户"稻瘟病"的识别和防治。就这样，他争取到镇领导的重视支持，带领群众扑灭了病害，赢得了大震当年全镇水稻丰产。他本人也得到了德阳市、绵竹市表彰。

近年来，农村改革持续深入。但本镇一些有见识有能力的农村能人却还不愿承包耕地。作为一个农技推广人员，何洪元看在眼里，急在心头，结合自己多年的经验和向上级部门沟通学习，不断地努力推行土地集约化耕种。新市镇从无到有，从最初的三户新型农业经营主体流转土地110亩，到2016年的40余户流转土地1.3万多亩，占全镇耕地总面积的近40%。新型农业经营主体带动农户和贫困户四百多户，户平增收五百元以上。

荣誉面前不骄傲，一如既往不止步

何洪元从事农业技术推广工作 30 多年来，创造性地推广各项农业新技术，他推广了旱育秧、旱育抛秧、免盘旱育秧、大小春免耕、化学除草、高效低毒农药、生物农药防治病虫草害、稻鸭共作，粮丰工程、三百工程、优质油菜项目、沃土工程、测土配方施肥项目，水稻、小麦新品种 B 优 827、B 优 838、中优 177、川麦 42、川麦 44 等项目达 80 个以上。累计增产和从病虫害口中夺回的粮食达千万千克以上，创经济效益 4 000 多万元，使全镇水稻平均单产由 2006 年前的 481 千克增加到 2016 年的 534 千克，农民人均纯收入也由 4 000 多元增加到 2016 年的 15 819 元，由于他出色的工作表现，取得了十分突出的成绩，得到了老百姓的信赖，领导的肯定和社会的认可。他主研的"川西北稻黑蟓综合防治技术研究""农田无草害工程"获绵竹市政府科技进步奖一等奖，"旱育秧技术应用与推广"获绵竹市政府科技进步奖三等奖、省科协立体农业开发金桥工程优秀项目一等奖，先后被绵竹市团委和德阳市团委授予青年星火带头人、服务农村青年增收成才先进个人，被德阳市农业系统和绵竹市委、市人民政府评为抗震救灾先进个人，多次被市、镇评为先进个人和优秀共产党员，2010 年 4 月被评为四川省劳动模范。

何洪元同志热爱着农技推广事业，他还在这片土地上不断地挥洒热汗，决心为家乡父老实现富裕和梦想，浇灌出更加绚烂的农技之花。

念好"五字诀" 当好"扶贫兵"

——记四川省广元市苍溪县浙水乡畜牧兽医站郑雄

2015年，随着脱贫攻坚尤其是精准扶贫、精准脱贫的深入推进，作为浙水乡的基层农技干部的郑雄主动申请到建卡贫困村四坪村，担任驻村农技员。

驻村开展农技工作中，郑雄根据农村工作实际情况，始终坚持念好"谈、训、销、规、保"五字诀，在乡党委、政府领导下，与四坪村支部、村委会一班人紧密配合、精诚团结、求真务实，扎实开展农业科技扶贫工作，四坪村及全村37户贫困户已于2016年底整体脱贫。

念好"谈"字诀，变"要我脱贫"为"我要脱贫"

热爱学习、具有大局观念的郑雄深知，只有贫困户脱贫，才能实现"两个百年"梦想，国家才能强盛不被别国欺凌。

因此，不论是天气是天晴下雨、贫困户住在深山谷底，郑雄都以强烈的紧迫感、责任感，努力做到逐户走到，通过与贫困户谈需求、谈技术、谈销售、谈想法、谈政策、谈形势，既了解掌握了第一手真实资料，又切实增强了贫困户发展的积极性。由此，贫困户"要我脱贫"的思想也转变成"我要脱贫"。

郑雄有严重的咽喉炎，说话太多、声音过大嗓子就嘶哑、干咳。其中，四坪村三组村民何某，不识字、耳朵背，为了让其知晓精准扶贫、精准脱贫相关政策，郑雄硬是花了整整两天时间，带去的20升的水杯喝了不下10杯水，才让何某一家明白了脱贫攻坚的重要性和必要性。

一年来，郑雄积极走访贫困户，共走访贫困户共37户85次。

念好"训"字诀，变"授人以鱼"为"授人以渔"

1月，冒着刺骨的湿冷指导铺地膜；6月，赤着脚在田里帮农民插秧；7月，冒着瓢泼大雨看果园排水沟；9月，冒着37℃的高温在田间看水渠……原本擅长畜牧兽医技术的郑雄，为了更好指导四坪村的农技工作，在不到一年时间里，通过虚心请教、认真学习、刻苦钻研、积极进取，学会了农业种植、果树栽培等以前不熟悉的技术知识。

郑雄常说："学习技术不仅有利于自己，还有利于指导贫困户。"现在，他仍旧保留了一个习惯——自己从网上购买农业技术方面的书籍，并下载到手机上，只要一有空就拿出翻看学习。

一年来，郑雄在四坪村有针对性地开展种养殖技术培训36次，培训人数1 525人次，赠送各种种养殖技术资料1 525份，张贴雪梨种植技术画报16份，赠送生猪驱虫药400包、消毒药80瓶、浓缩饲料130千克、化肥2吨。现场和电话回答养殖户技术咨询25次，在"四川科技扶贫在线"上为贫困户咨询技术28条，并手把手的把技术帮农户运用到实践中。带领该村贫困户和部分农户合计203人次，前去云峰镇参观学习猕猴桃种植，去龙山镇参观学习雪梨种植，去五龙镇参观学习土鸡放养技术。

由于驻村后郑雄切实将农业科技作为第一生产力，将提高贫困户农业技术作为第一责任，毫无保留地将自己掌握的技术提供给贫困户。如今，村里的贫困户提起他都会说："凡事农业上有不懂的，就问'郑家百事通'"。

念好"规"字诀，变"两头黑"为"胸有成竹"

作为农村长大的孩子和长期工作在农业一线的干部，郑雄一直以来的想法是：与其让农民在市场不稳定、信息不对称中"两头黑"，不如做好产业规划，做到"胸有成竹"。

于是，郑雄动用私人关系，请气象、水务等方面的专家到四坪村角角落落勘察，拿土壤到专业机构去确定成分，取得了每个田块的风、水、阳光、温度、湿度等数据。有了这些基础资料，四坪村发展产业不再难，也更有针对性。很快，村里便确定了新品种雪梨和猕猴桃为主导产业，兼有猪鸡养殖和林果业，户户有产业、家家有庭园。

为了改善基础设施，经多方争取了市农业局优质水稻种 500 千克、拌种剂 1 000 千克、化肥 2 吨。有朋友认为他把私人关系用到完全不沾亲带故的人身上，太傻！他却说："一点种子和化肥，在有钱人眼里看起来不算回事，但是对贫困户来说是大事！"

同时，郑雄还帮助没有及时补栏仔猪、核桃梨幼苗因旱灾受损的贫困及时转型，规划短期的土鸡、肉鸭养殖。13 户养殖土鸡的贫困户均不同程度增加了养殖量，有 3 户还养了鸭子，增加了经济收入。其中，为确保能按时脱贫，为贫困户何跃贤规划养鸡 100 只；为贫困户花泽芬规划年出栏 60 头生猪，栽种 2 亩雪梨、2 亩核桃，当年纯收入 3.25 万元……

目前，四坪村贫困户都有了长短期结合的产业，为脱贫和今后"回头看"，不返贫，打下了坚实基础。

念好"销"字诀，变"找市场"为"互联网＋"

浙水乡山清水秀，生态环境良好，农民生产的产品是生态、安全的，但是却走不出深山。

"说一千道一万，无论生产出来的农产品有多优秀，但是只要卖不掉、收不回成本，农民将继续贫困，对于党委政府也是损害。"于是，看在眼里急在心里的郑雄又当起了"猪贩子""果贩子"。

一年来，郑雄同村干部一道先后在"四川科技扶贫在线"上发布农产品销售信息 6 次，联系猪、鸡经纪人到户收购出栏的猪、鸡。组织以购代捐 6 次，购买贫困户的土鸡、鸡蛋、大米、菜油、蜂蜜等合计金额 2 685 元。主动与苍溪县"易田"电商平台协商，在苍溪县纪委、五龙粮食储备库的支持下开通网络终端，在线上销售四坪村等的土特产品。积极衔接温氏集团项目开展生猪托养和收购，增加农户收入。

念好"保"字诀，变"等客上门"为"上门服务"

郑雄家庭负担重，负责 4 位老人赡养，孩子即将读大学，自己家境很不宽裕，穿得非常落伍，但他还是经常待在村上和掏钱慰问贫困户。

在四坪村委会，挂着"农技人员"牌子的办公室里经常是人来人往。驻村以来，郑雄每月至少要在村上工作 20 天，为贫困户解决农业产业上的产业规划、种养技术，农时信息，产品销售等咨询，也为他们产业发展中遇到的问题想办法。此外，他还将工作责任清单按周上墙公示，接受群众监督。

贫困户花泽芬卖猪被拖欠 12 788.00 元，郑雄主动上门服务，多次和肉联厂交涉，帮助其追要欠款；猪圈光线不好，郑雄买来亮瓦上房盖好，改善了猪舍光照。贫困户何跃贤，建起养鸡场后，经常遭到黄鼠狼等"光顾"，郑雄主动为其送去农家狗，并帮何跃贤进一步规划扩大了鸡的养殖量；何述贤等 3 户贫困户的猪得了丘疹，郑雄接到电话，冒雨前去，及时诊治，为群众解决了养殖顾虑。

自工作以来，郑雄先后发表调研文章 2 篇，学术论文 6 篇，目标考核 8 次评为优秀，受到上级表彰 10 次，2017 年 4 月 21 日被四川省委表彰为优秀农技员。谈到今后的工作，郑雄表示，将继续用脑、用心、用行动做好驻村工作，扎扎实实帮助帮扶村做好各个方面的产业规划和技术培训，加快四坪村群众脱贫奔康的步伐。

喜看稻菽千重浪

——记四川省南充市营山县植保植检站郭建全

自从参加工作以来，他一直战斗在农业生产第一线。绥山大地上到处留下了他坚实的足迹，田畴绿野中到处有他洒下的辛勤汗水。他说："绿色是我人生的底色，大地是我人生的舞台。"

他就是营山县植保植检站副站长、农艺师郭建全。

旱地改制　经验全省推广

1960年，郭建全出生在营山县大庙乡的一个偏远小山村，在6个兄弟姊妹中他排行老三。十岁那年，父亲因病去世，生活的重担全部压在了母亲柔弱的肩上。在那个缺吃少穿的年代，他们一家同样不能摆脱吃了上顿无下顿的窘境。穷人的孩子早当家，在一边发奋读书的同时，他一边帮助母亲挣工分。1979年，郭建全以优异的成绩考入了南充农学院。

营山属丘陵地区，是传统农业大县。1981年7月，因为品学兼优，面临毕业分配的郭建全本有机会跳出"农门"，可他却毅然选择回到家乡，践行自己用知识改变农业生产现状的诺言。

郭建全参加工作的第一站是新店区农技站。新店区属山区，辖6个乡镇，当时区上通往各个乡镇都是泥结碎石路，由于车辆少，往返几乎全部靠步行。

提高土地单位面积的产量，才是农业增效的根本。针对当地旱地一年只能种两季的惯例，上班不久，郭建全就把功夫下在了旱地改制上。利用所学的书本知识，起早贪黑，徒步往返于辖区各乡镇，抓培训、搞示范、建基地、促推广，历时三年的试验和改进，相继推出了"三二五""双二五""双六尺"旱地分带轮作模式及其配套技术，将传统的一年两熟增加到三至五熟，较改制前单位面积产量翻了近一番。旱地改制迅速在四川丘陵地区广泛推广应用，仅南充地区推广面积就超过6 000万亩。

与此同时，他积极引进、繁育、推广甘薯新品种"南薯88"，组建繁育基地，为全县三年内全面普及，实现甘薯单产、品质双突破做出了贡献。为解决丘陵坡地干旱问题，从1984年起，郭建全又开始探索套作甘薯作垄方式的改进，改与玉米带平行起垄为垂直起垄，以垄间"凹槽"涵蓄水分，成为一项至今推广的节水抗旱增产技术。

地还是那些地，人还是那方人。不同的是收成显著提高了，百姓紧锁的眉头舒展了。大家都纷纷夸奖这个年轻人本事大，为老百姓打开了增收的大门。

钻研技术　获得奖励无数

1990年，因为工作业绩突出，郭建全被调回到营山县土壤肥料站担任副站长，主要负责全县中低产田地工程改造工程。当时，全县超过三分之一的耕地都是中低产田土。为保证工程质量，他常常起早贪黑深入到各个工地，催进度、严标准、抓监督，凡是他负责的农田改造工程，都如期顺利通过省、市、县验收，为此，连续多次受到营山县委、县政府和南充地委、行署的表彰奖励。

为编制《营山县中低产田地改造"十一五"总体规划》，他先后深入到全县53个乡镇开展耕地低产原因调查，共收集代表土样2 000多个，完成对不同土壤类型的养分检测和地力评价，并针对低产原因，提出耕地改良对策建议。由于该规划具有较强的针对性、指导性和前瞻性，成为全县"十一五"农田改造的行动指南，荣获营山县科技进步奖三等奖。

1996年，郭建全再次转岗到营山县农业技术推广站工作，主要负责旱地作物生产。进一步提高旱地作物单产，是当时一项十分紧迫的中心任务。为此，他把主要精力都投入到旱地作物良种良法综合配套增产技术的攻关上。通过大量的田间试验和生产示范，先后集成推广了高产抗逆品种、地膜覆盖栽培、秸秆覆盖免耕栽培、"双千""吨粮"模式栽培等农业新技术10多项，培训实用技术人才2万多人，创建粮油高产攻关田逾万亩，实现旱地单位面积年产量提高100千克以上。为表彰他为全县旱粮生产做出的贡献，营山县委、县政府多次授予先进个人荣誉，为单位赢得全国农牧渔业丰收奖二等奖1项。

喜看稻菽千重浪！他的付出与贡献，至今令营山百姓感动。

以苦为乐　成就人生价值

2000年，郭建全被转岗到营山县植保植检站工作，面对境内频发的生物灾害和群众一双双期盼的眼光，他感到自己背负千钧重担。

植保植检工作每年至少有五分之四的时间必须处在生产第一线，郭建全为此放弃了几乎所有的周末和节假日，开展病虫调查，抓试验示范和项目实施，夏战酷暑，冬冒严寒，晴天一身土、雨天一身泥，日复一日、年复一年。

南方的盛夏，气温经常在38℃以上，而这段时间正是水稻孕穗和病虫防治的关键时节。开展水稻病虫调查时，下田早了露水打湿衣裳，下田晚了烈日烘烤体肤，每到上午10时，人在稻田里上身汗水淌，下身汽水蒸，时不时会出现虚脱、眩晕现象。稻田里"秧疯子"特别多，每下田一次，手脚便会长满奇痒难忍的"疯疙瘩"，加之被稻叶割破皮肤，一季水稻下来，郭建全的手脚便是伤痕累累。尽管如此，他始终坚持当天的任务当天完成。由于长期劳累，加上不能准点吃饭，这些年，郭建全患上了慢性肠炎、关节炎、腰肌劳损等多种疾病，但他依然"把劳累当锻炼，视艰苦为快乐"。正是凭着这种以苦为乐的精神，他在病虫测报岗位上一干就是整整17年。2017年4月23日，正值周日，正当他在田间调查水稻病虫时，突然接到一个无证调运柑橘苗木的举报电话，他又立即奔赴苗木运抵现场黄渡镇兰武村，第一时间发现苗木带有柑橘溃疡病，并立即采取疫情处置措施，挽回直接经济损失100多万元。

与此同时，他还同四川省农业科学院、南充市农业科学院、中国农业大学等以及多家农药生产企业开展长期技术合作，先后承担技术研究课题20多项，成为国家水稻产业技术体系南充综合试验站的技术骨干。

付出多，则回报丰。10多年来，营山植保植检工作一直走在了全省前列，从2007年起连续10年在全省重点测报站年度考核中排名前10位，2014年被农业部首批列为"全国病虫测报标准化区域站创建示范单位"，2014年创建的营山县向坝植物保护专业合作社跻身为"全国病虫害专业化统防统治百强服务组织"，2016年病虫监测、绿色防控和专业化统防统治三项工作受到四川省农业厅的通报表彰，他本人也于2009年被南充市人民政府授予农业重大病虫防控工作先进个人荣誉称号。在此期间，他还先后荣获全国农牧渔业丰收奖三等奖 1 项，四川省科学技术进步奖二等奖、三等奖各 1 项；同时也为单位赢得农业部奖励 1 项，四川省人民政府奖励 2 项，南充市人民政府奖励 2 项。

36 年奉献　遗憾与快乐并存

36 年的基层农技工作经历，郭建全成就了厚厚一摞的殊荣，但对于家庭和个人来说，却留下了一生难以弥补的遗憾。

1984 年，郭建全的母亲突发脑出血，当时他正在新店乡开展旱作生产试验，待忙完手头工作匆匆赶到医院时，母亲已经永远闭上了双眼。一声迟来的"娘！"，可惜母亲再也听不见。他长跪在母亲的遗体前，心如刀绞，任凭泪水长流。

1996 年 3 月，郭建全接到上级通知，赴俄罗斯车里雅宾斯克州爱琳农场参与为期一年的中俄农业合作援外项目并担任农艺师。当时，因为早产、降生时体重只有 1.4 千克的女儿还不满百天。一边是急需照料的母女，一边是难得的援外机会。面对两难的选择，他赔着笑脸向妻子求情，在妻子很不情愿的默许中踏上了援外的征程。女儿开始上学后，由于他三天两头跑乡镇，经常是一大早出门，很晚才回家，对女儿的学习疏于过问，以至于女儿高考成绩不够理想。为此，很长一段时间，他在家人和朋友面前无言以对。

"论贡献和资历，他早就该是高级职称了。"营山县农牧业局局长蹇建生说，只因单位岗位设置有限，一直未能得到解决。虽然郭建全从未因此而抱怨，但这是局党组"一班人"共同的"心病"。

36 年，在漫长的历史长河中，只是短短的一瞬间，但对一个人来说，却是近半辈子的光阴。36 年风雨兼程，36 年潜心钻研，36 年清贫坚守，36 年默默奉献……曾经的青春，曾经的激情，曾经的汗水，播撒、耕耘、浇灌着这片土地，待到成果缀满枝头，也成就了他一生的追求与梦想！

情系"三农"助发展　无私奉献显本色

——记四川省广安市广安区兴平镇农业技术推广站蒋裕兰

盛夏七月，骄阳似火。

在这样的季节，一位头戴草帽的基层女农技人员穿梭在田间地头，她时而查看水稻生长情况，时而向群众讲解病虫害防治知识。烈日下，她的脸颊变得通红，汗水不时滚落而下。然而，她顾不上歇息片刻，又马不停蹄地奔向下一块"责任田"，忙碌的身影成为酷暑中一道感人的风景。

她，便是四川省广安市广安区兴平镇农业技术推广站站长、高级农艺师蒋裕兰。掐指算来，2017 年 47 岁的蒋裕兰，已在基层从事农技工作 24 年。她用自己的实际行动，书写着一名农技干部情系"三农"的责任与担当，诠释着一名共产党员无私奉献的执着与坚守。

推广新技术新品种，提高农业发展科技含量

1993 年 7 月，蒋裕兰从四川省绵阳市农业专科学校农学系种植专业毕业，分配到广安区任乡镇农技干部。她牢记肩上的职责与使命，多年如一日地奔波在农技服务第一线，积极推广新技术新品种，努力提高农业发展科技含量，促进农业增产增效。

广安地处经济欠发达地区，群众观念落后，对推广的新技术新品种一时难以接受。蒋裕兰积极通过试点示范，让群众看到新技术新品种带来的好处，并通过在村民中培养科技示范户，引导群众转变观念，辐射带动群众增收致富。

2011 年，蒋裕兰在兴平镇试点推广"玉米膜侧栽培"新技术，没想到在宣传发动阶段就遇到了阻力。当地农民认为，玉米膜侧栽培前期开沟、垒厢、覆膜等既多花劳力，又多用农膜，比传统的玉米肥团露地栽植费事得多，对这项新技术推广并不上心。

怎么办？蒋裕兰通过向广安区农业部门和兴平镇党委政府主要负责人汇报，争取到近 10 万元资金，统一购买种子、农药、农膜及肥料等物资，在全镇公路沿线建立起 100 亩"玉米膜侧栽培"镇级示范点 4 个，在各村分别建立不低于 20 亩的村级示范点 19 个。当年，采取"玉米膜侧栽培"技术栽植的玉米抗旱效果明显，且亩产量比露地栽植的玉米高出 50 千克，亩产值增加 100 元。"采取'玉米膜侧栽培'技术栽植玉米，每亩地虽然多花了 30 元的农膜和 10 元钱的劳力费，但除去这两项成本，亩收入还增加了 60 元。事实证明，这是一项帮助老百姓增产增收的实用技术！"蒋裕兰抓住契机做起了宣传工作。在事实面前，群众信服了，他们纷纷表示，"种了几十年庄稼，没想到种田的学问还这么大。今后我们应该转变观念，利用新技术发展生产，实现增收目标。"目前，兴平镇每年采取"玉米膜侧栽培"技术发展的玉米面积都在 3 000 亩以上。

近几年来，通过蒋裕兰不懈努力，在新技术方面，兴平镇成功推广小麦"双三〇"旱地改制及横向坎沟点播技术，水稻旱育秧、抛秧、强化栽培、带药移栽及直播技术，玉米膜侧覆盖栽培技术，辣椒、大豆覆膜栽培技术及血橙种植技术等。新品种水稻主要推广了川优 6203、德优

4727、两优 534、隆两优 1206、宜香优 5979 等优质品种，玉米主要推广了科茂 918、正玉 968、陵玉 13 等品种，同时还成功推广了大豆、辣椒和油菜等作物的优质品种，并组织村组干部及科技示范户到现场参观学习，培养科技示范户 120 户，有效激发广大农户科技种田的积极性。

响应结对帮扶号召，当好贫困村"农业保姆"

2015 年 9 月，在四川省农业厅开展的"万名农技干部进万村"技术扶贫行动中，蒋裕兰主动响应号召，与兴平镇丁坝村采取"一对一"的方式，结对帮扶贫困村发展增收致富产业，加快推进贫困户脱贫奔康步伐。

丁坝村是兴平镇有名的贫困村，多年来村民们靠种植传统的水稻、玉米等农作物维持生活。进村伊始，如何帮助村民调整产业结构，发展骨干增收产业成为了蒋裕兰的头等大事。她深入了解和掌握全村基本情况，多次走访贫困农户，听取他们的意见，结合村情实际，因地制宜制定出发展优质血橙 460 亩、优质水稻 400 亩、优质蔬菜 300 亩的规划方案。

当年 10 月份，丁坝村血橙产业进入幼苗栽植期。蒋裕兰每天坚守在现场，扛着锄头深入到田间地头，向群众传授血橙的栽植和管护技术要领。仅仅用了 10 天时间，全村完成血橙产业栽植目标，原来荒芜的田土，变成了规模发展的产业基地，一株株血橙苗木，成为贫困群众脱贫增收的"致富树"。

血橙苗从栽植到初挂果需要 3 年时间。为提高土地利用和产出率，拓宽群众增收路，蒋裕兰提出在血橙地里套种蔬菜的想法。她协调广安区农业局送来肥料及蔬菜苗，组织群众抢抓时机，在血橙地里套种莴笋、儿菜及白菜等时令蔬菜。据计算，仅套种蔬菜一项，就为丁坝村人均年增加收入 1 500 余元。

在抓好骨干产业的同时，蒋裕兰利用农闲和举办"农民夜校"的时间，向丁坝村群众开展惠农政策宣传，举办农产品质量安全、农村土地流转知识宣讲，以及农作物栽培和病虫害防治等技术讲座。近两年来，蒋裕兰通过大会集中开展技术培训 6 次，培训群众 1 230 人次，发放技术资料 3 000 余份；开展"农民夜校"培训 5 次，培训 480 人次，发放技术资料 1 200 余份；通过广播宣传 12 次，开展田间地头现场指导培训 32 次；在村民中培养水稻人工直播、辣椒覆膜栽培及玉米膜侧覆盖栽培技术示范户 20 户，培养种植和养殖大户 15 户，培养新型职业农民 1 户。2016 年底，丁坝村共脱贫 72 户 212 人，全村人均纯收入达到 9 700 元，比 2015 年增加 2 900 元，增长 42.6%。

立足本职爱岗敬业，彰显共产党人奉献本色

"甘于奉献是共产党员的崇高品格，新时期的党员干部更要具有强烈的事业心和奉献精神，不计较个人得失，牢记为人民服务的宗旨，在奉献中实现人生的价值！"在蒋裕兰的工作日记中，工工整整地书写着这样一段发自肺腑的话语。

她是这样说的，也是这样做的。作为一名党员，蒋裕兰始终保持着坚强的党性，她以身边的优秀党员为楷模，坚持向先进学习，多次克服个人及家庭的困难，以满腔热忱全心全意服务于"三农"工作，时刻彰显着共产党人的奉献本色。

2016 年 6 月 3 日上午，蒋裕兰在丁坝村蔬菜基地开展技术指导时，由于天气突变，骤然间乌云密布，下起了暴雨，瞬间将她全身都淋湿透了。当晚，她开始咳嗽，发高热至 39℃。由于

忙于工作，她没有及时去看医生，拖到第 3 天不得不去医院检查时，医生说已导致肺部感染，建议她住院治疗 3 天。可是，倔强的她只叫医生开了 3 天的药，取药后就走出了医院，赶车来到了丁坝村，投入到了工作中。

2017 年 4 月 19 日，蒋裕兰 75 岁的老母亲查出肺部患有肿瘤，在住院治疗的 2 个月时间里，蒋裕兰却因脱贫工作进入攻坚阶段，整天忙于农村产业发展，而无法抽出一天时间到医院陪护照料。白天，她在村里忙碌，只有到了晚上，才拖着疲惫的身体，到医院看望母亲，了解治疗情况。整整 2 个月时间里，蒋裕兰没有向单位领导请过一次假，没有耽误过村上工作一次。她说："自古忠孝难两全，我是一名共产党员，在工作脱不开身的时候，我唯有克服家庭困难，把工作放在第一位，才无愧于共产党员的光荣称号。"

踏上工作岗位 24 年来，蒋裕兰始终做到了爱岗敬业，乐于奉献，在平凡的工作岗位上做出了不平凡的业绩，真正成为了一名学农、爱农的优秀农技干部，深受上级领导、同事和广大群众的一致好评。近年来，蒋裕兰先后获得广安区政策性农业保险先进个人、广安区最美农技员、广安市农业系统先进个人、四川省脱贫攻坚"五个一"先进个人等荣誉称号。她说，她将继续忘我投入工作，积极服务群众，保持奉献本色，执着耕耘在这方热土地上，再立新功，再创辉煌！

农民群众的"好伙伴"

——记贵州省铜仁市碧江区灯塔街道办事处农业服务中心李云华

扎根于基层、服务于基层，坚持在基层工作中勤勤恳恳、任劳任怨，坚持走村串寨同群众同吃同住同劳动，不管是刮风下雨还是白天黑夜，群众随叫随到，这就是李云华。参加工作 20 余年来，共深入田间地头上万次、帮助指导科技示范上万户、治疗畜禽疾病上万头、农业实用技术咨询群众上万人次。虽然取得了一些成绩，但离新时期现代农业发展的要求还是有一定的差距。今后将会在工作中进一步加强政治思想和业务知识学习，不断完善提升自己，扎根基层更好地为基层农业产业发展提供技术服务。

"农民利益高于一切"永存他心

2015 年马岩高效农业园区"百花渡"项目落户灯塔，李云华同志主动积极投入到了园区建设中：①配合搞好征地拆迁工作。由于项目所需的 800 亩土地全部为高产蔬菜基地，仅种植蔬菜，每户群众年收入可达 4 万元以上。但是土地必须整合规划、群众极其不支持和配合工作。李云华多次上门了解实情后，他采取"以点带面，逐个攻破"的工作方式，一家一户继续上门做工作，耐心宣传讲解政策，还与铜仁市锦江投资有限公司达成了优先为周边失地农民提供就业岗位的协议，最终争取到了群众的支持，有效保障了项目用地。②参与连栋蔬菜大棚建设。因地势低洼给大棚建设造成了阻力，面对困难，李云华毫不退缩，他充分利用自身专业知识，亲自参与到大棚建设的升降、洒水、调温、除虫等技术攻关工作，最终研制出了一款适合当地的智能温室大棚。③积极引导困难群众参与项目建设。李云华始终把困难群众脱贫工作扛在肩上、放在心上、抓在手上，他积极对接铜仁市锦江投资有限公司，引导困难群众通过土地、扶贫资金、劳动力等方式入股，参与到项目建设，在实体产业中获得收益。在李云华的带动下，目前该村有 87 名困难群众在园区从事保洁、花卉种植等工作。帮助了 87 名困难群众脱贫致富。

冒着生命，拯救村民财产重建灾后工作

马岩村位于锦江河下游，同时也是来自湖南省茶田镇、江口县坝黄镇、云场坪镇、滑石乡、川硐小江口村等多地沟渠河流的汇集地。2014 年 7 月 15 日，灯塔办事处遭受了建处以来最严重的洪涝灾害，马岩村岩董、落鹅、坳田董组农户的养殖场圈舍、蔬菜基地被洪水席卷一空。作为联系村组技术干部，对岸 1 000 多人民群众的生命财产安全始终牵动着李云华的心。凌晨 1 点 12 分，本来就恐高的他冒着生命危险，不得不从铺着几块水泥板的铁路桥上走过去。当时情况非常危急，1 000 多群众面临无法生产和生活的严峻问题。办事处立即决定由李云华负责岩董、落鹅、坳田董组养殖场圈舍、蔬菜基地的灾后重建工作。由于沙石淤泥堆积 1 米多深、必须用机械化才能清除。7 月 18 日为解决岩董、坳田董村民组没有通组公路，机械化设备无法进场的难题，他

创新工作方法发动群众将两艘大船并在一起，上面用大木棒固定，制成一个小型渡轮，这样只用了一天的时间就完成重建工作的前期工作准备。为了使群众早日恢复生产，减少灾后损失，李云华不分节假日，吃住在蔬菜基地。经过 2 个多月的努力，完成了沙石清淤，恢复了饮水管道 5 000 米，解决了 1 000 多人生活用水问题；修建养殖圈舍 3 栋、大棚 155 个，总面积 30 340 米^2；让 125 户农户用上新建大棚种上了蔬菜，解决了 185 户农户的养殖圈舍，消毒面积达 17 850 米^2，现年出栏畜禽达 10 000 头（只），实现农户增收达 50 多万元，基本解决了岩董、落鹅、坳田董村民组 1 000 多人的生产和生活问题。努力的工作得到了群众和领导的肯定，2015 年 4 月 28 日，铜仁电视台工作人员对他的事迹进行了采访。

积极投入新农村建设。李云华同志紧紧围绕"生产发展、生活宽裕、乡风文明、村容整洁、管理民主"二十字方针狠抓新农村建设：①完善农村基础设施建设。近年来，他参与实施了灯塔社区万庄、马岩村下木林等 7 处新农村建设项目，实施小康水项目 14 个、小康路 7 000 余米、小康房 500 余套、小康电 2 000 米、小康讯 1 200 余户，受益群众 1.5 万余人次；②优化群众生活环境，通过争取项目和资金，共硬化场院 263 户 24 900 米^2，改厕、改圈、改灶 283 户，修建垃圾池 38 个，垃圾焚烧炉 1 座，蓄水池 5 个；③争取完成配套设施建设。帮助各新农村建设点完成了农家书屋、农贸市场等建设，进一步提高了群众的生活质量。

狠抓土地确权工作。在农村土地确权工作中，李云华始终按照进度服从质量，稳定压倒一切的工作总思路，使灯塔街道办事处土地确权工作各项工作扎实、迅速、顺利推进。目前，全处农村土地确权外围四至指界共完成 5 个村 2 945 户、53 个村民组，现承包人口 12 516 人、现田土地块总数 23 290 块。同时，他还积极引导群众通过土地等资源入股的方式，参与到开发建设。2017 年，共引导农村土地规模化流转面积 1 500 亩用于柑子冲村桃源生态旅游山庄建设。目前农庄具备果木采摘区、花卉苗圃观赏区、餐饮娱乐区、垂钓游泳区、体育训练区等特色区域，高峰期游客量达 300 人/天，极大地增加了农民收入。

无私奉献　致力于本地特色农业发展

狠抓特色种养殖业发展。在李云华的宣传和引导下，灯塔街道办事处共有大鲵养殖、竹鼠养殖、香菇种植、共同蔬菜专业合作社、杨梅种植基地等种养殖企业 9 家，共带动 600 余名群众发展。其中，贵州省铜仁市金梨园原生态旅游开发有限公司、铜仁市鲵源洞特种养殖有限责任公司、铜仁市九龙特种养殖有限责任公司 3 家公司是铜仁市重点扶持的大鲵养殖基地，李云华同志在项目土地流转、调解矛盾纠纷、股份制的建立、场地选址、塘池的修建、消毒、相关制度牌的规范等方面积极作为、靠前服务，帮助公司在经营利用等相关证照的办理，在帮助公司规范化运行方面起到了重要作用。截至 2017 年 10 月，三家公司的存池大鲵近 2 万尾，产值突破 2 000 万元。同时，他还注重推进农产品加工行业的发展。贵州华力农化工程有限公司，是铜仁市人民政府 2005 年招商引资企业，主要从事薯类精制淀粉及深加工产品与销售，可年产红薯、葛根精制淀粉 30 000 吨、烹饪粉丝 5 000 吨，现为碧江区国家扶贫龙头企业、省级农产品加工业示范基地。工作中，李云华充分发挥基层干部的组织协调作用，积极对接企业，根据企业需求为群众宣传政策和征求惠民政策，共帮助企业在辖区内的寨桂、柑子冲、小江口村建葛根、红薯生产基地 800 多亩，同时为公司招聘专业人员 10 人，解决了周边群众 1 000 多人的就业问题。

搞好畜牧业工作。①服务生猪产业发展。在李云华的指导下，相继成立铜仁市马岩村半坡田生猪养殖专业合作社、铜仁市灯塔东方养殖专业合作社（东方二元杂交仔猪繁殖基地）、铜仁市碧江区祖前养殖场、铜仁市碧江区创业养殖种植场、铜仁市碧江区灯塔秋苟养殖场、年出栏生猪均达 1 500 头以上，年创利润达 30 多万元。②重大动物疫病防控工作。严格落实防疫责任制，做到动物防疫的每个环节有人管、有人抓，使该处的动物防疫工作达到 6 个 100%——层层签订责任状达 100%，行政干部带队抓防疫注射达 100%，养殖户免疫档案持有率达到 100%，重大动物疫病免疫率达 100%，防疫工作明白纸张贴达 100%，抗体监测覆盖率达 100%。大大降低了畜禽发病率和死亡率，为推动该处畜牧业健康发展打下了坚实基础。③流行病学调查工作。认真开展了动物疫病流行病学调查工作，摸清了全处畜禽发病的一般规律，如高致病性猪蓝耳病在灯塔辖区主要在海拔 400～500 米区域易发，30～90 日龄易感，死亡率可以达到 95%。100 日龄以上的猪可以用高致病性猪蓝耳病冻干苗紧急免疫接种，一般紧急免疫注射剂量在正常剂量的 3～5 倍时，可以有效遏制该病的发生。

李云华同志勤勤恳恳、任劳任怨，坚持为农民服务，扎根于基层，服务于基层，带领当地老百姓走上脱贫之路的一生，这里的田地里洒下了他的汗滴，留下了他的身影。

用执着撑起养殖农户的一片蓝天

——记贵州省剑河县磻溪镇农业服务中心彭栋梁

在云贵高原深处，有一位长期服务山村的农业科技人员，他通过不断学习和更新农业技术，深入家家户户提供种养殖技术服务和保障，挽回了农民的损失，增加了他们的收入，依靠自己的职业道德和技术，获得了当地老百姓有口皆碑的赞誉，他就是贵州省剑河县磻溪镇农业服务中心主任彭栋梁。

扎根基层，一干就是 25 年

彭栋梁从小就勤奋好学，并考上了剑河高中，1979 年即将高中毕业，那年冬天，村里一把大火烧毁了他家的房屋。看到一家四弟兄都在读书，家庭负担过重，他主动选择退学，和父母一起在家恢复生产、建设家园。

爱学习的彭栋梁并没有灰心丧气，而是坚持半工半读，自费到中央农业广播电视学校剑河县分校学习畜牧专业，并将学到的畜牧兽医知识运用到生产实践中。在那个年代，乡镇虽然设立有"农业三站"，配备有专职畜牧兽医技术员，但因人员编制和经费问题，整个乡镇只有一两个公职畜牧兽医技术员，村级兽医员相对短缺，这为好学肯做的彭栋梁提供了展示技术专长的机会。生产实践中，他一边向书本学习，向老前辈、老兽医员和县、乡畜牧兽医技术干部请教，一边大胆探索畜牧医术之道。先从自家养殖的畜禽病理诊治入手，再帮叔伯、兄弟家医牛救马，义务为乡邻治疗畜禽疫病和开展动物防疫工作。这样循序渐进，周而复始，跑遍了周边的村村寨寨，经过多年的实践历练，他的农村畜牧兽医方面技术不断提高，还练就了许多治疗大牲畜的绝活。服务期间，除了收取治疗药物基本费用外，其他分文未收，他的医德医术得到了广大农民群众的高度赞扬。由于他技术高超，服务态度好，短时间就成为了远近闻名的乡村兽医技术员。1992 年，州里从农村优秀青年中招考干部，他积极参与，并脱颖而出，成为全县第一个考进政府机关的农村青年。这年，他被分配到距离家乡不远的邻乡敏洞乡农牧站工作，开始了自己的农业科技人员职业生涯。由于他勤奋学习和努力工作，参加工作两年后就提任为敏洞乡农牧站站长。

剑河县是边远落后的国家级贫困县。20 世纪 80—90 年代，广大农村经济落后，农业生产水平极低，当时的敏洞乡是剑河县 1992 年建并撤后新建的一个乡，农村没有公路，农村电网也没有进村入户，百姓生活水平低下。加大良种良法的推广力度，彻底改善农村种养殖品种结构，提高农业生产产量和效益，成了各级政府和基层农业部门面前的当务之急。作为一名基层的农业干部，不但要学会畜牧兽医技术，还要学会种植业方面的工作技能和推广种植业科技的本领。尤其是作为一名基层农牧站长，彭栋梁深深懂得了肩上承担的工作责任的分量。为此，在上级业务主管部门的指导下，彭栋梁积极运用所学农牧科技知识，在服务边远山区农牧生产实践中展现身手。当时在贵州边远山区才开始推广杂交水稻，而敏洞乡则是剑河县最边远的经济落后乡之一。一开始，广大群众不相信杂交种子的增产潜力，对"半旱式"、分厢栽培、水稻无土两段育秧的种植方式更加抵触，认为这些种植方式浪费劳力，还存在杂交稻出米率低、口感太好增减饭量导致家庭不够吃等思想。为了大力推广"半旱式"、分厢栽培、水稻无土两段育秧等高产实用技术和杂交水稻、杂交玉米新品种，提高群众的接受率，彭栋梁带领乡农技干部跑遍了全乡的村村寨寨，依托村级农民夜校开展农业技术培训，宣传先进种养殖业技术和杂交水稻、杂交玉米"双杂良种"的产量品质优越性。为了让种植技术和推广良种的思想观念深入人心，提高"双杂良种"的推广率，在他苦口婆心的动员下，乡农牧站在敏洞、沟洞、高丘等重点村寨动员村干部和自己的亲戚好友建立试验田，自己亲自下田做好田块准备示范，然后回到乡里，搭建了水稻两段育秧大棚，苦干五六个日夜育成了杂稻秧苗，再亲自挑运到试验田，手把手教村民寄栽秧苗和田间管理技术。通过了 4 年走村入户的艰辛努力，使当时的敏洞乡 18 个村村民全部改变了新法无土两段育秧，每年的"双杂良种"推广率都在 95％以上，粮食产量一年比一年高，该乡利用四年的时间实现了粮食总产"翻番"的目标，"双杂"推广两种良法深入民心，彻底改变了该乡农民群众年年粮不够吃的局面。

因为工作突出，七年后县农业局决定调他到离县城不远的乡镇工作，但考虑到上有年老体迈的父母，下有正在读书的小孩，他还是放弃了这一优厚的条件，局里尊重他的意愿，于是调他到附近的南明镇收拾"烂摊子"，转战南明担任南明镇农牧站站长。通过两年的改革和不懈努力，将南明镇农牧站从一个一无所有、管理混乱的乡镇农牧站建设成为剑河县农业技术推广示范乡镇站，并连续 4 年评为全县先进乡镇站。当把南明的工作理顺后，县局又调他回师家乡磻溪镇，担任农业服务中心主任，具体主持当前的产业扶贫工作。几个来回，这一干就是 25 年。

服务农村，亲民爱民的"兽医官"

"老彭，原来是我的老师，现在是我的导师。"说起彭栋梁，磻溪镇兴勤村养殖大户张美荣说，过去几年，彭栋梁他把所有的养殖技术都交给他了，而现在则在具体惠农政策利用和把握上对他进行指导。

张美荣主要从事林下小香鸡养殖，前几年的养殖规模都在一万只以上，而这几年由于人手不足，转而从事孵化鸡苗出售，而自己专门从事技术服务和销售服务，每年收入都在 10 万元以上。对于他来说，这一切，都得力于彭栋梁的帮助和支持。

"要说林下养鸡，兴勤村张美荣，洞庭村潘年基养鸡都在年 1 万只以上；要说养羊，八卦村杨丕权，洞脚村陈再金，高下柳村杨序发、杨顺强养得比较好；要说竹鼠养殖，彭再植，养猪大户张秋凤、潘桂珍等"对于磻溪镇这点引以为豪的农业养殖家底，彭栋梁如数家珍，他最欣慰的事情就是看到一个个养殖户不多扩大养殖规模，然后又带动周边的老百姓一起发家致富。

在他的努力和推动下，近五年来，该镇组织实施生态养牛 59 户，存栏 295 头，实现产值 177 万元；组织实施了白山羊养殖项目 64 户，从原来发放 1 216 只发展到 4 639 只，实现产值 231.9 万元；组织实施林下鸡精准扶贫养殖规模户 4 户，共计出笼 4.4 万只，实现产值 264 万元；组织实施生态稻鱼工程 0.48 万亩，实现亩产千斤稻百斤鱼，产值 960 万元。此外，他还先后为磻溪、南明、敏洞三个乡镇的 5.8 万余人进行种养殖技术指导，使他们的技术得到了很大的提高。

戒骄戒躁，十年荣得誉满身

十分勤奋的彭栋梁，并没有因为自己担任了乡镇农牧站长或农业服务中心主任就放弃学习。

中专毕业后，他通过自修，学完了贵州大学兽医专业全部学科。作为一名农业科技人员，彭栋梁知道自己的舞台在农村、在田间地头，科技是农民增产增收的重要支撑。为此，他还主动争取各种各样学习机会，先后8次参加省、州开办的涉农科技培训学习，并将自己学到的知识结合实际应用到农业生产发展各领域，如今已经成为远近闻名的农业科技界实用乡土科技人才。

翻开彭栋梁的档案，1997—1999年，他连续三年被乡镇里评为"优秀个人"；从2007年到2015年的9年间，他八次被评为优秀个人或先进工作者；其中，2015年被评优秀党建指导员，还在2016年当选为县党代会代表和镇党代会代表。

"彭栋梁同志十分低调，干起活路来又十分执着，就像一头老黄牛，是我们全镇党员干部学习的榜样。"谈起彭栋梁，镇党委书记杨胜超赞许道。一个人能够放弃近县城的待遇，坚持在家乡服务，几十年如一日，这种宝贵的精神是十分难得的。

"我的一切，都是党给的；我的一切属于党。"说起自己，彭栋梁说，如果没有党的培养，他或许至今还是一名村民，如今能够在岗位上发挥一些作用，他将倾尽所能，为当前的脱贫攻坚做出自己力所能及的贡献。

大山深处 执着创新 无私奉献

——记贵州省仁怀市农业技术综合服务站雷文权

仁怀市地处黔北西部，土地总面积 1 785 千米^2，具典型的喀斯特地貌特征，海拔最高 1 681.4 米，最低 329.5 米，相对高差 1 351.9 米，总耕地面积 42 万亩，总人口约 70 万人，是一个人口多土地少、山地多平地少，旱地多水田少的山区农业市，也是驰名中外的茅台酒之乡。

在仁怀风景秀丽的大山深处，有一个经常活跃在山沟里黄土地上，头发花白，略显苍老农技推广员，改变着山区农民的生活。那就是仁怀市农业技术综合服务站现年 51 岁的雷文权。他 30 年如一日，心系"三农"、爱岗敬业、勇于创新、无私奉献，努力探索和推广农业科学技术，多次荣获部、省级农业丰收奖、贵州省科技成果转化奖，曾被评为贵州省第四届科技兴农人才，仁怀市优秀人才、先进工作者、优秀共产党员……尽管在工作中已取得了较大的成绩，但从未停歇前行的脚步，继续带头走在山区现代农业发展的道路上，不断前行。

情系农民，扎根山村

1987 年，他毕业于遵义农业学校植物保护专业，怀揣着用农业技术改变农民生活的梦想，投入到仁怀市三合区农业"五突破"技术推广工作中。1988 年，是一个解决农民温饱的年代，他被派遣到最边远的团结乡开展两段育秧技术推广工作，为了让农民全面接掌两段育秧这项新技术，他带着背包住到乡里，每天在 7 个村来回奔跑，走村串户，培训和指导农民育秧和管理，通过努力，当年就让团结乡 3 300 亩水稻全部应用了两段育秧栽培技术，全乡增收稻谷近 20 万千克。

爱岗敬业，重伤不下"火线"

2001 年 4 月 18 日，在茅坝镇下乡推广水稻旱育秧途中不幸受伤，膑骨粉碎性骨折，但他腿上带着夹板，拄着双拐，仍然带伤坚持参加"三个代表"学教活动，编写技术资料，并结合仁怀市实际，总结出了水稻旱秧采用大、中、小苗结合移栽的技术路线，有效解决了全市水稻旱育稀植技术推广中茬口衔接难的问题。促进了全市水稻旱育稀植技术推广盖率达到了 90% 以上，为此获得了农业部农牧渔业丰收奖二等奖。

积极谋划，助推产业

1999 年，因工作的需要，他承担起了仁怀市高粱产业发展的重任。在接到工作任务后，他充分利用自己所学的专业技术知识和从事高粱生产的技术经验，在认真分析市情的基础上，大胆提出了用技术改变仁怀市高粱产业发展的设想，围绕茅台酒用高粱，开展了从育种到栽培一系列试验，编写了全市高粱生产发展的可行性报告，得到了市委、市政府的高度重视，把高粱生产作为仁怀市农业产业结构调整的重要内容来抓，实施了高粱"北种南扩"工程。为了促进仁怀市高粱生产基地建设向规模化、产业化、标准化方向发展。他在市农业局的领导下，主持了"仁怀市高粱高产栽培技术丰收计划项目"，参与实施了茅台酒绿色食品原料基地的认证；主持实施了仁怀市高粱基地扩建项目；参与实施了茅台酒有机原料基地的认证。在整个高粱生产基地建设和各个项目实施过程中，他始终兢兢业业，一丝不苟，全身心投入到工作中，深入田间地头开展试验示范；深入农村开展技术培训，调查研究，积极为高粱产业化的发展献计献策，编写调研报告、建议、可行性报告、实施方案、培训教材、技术标准、总结等材料 300 余份，使仁怀市高粱从 1998 年的 7 万亩增加到现在的 25 万亩，形成了公司＋基地＋农户的产业化和有机标准化生产。为仁怀市高粱产业的迅速发展做出了重要的贡献，同时也带动了周边县市的高粱产业发展。

大胆创新，无私奉献

在工作中，他始终务实创新，在认真分析仁怀市农业技术推广存在问题的基础上，瞄准农业技术推广应用的各个薄弱环节，开展了一系列的技术探索和研究工作。1999 年他针对高粱品种退化、栽培技术落后、产量低的问题，启动了高粱新品种选育和栽培技术研究工作。历时 8 年时间，在承担了大量的农业技术推广工作，人员少、压力大的情况下，他充分利用自己的休息时间，不讲报酬、不讲条件，不分白天黑夜，加班加点工作。在下乡开展试验示范工作时，他从不讲特殊化，不论山高路远、气候恶劣，他始终带头走在前面，执着追求创新，先后选育出了"青选一号""青选二号""红缨子""红珍珠""黔高 8 号"等酒用优质糯高粱品种，其中"红缨子""红珍珠""黔高 8 号"3 个优质高产高粱新品种，通过了贵州省品种审定委员会的审定，并成功研发了一套高粱育苗移栽高产栽培技术，通过推广应用，得到了广大农民的高度接受和普遍欢迎。为了让自己选育品种和研发的技术及时转化为农民的收入，他无私地将选育的新品种无偿交给单位，让有能力的企业组织种子生产，并将新品种和新技术向全社会推广应用，目前已在市内外累计推广 1 000 万亩以上，累计新增农民纯收入已达 20 亿元以上，同时也助推了茅台酒业的快速发展。2016 年，他带领全局农业科技人员组建了仁怀市农业科技试验示范基地，继续开展以高粱为主的山区现代农业技术研究，对仁怀市农业技术创新和推广应用起到了模范带头作用。

廉洁自律，遵纪守法

雷文权同志是一名政治休养好，业务素质强、工作作风过硬，顾全大局、团结协作、廉洁奉公、无私奉献的优秀农业科技干部，自觉遵守各项法律、法规、规章和制度，在工作中从未出现过违规、违纪和违法现象，连续多年被评为仁怀市农牧局优秀干部和优秀共产党员，为全市农业系统干部树立了榜样。

51 岁的雷文权是农业战线上的一名优秀技术人员，在工作上不辞辛苦，默默奉献，整整三十个春秋，每一个村落都留有他的足迹，每一块田地都留有他的汗水，他用一生耕耘，为仁怀市乃至贵州省的山区现代农业生产发展做出了重要的贡献，得到了上级主管部门和省、市政府的充分肯定，多次得到上级主管部门和省、市政府的表彰、奖励。但他并没有因此而满足，他热爱着这片大山深处的黄土地，在平凡的岗位上，继续在为服务"三农"努力工作。

田畴沃腴稻菽香

——记云南省楚雄彝族自治州楚雄市吕合镇农业技术推广服务中心马春旺

他默默无闻，扎根基层 20 余载，只为了心中那份坚守和无悔的选择；他形单影只，足迹踏遍田间山野，被当地农民亲切地称为"农业专家朋友"；他乐此不疲，常年手把手地对农户开展农科技术指导，只为拥抱农民朋友丰收的欢笑。

他，就是云南省楚雄彝族自治州楚雄市吕合镇农推中心主任马春旺。

青春无悔创业路

"无论是你选择了这份职业，还是这份职业选择了你，都应该无愧无悔。"谈起走上农业技术推广之路，马春旺淡淡地说。

自 1992 年 8 月参加工作以来，就一直从事基层农技推广工作的马春旺，期间曾先后担任农科站长、农林水党支部书记。2004 年担任吕合镇农推中心主任至今。二十多年来，无论是躬耕田间地头，还是从事管理工作，马春旺同志始终心中有党、心中有责，牢记全心全意为人民服务的宗旨，始终坚守"忠诚、干净、担当"的理想信念，用自己的青春和热血诠释了优秀共产党员的含义，演绎着一个个感人至深，催人奋进的故事，为吕合的"三农"事业做出了积极贡献，也为自己的人生抒写了辉煌壮丽的华章。

在楚雄市吕合镇，提起马春旺，当地民众无人不知、无人不晓。扎根基层 25 年，"学农爱农励志为农，敬业爱岗、风雨无阻地开展农业技术的试验、示范和推广"已成为了马春旺的座右铭。二十余载的农业技术推广，他以帮人助人育人者为己任，在劳力上劳心，实地了解当地农业农村农民所需，深入钻研先进适用技术，所从事的农业技术推广工作在全市同级同类领域中始终居于领先。究其领先的秘诀，他笑笑，一言以蔽之；"亲其师，才能信其道。只有先让农民喜欢你，农民才会喜欢你的技术。"朴实的寥寥数语，彰显马春旺闪光的人格魅力。

求真务实勇担当

2004 年，马春旺走上了吕合镇农推中心主任的岗位。走马上任之后，他深刻认识到，这是一副沉甸甸的担子，挑起这副担子不容易，要把这副担子挑稳、挑实更不容易。

马春旺常说"干一行，爱一行，精一行"。凭着多年的理论学习和田间实践，马春旺深刻认识到，无论农业如何发展，促进农业的增产增收总是一个永恒的主题。为此，他倾注了自己全部心血，一心扑在工作上，在吕合的青山绿水间留下了自己清晰的足迹。

自 2011 年实施农业部列项粮食作物高产创建项目以来，马春旺从不停息，吕合镇粮食总产由 1 235.6 万千克增加到 2016 年的 1 657 万千克，创历史最高产。总产增加 421.4 万千克，产值增加 1 264.2 万元，增幅达 25.4%。水稻高产创建项目 2014 年得到农业部专家组的验收和好评，百亩核心区平均单产达到 865 千克，比大面积亩增长 296 千克，增产效果显著。马春旺所参与的水稻精确定量栽培技术研究与推广成果获得省、州、市的表彰、奖励。

五年来，在马春旺的组织带领下，吕合镇共组织兑付补贴 1 630.6 万元，每年对 9 个村委会 132 个小组 5 567 户进行核实申报，实现零差错。在实施无公害水稻生产示范、水稻高产创建、农业综合开发、病虫害统防统治等项目中，物资发放坚持公开、公平、公正，全面调动了农民的生产积极性，提高了农业科技含量。通过落实惠农政策，取得农民信任，架起政府与农民的连心桥。

每年在春耕备耕、中耕管理中，马春旺都主动放弃了双休日、节假日，一直坚守在农业生产一线，坚持培训到村组，指导到田块。近五年来，马春旺培训农民技术骨干 4 250 人次，指导农户 15 000 多次。他与好多农户成了老朋友；全镇 90％以上的小组干部、70％以上的农户手机里都存有马春旺的电话号码。

在开展农科推广的同时，马春旺更注重实用农业技术的实验示范、观察与研究。2011 年 6 月主持在《云南农业》发表论文《水稻塑盘育秧节本增效高产栽培》，促进了水稻节本增效技术的推广与应用。几年来，吕合镇示范推广新优品种 38 个，节本增效推广保健栽培和绿色防控技术；2012—2016 年开展太阳能杀虫灯、性诱剂、黄板等物理防治技术推广 13 500 亩次，组织无人机防治 8 000 亩次，降低化肥 15％、农药用量 30％，亩增加粮食产量 65 千克，累计增产粮食 139.75 万千克，增加产值 419.25 万元，每亩降低化肥农药成本 45 元，累计降低成本 96.75 万元，节本增效 516 万元，"云南高原特色作物绿色防控技术集成与推广" 2013 年 12 月获得农业部农牧渔业丰收奖三等奖。

马春旺还积极组织农村土地确权登记颁证工作，2012 年以来组织土地经营权有序流转 5 515 亩，引进客商来发展商品蔬菜 12 100 亩次、中药材 6 500 亩次、杂交玉米制种 2 000 亩次、水稻繁种 9 650 亩次。调整种植结构，促进农民增收效果明显，农民人均收入从 2010 年的 3 856 元增加到 2016 年的 10 440 元，农村经济总收入从 2010 年的 18 769 万元增加到 43 700 万元。

开拓创新新篇章

自 2012 年楚雄市实施全国基层农技推广补助项目以来，马春旺被遴选为历年的技术指导员，直接联系指导农户 40 户，辐射带动周边群众 800 户。

每年年初的产前阶段，马春旺都深入科技示范户家中，了解示范户需求，结合示范产业，认真研究主推品种的特点特性，分析技术操作要点、难点和重点，结合示范户实际，提出最佳指导示范方案，为科技示范做好充分准备；产中阶段，进村入河下地开展具体指导，手把手、面对面指导农户开展科技示范，及时了解掌握科技示范中存在的困难和问题，及时联系帮助解决，确保良种到位、良肥到位、良法到位，确保生产管理到位得法；产后则研究市场信息及价格，指导示范户选用科学方法储藏、加工及销售，确保高产高效。

通过马春旺的悉心指导，吕合镇水稻每亩增产近 80 千克，节本增效近 300 元，玉米每亩增产 100 千克，节本增效近 280 元。建档立卡贫困户张正贵、陶国平家通过实施项目，增加了粮食单产，发展了养殖业，建了新房子，顺利实现了脱贫，其他科技示范户也起到了带头作用，促进了全镇农业科技的推广应用。同时，通过抓管理、强设施、提素质，努力把吕合农技推广工作打造成一个标杆、一面旗帜、一张名片。

躬耕田野作奉献

一分耕耘，一分收获。扎根基层 25 载，马春旺艰辛的付出，换来的是累累硕果。

1995 年参与"十万亩水稻丰收计划"增产稻谷 700 万千克，获云南省农业厅奖励；1997 年"楚雄市 16 万亩水稻推广综合栽培技术"增产显著，获云南省农业厅奖励；1998 年推广杂交玉米种子包衣技术 9 293 亩获楚雄州人民政府科技进步奖三等奖；2004 年参与完成"无公害水稻生产技术示范"获楚雄市人民政府科技进步奖一等奖；2005 年参与"电视可视化测报病虫害"获云南省农业厅奖励；2010 年"楚雄市 2009 年水稻高产创建项目"成效显著获云南省农业厅奖励；2010 年获楚雄州农业局先进个人称号；2011 年"楚雄市水稻精确定向栽培技术"推广获楚雄州人民政府科技进步奖三等奖；2012 年"楚雄市粮食作物间套种整建制推进"显著获云南省农业厅奖励；2013 年"绿色防控技术集成与推广"获农业部全国农牧渔业丰收奖农业技术推广成果奖三等奖；2013 年"粮食作物高产创建研究与应用"获楚雄市 2010—2011 年科技进步奖一等奖；2014 年因在基层经济和社会事业发展中突出贡献获云南省政府科技兴乡贡献奖。

2016 年，马春旺被楚雄彝族自治州农业局表彰为"十二五"期间工作成绩突出的先进个人。自参加工作以来受到楚雄市农业局，吕合镇党委、政府表彰 15 次。

"光荣的桂冠，从来都用荆棘编成。"诚然如是。此时此刻的马春旺又在为新一年的基层农技推广不停地忙碌着、奔波着。他就是这样一个人，以一个共产党员对农技推广事业的无限热爱，对工作的执著追求，在农业这块沃土上辛勤耕耘，播种希望。

乡间田野里的农技逐梦人

——记云南省楚雄彝族自治州禄丰县农业技术推广中心刘少龙

立夏时节，春耕生产如火如荼，禄丰县各乡镇村组的田间地头，到处呈现出一派火热的"铁牛"欢腾闹春耕景象。

看着插秧机"嗒嗒嗒"地在自家田里开来开去，村民们个个高兴得合不拢嘴。

改变昔日一手执鞭、一手扶犁的传统春耕景象，实现农业机械化、农民节本增收，曾经农民群众的期冀逐步在禄丰变为现实……这一切的变化与一位在禄丰农业技术岗位上默默耕耘的"农技人"分不开，他就是禄丰县农技中心副主任刘少龙。

在禄丰农村，提起刘少龙，农民群众是再熟悉不过的了。他常常穿梭于田间地头，传技术、忙指导，带领禄丰农民走上科技兴农的富裕之路。

情种基层　志做农技先行者

禄丰县是一个典型的农业大县，水田面积占耕地面积的60%，常年水稻面积在18万亩左右。多少年来，世代以农为业的群众在传统耕作方式中步履艰难，同样出生在农村的刘少龙，目睹了父辈们面朝黄土背朝天的辛苦劳作，这种难忘的经历，在他心里留下了深深的印象，激起了他改变农村传统落后生产方式、改善农民生存状况的强烈愿望。读书时，他毅然选择攻读农学专业。1991年毕业于云南省农业学校植物保护专业的他，带着对农业的热情，对乡土的热爱，在农业推广战线上一干就是26年，先后在禄丰县彩云镇农技中心、县农技中心、县土壤肥料工作站等多个岗位从事农业技术推广与管理工作。在这26年里，他活跃在田间地头、温室大棚、试验示范基地，他的足迹踏遍了家乡的山山水水、沟沟渠渠，他一边专心细致地学习研究各种农业知识，一边为群众传播着现代农业信息，提供着农业科技服务，用心血和汗水收获着农技人的绿色之梦。

凭着对农业知识的渴望和追求，刘少龙刻苦钻研，勤奋好学。2008年，他通过成人自考取得硕士研究生学历，积极学习水稻、土壤肥料等先进技术和理论，并将所学知识用于农业生产实践中。

水稻栽插以人工为主，劳动强度大，生产效率较低。如要实现机械化，推广机插秧难点在育秧，机插秧需要统一品种、统一机械化作业、统一技术标准、统一技术培训，关键要实现农机农艺融合，特别要推广集中育秧模式。为解决这一难题，刘少龙和他们的农技团队多次前往到江苏、湖南等省参加全国水稻生产现场观摩会，利用所学知识，潜心钻研水稻全程机械化高效栽培技术，并于2010年引进水稻机插秧技术在粳稻上开展试验示范5亩，取得了成功。从试验到推广，通过以集中育秧为着力点，通过合作社发展集中育秧和机插秧，实现了经营主体的创新，解决了谁来种田的难题，解决了新品种新技术推广难题，实现了农民省心、省力、省事、省钱的目的。就这样，随着制约机插秧的瓶颈问题——育秧技术得以突破，禄丰机插秧推广面积一再扩大至 2016 年的 4 万亩，累计推广机插秧 11.7 万亩，在全省名列第二位，为群众的增产增收带来了新的希望。

潜心研究　勇做科技带头人

"实践会证明一切"回忆起农技推广一路以来的艰辛，刘少龙心中总这样坚信。

2013 年，禄丰县全县机插秧从 4 850 亩增加到近 14 795 亩，项目区由 4 个乡镇扩张到 10 个乡镇，由于人手不足，前期的技术培训都由刘少龙一人完成。当机器在田间完成作业时，因机插秧秧苗小，机械操作不如人手灵活，刚插出的秧苗又小又没有手插秧整齐。看到这一幕，很多群众一脸阴沉害怕收成受到影响，说他推广的技术坑农害农，还帮他取了个"刘少坑"的名字。面对大家的异议和责备，刘少龙并没有灰心，因为他相信"实践会证明一切"。为打消大家的顾虑，他每每到群众中宣传科技知识，让大家增强对农业科技的信心。到了 7 月份，之前的机插秧已郁郁葱葱长势喜人，比传统手插秧长得还要好，后期收割经过测产验收后，当年机插秧总体比手插秧每亩增产 60 千克以上，亩节本增效 450 元以上。看到现实丰收的成果，大家纷纷转变了对他的看法，都笑着说名字取错了，应该叫"刘少行"，农业技术还是他最行。

学习永无止境，科技推广更应永无止境。2010 年，他被省农业厅聘为云南省现代农业水稻产业技术体系禄丰县水稻区域推广站站长。多年来，他一直承担着省部级水稻综合实验站、水稻全程机械化高效栽培技术、测土配方施肥多个科研课题任务，同时还根据当前农业发展的需要与趋势，积极探索大棚立体基质育秧、流水线播种、缓控施肥等科技措施，为农业的发展做好技术储备。

作为全省水稻产业专家，他还积极指导帮助禄丰县 9 家水稻种植农机农技植物保护专业合作社发展建设。在他的帮助下，目前合作社已购买水稻插秧机 80 台（其中乘坐式 22 台），流转土地种植水稻 5 000 余亩，大型拖拉机 12 台、收割机 20 台、植物保护机械 150 台、烘干机 6 台，精米加工厂二处，以"彩云印象""恐龙"等品牌优质大米开发为主，以"公司＋合作社＋农户"的订单模式开展水稻机械化种植，调动全县农民、种植大户、合作社种植水稻积极性，进一步推动了禄丰县水稻机械化快速发展。到 2015 年，累计示范推广面积达 7.6 万亩，亩增产值 224.07 元，增收 3 119.4 万元，产生了显著的经济效益。

一分耕耘，一分收获。二十多年来，刘少龙默默无闻坚守在农技推广平凡工作岗位上，将汗水挥洒在农村广阔的田野上，把论文写在大地上，将成果留在农民家，潜心多年的研究终于得到了各级的肯定。26 年来，共获各级奖项 23 项，其中，国家级奖项 3 项、省级奖项 2 项、地州级奖项 10 项、县处级 8 项；在省部级期刊上发表科技论文 21 篇。

热撒"三农"乐做百姓贴心人

刘少龙对农民有着深刻的了解，有着一份特殊的情感。他始终认为，作为一名合格的农技干部就应该心里始终装着农民，真心实意为农民办实事。

多年来，他坚持利用各种机会，向广大农民朋友传授粮食作物高产高效栽培、水稻机插秧、病虫害综合防控、测土配方施肥、集中育秧、土壤有机质提升等多项农业科技技术，并且亲自抓好 500 余亩示范基地，手把手地教，直到让群众掌握为止。2014 年全县开展水稻机插秧集中育秧 250 亩，共有 9 个点，为确保每个点工作不出纰漏，他总是自己一人来到示范点上，卷取裤脚下田亲自动手指导合作社进行种子处理、播种、育秧、秧田管理等技术。

　　"平时在办公室很难见到刘少龙的身影，他不是在示范基地，就是在农户家中，每天都在奔波"。在同事眼中，这就是他的生活常态。翻开他的工作记录手册，一串串数字印记着他"热撒'三农'"的辛勤脚步：每年下村指导 300 天以上，为群众解疑释惑达 1 000 余人次，每年亲自集中授课达 40 次，培训农民 7 000 余人次。

　　"每年有 7 个多月以上的时间他都在禄丰县各个乡镇奔走，夜以继日，坚守岗位。一干起活来就没个完，每天都是干到太阳落山，他才拖着疲惫的身子回家，这样的农技好干部值得大家学习。"禄丰县农业局局长王瑞这样评价他。

　　"无论何时何地，他总是耐心热情为我们讲解科技知识，遇到不能解决的问题，只要打个电话给他，他都会赶到现场诊脉开方，从不叫声苦。这样的务实、能干的农技干部，我们老百姓是真心喜欢。"说起刘少龙，禄丰县金山镇岔河村村民应文仙竖起了大拇指。

　　面对荣誉和掌声，刘少龙并没有满足，更多的感到是压力和责任。在当前种粮比较效益低下，农民种粮积极性不高"大环境"下，现代农业新技术的推广应用尤显重要。县农技中心技术人员较多，高职岗位有限，虽然取得了很多大家有目共睹的工作成绩，但在每年竞聘上岗时，他总是顾全大局，主动把高职的岗位让给年龄大的老同志。他经常说："辛辛苦苦干一辈子农业不容易，比起老同志，我年轻，机会还多"。农技中心的技术推广任务繁重，而且都要到田间地头和群众面对面、手把手教，用车紧张，每到晚上搞培训和工作忙时，都开着自己的私家车到村组和田间地头干工作，从不向单位要费用。有时同事说："干公家的活，可以让单位加加油，报点车辆使用费"，他总是笑着说："就当练技术，没什么"。

　　"农民的富裕是我一生的追求。"刘少龙深知现代科技兴农的重要性，只有科学技术在产业中得到普及，带动产业腾飞，促进全县粮食作物生产的稳步发展和粮食安全，才能让农民实现增产增收。面对未来，刘少龙默默与龙乡大地许下约定。"与水稻产业一样，实现其他粮食作物全程机械化，节约成本，增加群众收入，让全县老百姓走上现代农业科技富裕之路，这是我毕生的梦想"他坚定地说。

熨帖大地 绽放美丽
——记云南省通海县秀山街道农业综合服务中心许艳斌

在七彩云南的高原之上，有一位用"熨帖大地绽放美丽"的人生誓言坚守"人生因奉献而美丽"的农技员。她，就是云南省通海县秀山街道农业综合服务中心副主任、农业技术农机工作站站长许艳斌。

许艳斌，从事基层农业技术推广工作 21 年。躬耕于田亩，做到了舍得；真诚于大地，树立了信念；肩负重担，做到了担当；匠心于技术，实现了创新；忠诚于组织，笃定了信仰。她带领团队组建通海县清禾卫士植物保护协会和植物保护专业合作社，设立科技服务"100"电话，建立"清禾植物保护"微信群和公众号，成立农业科技专家＋示范户"互帮互学"智囊小组和"百名"农技推广队伍，创立"农-企-协会"＋科技示范户的多元合作农技推广服务模式，为培育新型职业农民，加速科技成果转化，助推云菜品牌走向世界，发展高原特色现代农业作出积极贡献。

用躬耕于田亩的舍得绽放人生之美

一本笔记本，一部手机和一辆黑色昌河北斗星，就是许艳斌秉承"吾身虽瘦，天下必肥"的理念，躬耕于田亩之间，从事农业技术推广工作的常用工具。

她头顶草帽，奔走田间，记录民情需求，拍摄工作实践图片。黑色北斗星从新车开始无偿为农技推广事业工作 9 个年头。许多人以为这是一辆公车，实际上是许艳斌私人物品。对工作勇于担当，对成绩兼顾同事，毅然将唯一名额省农业厅个人成果奖让给同事。

云南省通海县秀山街道有耕地面积近 15 000 亩，97％的耕地面积均种植蔬菜达 4～5 茬周年供给市场，杞麓湖南岸 11 000 亩蔬菜种植基地成为"南菜北运"的优质农产品生产基地。农技站履行着农技推广、农机化管理，农产品质量安全，水产工作等职能职责，承担全县农技推广工作任务的 50％强，项目跟踪与第一手资料收集占各项目工作量的 90％。她只有 1 位同事共同应对，还能开拓创新地完成所有工作，简直就像是一个奇迹。

对于通海农民来说，没有节假日，遇上菜价行情好更是无昼夜之分，这就意味着秀山基层农技人员一年 365 天 24 小时均处于上班状态。因种植节令和采收标准的限制，花菜 3 414 试验任务最为艰巨，试验于 2010 年 11 月 1 日至 2011 年 3 月 24 日历时 144 天实施，采收从 2 月 18 日开始，工作人员每天凌晨四点左右就必须出门，才能确保测产顺利进行。冬季，凌晨的天极冷又黑，花菜上有露水，有时还下了厚厚的霜。开始测产的第一天，试验农户因嫌麻烦不配合测产，她一边向农户讲解测产数据有利于农户交售进行成本核算，一边高效地为其进行花菜的分拣装箱等工作，历时 35 天圆满完成测产，农户开始在采收农产品时自觉进行产量与成本核算，虽然辛苦，她从中获得了实现自身价值的快乐。

用真诚于大地的信念绽放幸福之美

她主持建立乡镇农技推广"1项制度3个网络"，建成标准化农技服务大厅、农业科技培训教室和农药残留和土壤定性检测实验室，制定乡镇农药残留检测操作流程。她倡导建立农产品质量安全技术和道德双重保障线，执行蔬菜产品随机抽样检测和试行农产品质量安全可追溯原则，引导农民所有商品菜出售要达到自己愿意食用标准。引导农民树立种养产销结合大农业和品牌观念，申请登记"云上清禾"和"七彩凰"注册商标2项。她组建了乡镇农药残留快速检测处置队伍、农业技术推广工作技术队伍和志愿者队伍，所有成员均居于理想、信念与良知致力于生产实践，营造出基层农业技术推广工作人人传播、个个受益的良好氛围。

她主持完成"3414"试验、校正试验和同田对比试验累计156组，采集土样784个，建立农户施肥国家级和省级长期定位观测点3个，实施核心示范样板0.9万亩，制定全县主要作物精准施肥配方3个，建设全省"配方肥最后一千米"示范区进行摸索，建立小型智能化配肥服务网络，推广配方施肥大面积应用3.3万亩，以144组试验结果推算：累计获得减施化肥108.17万千克，增加产量27 295万千克，增加纯收益2.74亿元的显著经济效益。得到农业部叶贞琴司长和省市县各级领导、专家亲临指导和高度赞扬，被列为全省基层农技推广示范乡镇，通过农业部项目考评组检查验收，并迎来全国政协常委、经济委员会副主任陈锡文率全国政协委员一行近20人现场调研和高度赞誉。

2011年的五一长假，骄阳似火，她的脸严重紫外线过敏，红肿疼痛，眼睛眯成了一条缝，医生嘱咐她绝对禁止白天出门。她用围巾包裹住头部，只露出眼睛，在火热的太阳下大汗淋漓，和团队每天坚持10～13小时连续野外作业，创下一天采集土样231个覆盖11 000亩耕地网格化布控，一天安装20盏太阳能杀虫灯辐射2 000亩。工作完成的最后一天，她发觉裤子腰大了，双手揣在裤兜里提着裤子回家。

用肩负于重担的使命绽放担当之美

杞麓湖是通海的母亲湖，秀山街道蔬菜种植区位于其上游，精耕细作和连茬，造成土壤和湖泊水体污染问题。

为促进产业增收和建设环境友好型农业，与省环境科学院合作实施"杞麓湖南岸农业面源污染工程示范项目"。她承担了最繁重的"蔬菜肥效与环境效应试验"，以严谨务实的科学态度圆满完成。这是一组为期一年共四茬的小区试验，4个处理3个重复，加上一个盐渍化处理小区共13个分块，各块均作肥水分隔处理，每块区域内均设置一直径0.58米，高1.2米的圆形取水积水容器。由于沿湖区地下水位较高，土壤层深度0.5米下基本全是水体和螺蛳壳承载着土地，挖掩埋洞时遇上极大的困难，周边随时坍塌。为了方便操作，她赤足上阵，率先垂范，汗水一直顺着脸颊滴到泥土里。更困难的是安装贮水器时，强大的浮力阻止贮水容器下沉，她第一个跳进贮水器中，然后大家合力完成安装。

她主持实施秀山街道"蔬菜肥料一次性穴施施技术试验研究与应用项目"，共参与主持实施全县研究性试验30组，同田效益验证跟踪试验83组，核心示范样板50块11 000亩，累计推广应用16.461 3万亩。依据83组试验结果推算，获得减施化肥66.39万千克，节约肥料成本215.8万元，新增总产3 020.9万千克，节省用工费支出4 148万元，节本增效7 433.6万元的显著经济效益。解决了连续干旱、水资源供求矛盾突出，盲目施肥现象突出等问题，探索出一种能明确指导农户施肥量、施肥配方，又能节水、省工、省时，降低劳动强度，还能提高肥料利用率，减少环境污染，确保蔬菜优质高产的施肥技术。

她主持探索"蔬菜废弃物田间循环利用技术研究与应用"项目。开展专题技术培训 59 场次，培训农户 11 860 人次，实施示范样板 9 块 10 670 亩，促进大面积应用 127 438 亩。依据 30 组同田对比试验结推算：获得减施化肥 445.523 2 万千克，节约购肥成本 1 242.65 万元，增收节支总额 4 147.9 万元的显著经济效益。该项目的实施实现资源再生利用，符合国际上倡导的"低碳经济"的理念。引导农民科学合理施肥用药，笃行"两减两增"（农药、化肥减量增效），有效削减农业面源污染，建设环境友好型生态农业。

用匠心于技术的创新绽放成功之美

她不断钻研业务，提升专业服务水准，致力于新技术的研究推广应用，所参与主持研究的"一种结球甘蓝种植方法技术"获国家知识产权局发明专利认证，参与研究的 4 项水产技术成果获国家知识产权局实用新型专利认证。她每周均有 3 天以上深入田间地头，查看试验，了解民情民意，全年下乡天数均达 150 天以上，手机 24 小时处于待机状态。2015 年 11 月的一个周末，万家社区农户奎艳打电话反映，有 0.7 亩蒜苗出现生长问题，接连 3 茬作物均不能正常生长，面对心急如焚的农户，她立即联系农业专家组成 5 人工作小组，迅速到达农户田块，通过调查前茬栽培记录，仔细查看作物生长形态特征，对根系进行观察，经过讨论研究，给农户提供可行解决办法建议，跟踪指导农户最终解决问题。

用忠诚于组织的践行绽放信仰之美

她情系"三农"，以心灵熨帖着大地，将基层农技员这份职业当做赖以呼吸的生命源泉。她以培育新型职业农民，提高劳动者素质为目标，依托农村致富技术函授大学培训和社区科普大学，整合资源组织科技培训，每年均培训人数达 15 000 余人次，六年来共有 1 200 位农民获农村致富技术函授大学结业证书，100 人获得农村实用人才高级证书，185 人获得农产品经纪人证书，3 500 人获绿色证书。2016 年获中国科协与财政部联合奖补"全国科普惠农兴村先进单位"和科普惠农兴村财政奖补项目。

她协调整合项目资源，设立 3 个绿色防控技术物资服务店，对秀山街道 11 000 亩杞麓湖南岸蔬菜种植基地用 6 年的时间实现了绿色防控体系全覆盖。主持举办"通海县高原特色生态农业科普摄影展"科普活动，让农业与艺术完成了一次最美的结合，收集了大量珍贵的农业生产活动图片，其中 2 幅作品《韵律》和《高原的色彩》获中国蔬菜协会举办的蔬菜摄影大赛佳作奖，为上级部门和 2017 年 5 月在通海举办的中国蔬菜大会现场会提供了大量珍贵图片。

她和团队在工作实践中总结出的技术成果获国家级专利 5 项，获中国科协科普惠农兴村先进单位 1 次，玉溪市人民政府科技进步奖三等奖 1 项，获玉溪市科学技术协会五年（2010—2014年）科普工作先进个人称号 1 次，被省市县各级授予相关表彰和奖励 19 项次，发表论文 9 篇，撰写调查、工作总结 36 篇。建立了运转高效的农技推广体系和开放多元的农技推广服务平台，使农业增产、农民增收，为建设优质安全高效生态型绿色农业打下坚实基础。

佤山梅花内外开

——记云南省沧源佤族自治县农业技术推广站李晓梅

"村村寨寨哎，打起鼓，敲起锣，阿佤唱新歌，毛主席光辉照边疆，山笑水笑人欢乐，茶园绿油油，梯田翻金波，哎！阿佤人民唱新歌，唱新歌"。一群在田间欢快劳作的佤族群众中有一抹让你挪不开眼神的纤纤的身影，娴熟的技能、乌黑及膝的长发、晶莹的汗水从额头流到被太阳晒得黑里透红的脸上又滴进插满秧苗的田里……她，就是云南省临沧市沧源佤族自治县农业技术推广站站长——李晓梅。

李晓梅，一个在农业技术推广岗位上一干就是27年的少数民族妇女。她凭着对农技推广工作的深深热爱，把美好的青春年华献给了阿佤山的山山岭岭；把丰收的种子撒播在阿佤山的田间地头；把丰收的希望孕育在阿佤山村村寨寨……

誓将农技换丰收

沧源，俗称阿佤山，也称"葫芦王地"，全县总人口18.56万人，县内有6个乡（镇）22个行政村与缅甸接壤，国境线长147.08千米。沧源由原始社会末期一跃千年，直接跨入社会主义社会。是全国最大的佤族聚居地，境内有佤族14.29万人，占全县总人口的85.2%。是典型的边境山区农业县，也是国家连片扶贫的滇西边境山区县之一。

从小生活在沧源农村的李晓梅，是个彝族人。对于"种一季粮，吃半年，饿半年"的生活经历记忆犹新。少年时，她就立下誓言："一定要好好学习，将来多学本领让大家都能吃饱饭。"1986年，初中毕业后16岁李晓梅考入了云南省临沧地区农业学校。接到录取通知书的她十分高兴，但很快又从喜讯中感到深深焦虑——学费怎么办？对于这个本不富裕的农村家庭，70元的学费无非是个天文数字。李晓梅惴惴不安的把通知书拿给母亲时，看到的是母亲无奈的泪水。母亲希望作为长女的她能够一边打工补贴家用，一边在家里帮带弟弟妹妹减轻负担。倔强的李晓梅用三天的不吃不喝换来了母亲的点头同意，但条件是学费必须自己挣，李晓梅二话不说坐上村里的拖拉机就到县城里打工去了……四年的求学生涯里，一到假期，同学们都高高兴兴地回家与家人团聚，为减少开支，她只有过春节假期才回家，平时的假期，就在学校周边打工，积攒自己的学费和生活费。

时间飞逝，李晓梅终于完成了学业，并被分配到沧源县勐来乡农科站工作，她的农科之路从此开始。工作中她主动向身边老同志学，深入田间地头向群众实践，闲暇时她积极自学，不断提高自身的科技技能。

一年365天，在农业技术推广战线上，在春寒料峭的晨雾中，她与群众一起耕耘播种；在烈日炎炎的田地间，有她悉心指导农民的身影；在瓜果飘香的金秋，有她与群众一起分享丰收的喜悦；在严寒的冬日，有她和团队们开展新品种试验、新技术推广的足迹。白天她在田边地头为群众示范演示；晚上她坐在老乡的火塘边为他们答疑解惑……就这样，她头顶理想、心中有民、脚踩泥巴、手上有招，年复一年、日复一日。当年刚走出校园腼腆中带有羞涩的少女如今已锤炼成为佤族村寨里家家户户口中的"李小麦""李洋芋""李苞谷"……

勤于尝试结硕果

习总书记指出，"全面实现小康，少数民族一个都不能少，一个都不能掉队。"结合沧源少数民族聚居、山多地少的实际，李晓梅带领着团队开创性地提出了把"地变宽、把天拉长"的多业并举科技推广思路，在试验示范的基础上大力推广了经济林果＋粮经作物、核桃＋魔芋、茶园＋玉米、玉米＋豆类（青饲料、蔬菜、向日葵）以及烤烟＋玉米＋油菜（小麦、豆类）等间套种模式和一年三熟种植模式，有效解决新形势下产业发展间的用地矛盾，提高了土地利用率和农业综合效益。她先后主持和承担了大春粮食作物高产创建、粮食作物间套种技术推广、玉米覆膜栽培、旱作立体栽培、水改旱种等科技增粮食项目，示范推广面积 220.655 万亩次、累计增收 41 100万元。沧源的主要粮食作物水稻、玉米分别从"种一片坡、收一箩筐、煮一罗锅"状况彻底改观，突破了 370 千克的单产大关。截至 2016 年末，沧源县粮食总产实现了九连增。"共产党西代勐，人民政府西代勐，科学技术西代勐，李老师西代勐"，岩帅镇种粮大户田岩布勒一边载着满车沉甸甸的粮食一边伸出大拇指口中不停地念道。这份褒扬凝聚着群众对她的信任，凝聚着边疆少数民族同胞对党的拥护。更是党的光辉照边疆，边疆人民心向党的最纯朴的诠释……

由于工作成绩突出，李晓梅先后被省、市、县评为劳动模范、先进工作者、优秀共产党员、先进个人等称号。2008 年被临沧市委、临沧市人民政府评为先进个人，2010 年被云南省农业厅评为农业抗旱先进个人，2011 年获云南省农业技术推广奖二等奖，2011 年被临沧市人民政府评为"十一五"农业农村工作先进工作者，2012 年被中共临沧市委评为优秀共产党员，2013 年获云南省农业技术推广奖三等奖，同年被中共临沧市委、临沧市人民政府授予"劳动模范"称号，2014 年获云南省农业技术推广奖二等奖，2015 年获云南省农业技术推广奖三等奖和临沧市人民政府科学技术进步奖三等奖，2015 荣获年临沧市三八红旗手荣誉称号，2016 年获临沧市科技进步奖一等奖和云南省科技厅科学技术进步奖三等奖，2017 年被云南省人民政府授予云南省先进工作者荣誉称号……

跨国推广展形象

在滇西南，中缅国境线纵贯阿佤山区。沧源县毗邻著名的缅北"金三角"，禁毒任务重。近年来，在国家政策的引导下，农业部门走出去开展替代种植。李晓梅主动向局领导请缨，要求赴缅开展替代种植的农技推广。局领导考虑长年来缅北形势不稳定，加之她是女同志，亲自带队"出征"实在不放心，没有同意。可李晓梅坚持自己的想法，几番软磨硬泡下来，局领导终于松口。

2012 年，为积极推进"缅北农业科技合作项目"，本着"友邻、睦邻、安邻、富邻"的战略和高度负责的态度，李晓梅带着 8 名队员，带着对友好邻邦的情感，带着党和国家的重托，奔赴缅北农业科技合作一线。

万事开头难，到过缅北的人都知道那里条件极为艰苦。特别是夏季的缅北阴雨连绵，蚊蝇蛇鼠众多，加之语言障碍，农技推广工作举步维艰。面对困难和挑战，"拼命三娘"李晓梅没有退缩，语言不通就找来翻译，下雨就抢晴指导，路一条一条走、田一块一块看、人一个一个认识。

手把手地教，从改种、换土、培肥，推广综合农艺技术措施，大力发展粮食作物、甘蔗、茶叶和经济林果种植等产业。不负众望，在缅北农业科技合作项目实施过程中，李晓梅一班人共指导当地群众完成替代种植 15.31 万亩。其中，开展农作物示范推广面积 6.65 万亩：玉米示范推广面积 4.16 万亩，总产 1 688.96 万千克，平均单产 406 千克，比相邻地块种植的锥形黄玉米平均单产 196 千克高 210 千克；水稻示范推广面积 2.49 万亩，总产 881.46 万千克，平均单产 354 千克，比相邻田块种植的"老缅甸谷""老黑谷"平均单产 202 千克高出 152 千克。开展农作物病虫害统防统治 9.46 万亩次，挽回粮食产量 245.96 万千克，挽回经济损失 737.88 万元；开展农业科技技术培训 32 期，培训当地官员及群众 2 849 人次；采取理论与实践相结合，通过现场示范演示，让缅方参会人员"看有样子、学有例子、做有尺子，一听就懂、一做就会"。全面提升了缅北粮食作物的种植水平、管理水平。把许许多多的荒山荒地和曾经罂粟花开的地方改变成了硕果累累的粮仓。她们把大国农业工作者、把佤山干部的良好形象永远留驻在了异国他乡……

　　平凡的岗位、闪光的足迹。27 载的风风雨雨，见证着沧源佤山"最美农技员"李晓梅的誓言！

金牌主任兴一片

——记云南省宣威市宝山镇农业综合服务中心陈兴片

云南省曲靖市宣威市是全国连片扶贫的乌蒙山区县之一。宝山镇农业综合服务中心主任、高级农艺师陈兴片，1983年参加工作以来，扎根基层从事农业科技推广34年。为帮助高寒冷凉贫困山区的农民脱贫，他带头建设国家农业科技示范场，引进高产优质马铃薯新品种，探索出干旱缺水地区马铃薯"高垄双行"集成高产栽培技术，使马铃薯产业成为山区农民脱贫致富的主导产业。他先后22次获省、市级表彰，2010年获"全国农村科普带头人"称号，2014年被评为"全国优秀农村基层科技工作者"。

宣威市是云南最大的玉米、马铃薯和生猪生产基地，8次获全国粮食生产先进县。陈兴片担任农技中心主任17年。在他的带领下，宝山镇打造了一支"能吃苦、讲团结、重诚信、敢干事、争一流"的基层农技推广队伍，农业综合考核连续六年获宣威市第一，是宣威农业系统公认的"金牌主任"。

兴技术：农业科技推广的领路人

1983年，高中毕业回乡的他被选聘为村农科员。1984年，宝山乡首次推广水稻扣种稀播薄膜育秧，作为一名月薪仅有15元的农科员，他借款240元，买了6筒薄膜帮助群众育秧。1985年，他承办一个路远、不通车的预备现场点；在一个寒冷的下午，一位县领导路过看见他正挽着裤腿，带领农民撒稻种、盖薄膜，非常赞赏他的实干精神，预备点变成了主现场点，成为全县乡镇领导和农科站长学习薄膜育水稻秧的样板。

1986年，宝山搞科技联产承包责任制，乡干部挂钩由村聘任，16个村有12个争着聘他，乡领导把他安排到边远高寒贫困的乐红村，仅有60元工资的他垫钱为农户买地膜，无偿送膜给最穷的农户。在该村搞薯麦混种试验，底层种马铃薯，表层撒麦子，空行种地膜玉米，薯麦收后种绿肥。后又改晚熟、低产光叶紫花苕子为早熟、高产云光早苕，保证来年大春作物种植节令，提高了产量和效益。

1989年，他指导杂交玉米制种500亩，亩产值达1 200元，是一般玉米的三倍多。1990年，他选择一个健壮硕大的种薯做马铃薯掰芽快繁试验，经多次掰芽、切枝扦插和"偷蛋（块茎）"，创造"一个马铃薯繁殖600千克优良种薯"的奇迹。

2010年，面对西南地区百年不遇的干旱，他带领农技人员，深入村组，总结群众抗旱经验和办法，探索出田间地角挖塘铺塑料膜的简易水塘抗旱模式和大塑料水袋运水、田间存水抗旱模式，配套玉米W形和窝塘式地膜集雨技术，保证了严重干旱缺水地块能在最佳节令快速种植，创下了玉米平均亩产661.3千克、马铃薯平均亩产2 734.6千克的高产纪录，实现了大旱之年大丰收。

如今的宝山农业新技术、新品种应用率全市领先，测土配方施肥技术、玉米W形抗旱集雨技术和马铃薯高垄双行技术应用率 95％ 以上。2017 年，他在全镇示范马铃薯侧膜覆盖 300 亩、玉米降解膜覆盖 600 亩，这两项新技术又走在宣威农业科技应用前列。

兴队伍：身先士卒的当家人

2000 年，宝山乡的农技推广整体处于宣威市落后水平，陈兴片临危受命任农科站站长，站里没有像样的农技推广培训场所，还欠账 20 多万元，人心涣散。他团结全站人员，积极争取各级支持，建成了 1 100 米 2 的农技推广服务大楼，购置了各类农技服务设备，建成宣威市最好的乡镇农科站。

基层农技推广体系改革后，农技、农经站合并，针对人员身份、能力、专业复杂的实际，他分类指导，平衡搭配，很快把大家融为一体，形成了团结和谐的团队。为充分调动农技人员积极性，他动员镇村农技人员入股，组建"元宝公司"，实行股份制管理，将利润用于股东分红和扩大再经营。

为提升农业人员能力和水平，每遇省、市、县培训，他都争取更多名额，将农技人员选送出去学习培训，先后送培农技人员 1 020 人次，两名农技人员被组织提拔为副镇长、两名提拔为站所长。

2003 年，他带领镇村 30 余名农技人员在安益村建成了国家级农业科技示范场，培育 600 户科技示范户，带动 12 000 户，2006 年获省政府"国家级科技示范场百星奖"，2012 年获财政部、中国科协"科普试验示范基地"称号，累计接待国内外专家领导 90 余次 540 余人次，培训农民 30 期 6 180 人次。

为构建优质、便捷的农技推广服务体系，在全镇建立 17 个农用物资销售和科技信息服务网点，搭建"农户＋村委会＋公司＋基地＋协会"的技物配套服务平台。筹建优质种薯、蔬菜、魔芋、中药材和黄豆腐等五个专业合作经济组织，与省农业科学院、云南农业大学及广东廉江建成农业有限公司、昆明天使土豆食品公司等合作，建成农户购买原料有渠道、技术服务有保障、产品销售有出路的基层农技服务平台，年营销额 1 000 余万元。

如今，在宝山农技服务大楼的墙上"运转高效、服务到位、支撑有力、农民满意"的农技推广服务体系建设目标，早已烙印在每一位宝山农技服务人员心上。如今的宝山，农技服务体制机制顺畅，职能明确，机构健全，保障有力，运转高效。

兴产业：农民增收致富的贴心人

过去，宝山农民科技意识淡漠，办高产样板等、靠、要思想严重。他提出实行农民自愿申请办样板的模式，变"政府要我办"为"我要积极办"，极大地调动了农民运用科技的主动性和积极性。

2006 年，为杜绝假劣农资坑农害农，他借鉴农技推广优质农资入户的模式，带领镇村农技人员进村入户办科技讲座、发科技明白书，对优质农资实施预订供应，送技术、良种、农资入户，做到科技服务早到户、技术指导早到田、宣传发动到人、农事早明白，户均培育 1 名科技明白人，降低了成本，保障了安全。

为解决农业生产经营零散和土地流转难的问题，他组织村干部、农科员召开群众会，宣传规模流转的好处。积极争取资金支持，完善基础设施建设，实现水通、电通、路通，努力营造吸引投资的优良环境。利用具有 3 个分公司、镇农技人员入股、技物服务配套的元宝公司直接从农户手中流转土地，投资方直接从元宝公司承租，解除投资方与农户间的租地矛盾，规避不诚信企业不付地租的风险。地少、不愿意流转的农户，让投资方提供种子和技术，农户参与生产。

为解决农业发展资金不足的瓶颈，他积极争取省科技厅 7 个项目 50 万元资金，支持特发、宝乐等 6 个科技型专业合作组织和宝元农业科技有限公司。政策好了、环境优了、资金足了，老板来了。16 位老板一拥而入，流转土地 5 375 亩。一位昆明老板订单生产雪莲果 1 000 亩，保护价收购，还预垫肥料、种子、薄膜款。乐红村邓成亮由挖矿转行农业，种植重楼、玛卡等中药材。乐红村农科员俞明良种植 1 014 亩马铃薯并组织全镇马铃薯营销，成为 2013 年全国种粮售粮大户。

以前，宝山马铃薯多用来做菜和喂猪，商品率极低，陈兴片充分调研后决心搞品牌开发。他亲自设计包装盒，举办乌薯宴席，请嘉宾提建议，集思广益。2002 年，宝山成立宣威最早的马铃薯协会，会员 100 多人，争取到省农业厅 40 万元、曲靖科技局的 3 万元乌薯发展资金，培训会员，引进示范新品种、新技术，注册宣威首个特色薯品牌"紫云宝土豆"商标，生产营销信息共享，提高产量质量和市场竞争力。2003 年宝山乌薯获"广州食品工业博览会金奖"，乌薯供不应求，实行订单生产，销往广州、上海和四川等地，价格从 0.8 元/千克提升到 4 元/千克，促进了农民增收。

2004 年是马铃薯市场最为疲软的一年，也是宝山乌薯产业发展最艰难的一年。马铃薯大丰收，乌薯单产最高达 2 吨，价格低迷，仓库里堆积如山。他按照种植前签订的合同价收购，四处托人找销路，亲自带领农技人员到昆明等地设立乌薯专卖店，亲自将一件件马铃薯送到批发市场、超市和客户家中。如今，马铃薯成了安益村脱贫致富的大产业，户均马铃薯年产值超万元。2016 年，有 3 户产值超 10 万元，24 户产值在 5 万～10 万元。

2016 年 1 月 21 日，他刚做完眼睛手术，不顾医生和家人的劝阻，接着就投入到马铃薯品种试验、样板落实中。2016 年 3 月 21 日，做完阑尾手术不几天，他又及时赶到全市农业科技下乡暨赶集活动现场，进行科技宣传。他是被评为 10 名"最美宣威人"中的唯一一名农科人员。

"三七之乡" 的 "庄稼医生"

——记云南省砚山县植保植检站赵云柱

在闻名中外的"三七之乡"云南省文山州砚山县的田间地头，人们经常看到一位戴着草帽、手持笔记本，常常顶着烈日、冒着风雨察看农作物病虫害发生态势的中年农业科技工作者，他就是被农民朋友称为"庄稼医生"，现任第十二届全国人大代表、云南省人大代表和文山州政协委员，砚山县植保植检站站长、高级农艺师赵云柱同志。

1988 年 7 月毕业于云南省文山农业学校农学专业，毕业后在乡（镇）农业技术推广站工作长达 15 年，1994 年 1 月起开始任基层农业技术推广站站长，2004 年 4 月调任砚山县植保植检站站长至今，28 年来一直从事农业技术推广工作。参加工作以来，赵云柱同志本着"认真、求实、高效"的工作作风和工作态度，积极深入农村、扎根基层、走进田间地头，默默无闻地在良种推广、良法配套、优化种植及新技术的试验、示范和推广上做了大量的工作，先后获得国家、省、州、县 28 个奖项。其中，获省部级科技成果奖 3 项，地厅级科技成果奖 12 项，县处级科技成果奖 13 项。在农业科技推广工作中多次被省、州、县评为先进个人和先进工作者。

扎根基层　执着奉献

赵云柱同志从云南省文山农业学校毕业后，就被分配到乡（镇）农业技术推广站工作，从最基层的一线开始从事他的农业技术推广工作生涯，1988 年 7 月至 1992 年 1 月在砚山县干河乡农业技术推广站工作，1992 年 1 月至 2004 年 4 月在砚山县者腊乡农业技术推广站工作，在乡（镇）工作一干就是 15 年。他热爱农业工作，身于基层，安于基层，关心群众疾苦，甘于做群众的贴心人。在乡（镇）从事农业科技推广工作，他经历了群众从不认识到认识、从不接受到接受的全过程，从不抱怨农业科技推广工作的艰辛与基层工作条件的坚苦，始终一如既往地做好自己的本职工作。在杂交水稻、杂交玉米"两杂"良种推广上，就经历了群众从不接受采取送种上门、无偿供给，使群众尝到甜头和受益，到群众开始接受但因良种紧缺导致抢购的全过程。通过不懈努力，其所在的干河、者腊两个乡"两杂"良种推广覆盖率从 1991 年的 20％上升到 2004 年的 90％以上。赵云柱同志善引进和推广应用新技术，1992 年率先引进"两段育秧"技术，通过试验示范，增产效果显著。在他的引进带动下，1994 年该项技术被列为文山州重点科技推广项目之一，平均单产达 450.2 千克，比对照区亩增产 70.3 千克，增产比例 18％。与此同时，在乡（镇）工作期间，还认真加大水稻旱育稀植、水稻品种多样性混合间栽、玉米宽窄行栽培等新技术的推广应用，成效显著。在他的主导和推动下，农业科技推广工作在文山州内始终处于领先地位，2002 年获得了云南省人民政府科技兴乡贡献奖。

转变思路　破解难题

　　2004 年 4 月赵云柱同志调任砚山县植保植检站站长，从综合性工作转为专业性较强的工作岗位，在乡（镇）多年的工作中，以推广化学药剂防治农作物病虫害、有效控制病虫害、保障粮食安全为主。随着生活水平的提高，化学农药的大量使用，部分农产品出现了农残超标、环境污染、人畜安全隐患。身为砚山县植保植检站站长，不得不对出现的问题认真思考定位，寻求最佳解决问题的办法。这些问题没有把他难住，通过查询资料，多方了解，当得知先进地区应用杀虫灯示范效果很好的消息，他及时向上级业务部门进行反映，并争得支持两盏杀虫灯在辣椒种植面积进行示范，通过示范应用获得明显效果，得到了群众充分认可。但在推广应用上，辣椒种植须进行轮作，新种植地块基本不具备电力设施，给用电带来不便，他又积极与生产商沟通，进而推广应用更为方便的太阳能杀虫灯。在他的带领及全站职工的共同努力下，工作得到了上级的支持及认可，砚山县被列入了"全国十个绿色防控示范县"之一。赵云柱作为砚山县"绿色防控"项目负责人，认真在全县范围内选拔组成推广技术队伍，制定工作方案，明确责任，明确样板示范实施地点，建立健全推广责任制度。先后引进性诱剂、杀虫灯、色板、驱虫板、食诱、生物农药等绿色防控技术，分别在三七、辣椒、蔬菜、水稻等作物开展试验示范。2016 年，共推广绿色防控技术 42.6 万亩。其中，辣椒昆虫性诱剂防控 1.2 万亩，亩增 152.2 千克，亩新增产值 365.28 元，示范带动 12 万亩（全县种植 54.8 万亩）；累计安装杀虫灯 2 200 盏，辐射面积 11 万亩；购置色板 20 万张，示范带动 10 万亩；推广生物农药 9.6 万亩。同时，还研究试验、示范食诱、驱虫剂的应用。2011—2013 年，他参与组织实施的云南高原特色作物绿色防控技术集成与推广项目获得全国农牧渔业丰收奖，个人排名第 4 完成人。

务实创新　寻求发展

　　①抓好病虫害统防统治。2004 年以来，为切实组织做好农作物病虫害统防统治，把病虫危害损失控制 4% 以内，保证粮食安全。赵云柱同志共组织举办农民田间学校 35 个班，涉及 35 个村，学员 1 020 人，培养出了一批植物保护技术骨干的新型农民队伍，这些新型农民队伍对保障全县农作物病病虫害发生防治工作发挥了重要作用。在他的全力组织下，全县农作物病病虫害发生得到了有效的控制，2008 年，被全国农业技术推广服务中心评为"科技减灾促春耕活动先进个人"。同时，为提高防效、节约成本、降低劳动强度，采取与云南航博源科技有限公司合作，积极组织开展农用无人机防治病虫害示范。2016 年共完成农用无人机统防统治 1.33 万亩，带动全县专业化统防统治 18.53 万亩，可增产粮食 1%，使全县粮食产量增加 185.3 万千克。②加强葡萄避雨栽培推广，实行控病增产，全县推广葡萄避雨栽培面积 5 025 亩，比对照少打药三次，节约农药成本 150 元/亩，节约生产成本 75 万元。③积极开展药效试验。为实现 2020 年农药零增长，每年均引进新的生物农药，针对不同作物的不同病虫进行药效试验。筛选出最佳农药新品种，推荐在生产上应用，为全县实现 2020 年农药零增长、巩固"国家农产品质量安全县"奠定坚实基础。其参与组织发明的"一种天然虫液及其制备方法和应用"还获了国家发明专利（驱虫剂）。

倾听群众呼声　充分反映民意

自 2013 年 3 月当选为全国人大代表以来，他更加谦虚谨慎、对工作更加负责，增强政治意识、大局意识、核心意识、看齐意识，站在全国人大代表的高度，认真倾听群众呼声，充分反映群众意愿。在履职全国人大代表期间，共提出合理化建议 16 个，所提建议得到了上级领导的采纳和支持。由于 1997 年的《农药管理条例》发布时间长，与现实发展和管理不相适应，他提出了尽快修订的建议，对推进新条例的出台起到了积极作用。针对砚山县被列为国家现代农业示范区建设，资金投入不足问题，提出了关于加大砚山县国家现代农业示范区建设支持力度的建议，得到了国家、省、州、县的大力支持与重视，2016 年共投入建设资金 7 968.5 万元，有效推进了国家现代农业示范区基础设施建设。赵云柱同志作为全国人大代表，始终牢固树立"人民代表为人民"的代表意识，人大代表来自人民，反映问题代表着广大人民群众的利益。

积极上进　率先垂范

工作中，赵云柱积极践行社会主义核心价值观，始终对自己高标准、严要求，坚持以一名全国人大代表的神圣职责和风范，积极带头遵章守纪、团结同志、任劳任怨，在日常的工作和生活中从不计较个人得失，并坚持把学习作为干好工作的基础和前提。①注重个人文化素质的提升，不断拓展新领域。采取边工作边学习的方式，在职期间分别修完了中央广播电视大学专科班园艺专业和中国农业大学本科班农村区域发展（农业推广与创新管理方向）专业的全部课程，先后取得了专科、本科学历，有效提升了自己的理论知识水平。②注重整体素质的提升，提高整体服务水平。从学习宣传党和国家方针政策到具体工作的贯彻落实，他始终把提高自身素质和员工整体素质作为履职基层农业工作的根本，始终如一以勤奋好学的精神和求真务实的工作作风，带动了全体干部职工整体素质的提升，从而更好地服从和服务于全县农业科技的推广和应用。

作为一名普通的基层农业科技工作者，赵云柱同志走遍了砚山的每一片庄稼地，常常戴着草帽、手持笔记，穿梭于田间地头调查了解农业生产情况，给广大农民朋友技术指导和培训无以计数，他用自己辛勤的汗水为庄稼灌溉，用青春给大地染绿，用生命为丰收丈量，在一片片厚朴的土地上刻下了一串深深的脚印。他的每一步，都从不同角度表述了一个农业科技工作使者牺牲自我、造福社会的责任感和使命感。从他的行动上，可以看出，他无怨无悔的选择农业这个解决亿万人民吃饭的大问题，并在农业发展中延续辉煌和成就。28 年来，他默默奉献在平凡的工作岗位上，其中的酸甜苦辣只有他自个儿最清楚。在每天的工作中，他总是说，能帮农民做点实事，心里感到很欣慰，"这活虽然无职无权，倒也知足常乐"，谈及干了半辈子的农业工作，赵云柱平静的言语中透着淡然。如今，赵云柱想得最多、谈得最多的就是要好好抓一抓贫困地区的农作物病虫害防治，让广大农民群众能有个好收成，就是我们基层农科技术员最大的安慰和快乐。他常说："如果能在自己退休时，听到农民群众说老赵还干了点正事，自己就心满意足了。"

滇西油菜王

——记云南省临沧市临翔区博尚镇农业综合服务中心唐亚梅

爱因斯坦曾说："对一个人来说，所期望的不是别的，而仅仅是他能全力以赴和献身于一种美好事业。"唐亚梅就是这样的人，她把30多年的岁月献给了农业科技推广事业。如今年近五十，她却依然执着地为农技推广工作尽职尽责，捧出了让群众增产增收的硕果，也捧出了属于自己的那份喜悦。2012年以来，她把全国基层农技推广补助项目的油菜试验示范基地与云南省油菜产业技术体系的试验示范基地结合起来，选好技术指导员、选准科技示范户，连续创造最高单产456.47千克、百亩方360.8千克、千亩方298.08千克、万亩方275.04千克四项全国纪录；她作为创新团队成员（排名第六）的油菜"三精"高产栽培技术通过国家级专家组验收，"属集成创新技术成果，处国内领先水平。"她还获得农业部颁发的全国农牧渔业丰收奖二等奖，云南省农业厅农业技术推广一等、二等、三等奖，省、市、区先进个人称号15次。在农业科技推广这条路上，真正做到了担责前行、孜孜不倦。

创 新 求 发 展

"人一旦受到责任感的驱使，就能创造出奇迹来。"唐亚梅积极与省、市、区农业科研推广部门衔接，尽力争取支持，在博尚镇组织实施了省（部）级油菜高产创建活动、优质早熟油菜基地建设、基层农技推广体系改革与建设补助、国家油菜产业技术体系等多个项目。结合项目的实施，开展油菜新品种新技术试验示范工作。创造性提出推广了油/烟早熟栽培模式，成就了临翔区早熟优质杂交油菜推广率达95%以上，在全省处于领先地位。她总结推广应用了油菜高产高效集成栽培技术，促成了油菜生产100%良种化、100%的育苗移栽、100%的规范化种植、100%的测土配方施肥、100%的病虫草鼠害综合防治的"五统"促成"五百"。总结推广了油菜"三精栽培技术"，造就了临翔区油菜连续三年创造全国"四项"高产纪录的辉煌成就。

2011年以来，博尚镇被作为油菜高产创建、基层农技推广体系改革与建设、油菜三精栽培技术规程推广应用等项目实施重点区域。唐亚梅参与主持并负责由省、市、区共同在博尚镇幕布村开展的百亩连片高产高效集成技术示范样板建设，实现了平均单产353.6千克、节本增收441.50元/亩，为进一步提高油菜单产和实现节本增效探索了成功之路。作为主要完成人之一，2011年临翔区推广油菜高产高效技术项目荣获云南省农业厅颁发的农业技术推广奖一等奖。

2009年，临翔区进入全国基层农技推广改革与建设示范县。唐亚梅担任技术指导员，选科技示范户，建设油菜试验示范基地。2010年，她争取省油菜产业技术体系把油菜试验基地放在博尚镇，加大了油菜科技推广力度。2012年，全国基层农技推广改革与建设补助项目又加大投入，这个油菜基地的发展日新月异。2014年，经国家油菜产业技术体系首席科学家王汉中为组长的专家组测产，唐亚梅领导的技术指导员团队，指导科技示范户创造单产456.47千克和百亩方平均单产360.8千克的两项全国纪录。2015年创下1 125亩油菜千亩方平均亩产298.08千克的全国纪录，2016 年又创造了 11 861 亩连片平均亩产 275.04 千克的全国纪录。2017 年 3 月，唐亚梅参与研发的油菜"三精"高产栽培技术，通过国家级专家组验收。

真 情 洒 红 土

"责任感常常会纠正人的狭隘性，当我们徘徊于迷途的时候，它会成为可靠的向导。"1986 年唐亚梅从临沧农业学校毕业，和许多同龄人一样，她怀揣着梦想走上工作岗位，可是到岗后，她发现现实与理想差距太大了，偏远的山乡根本不是想象的样子，她沮丧得想一走了之，但看看身边工作的老同志，她迅速调整了自己，开始了脚踏实地地工作。在走村串户中，唐亚梅看到了百姓生活得不易，更加明白农业增收发展对于老百姓来说有多重要，于是她下定决心，一定要干出个样子，给老百姓有个交代，给自己的心一个交代。

30 多年不是一眨眼就能过完的日子，唐亚梅却让每一天都过得充实而有意义，她心里装着群众的期望。作为临翔区农业科技重大项目实施重点区域和农业科技试验示范推广窗口——博尚镇，唐亚梅作为农业综合服务中心主任，她一直承担着农技推广项目的协调规划、落实到村到户、技物结合、宣传培训等工作，并不断深入生产实践总结经验。寒来暑往，她总是早出晚归，风雨兼程，刻苦钻研，用智慧和汗水攻克一个个农技难关，用真情传播现代农业科技信息，为促进农民增产增收播撒着那份执着的真情！

执 着 促 增 收

"人生须知负责任的苦处，才能知道尽责任的乐趣。"博尚镇是临翔区烤烟产业发展的核心示范基地，随着烤烟产业的快速发展，粮经争地矛盾日趋突出，为确保粮经双丰收，唐亚梅紧紧抓住"粮食高产创建""粮食生产科技增粮"等项目实施机遇，充分利用当地光、温、肥、水、土等资源，千方百计推广茶园、核桃园等经济林果间套玉米等各种农作物及烤烟地套种玉米的良种良法配套技术，实现亩增粮食 30 千克以上，新增粮食总产 1 860 吨，增收 336 万元。

2010 年博尚镇被定为粮油高产创建项目实施的重点乡镇，唐亚梅深知责任重大，带领中心农技人员开展了 200 户 600 亩的玉米科技示范工作，然而，当年遇上了意想不到的大旱，迫使她必须付出更多的艰辛与努力。于是，唐亚梅身先士卒，带领科技人员进村入户深入田间地头，让农户因地制宜掌握应用每一项抗旱保增收措施，把抗旱保增收的每项措施做到了最细、最实处。同时，她精心组织农技人员管护好在幕布村组织实施的 708.7 亩玉米高产创建百亩核心样板，经过市区两级专家组织验收，样板区平均单产达 531.7 千克，最高单产达 1 204 千克，创下临沧市玉米单产最高纪录，也创造了大旱之年不减产反增收的奇迹，成为玉米良种良法栽培挖掘高产再高产潜力的典范。

务 实 闯 新 路

"一个人若是没有热情，他将一事无成，而热情的基点正是责任心。"博尚镇作为临翔区烤烟产业发展的先驱，为了种植好烤烟，唐亚梅积极主动带领同事查询资料、翻阅科技书刊学习种植管理技术，向烤烟专业技术人员请教学习实践经验，不断充实武装自己。在烤烟种植关键农时，她披星戴月，每天带着同事们走村串寨，积极做好规划组织、落实到户到田、扶持政策宣传、种植管理技术培训等工作，从烤房建设、育苗、移栽、烘烤到交售，全程跟踪服务。在他们的努力下，烟农逐步掌握了烤烟的一系列生产技术，使博尚镇烤烟产业在种植面积、生产管理水平及烟农收入上都居于全区全市之首。

为了烤烟实现增收，唐亚梅下了不少功夫。博尚镇油菜是烤烟前作，油菜收获的迟早，直接影响烤烟的适时移栽从而影响到烤烟的收成。博尚镇多年来所种植的油菜品种生育期都较长，严重影响了烤烟生产。为了改变这一困境，唐亚梅在多方探索后，下定决心从根本上解决油菜和烤烟之间的轮作茬口矛盾，以保证烤烟在最佳节令移栽。她在省、市、区农业主管部门和科研推广部门的支持下，结合油菜科技项目实施，引进筛选示范推广早熟高优油菜良种，彻底解决了油菜与烤烟之间的茬口矛盾，既提高了油菜的单产又提高了烟叶的质量。她的成功试验在全区全市烤烟生产区起到了表率作用，为全区全市油菜、烤烟产业的发展提供了借鉴，在全区全市迅速推广应用。

管 理 生 动 力

"社会犹如一条船，每个人都要有掌舵的准备。"唐亚梅把农业综合服务中心当成了自己的家，主动掌起了这个"家"的舵，"家"里的每一件事、每一个人她都记挂在心上。2012年上级投资建设农业综合服务中心时，她随时去施工现场监督。服务中心建成后，有了农技服务大厅、农民培训教室、检测室，配置了仪器设备。为了规范有效的管理服务，她与同事们一起讨论制定了规章制度，完善了用制度管人管事的机制，整个中心运作井井有条，成为区、市乃至省里的榜样。中心里成员同心协力，引进了试验油菜、烤烟和玉米等品种48个，技术15项，筛选用于生产9个（项），累计推广应用40 800亩，增加农民收入1 016万元。

唐亚梅是一个热心肠的人，工作之余，她时常组织一些学习培训活动，不断提高中心人员的业务素养和道德涵养。同时，还争取各种机会让中心人员走出去学习，开阔眼界。自2012年以来，博尚农业综合服务中心有12人次被选聘为技术指导员，在全镇内组织开展各类技术培训186场次，受训农民达10 416人次；中心农技人员下乡指导农户16 800人次；组织农技人员外出培训40人次，7人晋升为副高级职称，占全站的38.9%，10人受县以上表彰、奖励。

"采得百花成蜜后，为谁辛苦为谁甜。"30多个春秋，唐亚梅用心扛着农技推广的责任。年华虽老，真情依旧，在群众的口中她从"小唐"变成了"老唐"，但她始终任劳任怨，孜孜以求，在农技推广这条路上一如既往继续前行。

高原农业科技服务工作者

——记西藏自治区山南市农业技术推广中心次仁云丹

现年 45 岁的次仁云丹同志自参加工作以来，以对人民群众高度负责的工作责任心和严谨的科学态度，在平均海拔 3 600 米的西藏山南市开展了 24 年的基层农业技术推广服务。

次仁云丹同志虽然身患高血压，但在工作中克服种种困难，不畏艰辛，几乎牺牲了所有的节假日，经常坐拖拉机、走路穿梭于田间地头，从事农业技术指导工作，与农牧民一起同吃、同住、同劳动，为山南市粮食增产、农业增效、农民增收做出了积极的贡献。曾获得联合国开发计划署、中国农村技术开发中心颁发的优秀科技特派员称号，西藏自治区科学技术奖、科技推广先进工作者、驻村工作先进个人、优秀驻村工作队员称号，并多次获得农牧局及单位先进工作者荣誉称号。虽然获得诸多奖项，次仁云丹同志依然不忘初心，不顾身体安危，继续奉献基层农业技术推广，为山南市的农业经济增长、农牧民增收、农业科技发展做出了应有的贡献。

研究蔬菜种植填空白。1993 年，刚刚从内地大学毕业的他，放弃了在拉萨工作的机会，回到老家山南市选择了与自己专业相符的农业技术推广中心，成为了一名农业科技服务人员。

农学专业毕业的他，回到家乡后发现山南市蔬菜种植技术处于空白，老百姓膳食结构单一，蔬菜市场价格比内地高，蔬菜市场资源都需要从内地引进。次仁云丹同志从专业角度出发，开始引进各种蔬菜种子，开展蔬菜种植试验，研究常规蔬菜栽培技术，每天到田间地头观察、记载、探索。

通过三年的蔬菜栽培试验研究，筛选出了大量适合山南市气候条件的蔬菜品种，配套栽培技术规程并翻译成藏文。蔬菜种植技术的大面积推广，丰富了广大老百姓菜篮子，改善了山南市广大农牧民群众的膳食结构，增加了致富渠道，为广大农牧民增收做出了积极贡献。

规范种子生产促增收。1996 年，山南市开始实施"124、125"种子工程体系建设。单位指定次仁云丹同志负责管理建设工作，为了做好种子工程体系建设工作，次仁云丹同志奔赴内地学习种子工程体系建设模式和运行管理办法，从种子源头着手，加强种子基地建设，开展提纯复壮。在次仁云丹同志的努力下，山南市种子工程体系建设工作取得了显著效益，工作进度走在了全区前列，这不仅提高了种子纯度和种性，还在根源上改变了山南市农作物种子"杂乱差"的状况。

次仁元丹同志带领团队在种子工程体系建设工作岗位上奋斗了五年，累计生产一级种子 240 万千克，原种 7.5 万千克，原原种 5 000 千克，向山南市 12 个县统供 200 万千克，向自治区推广中心、林芝、日喀则等地外调商品种 40 万千克，一级种子统供率达 90% 以上，二级种子统供率达 80% 以上，示范推广新品种 12 个，累计产生经济效益上亿元，同时带动了山南市种子加工包衣、种子质量检测等技术的发展。为实现山南市粮食生产目标和农业经济稳定增长目标，实现种子产、供、销、推一条龙社会化服务，一体化经营管理机制建设创造了有利条件。

改变致富渠道增收入。2000 年，西藏自治区开展了第一次农牧结合点工作，次仁云丹同志由于业务基础扎实、基层经验丰富，被单位的安排在贡嘎县岗堆镇开展各项工作。他坚持"以农养牧，以牧促农，农牧结合"的工作思路，实施了大棚蔬菜种植、优质良种示范推广、禽类养殖、果树种植等 14 个项目的同时，在岗堆、甲竹林镇大面积示范推广优质油菜，将油菜配套栽培技术翻译成藏文，以发放手册、会议宣讲等方式开展技术指导服务。

四年间，在示范园区示范推广了冬小麦新品种、人工种草、地膜覆盖栽培、大棚蔬菜栽培、绵羊短期育肥、黄牛改良等 11 项种植养殖实用技术，使项目区人均现金收入新增 8 000 元，实现利润 600 万元。通过农牧结合示范，提高了农牧业科技含量，增加了群众现金收入。

提升业务技能搞产业。随着西藏经济的发展，人们的膳食结构在不断改善，蔬菜种类也在逐日丰富，次仁云丹同志发现食用菌在山南市的市场需求比较大，他认真研究食用菌生产工艺技术，自己开展生产试验，通过不断探索、研究，完全掌握了食用菌生产技术。起初借助项目开展小面积食用菌生产工作，逐渐在基层培养了一批懂技术的操作人员，使食用菌生产模式从以前的发放菌包发展到农户家中栽培实施的生产格局，解决了长期以来当地农作物秸秆、牛粪等大量浪费的问题，提高了资源利用率，实现了技术的创新、体制创新、管理创新。

他在做菌包的同时，耐心向农户讲解栽培管理技术，年生产菌包 1.5 万袋，实现产值 21 万元，得到了广大农民的认可。同时开展大蒜引进扩繁工作，从山东省引进优质大蒜，扩繁大蒜 1 000 亩，每亩收入达 3 020.2 元，经济效益十分可观，极大丰富了农民的菜篮子，为产业结构调整和增加农民收入找准了新的增长点，使农牧民收入明显提高，市场意识增强，创造了显著的社会经济效益。

做好配方试验降成本。2007 年，山南市农业技术推广中心在全区首次开展测土配方项目，测土配方工作内容主要包括土样采集、肥效试验、示范推广工作。次仁云丹同志作为土样采集工作队队长，虽然身患高血压，但是他不怕艰辛、任劳任怨，积极主动参与了测土配方野外取土工作，带领技术人员赴海拔 3 200~4 500 米的区域进行踩点取样，先后对 130 个乡镇，936 个行政村进行采土，共计采土样 7 862 个，累计徒步行走 1 200 余千米。负责"3414"肥效试验点累计 25 个，为测土配方试验提供有利数据。同时示范推广测土配方施肥面积累计达 16 万余亩。为山南市测土配方项目实施做出了贡献，通过科学配肥施肥，降低农业成本，增加农牧民收入。

推广青饲玉米创增收。由于西藏气候条件限制，草畜矛盾一直突出，次仁云丹同志从内地引进青饲玉米新品种，在试验地进行试种，总结和归纳播种技术规程，从内地邀请青饲玉米青贮专家，到山南市开展青贮操作培训。在开展青饲玉米新品种示范推广工作过程中，他制作藏汉双文版青饲玉米种植及青贮技术规程册子，通过宣传、指导和培训，加大对农民技术指导力度。同时，深入田间地头对整地、铺膜、播种、田间管理等各个环节进行指导，累计示范推广青饲玉米新品种 7 800 亩，亩产平均达到 4 500 千克，实现产值 1 650 元/亩，为山南市种植业结构调整、草畜矛盾突出问题的解决做出了贡献。

推广青稞品种提单产。青稞作为西藏特色品种，是藏族日常生活中的主要粮食之一，次仁云丹同志根据当地青稞品种单产较低的现状，在不同区域开展新品种增产试验，并积极推广培育的新品种，通过三年的不断努力，青稞新品种"藏青2000""山青9号""藏青13"得到了大面积示范推广，新品种的增产效益得到了群众的认可。同时，通过各种培训，使广大农牧民群众对新品种及栽培规程有了深刻的了解，为下一步大面积辐射推广奠定了基础。

收集种质资源促保护。随着山南市种植业结构的调整及农作物新品种的推广，许多当地品种逐渐退出了历史舞台，如果不进行资源收集保护，有可能导致部分农作物品种混杂甚至灭绝。次仁云丹同志结合自身长期从事农业技术推广工作的经验，调动各方力量走村入户开展种质资源收集工作，将各种原始材料进行分类标记，进行小面积种植保护，并建立种质资源库，为保护当地种质资源做出了积极贡献。

　　45 岁的次仁云丹同志就是这样在自己热爱的这片土地上奋斗了 24 年，用自己的实际行动在人民群众的心中树立了一个共产党员先进性和基层农技推广人员的形象，凭他无私的奉献、浓浓的爱心以及很强的事业心和责任感，为山南市农业的发展和农牧民增收默默地奉献着。

在黄土地上书写的"果树人生"

——记陕西省延安市洛川县苹果生产技术开发办公室屈军涛

屈军涛，43岁，1995年7月加入中国共产党，1996年7月毕业于西北农林科技大学园艺学院，获农学学士学位，现为洛川县苹果生产技术开发办公室主任，农业推广硕士、推广研究员，兼陕西省果树新品种审定委员会委员、陕西省星火计划农业信息专家，延安市科学技术协会第三届委员会委员，洛川县第十七、十八届人民代表大会常务委员会委员，中共延安市第五届党代会代表、中共陕西省第十三届党代会代表。从学校毕业来到洛川，屈军涛的人生价值就和"洛川苹果"紧密联系在了一起。

同行：他是干出来的苹果专家

他积极开展技术创新，推动苹果科研领先。

从1997年开始，屈军涛先后参与或组织引进试栽嘎拉系、富士系等国内外名优品种30多个，建成苹果种质资源圃、品种示范园30亩，储备适宜洛川本土栽植的苹果新品种16个。

1997—2000年，他参与引进红富士幼树"刻、剥、拉"技术，探索总结出适合渭北旱塬红富士早、丰、优管理配套技术，使全县红富士幼园挂果期从7~8年提前至4~5年，平均亩产量从750千克提高到1 500千克以上，获市县科技进步奖。

1999年，他主持全县果园土壤调查期间，克服各种困难，挤出时间投身生产基础调查研究。白天处理采集的几百个土样，晚上加班进行数据汇总分析，形成《洛川县苹果园土壤养分分析报告》，系统提出旱地果园土、肥、水管理技术对策，被县里列为年度苹果生产重点突破工作，连续5年纳入产业开发实施方案加以推进。

从2000年开始，屈军涛先后参与或主持了联合国CPR项目示范区建设、世界银行西部农民IPM培训等20多个项目并多次获奖：主持的"洛川县有机苹果技术研发与示范"获2012年延安市科学技术奖三等奖；主持的"洛川苹果有机生产技术集成与示范推广"获2012年陕西省农业技术推广奖二等奖，参加的"渭北套袋苹果黑点病预防技术集成与示范推广"获陕西省2011年科学技术推广奖二等奖，先后获县级科技成果奖二等奖2项、三等奖1项。他主持的"发展'五配套'生态果园，推动'有机化'苹果生产"等项目获陕西省科技调研成果奖二等奖1项、三等奖1项，延安市科技调研成果奖一等奖1项、三等奖1项。

与此同时，屈军涛积极组织参加各级苹果鉴评工作，选送的洛川苹果获17个省级优秀奖，有4个品种荣膺国家名优产品称号，极大地提高了洛川苹果的知名度和影响力。

他先后组织试验课题50多项，撰写报告50多篇，在《西北农林科技大学学报》《陕西农业科学》《干旱地区农业研究》等核心期刊发表论文10余篇，合作出版专业著作3部。2014年参加编写了《延安·洛川苹果标准》（其中主笔起草了《延安·洛川苹果乔砧栽培技术规程》和《延安·洛川苹果矮砧栽培规程》）。通过参与重大科技项目，积极开展苹果科技创新，建立绿色及有机苹果生产技术体系，努力推进洛川苹果科研领先。

多年的专业工作使他对苹果达到如痴如醉的程度。2007年以来，他积极研究苹果循环经济及文化，利用废弃苹果树干、树枝上的皮层，经过15道工艺流程对苹果树皮进行循环利用，开发生产出洛川苹果树皮工艺品，获得国家专利2项，并注册了商标，解决就业岗位50个，在生产旺季带动贫困户就业100多个。2011年，产品获得陕西省旅游商品创意设计奖铜奖。2012年4月，产品在由农业部全国休闲农业创意精品西北区推介活动暨美在长安休闲农业节上获银奖；同年10月，在首届全国休闲农业创意精品推介活动暨第八届中国南京农业嘉年华上又获银奖。

果农：他是最接地气的苹果专家

他积极创新推广方法，推动标准化生产领先。

2002年1月，屈军涛从县上调任地处洛川南部原区、苹果产业起步较晚、经济基础薄弱的一个乡镇担任果树站站长。该乡镇连续五年遭受重度冰雹灾害，一些果农外出打工，部分果园濒临荒芜。他上任后立即公开服务承诺、公布热线电话，推行工作首问负责制、限时办理制、示范包抓制、岗位目标责任制等管理措施，又筹集3万元创办了全县基层果站第一个苹果科技服务部，迅速受到广大果农的信任和欢迎，新技术推广迅速展开。

同时，他为示范园配套建成沼气池200多座，开展沼肥试验，建立了"果-畜-沼-草-水"五配套果园生态栽培模式，推动了洛川苹果绿色及有机生产发展。担任站长3年间，该镇果园面积由1.5万亩扩张到3.2万亩，苹果亩产量由2001年的450千克提高到2005年的1 500千克；优质果率由38%提升到70%，果实农药残留量符合绿色标准且为全县最低值。该镇苹果产量、优果率及管理水平由最差上升为全县平均水平以上。

在推广技术的同时，果树站设立的科研小组还进行了实用技术试验示范9项，发表论文6篇，为全县基层果树站之首，受到县镇两级多次表彰、奖励。

2009年初，屈军涛调至县苹果生产技术开发办公室，作为全县50万亩苹果标准化生产的技术责任人和具体组织者，他深感自己肩头责任重大。他创新技术推广模式、建立技术干部量化考核工作机制，建立苹果科技示范园挂牌责任制，加大苹果高新技术示范力度。他创新的苹果示范园创建方法，得到延安市果业局肯定，并发文在全市推广。同时，他建立了新的技术培训模式和果农培训效果评价机制，强化了科技培训实效。近3年来，仅屈军涛个人就先后开展多种形式的培训230多场次，乡级培训150多场次，县级技术培训50多场次，举办电视科技讲座30场次。果园田间地头、村里的会议室，处处都是他培训的场地，不论白天还是傍晚，时时都有他忙碌的身影。他还应邀赴其他苹果基地县组织技术培训20多场次，培训人次达9万以上。

他主抓的示范基地亩平均收入突破2万元，近3年以来接待省内外果农现场学习培训累计3万人次以上，先后接待了美国、意大利、法国专家400多人次。在他的努力下，2010年国家质监局确定洛川县为第一个国家出口优质苹果质量安全示范区；2015年洛川苹果50万亩基地整县通过国家第一个绿色食品（苹果）原料生产示范县认证；组织基地先后通过加拿大、澳大利亚等8国出口注册认证，注册果园12.88万亩，年出口苹果12万吨。他组织创建农业部标准园2个，建成省级示范园56个8 155亩，省级生态果园示范村9个；建成有机苹果基地10万亩，先后通过有机认证5万亩。他主抓的苹果科技示范基地先后成功承办了连续九届中国·陕西（洛川）国际苹果博览会及首届世界苹果大会的现场观摩；2015年7月承办了全国密植园改造现场观摩教学，并在现场汇报了"洛川经验"；2017年承办了全国产业扶贫精准脱贫经验交流会现场观摩，所抓的产业扶贫示范点得到汪洋副总理及与会领导、专家的一致好评。

组织：他是有担当的苹果专家

屈军涛坚持用科学理论武装自己、充实自己，挤出时间坚持学习政治理论和业务知识，学以致用。在技术创新方面，经常保持和业内同行交流学习，积极联系并请教国家苹果产业体系的岗位专家，不断增强为果农服务的本领。近10年是洛川苹果产业发展的黄金时期，如何使技术推广能够符合产业开发形势，不辱使命，使技术管理和服务在产业转型升级中发挥基础作用，屈军涛和同事们坚持树立全局理念，多次参与县上苹果产业发展调研活动，形成产业发展调研报告与建议15篇，积极为县委政府建言献策。

2007年，屈军涛积极组织建立与国内专家教授联系机制，承担了洛川县苹果产业发展建设规划，并顺利通过了由农业部组织的国内知名专家评审。2010年又在农业部的支持下，先后全程参与洛川苹果产业发展规划的修订，不断明确洛川苹果的发展定位、发展战略、发展思路及目标。

近年来，屈军涛和他的同事们结合本单位实际，将党员示范岗设立在田间地头，实行挂牌管理，公开党员姓名及技术咨询热线，明确岗位职责，并与党员每月积分结合起来，亮明身份、竖起旗帜，使党员干部能够长期下沉到基层生产一线，有的放矢，有效解决了果农对技术需求最后一千米的问题，真正实现了为农民办实事。党员示范岗有效推动了全县业务干部按照挂牌管理的办法建好苹果示范园，促进了新技术的普及。他推出的以党建促推广的做法，获得了洛川县农业纪工委、县党风廉政建设领导小组办公室、林牧党委的好评。2015年，该单位被县里确定为党风廉政示范点。

作为一名领导干部，屈军涛能够处处以身作则，率先垂范，始终注意保持清正廉洁、勤政为民的良好形象。在工作岗位上，他敬业、忠于职守、作风正派、光明磊落，在生活中严谨节俭，被洛川果农称为"最接地气的专家""果乡科技之星""果农致富财神"，充分发挥了共产党员的先锋模范带头作用。

2007年他被中共洛川县委授予洛川县十大优秀共产党员荣誉称号，2008年被中共洛川县纪委、洛川县监察局授予洛川县勤政廉洁好公仆称号，2009年被中共洛川县委、洛川县人民政府授予精神文明建设先进工作者荣誉称号，同年被评为延安市果业工作先进个人。先后获得延安市第五届青年科技奖等。在他的带领下，单位4名党员先后获得延安市青年科技奖，2名党员被授予延安市225人才称号，他也被授予延安市优秀科技工作者、延安市有突出贡献专家及科技创新先进个人，该单位也荣立省级三等功1次，被评为延安市农业系统创建文明行业先进单位，并被称为洛川苹果产业建设的尖刀班和排头兵。

"潮平两岸阔，风正一帆悬。"屈军涛20年如一日奋战在服务"三农"第一线，用自己的实际行动诠释了共产党员这一神圣称号。在延安这片黄土地上乃至整个陕西苹果产业发展的壮阔画卷中，他将继续以实干的精神、顽强的闯劲书写着自己精彩的果树人生，描绘着自己的美好梦想。

敬业务实的牧医人

——记陕西省石泉县池河镇畜牧兽医站廖元江

廖元江，陕西省石泉县池河镇畜牧兽医站站长。1982年毕业于安康农业学校畜牧兽医专业（中专），1991年毕业于中央党校函授党政管理专业，大专学历，高级兽医师职称。1982年7月参加工作。曾获得农业部全国农牧渔业丰收奖以及多项省、市、县先进工作奖励。他35年如一日，脚踏实地从事畜牧技术推广工作，扎根基层，服务广大养殖户，任劳任怨地为养殖户送科技、解难题，由于他工作认真，敬业奉献，深受广大农民朋友的赞誉和好评。

抓点示范强产业

2012年前，池河镇的生猪人工授精技术属空白领域，为攻克生猪人工授精技术课题，他指导池河镇明星村一家农户喂养了一头种公猪，这家农户距离他的工作单位有十多里路，当时正值寒冬腊月，他连续60多天起早贪黑、顶风冒雪，前往农户家调教种公猪。功夫不负有心人，几个月后，终于调教好那头种公猪，建立了池河镇第一个生猪人工授精站。

在池河镇碾盘村，一个距集镇有10多千米山路的高山村，有一家农户饲养的两头母猪，每年家里的两个大学生就靠这两头母猪带来的效益维持学业，但是在2014年腊月二十八的寒冷夜晚，由于饲养时间过长，因缺钙导致两头母猪后脚瘫痪，农户非常着急，给他打电话求助，他没有多想，也顾不上家人的埋怨和寒冷的夜风，骑着摩托车赶到这户人家，通过诊断，为两头母猪进行了补钙输液，经过连续3天的治疗，母猪痊愈。当他要走的时候，这户人家非要叫他一起吃团年饭并要送给他一大块腊肉，他拒绝了，只对这户人家说了一句："这是我的工作，也是我热爱的事业，看到你们的问题解决了，比送给我什么都高兴，不论什么时候，只要你们需要我，我随叫随到。"

2015年8月的一个大雨天，池河镇踊跃村有一头牛难产，他当时接到农户的电话时听出对方非常焦急，他二话不说骑着摩托车就往养殖户家赶，由于他心里着急，加上雨大路滑，路上不小心摔了一跤，但他根本顾不上疼痛，赶到农户家时，看到犊牛一只脚在外面，另一只脚看不见，母牛卧地不起，情况十分危急，经过2个多小时的治疗和助产，终于帮助母牛成功产下体重40千克的牛犊，确保了"母子平安"。这时他才发现因为摔跤，小腿被蹭掉了一大块皮，农户看了十分心疼和愧疚，他笑笑说："没事，这点小伤和你的两头牛比起来，根本不算什么。"

他长期驻村，利用自己的专业特长，广泛宣传畜牧养殖技术，免费为村民做家畜阉割、诊断、治病、人工授精等服务工作。全镇无论大大小小的养殖户，只要准备调猪选种，提前给他打招呼，他都会亲临指导，为养殖户降低了养殖成本，提高了养殖利润。

目前池河镇的良种普及率在95%以上。近几年，相继出现了彭仕麒、刘家满、高国洪等一批规范化、规模化、标准化生猪养殖亮点和典范，截至目前已建成万头猪场5个，千头猪场28个，百头猪场458个，生猪饲养量达到13万头；组建规范了明星养猪合作社，培养了专业的经纪人，形成了产、供、销一条龙服务体系；同时帮助明星村相继建成了万吨有机肥厂、生猪屠宰厂，在田间地头布设了沼液管网，初步形成了"猪—沼—桑"产业的绿色循环。

立足本职促发展

2008年，主要从事生猪屠宰经营的刘家满手头积累了一些资金，在生猪屠宰加工的过程中想着要是自己养猪自己屠宰，走"产、供、销"一条龙，既解决购猪难的问题，同时也增加了经济收入。于是刘家满找到廖元江说了自己的想法。廖元江听后对此事特别重视，跑前跑后、出谋划策，及时和畜牧中心联系，最终建议先小规模，掌握好养殖技术后再进一步扩大规模。建猪场时，廖元江忙前忙后，现场指导，常常忘记吃饭和回家，别人看在眼里，敬佩在心里。猪场建成后，他耐心地给讲技术、讲方法、通销路。在他的帮助下，刘家满的猪养得越来越好，规模越来越大，现在刘家满已经成为当地家喻户晓的养猪能手和养殖大户，他成立的康旺牧业有限公司年可获利100余万元。

廖元江一年四季和农民在一起。他整天走东家、串西家，下乡给广大农户宣传优惠政策，分析养殖前景，鼓励他们通过养殖致富。同时给养殖户因地制宜地设计圈舍，指导引种，科学饲养。疫病防控等，全心全意为养猪户搞好养殖服务，远近的养殖户对他是倍加信任。

强化防疫保安全

2007年6月，一场全民动员防控猪蓝耳病的阻击战打响了，尽管当地疫情为零，但当时周边市、县猪蓝耳病疫情形势十分严峻。按照上级安排部署要采取果断有效的防控措施，立即展开紧急防疫，防疫密度必须达到100%。此项工作开展后，他意识到工作很重要、很紧迫，于是迅速组织带领防疫队伍不分白天黑夜，逐村逐户开展防疫，一干就是40天。这40天里，他没有好好地休息过一天，始终与全体畜牧兽医工作人员一起坚守在第一线，按照村不漏组、组不漏户、户不漏畜的原则开展防疫工作。晚上组织农户开会讲防疫的重要性，提高大家重视防疫的意识；白天在养殖户开展防疫技术指导。在周边地区暴发高致病性猪蓝耳病疫情的严峻形势下，由于做到了以防为主的防控措施，廖元江他们管辖的片区达到了清洁无疫，为防控猪蓝耳病工作起到了有力的保障作用，得到了当地政府部门的充分肯定和高度评价。

他，就是这样一位工作认真、吃苦耐劳，对农民饱含深情的技术干部。他一直坚守一线，兢兢业业，默默无闻，有始有终地履行着自己的职责，为当地畜牧产业健康发展保驾护航，在平凡的岗位上干出了不平凡的事迹，深受当地群众好评。

如今，廖元江依然坚持在发展产业助推脱贫的路上。这条路，他将一直走下去……

"科技使者"传福音

——记甘肃省张掖市甘州区新墩镇农业技术服务站于琼

在五彩缤纷的田野里,她像一只勤劳的小蜜蜂,行走在乡间小路,进出于农家院落,更多的时间却在田间地头观察蔬菜长势,与菜农促膝长谈,为菜农增收出谋划策,为蔬菜的病害殚精竭虑。她悉心为菜农,像一道天边的彩虹,照亮了农民增收的征程,被农民形象地称为"科技使者"。

2017年45岁的于琼,自1996年从张掖农业学校毕业后,在基层农技站一干就是21个年头,作为一个女性,别的人都觉得农技工作苦,改行干轻松的工作了,而她就像一个老黄牛,在农业一线默默耕耘,乐此不疲,仍就是一个农技站站长。她生在农村,深知农民种田的艰辛,工作在农村,深知农民对种植技术的渴求。作为一名基层农技工作者,她觉得只要有一种吃苦耐劳的精神、热情的服务态度和实事求是的工作作风,就能解决农业生产中存在的难点问题。她视农民为亲人,视农村为家园,全心全意为农业兴旺、农村发展、农民富裕服务。多年来,一直沉浸于田间地头,认真从事经济作物和蔬菜新品种、新技术、新模式的试验、示范、推广和技术指导以及对农民培训,并长期坚持与高效设施农业相关项目的实施与研究。她无悔地奉献出自己的青春,让新墩镇设施农业的发展一度走在了张掖市前列,很多科研成果甚至在全省得到了推广应用,为农业增效农民增收做出了显著的成绩。

勤学习提素质　增强为农服务本领

"打铁还需自身硬,蔬菜还是亲自种。"作为服务"三农"的窗口,没有丰富的知识和过硬的本领,不但会使服务"三农"的口号成为空谈,也会影响农技推广人员在广大农民中的形象。过去农村常常流传着很多讥讽农技员的顺口溜:"台上讲得头头是道,做起来摸不着门道""自己讲的万全之策,到地头束手无策,最后落个走为上策。"具有丰富的书本知识和熟练的实地操作经验,这是每一个农技推广人员必须具备的基本素质,也是农民群众发展生产强烈的渴望和需求。望着农民群众那一双双渴望的眼睛,自己却没有实际操作能力,她看在眼里,急在心里。她向书本报刊学,向农民父老乡亲学。通过不断的学习,较好地掌握了丰富的农业科技知识和技术。她深知,只有这样才能更好地解决群众生产中的困难,才能为农业增效贡献力量,才能不使农民群众感到失望。农技工作者常年奔波在田间地头,风吹日晒,在试验示范中,常常棚内一头水、棚外一身泥。但她都无怨无悔,而是更加努力地做好每一项田间试验工作,为推广新的技术而努力。新墩镇在韭菜无公害种植技术、病虫害防治、钢屋架拱棚陇椒高位平茬试验示范中,冬天韭菜大棚内气温与外界温差大,有时从棚里面出来,头发上都结成了冰,夏天,在指导拱棚陇椒高位平茬时,棚内温度高、湿度大,一场指导下来,浑身都湿透了,但她没有任何的怨言。

建基地抓示范　　引导农民调整结构

当前，大部分农民收入的来源主要还是来自种植业。然而，传统的种植方式和种植技术已经远远跟不上现代农业发展的步伐，农业要增效、农民要增收，就要掌握和使用一些先进的技术和优良的品种。于琼立足于本地实际，围绕全镇产业结构的调整，做大做强韭菜、洋芋、花卉、精细蔬菜四大主导产业，积极协调引进新品种和新技术。近年来，全镇引进太空雪韭、独根红、中华韭王等韭菜新品种6个，克新、大西洋、新大坪、台湾红皮等洋芋新品种4个，陇椒2号、陇椒3号、陇椒5号、羊椒、亨椒等龙角新品种5个，尼罗长茄、玛瓦西红柿等其他蔬菜新品种6个，推广洋芋套种玉米、冬小麦套种大蒜、辣椒高位平茬、陇椒测土配方施肥、洋芋配方施肥、韭菜育苗移栽、保护地芦笋栽培技术等新技术8项，为全镇农业产业结构的调整和主导产业的形成及发展壮大做出了巨大努力和贡献。2007年，镇党委、政府计划扶持发展钢屋架拱棚陇椒种植，通过两年的示范点建设，全部实现当年建设、当年投产、当年见效的目标，并得到了群众的赞同，受到上级业务部门的好评。经过两年时间，全镇钢屋架拱棚面积达到1 000亩。经调查分析，采用移动式钢架拱棚移植栽培技术和配方施肥技术，每亩节本增效401.25元。

重科技抓培训　　提高农民科技水平

科学技术培训是增强农民种植水平，提高农民收入的有效途径。为营造广大农民"学技术、懂技术、用技术"的良好氛围。在科技培训技术推广中，于琼始终坚持进村入户到田间地头的推广方法，现场培训现场指导，不仅增强了群众的科技意识，促进了实用技术的推广和普及，还帮助一些群众解决了生产中碰到的难题。结合农业技术推广项目，她先后牵头组织举办了"优质韭菜栽培技术""测土配方施肥技术""花卉高产栽培技术""蔬菜病虫害防治技术"等技术培训班，使参训人员都掌握了相应的实用技术，有效地促进了实用技术的推广应用。她结合本镇实际，对农作物在不同季节出现的病害和虫害，及时编制病虫害防治农业信息，并在全镇印制发放。为了方便农民向技术人员咨询农业生产中存在的疑难问题，农技站还开通了农技110信息服务热线，并向全镇群众公开技术人员手机号码，农民随时有疑难问题，电话能解决的就地解决，不能解决的到现场指导，并做下记录。同时，农技站落实"首问负责制"，对农民来电、来访做到"有问必答，答必满意"。她还经常放弃节假日及双休日，常年奔波在生产第一线，和其他技术干部一起解决农民生产中存在的各种难题。一分耕耘，一分收获，农技110服务热线不仅得到农民满意，更得到党委政府的肯定。

近年来，她先后引进经济作物、蔬菜新品种46个，农业新产品6个，示范推广新技术12项，其中面上推广应用了26个。于琼主推的冬小麦套种大蒜套作高效栽培模式和钢屋架拱棚陇椒平茬栽培技术、日光温室韭菜育苗移栽技术，洋芋套种双排玉米种植技术，目前已占新墩镇蔬菜种植面积的72.3%，累计推广垄膜垄作沟灌18万亩。自2007年开展测土配方施肥工作以来，她走遍了全镇15个村125个社，根据市区土壤化验结果，通过技术培训和科技示范户，把每个社每块地通知到农户，推广测土配方施肥1.5万亩，使全镇总产增加80万千克。她借助项目实施和农民培训，有效实现了优良品种、先进技术与生产实践的对接。先后参加了省、市、区多项农业技术试验和新品种示范推广项目，并获得甘州区科学技术进步奖2项。

阳光总在风雨后，付出最终有回报。近年来，于琼参与的项目沿祁连山冷凉灌区马铃薯优质高产综合技术推广获得 2013 年甘肃省农牧厅农牧渔业丰收奖二等奖，获得农业部农牧渔业丰收奖三等奖；参与的项目张掖市蔬菜水肥耦合效应关键技术集成与示范获得 2014 年甘肃省农牧厅农牧渔业丰收奖二等奖；参与的项目甘州区高原夏菜标准化生产技术研究与示范获得 2014 年甘州区科技进步奖二等奖；参与的项目河西走廊玉米叶部侵染性病害发生及综合防治技术研究与示范获得 2016 年甘肃省农牧渔业丰收奖一等奖。她本人也多次受到上级部门的表彰、奖励。于 2014 年 12 月年被甘州授予科普带头人称号，2014 年 6 月获得甘肃省农牧厅农产品质量安全监管先进个人荣誉称号。

　　于琼，这位农家出身的女性，怀揣着一个感恩的心，报考农业学校，毕业后又回到家乡反哺服务乡亲，在农技推广这平凡的本职岗位上，不计个人得失、任劳任怨地辛勤耕耘着，为全区现代设施农业流汗出力，为当地农民的增收倾其所能，无愧是农民眼中"最美的农技干部"。

躬耕田地间，倾情奉献农技推广事业

——记甘肃省榆中县农业技术推广中心牛建彪

在榆中县广袤的黄土地上，人们时常能看到一个忙碌的身影在辛勤的劳作着，他就是县农业技术推广中心推广研究员牛建彪。1983年他从甘肃省清水农业学校毕业，在34年农技推广生涯中，敬业爱岗，锐意创新，视农技推广事业高于一切，潜心于实用农业新技术的创新推广工作。累计推广实用农业技术30多项次，完成各项试验近200多次，培训农民近1万人次。尤其是亲自探索创新的"全膜双垄沟播技术"，被称为旱作农业的一场技术革命。有耕耘就有收获，他被科技部授予全国优秀科技特派员，先后获农业部粮食生产和测土配方施肥先进个人、全省农技推广标兵、兰州市百佳服务明星和农业优秀科技特派员、兰州市职工技术创十大带头人、兰州市领军人等殊荣。

锐意创新不断探索

甘肃十年九旱，年降水量平均只有300毫米，年蒸发量却高达1500~2200毫米，并且降雨量主要集中在7—9月；每年春季的干旱，成为制约农业生产的最大瓶颈。榆中也是如此，农技推广人员看着年年干旱，个个一筹莫展，只能祈求老天。但是爱琢磨和钻研的牛建彪经过多年的试验探索，于2003年创新成功了"早春整地起垄，趁墒全膜覆盖，集雨蓄水保墒，增温垄沟种植"的"全膜双垄沟播技术"。使年度不均、季节不均的降雨变为作物全生育期可用的有效水分，从根本上解决了自然降水的有效利用问题，从而使被动抗旱的旱作农业变为避灾型的现代旱作农业，使依靠天然降雨为主的风险农业变为连年丰收的保险农业，为旱作农业的可持续发展带来了新的希望。该技术不仅给榆中农民带来了福音，也走向了全省及其他北方旱作区，为全国干旱、半干旱地区旱作农业的可持续发展提供了技术支撑。目前，该技术在甘肃推广面积达到1500多万亩，取得了显著的经济、社会和生态效益，保障了粮食安全，促进经济社会的发展，也得到农业部领导及有关专家的高度评价，赞誉为"我国旱作农业的一次革命"。如今，当你走到榆中和陇原大地和其他北方旱作区，都会看到一行行双垄银光闪闪，撑起了旱作农业的龙脉，把天地甘露纳藏；一片片青纱帐，彰显着农技推广人的气度风范，扬眉吐气受人赞；一株株青枝绿叶间红缨展露，在晚霞中私语呢喃；一棒棒金玉锤占满了农家的院墙，展现着丰收的画卷；一张张笑脸，映照出农民对农技推广人的赞赏。

在这项实用农业技术的创新研发、示范推广工作中，牛建彪吃苦耐劳，勤奋忘我地工作，把这项旱作农业新技术从一个"呱呱坠地的婴儿抚育成了一个生龙活虎的青年小伙子"。为了大面积推广这项实用农业新技术，县农牧局领导把这一艰巨的任务交给了他，全面负责技术指导工作，他深感肩上的重担，为了全县粮食丰收增产，农民增加收入，他毫无怨言，带领着一班人马，进驻示范点，吃住在那里，与示范户谈心交流，用成功的实例启发引导他们，进行了广泛的宣传。春播一开始，他深深地眷恋着那片干渴的土地，放弃节假的休息，终日奔忙在田间地头，完全进入了忘我的工作境界。

在生产及实践中，牛建彪看到农民在收获玉米后，将秸秆砍倒覆盖在地膜上，下年继续种玉米的做法，起初不理解，认为这些人种的是懒汉庄稼，可看到第二年的玉米长势与新覆膜的差不多，并节省了地膜的投资、耕地的畜力和刨根茬的人工投入，并且根茬直接还田，增加土壤有机质，改良土壤结构的技术优点，他就及时总结，提出了玉米全膜双垄沟播"一膜用两年"免耕技术，在全县玉米种植区大面积推广，为"全膜双垄沟播技术"优势的进一步发挥增添了新的内容。

不断学习提高能力

牛建彪在34年的农技推广生涯中，始终坚持把学习作为干好工作的基础，把提升自身整体素质作为基层农技工作的根。工作后深感所学专业基础水平有限，先后通过函授、自学等方式，取得了中央党校函授学院党政管理的大专，甘肃农业大学的农业推广大专、农学本科学历。工作中不仅学习党中央有关农业的方针政策和专业理论，还注重向农民学习，向有丰富实践经验的同志学习，更注重向网络平台学习，拓展了业务范围。他不仅有扎实专业理论水平，长年与农民群众打交道，积累了丰富实践经验，被当地干部和农民群众称为榆中农业方面的"万金油""活字典"。无论在田间地头，农家院落，还是在技术培训班上，对农民提出的问题都是自如回答和解决。农民听了他的授课，还想听第二次、第三次。为了新技术的推广，他白天忙于田间的技术指导，晚上常常加班到深夜一两点，做课件，撰写培训资料，可以说达到了废寝忘食的程度。无论是走亲访友，还是与农民座谈交流，大讲特讲农业新技术，并在下乡或到兰州办事乘坐的班车上遇到农民朋友，就主动搭话，宣传讲解技术，同事和朋友常们说："老牛三句话不离本行，和他在一起，在没有可说的，就是农业新技术。"

无私奉献忘我工作

34年来，牛建彪在新技术试验示范中，始终将自己一举一动，一言一行紧贴农民，心系农民，融于农民，时时处处为他们着想，与试验示范户同劳作，从地块选择、试验小区规划、播种、观察记载、收获脱粒、分析总结都亲自动手、严格把关、力求试验、示范数据真实可靠，能为新技术推广提供技术支撑。为了定时观察记载，常常是起早贪黑，中午回不了家，饿了就一同吃农民自带的干粮、渴了喝他们自带的茶水，困了在田间随便找个遮阴处稍歇，力求把数据记录完整。2010年推广玉米秸秆全量还田技术，他带领同事与示范户在地头粉碎秸秆，飞扬的尘土落满全身，但他毫无顾忌，路过的熟人看到后说："原来是老牛呀，你何时成了饲养员，在粉饲草呀？"风趣的语言道出了农技推广工作的艰辛。只要是乡亲们满意的事，就尽心竭力的干好，牛建彪认准了这个理。为了让更多的人熟练掌握农业实用新技术，他不辞劳苦，经常结合农事季节走村串户，奔波在田间地头，本着"实用、实地、适时"的原则，手把手地对农民进行技术指导和培训，提高了示范区广大农民群众应用新技术的积极性和主动性。每年进行各类讲座和现场演示100多场次，培训新型农民近5 000多人次。无私奉献和忘我工作的精神，为当地干部、群众留下了很好的影响，深受农民群众的欢迎和好评。农民评价说，"在田间看到的老牛就是一个地地道道的农民，在培训班上就是一个先生"。

天道酬勤，有一分耕耘就有一分收获。牛建彪同志因工作业绩突出，屡获表彰，成为全县乃至全省农农技推广工作的楷模和标兵。曾获国家实用新型专利 1 项（ZL 201120236173.5）、农业部农牧渔业丰收奖一等、二等奖各 1 项，甘肃省科技进步奖一等、二等、三等奖各 1 项，甘肃省农牧渔业丰收奖一等奖 1 项，兰州市科技进步奖二等、三等奖各 1 项。结合工作特点，他勤奋笔耕，先后撰写了 30 多篇学术论文，在国家级和省部级学术刊物发表，主编出版了《玉米全膜双垄沟播技术问答》《干旱半干旱区旱作农业探索与实践》《榆中县耕地地力评价研究与应用》，编著出版了《全膜双垄沟播技术》光盘。同时，撰写了大量的科普培训教材和项目可行性研究报告。

如今的他，依然作为事业的追梦人，为农技推广事业奋斗着，以无私奉和忘我的精神工作着。在推广全膜双垄集雨沟播技术的实践中，又提出了旱作农业要健康可持续发展，就必须"以全膜覆盖为核心"的新思路，又创新推广了玉米全膜覆盖与秸秆还田耦合培肥地力技术、地膜周年覆盖免耕栽培技术，为耕地质量提升与保护提供了技术支撑；创新发明的全膜微垄集水栽培技术及研发的多功能起垄覆膜一体机具，又一次解决了旱作区栽培密植作物全膜覆盖的技术难题，为旱作农田节水农业发展再出新招、再创新路。

躬耕田野千畴绿　心系农业焕异彩

——记甘肃省酒泉市肃州区蔬菜技术服务中心张国森

近年来在全国戈壁农业发展领域，一个基层农业科技推广工作者的名字被越来越多的人所熟知，他就是甘肃省酒泉市肃州区蔬菜技术服务中心主任、推广研究员张国森同志。2017 年 51 岁的张国森，在基层农技推广岗位上工作已整整三十年，作为一名西部地区普通的农业工作者，在戈壁农业发展中的创新成果及建立的示范基地，引起了全国农业技术部门的高度重视。全国农业科技推广先进个人、国务院特殊津贴获得者、甘肃省优秀专家、甘肃省劳动模范、甘肃省设施蔬菜专家组成员、甘肃农业大学硕士生导师……这一个又一个的荣誉，是他从事农业发展做出贡献的最好见证，也记录着他无悔的奋斗历程和闪耀的人生足迹。

心系农业，坚守信念始终如一

干好一件事难，几十年执着地干好一件事情更难。翻开张国森同志的履历表，上边清晰记载着一名农业科技工作者几十年始终如一的不懈追求和全心全意为人民服务的优秀品质。1987 年，刚参加工作的张国森就被分配到全区最远、基础最差、条件最苦的屯升乡。工作期间，他放弃节假日，数月不回一次家，为农户送科技、做示范，让农民真正尝到了科学种田的甜头；1991 年被调入肃州区农业技术推广中心期间，提出并及时组织开展各类改进创新型研究项目 20 多项，经过反复试验，筛选确定推广各类新品种 40 多个，确保了主推品种的更新换代升级，改进创新各类种植技术 30 多项，使系列关键技术得到了迅速推广；1997 年，组织选派他到 500 千米外的肃北县挂项扶贫，经过多次考察论证，他首次提出在牧区发展温室的论断，并克服低温严寒等各种不利因素，指导标准化温室 38 座，当年建设、当年种植、当年见效，改变了肃北县时令蔬菜靠外地供应的局面，为牧区蔬菜产业化发展做出了突出贡献，被肃北县委、县政府命名为"牧区科技领头雁"。

科技引领，助推蔬菜产业发展

1999 年 10 月，他被任命为肃州区蔬菜技术服务中心副主任，从此开启了他近二十年的设施农业创新之路。他晴天一身土、雨天一身泥，三分之二的时间在基层和温室中度过，积极探索新形势下蔬菜产业发展的工作思路，不断实现农业增效，农民增收新突破、新发展，确保了全区蔬菜产业的持续快速健康发展。他先后 5 次主持修改了当地主要温室作物种植技术规程，完成了日光温室无土栽培模式研究等各类农业科技项目 40 多个。哪里有问题，哪里就有他的身影。肃州区广袤的大地上，处处留下了他的足迹，十多个乡镇的温室大棚中，不管严寒还是酷暑，经常闪现他汗流浃背的身影。在他的带领下，全区日光温室面积由 1999 年的 5 400 亩增加到现在的 4 万亩以上，亩均效益由 1999 年的 6 300 元增加到现在的 28 000 元，带动发展蔬菜面积 20 万亩，总产值超过 10 亿元，全区农民人均来自蔬菜产业的收入达到 4 000 元以上，以日光温室为主的蔬菜产业已经成为当前农村经济发展和农民致富增收最主要的产业之一。

开拓创新，破解产业发展瓶颈

"农业的根本出路在于创新"他是这样说的，也是这样做的。随着日光温室产业的不断发展壮大，不可避免的连作障碍与大量使用农药、化肥引发的环境污染矛盾，成为制约日光温室可持续发展的瓶颈因素。为了有效解决这一技术难题，他借鉴国内外先进科技成果，引进了无土栽培技术，经过在日光温室中进行多点试验，在当地取得了成功，这一新技术的应用，有效克服了日光温室蔬菜产业发展的诸多瓶颈因素，实现了温室蔬菜无公害生产。

在关键技术示范推广过程中，他发现由于栽培基质原料局限于草炭、蛭石、珍珠岩等，在本地较为紧缺，不仅应用成本高，而且栽培基质中肥源不足，蔬菜生长过程中容易脱肥，又增加了肥料的使用成本。为此他及时调整策略和研究方向，应用当地较为充足的农作物秸秆、菇渣、鸡粪、牛粪、炉渣、河沙等原料，通过反复试验，从十多个配方中筛选出了具有自主知识产权，较为理想的、本地化的栽培基质配方和育苗基质配方，应用于生产实践，取得了显著的成效。成功开发了具有自主知识产权的日光温室有机生态无土栽培技术和穴盘基质无土育苗技术，有效地解决了温室产业病虫害及农药化肥污染逐年加重带来的种植障碍，蔬菜增产增效显著，品质优良。更重要的是，技术成果也被列入省、市、区重点农业科技推广项目，得到了大力实施。

躬亲实践，开辟戈壁农业先河

地处甘肃省河西走廊中西部的酒泉市肃州区，属典型的大陆性气候，干旱少雨，耕地少，但荒漠戈壁等非耕地面积广阔。随着日光温室的逐年发展，占用耕地的矛盾日益突出，面对这一难解的局面，张国森首次提出在非耕地发展日光温室蔬菜产业的大胆设想，并积极付诸行动。在一片质疑声中，他顶着各方压力，挺身而出、躬亲实践，组建技术攻关小组，开展了日光温室设计建造及蔬菜生产等多领域的相关试验研究，将有机生态型无土栽培技术融入研究范畴，经过上百次的试验示范，成功开发出了一套适合本地气候、地势特点的戈壁、沙石等非耕地类型的日光温室新结构和新的种植技术。他一手抓科技创新、一手抓示范推广，通过近十年的发展，肃州区非耕地日光温室面积达到 12 000 亩，成为全国最大的非耕地日光温室产业化示范基地，非耕地日光温室蔬菜产业的发展，有效解决了发展日光温室与占用耕地的矛盾，掀起了一场亘古未有的技术革命，取得了令人瞩目的成效，引起了全国各地的广泛关注。示范基地多次接待了党和国家领导人以及省内外设施蔬菜专家，农业部、科技部和相关部委等主管部门多次前来考察调研，全国各地一批又一批的农业观摩团队慕名前来，浙江农业大学、南京农业大学 16 所科研院校积极前来寻求科研合作，全国非耕地无土栽培技术现场会 4 次在当地召开。戈壁农业的发展，也引起了中央电视台的高度重视，多次在农业频道、财经频道专题播出，产生了深远的影响。2017 年 6 月，甘肃省将非耕地蔬菜产业定性为"戈壁农业"，提出了以武威、张掖、酒泉河西三地市为重点，利用五年时间，在全省发展戈壁农业 30 万亩的宏伟规划。一盏明灯，照亮一片；一面旗帜，带动一片。因他而起的以肃州区为代表的戈壁农业，已经引起了全国设施农业发展的一场技术革新。

不断进取，人生目标定位高远

在别人眼里，他是一个领导，但他更愿将自己放在一个普通科技工作者的位置上。他参与实施的"日光温室有机生态无土栽培技术研究与示范""非耕地日光温室蔬菜栽培技术研究与示范""非耕地新型日光温室设计建造与示范""西北非耕地日光温室农艺新技术研究与产业化示范"等重大科技推广项目，先后获得市级以上科技成果奖励 36 项，在实干中探索，在探索中总结，在总结中提升。他将自己多年的实践经验和技术探索不断进行总结和提炼，形成了一系列理论成果，先后在《中国蔬菜》《温室园艺》等知名刊物上发表科技论文 22 篇，主编的《非耕地日光温室蔬菜生产技术创新与实践》一书由中国农业出版社出版发行，《日光温室蔬菜标准化生产技术》《日光温室设计建造与环境调控技术》等三本专著由甘肃省科学技术出版社公开出版发行。

荣誉属于过去，发展成就未来。如今的他正满怀信心、勇立潮头，为全国戈壁农业科学发展创出一条创新之路而奋勇前进。问及张国森未来的发展思路时，他说："中国的戈壁农业发展看甘肃，甘肃的戈壁农业发展在肃州，我们的目标的将肃州区打造成全国戈壁农业发展的一流产业化示范基地，我将为此而奋斗终生。"相信张国森和他的团队一定会实现金色梦想，走出美丽人生！

青藏高原上的农技尖兵

—— 记青海省玉树市畜牧兽医工作站阿保地

时刻铭记着党的恩情和组织的培养，不遗余力地承担着为民做实事的使命，脚踏实地，做党和人民最忠实的公仆。阿保地同志荣获农业部农牧渔业丰收奖，CCTV2010 年度"三农"人物推介活动"三农"人物、全国农业先进个人、哈药杯全国兽医十大杰出先进个人等称号，荣誉背后几乎是他一辈子的血和汗。他 1964 年 3 月出生于高原玉树。1984 年从青海省唯一的牧业专业的湟源畜牧兽医学校毕业后依然回到家乡玉树州昂欠县吉尼赛乡兽医站工作，先后在昂欠县娘拉乡、觉拉乡兽医站工作，1992 年 10 月调至玉树市兽医站工作至今，2008 年担任玉树市兽医站站长。

重建中防疫　保障大灾后无大疫

作为市兽医站站长，2010 年 4 月 14 日玉树地震发生后，阿保地把全部身心和时间投入到了震后死亡动物无害化处理和动物疫病防控工作中去。玉树地震时，阿保地在路上，他顾不上回家，就直接跑到单位，带人徒手将压在倒塌的办公楼下的同事救出。玉树市是全国优良的藏犬产地之一，全市养殖量约有 10 万只，一旦人畜共患病的话，对于灾区无疑是雪上加霜。阿保地带领十几位职工挨家挨户收集死亡动物，忍受着动物尸体的恶臭，对 4 万多头（只）藏獒、牛、羊等死亡动物进行无害化处理，避免了疫情的出现。

在大地震中，阿保地家房屋倒塌，包括他姐姐在内的十多位亲人也不幸遇难。然而，阿保地一直忙于防疫工作，挤不出时间回家探望。阿保地说，对家人的愧疚他深埋心底。

在"三农"人物面对面的现场，阿保地的最大心愿就是给所有关心玉树、帮助玉树抢险、救灾的朋友们献上一条哈达，代表玉树人民表达感恩之情。阿保地深情地说："我是一个农民的儿子，是党培养了我，上学都是免费的，让我成为一个有用的人；我也是一名党员，我要对得起人民对我的信任。"

强硬件设施　上下奔波新建家园

抗震救灾工作转入灾后重建阶段后，为加快规划工作进度，确保单位建设规划落地，他到援建单位的次数不下上百次，通过多方协调沟通，最终使规划满意落地。2013 年，为编制"玉树地震灾后重建农村牧区建设项目"建设规划内容，他加强与建设单位的联系和对接，建设实施的玉树市（含结古镇）、隆宝、巴塘、仲达、安冲综合服务站灾后重建基础设施建设项目土建工程已全部完工。作为一般灾区，小苏莽乡、下拉秀镇、隆宝镇根本没有服务站建设项目，经他积极争取，由北京对口支援办公室援建了这三个乡镇的工作站，现已全部完成新建并配置新设备。

重动物防疫　减少群众因病损失

保障重大动物防控工作有序实施是他的工作本分。为了全面防控重大动物疫病流行和蔓延，市委、市政府对玉树市的春、秋两季重大动物疫病免疫工作给予了高度重视和支持。每年，他都召集乡镇、街道全体兽医站负责人和各有关部门做周密安排和部署，对全市各乡（镇）重大动物疫病疫苗的调运、分发、储存、注苗等环节进行严格把关。免疫过程他更是亲力亲为，进行全程检查督促和业务指导。

玉树市部分村社群众反映当地牦牛流产现象严重。他几度深入村社采集血清样本送检，经省疫控中心检测为牦牛衣原体病感染。为及时控制和扑灭牦牛衣原体病，他调来由中国农业科学院兰州兽医研究所等三家单位研制出的牦牛衣原体疫苗，在牦牛流产区实施灭活疫苗的推广，有效降低牦牛空怀率和流产率，提高仔畜成活率，为全州牦牛衣原体病灭活疫苗的推广和应用，奠定良好的基础。

关注防疫员　提升报酬促进工作

阿保地同志聘请网络专家，建立村级防疫员动物免疫接种互助微信群，在规定时间内，统一免疫时间，按畜群组统一集中牲畜，按序开展免疫接种，此项互助措施使牲畜免疫密度和进度、质量都得到了进一步提升。通过积极协调，首次将动物检疫经费纳入财政预算，首次将兽医卫生津贴纳入本级财政预。为了便于开展各项业务工作，激发民间防疫员的工作动力，在担任政协委员期间，积极为玉树畜牧业发展献言献策，在玉树市政协二届二次会议中提交市财政提高村级防疫员（民间兽医）报酬的提案。通过努力和省厅的帮助，村级防疫员每人每年的工资报酬从原先的 2 100 元增加至为 3 300 元，其中省里补助每人每年 2 500 元，地方财政补助每人每年 800 元，极大鼓舞了村级防疫员的工作热情，为全省民间兽医的报酬提高做出了贡献。

关心帮扶点　亲力亲为精准扶贫

市兽医站的帮扶单位为隆宝镇措美村，他亲自征求村民的意见，确定将精准扶贫产业资金 162.56 万元，用于在隆宝镇生态新村德吉岭开粮油、食品、蔬菜为一体的综合商店。组织本单位 13 名工作人员赴定点帮扶村开展一对一结对帮扶活动。每户发放慰问金 500 元，作为站长的他，承担两户的帮扶。结合自己业务工作，在节假日为该村开展牲畜疫病诊治，多方筹集解决驱虫药品 3 万元和粮食 1 800 千克。作为帮扶领导的他，长期亲自深入牧户家中调查了解。尤其关心和帮助贫困户的牲畜和口粮、收入问题。在帮扶村，因为有了这样人民的公仆，有了这样一位好站长，牧民们的脸上才多了一份安慰与力量，切实感受到了党和政府的温暖。

重防包虫病　宣传教育重中之重

玉树是牲畜包虫病的重点防治区，人畜感染率都比较高。在牧区抓好宣传引导和健康教育工作是防治工作重中之重，为民让牧民群众了解包虫病的危害和防治知识，引导其改变不良的卫生习惯，强化疫病防范意识，形成群防群控的良好局面，阿保地同志每次利用防疫接种下乡、乡镇寺院法会、专题宣传日等活动和节假日进行了多层次、全方体的宣传，印发藏汉文字版宣传手册万份。他亲自担任主讲，每年为乡镇兽医和村级防疫员集中培训。为了使宣传面更广，合力制作康巴语宣传片《羊羔花开》在玉树电视台播放和微信互传百余次，使牧区牲畜包虫病防治知晓率达到70%以上。

助推农质检　保障源性食品安全

州府所在地玉树市农畜产品产量大幅度增长的同时，肥料、农药、兽药、饲料、饲料添加剂、动植物激素等的广泛推广和使用，给玉树市农畜产品质量安全和动物食品卫生安全带来了隐患。2008年10月自县政府批准建立玉树县农畜产品质量安全检测站机构以来，一直没有完善的设备、人员、经费、场所。检测手段薄弱和投入不足等问题，生产者、消费者质量安全意识不强等原因，造成农药残留、兽药残留和其他有毒有害物质超标情况时有出现，严重威胁了消费者的身体健康和生命安全，成为玉树县广泛关注的焦点和热点问题。经过他的努力，政府对农畜产品质量安全检测站建设的建议给予了立项批复。这项建设，为提升农畜产品质量安全监管水平，完善适应农牧业和农牧区经济发展要求的农畜产品质量安全体系奠定了基础。

四站（所）为一体的工作站年承担着重大动物疫病防控和疫病监测、动物检疫监督、农畜产品质检以及牧业新技术推广等工作，对动物源性产品安全、重大动物疫病防控和农畜产品质量安全起着至关重要的作用。现纳入计划免疫并常年实施免疫接种的有九种动物疫病，年均累计完成免疫接种牲畜达500余万头（只）。其中，年均完成口蹄疫春秋两季免疫接种牲畜共216万头（只）左右，平均免疫密度95%以上；其他疫苗如炭疽、牛出血性败血病、牛病毒性腹泻等平均免疫密度为80%以上。全年承担牲畜内外寄生虫防治累计达70多万头（只），寄生虫驱虫防治率达65%。全年累计完成省、州、市级下达的动物口蹄疫、衣原体、牛肺疫、布鲁氏菌病、炭疽、禽流感等疫病监测采样任务年均在4 000头只，完成率达100%。在他的带领下，牲畜因病减少1.54万头（只），累计挽回经济损失近308万元。

工作已三十三年了，阿保地同志忙碌不停的身影总是闪现在牧区群众之中，他消瘦了，头发花白了，但仍然闪烁着干练的光芒。

人民满意的技术员

——记宁夏回族自治区贺兰县畜牧水产技术推广服务中心刘欣

刘欣同志于 1987 年毕业于湖北省水产学校，自学取得了上海海洋大学函授专、本科学历，毕业后一直从事水产技术推广工作至今。1992 年加入中国共产党。现任贺兰县农牧渔业局畜牧水产技术推广服务中心水产站站长、支部书记、农业技术推广研究员。30 年来，刘欣同志始终以一名共产党员的标准严格要求自己，立足本职，无私奉献，积极投身于水产技术推广事业，见证了贺兰县水产业艰难曲折的发展历程。2017 年 50 岁的刘欣比同龄人略显苍老了一些，爬上额头的皱纹与染霜的两鬓是她 30 年如一日扎根农村的真实写照，区、市、县先进工作者，自治区敬业奉献模范，自治区三八红旗手，农业部农牧渔业丰收奖二等奖和三等奖，自治区科技进步奖一等奖和二等奖，农业部农牧渔业丰收奖农业技术推广贡献奖，农业部全国农业技术推广先进工作者，自治区特殊津贴获得者、银川市第十四届人民代表大会代表……如今的她诸多殊荣集于一身，却从未停歇前行的脚步，情系贺兰水产甘做渔民的"贴心人"。

无私奉献　积极投身渔业产业结构调整浪潮中

一分耕耘，一分收获。刘欣同志热爱本职工作，脚踏实地，深入实际，跑遍了全县的各个养殖场点，了解全县的养殖生产情况，积极投身养殖生产的第一线。先后参与了财政部科技富民强县项目、农业部农牧渔业丰收计划项目、国家大宗淡水鱼项目、自治区科技厅、银川市科技局渔业科技试验示范、推广项目。

1988 年，贺兰县开始实施渔业"丰收计划"项目，她每年都参加该项目的方案制定和实施工作，使贺兰县"丰收计划"面积逐年扩大，产量逐年提高，面积由不足 100 亩扩大到 15 000 亩，产量由 100 余千克提高到 1 000 千克左右。1992 年，她离开新婚不久的丈夫，怀着身孕到局办水产养殖基地，同工人同吃同住，穿着笨拙的下水裤，在齐腰深、冰凉的池水中，带领工人清塘消毒、投放鱼种，一待就是半年多。1998—2000 年，她参与了银川市科技局立项课题"罗氏沼虾养殖技术示范"的实施，该项目经过三年的示范养殖，于 2000 年 9 月经区、市专家验收，产量达 278 千克/亩，达到了计划任务指标，通过了课题验收。2003—2005 年，她主持银川市科技局的"浦江一号引种主养试验示范项目"，得到了课题评审组专家的认定，使得该项目在贺兰县大面积推广，丰富了城乡人民的菜篮子。2009 年实施的稻蟹种养项目，她带领技术人员起早摸黑奔波在池塘和稻田之间，从扣蟹的起捕、消毒、打样、放养到防逃、日常饲养管理等工作亲力亲为，使该项目获得了成功。2009 年她参与的"主养草鱼综合技术试验示范推广项目"获自治区科技进步奖二等奖、"黄河鲶繁殖生物学和药物毒理与抗毒育种基因功能及良种规模化繁育研究与应用"获自治区科技进步奖一等奖。2009—2010 年她主持了银川市科技局"稻蟹立体生态种养技术试验示范项目"，亩产成蟹 20.86 千克、扣蟹 32.3 千克，达到了计划任务目标，通过了专家组的验收。贺兰县的稻蟹种养从 500 亩发展到 2014 年的 4.5 万亩，在推动全区水产业结构调整中发挥了积极的推动作用。"稻蟹生态种养新技术研究与示范推广"获 2013 年全国农牧渔业丰收奖二等奖。她先后还参加了银川市科技局下达的"优化养鱼模式研究""盐碱池塘条件下丁桂鱼高效养殖技术研究与示范""草鱼苗种设施化培育及高效养殖技术研究",以及自治区科技厅的"主养草鱼综合技术试验示范推广项目",都取得了较好的成果。

2010 年至今,她负责主持国家大宗淡水鱼项目银川试验站贺兰片区的工作,通过项目实施,达到了大宗淡水鱼养殖增产增收和环境污染减少等目的,为稳定淡水养殖业起到了积极作用。全县良种覆盖率得到了明显提高,逐步实现了水产苗种规模化繁育、标准化生产、产业化经营,为贺兰县部分养殖户就近提供优质苗种。示范应用耕水机、移动式太阳能底质改良机、涌浪机和自动投饵机等渔业新机械设备,达到了节能增效的养殖效果。加强鱼病测报,减少了大宗淡水鱼病害的发生和养殖经济损失,该项目取得了很好的示范效果,经济效益和社会效益十分显著。

连续多年来,区市下达贺兰县鱼池开挖任务繁重,她带领技术人员,整天忙碌在荒滩碱湖,奔波在瑟瑟寒风之中,逐点勘察丈量,精心绘制图纸。追踪在挖掘机和推土机的身后,在凹凸不平的鱼池拜上严把工程质量关,往往是一身土、两脚泥。辛勤的劳动,换来了丰收的喜悦,贺兰县标准化池塘开挖改造每年都是全市第一。在建设全区现代渔业示范县试点中,贺兰县成为全区渔业的排头兵,多次被农牧厅评为全区的渔业先进单位。

刘欣同志作为一名主持全县渔业工作的负责人,深知自己肩负的责任重大。平日里她非常注重加强自身政治素质修养,在不断提高自己的综合素质和领导水平的同时,大力加强全体水产干部职工思想道德建设,通过在全站深入开展"创先争优"活动,极大地调动了干部职工的工作热情,使他们全身心的投入到了加快产业结构调整的浪潮中,为实现贺兰水产事业跨越式发展贡献了力量。

强化督查　全力抓好水产品质量安全

作为主管水产业务工作的站长,抓好水产品质量安全工作是渔业工作的重中之重。她带领技术人员深入全县各大养殖场点,对饲料、苗种、渔药、添加剂等渔业投入品进行监督检查和指导,在广大养殖户中大力推广安全用药技术和方法,重点推行渔业养殖生产五项制度、两项登记,开展水产品质量安全宣传教育,发放禁用药物宣传单,指导水产养殖生产者科学防病,合理用药,严格执行休药期制度,切实提高广大养殖户发展优质水产品的意识和无公害标准化健康养殖管理水平,为提高水产品质量安全打下坚实基础。全县每年的水产品质量抽检全部合格。在无公害水产品标准化养殖推广工作中,她带领水产技术干部协助县技术监督管理局实施了贺兰县淡水养殖标准化示范区项目建设,在该项目实施中,从技术方案落实、指导管理、标准的收集、制定和推广到项目总结,刘欣同志组织水产专业技术人员做了大量实质性的工作,经 2006 年 9 月份国家标准化委员会组织对项目验收,在全国各省区多个市县中名列第 4 位,在宁夏 7 个县区中总分第 1,贺兰县被国家标准委确定为西北第一个淡水养殖标准化示范县。同年,贺兰县被农业部授予水产健康养殖示范区称号。

情系渔民　努力做好渔业技术培训及科普推广

结合新型农民培训及科技入户工作,水产站每年举办不同类型的渔业技术培训班多场次。刘欣同志带头编写培训教材,整理制定培训技术方案,坚持深入到各乡镇和村社组织举办农民养鱼技术培训班，亲自给全县广大养殖户讲课，结合渔业发展的现状和养殖生产实际情况，向广大养殖户讲授鱼病防治、饲料营养、名优品种养殖、水产品无公害标准化养殖等技术，使他们做到合理调整养殖结构，降本增效。同时还组织广大养殖户参加区、市、县业务部门举办的大型培训班和讲座，增长见识，开阔视野，使他们进一步转变观念，更新思路，提高养殖和管理水平。除了抓好科技培训外，还长年坚持深入到基层，开展科普推广工作。在正常的工作中，到各养殖场点开展调查研究和指导服务工作，在一线了解和掌握养殖生产情况，和群众座谈交流，征求他们的意见，为养殖户解决实际问题。在鱼类生长旺季，经常放弃节假日，带领水产站技术人员深入到渔场诊断和治疗鱼病，解决养殖生产中的技术难题。通过坚持下乡指导工作，把渔业发展的新形势、新技术、新品种和新信息带给广大养殖户。利用科技三下乡和乡镇集市进行技术咨询，发放技术材料，利用贺兰电视台的空中课堂宣传和普及渔业养殖新技术，发挥了科技带动作用。

如今，刘欣同志已是一名深受贺兰县近千名渔民认可和爱戴的渔业科技工作者。贺兰县水产业工作成绩的取得无不渗透着刘欣同志的辛劳和汗水，凝聚着她的情感和希望，她长年累月战斗在渔业生产第一线，风里来雨里去，身影穿梭在贺兰县大大小小的塘边池埂，为的就是用自己的知识和才干，为贺兰县的渔民百姓谋一条致富路。她做到了，并且今后会做得更好！

"科技财神"引领百姓致富奔小康

——记新疆维吾尔自治区富蕴县农业技术推广站朱马太·哈吉拜

在长期基层工作中,朱马太·哈吉拜牢固树立了一切为各族农牧民服务意识,坚持各族农牧民的利益高于一切,自觉维护民族团结,在行动上始终保持与党中央一致,在大是大非问题上,立场坚定,旗帜鲜明。业务工作中,他有坚强的事业心和责任感,忠于职守,求真务实,全心全意为广大各族农牧民服务。日常生活中,他遵纪守法,爱岗敬业,善于团结同事,解放思想,更新观念,锐意进取,勇于创新,保障了单位氛围和谐。

"各族农民丰收时候的笑脸,就是对我最好的褒奖。"这是工作在富蕴县农业战线上高级农艺师朱马太·哈吉拜经常挂在嘴边的一句话,他也是本单位今天推荐民族团结先进模范。

朱马太·哈吉拜是富蕴县农业战线上的一名科技工作者,他热爱自己的工作,把为各族农民兄弟服务作为自己义不容辞的责任,在实际工作中,足迹遍布全县 3.37 万千米 2 上的 78 个农业村和牧民定居点。他先后给富蕴县开展了各种培训 915 期,共培训人数 65 815 人次,发放技术资料 18 606 份;举办现场会 57 期,培养了科普(技)示范户 710 户、农牧民技师 9 名、高级技师 2 名。

如果不是亲眼所见,人们不会相信,一个终日奔波在乡间农舍,田间地头的农业技术员会是右腿比左腿短 6 厘米,没有右髋关节的残疾人。他就是被农民亲切喻为"科技财神"的农业技术推广研究员——朱马太·哈吉拜同志。

根植沃土　在田垄间播种希望

1983 年,21 岁的朱马太同志以优异的成绩从新疆伊犁农业学校毕业,当得知家庭联产承包责任制正在家乡火热推广,朱马太同志毅然放弃了留校机会,怀着一颗报效家乡的赤子心,成为富蕴县一名普通的农业技术员,主动承担起了吐尔洪乡 2 万亩小麦低产田改造的任务,正当他一展身手的时候,不幸的事情发生了:1984 年 6 月 12 日,朱马太同志背着 35 千克重的机械喷雾器教群众如何进行化学除草时,因疲劳过度不慎跌落渠底,导致右髋关节坏死。病痛没有使这位铁骨铮铮的汉子放弃他热爱的事业,他深知自己的生命在农村,舞台在田野。经过短短 3 个月的休养,他又重返工作岗位,骑着一辆右踏板比左踏板短 3 厘米的特制自行车,往返穿梭在乡间小路。功夫不负有心人,2 万亩低产田改造项目顺利通过阿勒泰地区农业部门的验收,粮食亩产由以前的 100 千克提高到 250 千克,他个人也因此获得阿勒泰地区小麦"变产工程"先进工作者。正是出于对农业科技推广事业的热爱和无私奉献,朱马太先后荣获各级各类表彰 54 次。其中,获得"全国五一劳动奖章""全国科普惠农兴村带头人""全国优秀农村基层工作者推选宣传活动 100 人""全国'三农'科技服务金桥奖"等国家级奖项(荣誉称号)5 项;获得"先进工作者""优秀共产党员""第三届科学技术普及奖""优秀科技特派员""优秀通讯员"等自治区级奖项(荣誉称号)9 项。

殚精竭虑　当好农民的技术顾问

2004年，已经42岁的朱马太同志成为富蕴县首批农业技术特派员。这个普通的岗位，朱马太很看重，他一年有200多天不知疲倦地奔波在田间地头，推广新技术56项，推广面积50多万亩，受益农牧民达18万人次，累计增产4 500万千克，产生经济效益9 000多万元。

哈密瓜大面积种植，对于富蕴县的哈萨克农牧民来说是件新鲜事。2005年，朱马太同志结合恰库尔图镇所处的气候条件推广晚熟哈密瓜。为了消除农民的顾虑，他作出了合同协议的承诺来说服了农牧民，选择107户农户试种了650亩哈密瓜。在他的手把手传授和精心指导下，当年实现每亩纯收入1 000元，比小麦每亩增收740元，到2007年全县哈密瓜种植面积也扩大到了3 010亩。朱马太同志的辛勤付出终于有了收获，全县的种植业呈现出良好的发展势头，农业技术在农作物结构调整和扩大打瓜、食用型向日葵等经济作物面积方面起到了很大的推动作用。

2012年，库尔特乡温都哈拉村实施低产田改造灌溉项目，大面积推广滴灌打瓜、玉米、食用型向日葵三种农作物，干播后由于滴灌泵压力不足，水源没有跟上，导致将近4 400亩农作物没有出苗，朱马太同志带领乡农业技术人员和包村干部日夜蹲点在田间地头，共同克服农作物生长关键期遇到的难题，实现出苗率达90％以上，挽回经济损失500多万元。

朱马太同志在34年的艰苦实践工作中，深刻意识到科技对各族农民发展生产所起到的重要性，通过培养乡村涌现出科技示范户710户。长期以来，作为一个共产党员，一直坚守在农业生产第一线开展技术服务工作，他的足迹遍布全县每个角落，广泛蹲点服务、独立承担"五个两万亩工程"等13个项目，参与项目测土配方施肥补贴、打瓜病虫害防治高产栽培技术推广、春小麦创建高产、玉米创建高产等6个项目面积达380.15万亩以上，创造经济效益达2.5亿元以上。

情系家乡　撰写科普书籍惠及农牧民

随着富蕴县产业结构调整和特色种植项目的发展，各族农民对科技的需求日益强烈，但市面哈萨克文的农业书籍不好买，无法满足大多数农民对科技的渴望。作为一名农业技术人员，朱马太同志结合北疆和本县农区实际以及自己多年从事农业技术推广的经验，先后编写了很多哈萨克文农业科技书籍，其中由他撰写的《北疆地区夏季农作物栽培技术书册》（哈文）列入东风工程，由伊犁人民出版社发行，共印6 984册，该书获得了自治区第三届优秀科普作品奖。编著了《富蕴县主要经济作物栽培技术实用手册》，向基层发放4 000册。编写富蕴县"兴边富民"少数民族能力培训项目教材《农作物栽培技术》，向基层发放2 000册。编写全国科普惠农兴村计划带头人培训教材《富蕴县农作物栽培技术手册》，向基层发放600册。编写富蕴县移民生产技能培训手册《农作物栽培技术篇》，向基层发放500册。他写的书籍受到广大基层党员干部和各族农牧民的一致好评，2010年至今新疆广播电台哈语部"金色原野"平台上农业技术、党的农村政策、扶贫、精准脱贫方面讲座将近50场，受到广大观众的欢迎。同事，应富蕴县委远程办邀请，举办四种农作物栽培技术讲座四场，目前已发布到富蕴县所有乡村。

为了方便农牧民随身携带，他还将部分农业科普小册子设计成巴掌大小的"微型书"，农民在生产过程中可随时随地携带查阅，备受当地各族农民的青睐。

忘我工作　无私奉献书写事业绚丽篇章

由于长年奔波，髋骨磨损感染，朱马太同志先后做了7次大手术，别人10分钟能走完的路程，朱马太同志要一步一步地"挪"上半小时。每逢阴天下雨，右半身又酸又痛。面对残缺的身躯，他始终以乐观的态度和坚强的意志去追寻自己热爱的事业，先后荣获自治区和阿勒泰地区科技项目和课题成果奖10项，发表在自治区以上专业刊物的论文达13篇。多年来为了自己钟爱的事业无私奉献，对自己家庭他却有太多的愧疚：大女儿出生时他在乌鲁木齐接受治疗；小女儿临出生时，他还在村里进行技术指导。妻子突发大出血，是邻居跑到街上呼救，在好心人的帮助下，妻儿安全获救。但面对荣誉，朱马太表现得很淡然，他说："各族农民丰收时候的笑脸，就是对我最好的褒奖。"没有豪言壮语，只有朴实的行动，他常说："我是农民的儿子，只要还能走得动，我就要为乡亲们当一辈子的技术员。"淳朴的语言中包含着朱马太对家乡人民的一片深情。

认识朱马太·哈吉拜的人都知道，他还是一名充满爱心的人，作为一名党员没有忘记"一方有难、八方支援"的人道主义精神，在2008年四川汶川大地震时，他先后捐款特殊党费1 500元，向灾区群众奉献了一份真情。自从2013年以来他先后捐款了7 500元，帮助了各族贫困家庭和学生，多次参加捐款活动。2016年10月份开始的"民族团结一家亲活动"，富蕴县农业局结对帮扶的铁买克乡都孜拜村的20名农户中的高建国一家结对认亲，他是一名困难户，户主是残疾人员，妻子得了子宫癌，两个孩子幼小没有劳动力，看到这一幕的朱马太同志如同亲兄弟一样的去帮助了他们，每次节假日送出了自己的爱心，在高建国的妻子秦红梅需要去医院治疗的过程中第一时间用自己的实际行动来帮助并解决了检查过程中遇到的问题，从哥哥的角度来给他们精神上的支持与鼓励。

朱马太·哈吉拜是一名普通人，是生活工作在基层的一名科技工作者，没有惊天动地的壮举，没有华丽的语言，但他34年坚守农业科技工作岗位，带着伤病的身体默默奉献的精神，让我们为之感动，他的工作成绩得到了家乡各族人民的认可，社会给予了朱马太·哈吉拜应有的荣誉，他是富蕴县第十、十一、十二届党代会表和富蕴县十六届人代会代表、人大常委委员，新疆维吾尔自治区第八届党代会邀请代表，这名平凡的科技工作者值得我们赞扬和学习。

农民心中的"贴心人"

——记新疆维吾尔自治区伊宁市农业技术推广站
祖力皮亚·阿巴拜克力

祖力皮亚同志政治坚定，始终拥护党的领导，维护国家统一和民族团结，具有良好的道德品质。她 1989 年 7 月毕业于新疆农业大学农学系农学专业，当年参加工作。参加工作 28 年以来，她从基层的一名普通技术员到推广研究员，一直从事农业技术推广工作。她爱岗敬业、工作作风扎实、勤奋好学、吃苦耐劳、勇于创新，深入基层、积极为"三农"热情服务、努力做好农业技术推广工作、工作成绩突出。1997 年取得农艺师职称资格，2005 年取得高级农艺师职称资格，2014 年取得推广研究员资格，2007 年以来一直负责伊宁市农技推广站工作。

28 年以来，祖力皮亚始终拥护中国共产党的领导，坚持四项基本原则，反对民族分裂，维护祖国统一，思想上要求进步，认真学习习近平总书记重要讲话精神。牢固树立全心全意为人民服务的思想，认真履行岗位职责，积极为"三农"服务，做好伊宁市的农业技术推广工作。

创新机制促发展

伊宁市现有耕地面积 21 万亩，伊宁市的农业是典型的城郊，地少人多，搞好种植业结构调整，提高土地产出率，增加农民收入，考验着像祖力皮亚一样的农业工作者。

祖力皮亚清醒地认识到，要实现农业增产农民增收就必须加大种植业结构调整，目前农业结构调整，已成为伊宁市农村经济发展和农民增收的重要内容。农业结构调整在今后一段时期内是发展农业和农村经济的切入点、突破口，是推动生态效益型经济发展的迫切需要，也是解决农民增收困惑的根本出路。近三年，伊宁市紧紧围绕把农业结构调优、调强这一主题，开创农业和农村经济新局面，粮食、谷物种植面积逐年下降，薯类作物、蔬菜，瓜果、红花、芳香作物等特色作物面积逐年增加。

市农技站在祖力皮亚的带领下，调整农业结构采取以下措施：

（1）调整农业结构，加快由传统农业向现代农业转型，引进新品种、新技术，促进特色农业发展，推动现代农业转型升级。引进蔬菜、西瓜、草莓、树莓、芳香作物等特色作物新品种 20 余个，引进推广面积达 3 万余亩；双膜覆盖技术，地膜覆盖技术，水肥一体化技术，穴盘育苗技术，套种、间作栽培技术，"一年三熟"高效栽培技术、病虫害绿色防控技术等。同时加大特色种植示范基地建设力度，形成了园艺场薰衣草基地，克伯克圩孜乡双膜西瓜及地膜马铃薯基地，达达木图乡、喀尔墩乡设施及露地蔬菜基地，奶牛场优质水稻种植基地等特色农业种植基地。

（2）积极创建农业科技示范区、示范片，推进和打造"千元田"建设，引导全市农业向集约化发展。按照"综合性、超前性、辐射带动强"的要求，截至 2017 年 5 月月底，伊宁市 8 个乡级示范区、15 个村级示范片创建工作均已完成，集中展示农业新技术新品种新模式。同时大力推广"万元田""五千元田""两千元田"建设，探索总结了西瓜、果树间作作物，温室蔬菜、温室葡萄，温室油桃等主要栽培模式，加强产前、产中、产后的技术培训、指导，充分挖掘增产增收潜力，有力地促进了"千元田"建设的质量和效益，达到了高产高效的目的。

（3）加强农技队伍建设，服务"三农"，加强科技队伍建设，提高科技创新能力。祖力皮亚鼓励在职科技人员进修深造，组织开展专业技术人员到疆内外培训，累积培训专业技术人员300余人次。积极开展新品种、新技术试验、示范和推广工作，将实施的农业科研项目、农业技术推广目标任务、建立的试验、示范园量化分解，明确责任领导及责任人，确保技术措施和人员到位，落到实处。下派技术过硬的市级农技人员到各乡镇场包村包片搞服务，她根据生产实际，制定有针对性的技术指导，努力为农民提供产前、产中、产后一系列优质服务，从耕作到收获，下派技术员全程一站式科技服务。发放各种作物栽培技术手册，引导农户由传统的种植方式向现代科学种植方式的转变。

在她指导下，伊宁市各乡镇设施农业、特色种植、高产创建、千元田建设等方面的发展有所提高。

（4）强化培训，提高农业技术水平，开展"科技之冬"活动，为农户讲授新品种新技术推广、节水灌溉技术、陆地蔬菜病虫害防治、草莓栽培技术、测土配方技术等农业技术知识。编印维汉两种文字的《伊宁市高效种植模式实用技术手册》6 000册，发放给农户手里。利用媒体对伊宁市开展的科技下乡、农技推广工作进行宣传报道，让农户全方位地了解和掌握农业科学知识。

（5）做好优惠政策宣传与引导农业结构调整。祖力皮亚在乡镇开展科技培训同时，大力宣传国家及伊宁市的惠农政策，极大调动农民种植的积极性和加快农业结构的调整。

靠科技创效益

一、作为一名科普志愿者祖力皮亚采取各种方式宣传推广农业科技。根据她在市政协会议提交提案，市电视台开办了《绿色天地》农业科普电视栏目，她带头手把手讲技术，引导农民靠科技创效益；还常年举办科技培训班、现场实地观摩、专家一对一解答等。科普活动，大力宣传推广农业科技知识，提高广大农民的科技水平。近五年，共承担科技之冬培训、伊宁市组织部远程教育农村实用技术电视讲座和伊宁电视台"绿色天地"栏目授课任务50余场次，培训农民6万余人次、农民技术员和种植大户5 000人次；被伊宁县、察布查尔县等邀请授课12场次，为新疆农业大学、伊犁州职业技术学院培训实习学生160人次。通过利用农技推广平台，大力推广新技术，让伊宁市农民尝到了科技种田的甜头。应用农业新技术及新模式，引进新品种而搭建农技推广平台乃当务之急。她率先提出并构建"乡级示范区—村级示范片—科技示范户"三位一体农技推广运行机制，在全市建立8个乡级科技示范区、15个村级示范片、带动300余个科技示范户，形成功能各有侧重、层次鲜明的示范基地，使先进技术得到集成应用，真正地把先进技术运用到生产田中，实现伊宁市农业增效农民增收。

二、抓好农业科技项目，提高农业科学技术，科学种田，促进伊宁市农业向科学化发展。近五年祖力皮亚先后参加国家级、自治区级各类项目9项：

（1）2012—2015年作为项目主持人负责伊宁市国家"测土配方施肥项目"。指导采集土样、田间试验、示范、化验分析、配方卡制定，建立了1个标准土肥化验室，培养6名专职化验员，年检测能力均达了6 000项次。共检测样品2 530个，累计完成测土配方施肥面积24万亩，平均亩节本增效36元。通过自治区验收，2011年获伊宁市科技进步奖二等奖（排名第二）。

（2）2009—2011 年，主持参与农业部"设施农业标准园创建项目"，在达达木图乡建立 1 000 亩设施农业标准园创建示范基地，目前已获农业部验收通过。

（3）2011—2016 年参加农业部现代农业产业技术体系建设专项"国家大宗蔬菜产业技术体系试验站"，负责伊宁分站，担任番茄、辣椒等设施蔬菜新品种选育、示范、推广及培训、宣传等工作。

（4）2012 年以来主持、参与"病虫害绿色防控技术示范区项目"，主要负责病虫害农业防治、生态防治、生物防治、物理防治技术的综合应用，重点推广粘虫板、杀虫灯、防虫网等。负责建立"小麦病虫害绿色防控技术示范区"，核心示范区面积 2 千亩、辐射带动面积 2 万亩，主要防治小麦蚜虫、小麦雪腐雪霉病、小麦黑星病、小麦条锈病和小麦白粉病；"玉米绿色防控示范区"核心示范区面积 2 千亩、辐射带动面积 2 万亩，主要防治玉米螟、玉米红蜘蛛、地下害虫和玉米瘤黑粉病；"设施蔬菜虫害绿色防控技术示范区"核心示范区面积 100 亩、辐射带动面积 1 千亩，主要防治蔬菜蚜虫、红蜘蛛、美洲斑潜蝇、番茄叶霉病、灰霉病、早疫病、黄瓜霜霉病、辣椒疫病等，该项目 2011 年获伊宁市科技进步奖二等奖（排名第一）。

（5）2012 年以来主持参与"苹果蠹蛾迷向防控示范区建设"项目，示范带动面积 5 000 亩。

（6）2012—2016 年主持实施"小麦一喷三防技术示范项目"，示范面积 5 万亩，主要防治小麦蚜虫、小麦雪腐雪霉病、小麦黑星病、小麦条锈病和小麦白粉病等。

（7）2014—2015 年主持"粮食高产创建项目"，在英也尔乡、潘津乡创建各 1 万亩冬小麦高产创建示范区，重点推广药剂拌种、测土配方施肥、适时播种、病虫害绿色防控、防止干热风、化学除草等技术，高产区平均亩产达 452 千克/亩，比上年增加 17 千克/亩。

（8）主持"伊宁市脱毒马铃薯、脱毒草莓种苗繁育项目"，并于 2012 年底引进了四个品种的试管苗，进行扩繁。引进草莓新品种红颜的一代原种 12 000 棵，进行了大田的扩繁工作，计划通过项目的实施将进一步保证种苗质量。下一步将着力于进行优良种苗的脱毒繁育，降低不良品种给种植户带来的风险，促进农业种植户节本增效，农民持续增收。

（9）2012—2016 年主持实施"中低产田改造科技推广措施项目""高标准农田建设科技推广措施项目"，建立了 2 500 亩科技示范片，通过科技推广引进新技术、新品种、开展技术培训及技术服务，起到以点带面作用平，提高了土地产出率，从而提高项目区农民种植水平，达到农民增产增收目的。

三、抓好试验、示范工作。主持自治区土肥站安排的肥料登记试验、新型肥料田间试验 6 次，"3414"肥效试验 30 次，"2＋X"试验 4 次，自治区植物保护站安排的新型农药试验 5 个，新疆农业科学院园艺所安排的新品种对比试验 4 个，制定方案、组织田间实施。筛选出一批增产效果显著的新型肥料，防病效果显著的新型农药，适合于当地种植的优良新品种。

祖力皮亚通过努力，取得了不少的荣誉：2012 年被伊宁市委评为"十佳优秀科技人才"，被伊宁市妇女联合会评为"巾帼建功标兵"。2013 年主持的"伊宁市苹果毒蛾迷向防控示范区建设项目"被评为伊宁市科技进步奖三等奖；参与的"脱毒大蒜品种引进与栽培管理技术推广示范项目"被评为伊宁市科技进步奖三等奖；"新疆小麦条锈病发生规律研究与统方统治推广应用项目"荣获全国农牧渔业丰收奖农业技术推广成果奖二等奖（第十完成人）；被自治区农业厅评为土肥水工作先进个人，被伊犁州农业局评为最美农业人。2015 年，被评为自治区农业技术推广先进工作者；2016 年，获伊犁州拔尖人才称号。

农民的贴心人

作为一名农业科技工作者，她积极利用下乡机会开展入户调查，了解社情民意，走访贫困家庭帮助他们购买农资，向农民传授农业技术，提高他们依靠科技脱贫致富的能力。在做好自己业务的同时，祖力皮亚经常扑到田间地头为农民解决燃眉之急。每年农忙时期，她自己也数不清扑到现场为农民解决难题多少次。从天亮到天黑，要接的无数次农民打过来得咨询电话，她从来不急躁，耐心听农民的话，耐心给他们解答，并且长期以来一直关心与资助农村贫困学生。

　　由于保障了工作效率，表现突出，得到了各级领导与各乡村农民的一致认可。她对农民的热情服务感动了农民，单位多次收到了农民为她送来的锦旗，因此还受到了《伊犁日报》等各类媒体的采访报道，时刻以服务"三农"为己任的先进事迹被伊宁电视台做成专访并广泛宣传。

媒体宣传报道

书写科技兴农新诗篇

——"寻找最美农技员"活动综述

新华网　2017年11月28日

新华社记者　董峻

成天走村串户，奔波田间地头，晴天一身汗、雨天一身泥。他们是农业农村生产一线的千千万万农技员。目前全国有农技推广机构7.5万个，在编农技人员51.2万人。广大农技人员勤勤恳恳扎根一线，谱写了无数科技兴农诗篇。

为了向社会展示他们务实肯干、甘于无私奉献的感人事迹，2017年5月，农业部正式启动"寻找最美农技员"活动。

围绕活动的组织与配合、人选条件与名额控制、推荐的程序与方法、材料的申报与审核等每一个细节，农业部认真研究部署，确保把德才兼备、实绩出众的一线农技员代表选上来。各省农业系统也立即行动起来，紧锣密鼓展开本省最美农技员推荐候选人的遴选工作。

一些省份在候选人遴选上重点向乡镇和国家级扶贫重点县倾斜，如陕西推荐的候选人全部来自基层一线和贫困县区，云南重点推荐国家连片扶贫的乌蒙山区、石漠化地区、滇西边境山区、藏区和少数民族自治县农技人员。

经过初筛，最终选出150位农技员作为全国最美农技员正式候选人。其中来自乡镇的60位，占参加初筛乡镇人选的48.8%；来自县级的90位，占参加初筛县级人员的24.1%。

"这些候选人从事农技推广服务的年限基本都在20年靠上，甚至有不少同志在基层农技推广体系工作了30年以上，他们一辈子扎根基层、为农奉献，真不容易，真让人感动。"来自中国农业科学院的评审专家顿宝庆说。

8月1日至8月15日，活动组织方在农业部官网和新开通的中国农技推广APP同时开展网络投票。中国网、人民网、新华网、中国农业推广网等网站也都引入了"寻找最美农技员投票活动"的页面链接，同步开展网络投票活动宣传。

网络投票活动得到了社会各界、尤其是全国农业系统的积极响应，扩大了寻找最美农技员活动的影响力。截至8月15日17时，参与投票人数为105万人次，总投票数为273万票；被投票人最高得票12.6万张，其中得票数超过1万张的有29人，得票数超过10万张的有12人。

8月下旬，农业部组织专家推荐会，22人组成的专家推荐组，在认真查阅150名最美农技员有效候选人资料的基础上，最终推荐产生了100名最美农技员建议名单。其中，乡镇农技员50名、县级农技员50名，申报通过率分别约为40.6%、13.4%。

活动期间，组织方收到很多农技员来电。一些农技员说，在农业系统干了几十年，现在才发现自己的工作这么重要，社会对农技工作这么认可。还有的参评农技员表示，通过参加这次活动，信心更足了、干劲更大了，以后要继续努力工作，服务好农民，为"三农"事业发展添砖加瓦。

心血倾注在希望的田野上

——来自"寻找最美农技员"的一线报道

《人民日报》2017 年 11 月 30 日

本报记者　高云才

农业部 2017 年发起"寻找最美农技员"活动，从 51 万基层农技人员中寻找佼佼者。在寻找的过程中，记者近距离接触到农技人员的酸甜苦辣。他们身上，有乐观坚毅，有吃苦耐劳，有贡献突出，也有无私奉献，构成了基层农技推广事业的一幅"最美"群像图。

扎根基层，在平凡的岗位从事农业科技推广

种植泡椒 70 多万亩，实现增收 7 亿元；种植果酱番茄 30 余万亩，实现增收 10 亿多元……这，远不是河北省望都县农技推广站站长王建威 26 年来在农技第一线奔波的回报。

王建威是一个群体的"一分子"：他们，受过正规的教育，拥有一技之长，却甘愿留在农村，从事繁杂的农业生产；他们，挥洒着汗水与泪水，将青春奉献给土地，却乐此不疲，甘之如饴；他们，自己吃着简单的饭食，穿着朴素的衣衫，住着狭小的房子，为了农民兄弟的增收致富而日日奔走；他们，扎根基层，在平凡的岗位，从事着农业科技推广这一伟大事业……

他们，就是基层农技推广员。他们让农业科技真正落地，是惠及百姓的传道者，是现代农业的中国脊梁。曾经，有人笑称"远看是要饭的，近看是农技站的。"这些人不知道，农技员这一身的狼狈，也许是因为刚刚从田里回来，为农民的小麦预防病虫害。曾经，有人忧心这支队伍"线断、网破、人散"，然而正是在艰苦的条件中，50 多万人的基层农技推广队伍为我国粮食"十二连增"，农民收入"十连快"提供了有力支撑。

一茬又一茬，一代又一代，年轻的农技员不甘示弱。

北京市房山区农业科学研究所所长徐凯是一位 70 后农技员。刚来所里工作时，做蔬菜冬春茬试验，要求观察记录温室温湿度数据变化情况，那时没有自动记录仪器，只能每两小时到温室里去看一下，冬天夜里温度零下十几度，照样棉帽子一戴就往温室里跑……

从事农技推广工作 17 年以来，他最主要的工作，就是在示范基地里把新品种、新技术、新模式直观地展示给农户，让农户能看得见、学得来、上手快，避免种植风险。他每年组织开展食用菌、蔬菜、粮食、景观作物、肥料新品种和新技术试验示范 30 余个，目前已筛选并引进 30 余个适宜房山区种植的新品种，推广农业新技术 20 余项，同时通过基地每年为农户培育优质种苗 100 万株以上，菌种 2 万余袋。

把"科学家产量"变成"农民产量"，为现代农业发展提供有力支撑

现代农业要发展，离不开科技支撑，而科技最终落地，转化为生产力，还得靠农技员的示范

应用与推广。农技员将新品种、新技术、新农艺、新机械送到田间地头,将成果留在千家万户。

风沙大、土壤薄,干旱缺水,在甘肃省酒泉市,有这样一位农技员,硬是在这戈壁滩上发展了令人震撼的"戈壁农业"。

1987年,刚参加工作的张国森就被分配到肃州区位置最远、基础最差、条件最苦的屯升乡。就在那里,他曾经数月不回家,为农民进行科技指导。1997年,他在肃北蒙古族自治县挂职,提出在牧区发展温室的想法,克服了低温严寒等各种不利因素,他指导搭建标准化温室38座,当年种植,当年见效,改变了肃北县时令蔬菜靠外地供应的局面。

对张国森来说,农业的出路在科技,而打开农技推广工作的局面,要大胆创新。为了给大部分面积是戈壁荒漠的酒泉农业找出路,张国森提出了在非耕地发展日光温室蔬菜产业的设想,经过上百次的试验示范,成功开发出了一套适合本地气候、地势特点的戈壁、沙石等非耕地类型的日光温室新结构和新的种植技术。通过近10年的发展,肃州区非耕地日光温室面积达到1.2万亩,成为全国最大的非耕地日光温室产业化示范基地。2017年,甘肃省将非耕地蔬菜产业定性为"戈壁农业",以肃州区为代表的戈壁农业,成为全国设施农业的一块样板。

广阔天地,大有作为。对很多人来说,有一个能够实现志向的舞台,发挥自己所长,是一件非常幸运的事情。

天津武清的农机专家罗寨玲的激光平地节水技术,获得市级奖励。江西井冈山的曾昭芙,拥有两项国家发明专利,四项实用新型专利被授权,还撰写了专著《现代养猪实用技术》。他们常年坚持在生产一线,为群众解决疑难问题;农业生产少不了他们,科技示范少不了他们,农民更是离不开他们。

曾经,"望天收"是农业的无奈。今天,丰收的背后动力是:基层农技员把优良品种、实用技术及先进的管理经验带给农民,把"科学家产量"变成了"农民产量"。

用科技撬动产量与收入,引领农民进入增收致富快车道

推广新技术、应用新品种,教农民如何科学种田,这是农技员的本行。但农技员的工作又不止这些,还包括引进适合区域的新品种,指导产供销,创新技术预防灾情,突破技术障碍保产量,现代农业园试验示范等。丰收之年有他们,突发灾害时更离不开他们。农民信赖他们,不仅仅是对科学的信任,也是对他们人格中那份"三农"情的信任。

2017年3月25日,一个周六中午,翁牛特旗农技站站长韩丽萍刚从紫城街道杨家营子蔬菜棚区培训技术归来,正在家中休息,突然听到敲门声……她推门一看,原来是在桥头镇羊草沟村推广设施农业时认识的蔬菜种植户刘国志。因为西红柿2017年又获得好收成,老刘专程来看她,还为韩丽萍送来一袋西红柿。

韩丽萍清楚地记得:2008年,当地政府决定将推广设施蔬菜作为增加农民收入的一项重要措施。韩丽萍亲自抓试点,87个棚,每个棚的方位和落地的四个点,是她扛着仪器一个一个地测出来的;建设时期的每一个环节,她都手把手地教;秧苗移栽的每一个步骤,她不厌其烦地指导。从凌晨4点半就开始工作,晚上到天黑才结束,每天工作10多小时。从规划到收菜,韩丽萍在羊草沟村一干就是6个月。脸晒黑了、腿走肿了、嘴上起了泡。功夫不负有心人,棚室的产量增加了一倍,效益翻了一番。韩丽萍的辛勤工作给老百姓带来实实在在的经济效益,老百姓自然也相信她、尊敬她。

在江西省彭泽县浪溪镇,有个人人都信赖的老朱,他就是农技员朱永胜。老朱对农业充满热爱,每次开展新技术、新品种、新模式的试验、示范和推广工作,他都带领乡亲奋战在田间地头。在农业部棉花万亩高产创建示范项目试验中,省农业厅要推行轻简化育苗技术,有农民对新技术有顾虑，怕不按老办法没有收成，老朱给他们打包票："如果育苗移栽失败造成损失，我个人负责赔偿！" 2010年项目区棉花皮棉产量达到412.5千克/亩，比2009年每亩增产112.5千克，仅此一项，浪溪镇农民增加收入900余万元。新技术的推广让"靠天吃饭不如靠技要效益"的种田观念深入人心，也让浪溪镇成为彭泽县现代农业示范区的典范。

如果说科技为农业插上了腾飞的翅膀，农技员则让这对翅膀更丰满更有力；如果说科技之光照亮了现代农业的方向，农技员则把星星之火变成燎原之势，引领传统农业迈过现代化的门槛。这就是我们的基层农技员，用科技撬动产量与收入，为农业生产点石成金。

躬身田野，从青丝到白发，舍小家为大家

农技推广苦不苦？当然苦。累不累？当然累。有没有希望？农民的丰收就是他们最满意的希望。在农技推广队伍中，很多人都从事了20年以上的农技推广工作，有的甚至为农业服务了30多年，在这几十年的寒来暑往中，他们见证了春播秋收，见证了土地的四季更替，把自己当成一粒种子，深深地扎根基层，用汗水浇灌大地，期待更多的开花结果。

他们无愧农民朋友的重托，却对家人和自己留有一份亏欠。2017年3月，湖北省监利县农机干部夏宜龙永远倒在了春耕备耕的路上，年仅45岁。监利县农机局局长陈义书回忆起夏宜龙工作中的点点滴滴，几次泪流满面。在同事眼中，夏宜龙对工作特别较真。春耕生产即将进入高潮，为赶在春耕生产前完成全县23个乡镇120个村350千米机耕路的工程验收，以及2万亩旱地机械深松整地工作，夏宜龙带领专班，放弃双休假日，风雨兼程，每天查验近10个村。他亲自拿着GPS测量仪，对照机耕路建设各项指标参数，徒步丈量机耕路的长度、宽度，逐一检查机耕路工程质量，查看土地深松进度，不符合要求的绝不宽容。正是这样高强度的劳动，让他的身体不堪重负，牺牲在工作岗位上，燃尽了最后的生命之火。

农技推广要结合农时，试验示范则要定时记录，很多农技员都处于一种没有生活、只有工作的状态，自己的健康无暇顾及，家人更是照顾不到。在中原粮仓河南省，改农技站为区域站，一个农技员要服务上百亩的高产创建示范田。濮阳县胡状镇农业服务中心主任刘素霞，长年在生产一线，家里孩子无人照顾，就带到地里，夏天孩子在户外被晒了一身水泡，刘素霞心疼地眼泪直流。在新疆维吾尔自治区富蕴县农业技术推广站，高级农艺师朱马太·哈吉拜，背着35千克重的机械喷雾器教群众如何进行化学除草时，因疲劳过度不慎跌落渠底，右髋关节坏死。经过短短3个月的休养，他又重返工作岗位，骑着一辆右踏板比左踏板短3厘米的特制自行车，往返穿梭在乡间小路上……他是农民的"科技财神"，从不计较个人得失，他说，"各族农民丰收的笑脸，就是对我最好的褒奖。"

全国51万农技推广员，从青丝到白发，扎根基层，躬身田野，无私奉献着青春和智慧，永远和农民朋友在一起。

躬身碧野 一世农情

——"寻找最美农技员活动"综述

《农民日报》2017 年 12 月 2 日

本报记者 何烨

有这样一群人，他们受过正规的教育，拥有一技之长，却甘愿留在农村，从事着繁杂的农业生产；有这样一群人，他们挥洒着汗水与泪水，将青春奉献给土地，却乐此不疲，甘之如饴；有这样一群人，他们自己吃着简陋的饭食，穿着朴素的衣衫，住着狭小的房子，却为了农民兄弟的增收致富而日日奔走；有这样一群人，他们扎根基层，在平凡的岗位，从事着农业科技推广这一伟大的事业。

他们是基层农技推广员，他们的任务是让农业科技真正落地，是惠及百姓的传道者，是现代农业的中国脊梁。曾经，有不了解他们的人，笑称"远看是要饭的，近看是农技站的。"他们不知道，这一身的"狼狈"，也许是因为为农民的小麦预防病虫害，刚刚从田里回来；曾经，有人忧心这支队伍"线断、网破、人散"，是的，农技服务的工作又累又操心，不是一个吸引人的职业，然而就是在这样艰苦的环境下，50 多万人的基层农技推广队伍为我国粮食"十二连增"，农民收入"十连快"提供了有力支撑。

近日，农业部发起"寻找最美农技员活动"，寻找出了 100 名品德高尚、业绩突出、农民满意的"最美农技员"。在这寻找的过程中，也让我们近距离接触到农技人员的酸甜苦辣，在他们身上，有乐观坚毅，有吃苦耐劳，有贡献突出，也有无私奉献，他们每个人身上的闪光点，构成了基层农技推广事业的一幅群像图。

农技推广体系是先进实用技术推广的国家队，农技员为保障国家粮食安全和现代农业的发展提供了有力支撑。

现代农业要发展，离不开科技的翅膀，而科技最终落地，转化为生产力，还得靠农技员的示范应用与推广，当科学家将论文写在大地上的时候，更多的农技员则将新品种、新技术、新农艺、新机械送到田间地头，将成果留在千家万户。

在北京市房山区，有这样一位"70 后"的农技员，他是房山区农业科学研究所所长徐凯，刚来所里工作时，做蔬菜冬春茬试验，要求观察记录温室温湿度数据变化情况，那时没有自动记录仪器。只能每两小时到温室里去看一下，冬天夜里温度零下十几度，照样棉帽子一带就往温室里跑。从事农技推广工作 17 年来，他最主要的工作，就是在示范基地里把新品种、新技术、新模式直观地展示给农户，让农户能看得见、学得来、上手快，避免种植风险。他每年组织开展食用菌、蔬菜、粮食、肥料新品种和新技术等试验示范 30 余个，目前已筛选并引进 30 余个适宜新品种，推广新技术 20 余项，每年为农户培育优质种苗 100 万株以上。

北京市的农业面临着向高效绿色转型，徐凯则思考着在他的示范园区实践生态、节水、可循环的理念，在他的组织下，园区内实现了农业资源废弃物的循环利用，这一举措也吸引了北京市其他地区的同行前来参观学习。

北京的都市农业有其发展优势，而在祖国的大西北，风沙大、土壤薄，干旱缺水，在甘肃省酒泉市，有这样一位农技员，硬是在这戈壁滩上发展了令人震撼的"戈壁农业"。1987 年，刚参加工作的张国森就被分配到肃州区位置最远、基础最差、条件最苦的屯升乡。在那里，他曾经数月不回家，为农民进行科技指导。1997 年，他在肃北县挂职，首次提出了在牧区发展温室的理念，在克服了低温严寒等各种不利因素，他指导建设标准化温室 38 座，当年种植、当年见效，改变了肃北县时令蔬菜靠外地供应的局面。对张国森来说，农业的出路在科技，而打开农技推广工作的局面，要大胆创新。为了给大部分面积是戈壁荒漠的酒泉农业找出路，张国森提出了在非耕地发展日光温室蔬菜产业的设想，经过上百次的试验示范，成功开发出了一套适合当地气候、地势特点的戈壁、沙石等非耕地类型的日光温室新结构和新的种植技术，通过近 10 年的发展，肃州区非耕地日光温室面积达到 12 000 亩，成为全国最大的非耕地日光温室产业化示范基地。2017 年，甘肃省将非耕地蔬菜产业定性为"戈壁农业"，以肃州区为代表的戈壁农业，已经成为全国设施农业的一块样板。

广阔天地，大有作为。对很多人来说，有一个能够实现自己志向的舞台，发挥自己所长，是一件非常幸运的事情，但更多时候，很多人在自己的舞台上没有坚持下来，他们有的被更优厚的待遇吸引，有的受不了日复一日的繁重劳动，在农村广阔的天地中，只有那些不忘初心、热爱土地的人留了下来，实现自己的理想。

在农技推广的岗位上，他们有天津武清的农机专家罗赛玲，她的激光平地节水技术，获得了市级二等奖。有河北望都的蔬菜专家王建威，他一年要开办技术讲座 14 场，现场指导 600 多人次，每天能接到至少 40 个电话，帮助农民增收数十亿元。有江西井冈山的曾昭芙，拥有两项国家发明专利，四项实用新型专利被授权，还撰写了专著《现代养猪实用技术》。他们常年坚持在生产一线，为群众解决疑难问题，农业生产少不了他们，科技示范少不了他们。农民更是离不开他们。

农业科技为农业稳产增产提供保障，农技员为农民与科技搭建桥梁，让科技引领农民进入增收致富的快车道。

2017 年 3 月 25 日，一个周六的中午，翁牛特旗农技站站长韩丽萍刚从紫城街道杨家营子蔬菜棚区培训技术归来，正在家中休息。突然听到敲门声，韩丽萍推门一看，原来是她在桥头镇羊草沟村推广设施农业认识的蔬菜种植户刘国志，他家的西红柿 2017 年又获得了好收成，专门为韩丽萍送来了一袋西红柿。讲了一个上午课的韩丽萍本来已经很累了，可一看到她亲自指导的蔬菜种植户，就又高兴地和他聊起了蔬菜的事。

2008 年，当地政府决定将推广设施蔬菜作为增加农民收入的一项重要措施，韩丽萍亲自抓试点，87 个棚，每个棚的方位和落地的四个点，是她扛着仪器一个一个地测出来的。建设时期的每一个环节，她都手把手地告诉；秧苗移栽的每一个步骤，她都不厌其烦地指导。从早晨 4 点半就开始工作，晚上到天黑才结束，每天工作 10 多小时。从规划到收菜，韩丽萍在羊草沟村一干就是 6 个月。脸晒黑了、腿走肿了、嘴上起了泡。6 个月，87 个棚里的老百姓和她都熟了。功夫不负有心人，棚室的产量增加了一倍，效益翻了一番。韩丽萍的辛勤工作给老百姓带来实实在在的经济效益，老百姓自然也相信她、尊敬她，一袋西红柿是他们最朴实的感谢。

推广新技术、应用新品种，教农民如何科学种田，这是农技员的工作。而农技员的工作又不止这些，引进适合区域种植的新品种，指导产供销，创新技术预防灾情，突破技术障碍保产量，现代农业园试验示范等，丰收之年有他们，突发灾害更离不开他们。农民信赖他们，不仅仅是对科学的信任，也是对他们人格中那份"三农"情的信任。

在江西省彭泽县浪溪镇，有个人人都信赖的老朱，他就是农技员朱永胜。老朱对农业充满热爱，每次开展新技术、新品种、新模式的试验、示范和推广工作，他都身先士卒奋战在田间地头。在农业部棉花万亩高产创建示范项目试验中，省农业厅要推行轻简化育苗技术，有农民对新技术有顾虑，怕不按老办法，没有收成，老朱给他们打包票"如果育苗移栽失败造成损失，我个人负责赔偿！"2010年项目区棉花皮棉产量达到每亩412.5千克，比2009年每亩增产112.5千克，仅此一项，浪溪镇农民增加收入900余万元。新技术的推广让"靠天吃饭不如靠技术要效益"的种田观念深入人心，也让浪溪镇成为了彭泽县现代农业示范区的典范。

为了推动科技的传播与应用，农技员往往与农民打成一片，如兄弟姐妹一般，更多时候，他们亦师亦友，服务农民，为他们带来先进的生产理念和方法。

这就是我们的基层农技员，用科技撬动产量与收入，为农业生产点石成金。过去我们常说，论文写在大地上，成果留在农民家。也许基层农技员的论文成果并不突出，但农民家的成果却是实实在在地展现在我们眼前，也许他们的工作并不起眼，但几十年的坚持也足以让农民在科技兴农中感受到获得感。

舍小家为大家，无私奉献是他们无悔的选择，他们为这片土地播撒了希望。

农技推广苦不苦？当然苦。累不累？当然累。有没有希望？农民的丰收说明了一切。在这支队伍中，很多人都从事了20年以上的农技推广工作，有的为农业服务了30多年，在这几十年的寒来暑往中，他们见证了春播秋收，见证了土地的四季变换，把自己当成一粒种子，深深地扎根基层，用汗水浇灌大地，期待更多的开花结果。

他们无愧于农民朋友的点赞，却对家人和自己留有一份亏欠，也许大家和小家总是两难全吧。

2017年3月，湖北省监利县农机干部夏宜龙永远倒在了春耕备耕的路上，年仅45岁。监利县农机局局长陈义书回忆起夏宜龙工作中的点点滴滴，几次泪流满面。在同事们眼中，夏宜龙对工作特别较真，作风过硬。2017年的春耕生产即将进入高潮，为赶在春耕生产前完成全县350千米机耕路的工程验收以及两万亩旱地机械深松整地工作，夏宜龙带领专班，放弃双休假日，风雨兼程，每天查验近10个村，他亲自拿着GPS，对照机耕路建设各项指标参数，徒步丈量机耕路的长度、宽度，逐一检查机耕路工程质量，查看土地深松进度，不符合要求的绝不宽容。正是这样高强度的劳动，让他的身体不堪重负，牺牲在工作岗位上，燃尽了最后的生命之火。

农技推广要结合农时，试验示范则要定时记录，很多农技员都处于一种没有生活、只有工作的状态，自己的健康无暇顾及，对家人更是照顾不周。

在中原粮仓河南省，改农技站为区域站，一个农技员要服务上百亩的高产创建示范田。濮阳县胡状镇农业服务中心主任刘素霞，长年在生产一线工作，家里孩子无人照顾，就带着孩子到地里工作，夏天孩子在户外被晒了一身水泡，刘素霞心疼得眼泪直流。

在新疆维吾尔自治区富蕴县农业技术推广站，高级农艺师朱马太·哈吉拜，背着35千克重的机械喷雾器教群众如何进行化学除草时，因疲劳过度不慎跌落渠底，导致右髋关节坏死。经过短短3个月的休养，他又重返工作岗位，骑着一辆右踏板比左踏板短3厘米的特制自行车，往返穿梭在乡间小路。他是农民的"科技财神"从不计较个人得失，"各族农民丰收的笑脸，就是对他最好的褒奖"。

这就是我们可爱的农技员，他们只是 50 多万农技推广员中的代表。从青丝到白发，他们扎根基层，无私奉献自己的青春年华，永远和农民朋友在一起。

曾经，"望天收"是农业的无奈写照；今天，丰收是天道酬勤的当然回馈。而在这丰收的背后，基层农技员把优良的品种、实用的技术及先进的管理经验带给农民，他们把"科学家产量"变成了"农民产量"。如果说科技为农业插上了腾飞的翅膀，农技员则是让这对翅膀更丰满更有力，如果说科技之光照亮了现代农业的方向，农技员则是把星星之火变成燎原之势，引领传统农业迈进现代化的门槛。

有人说，快乐有三种境界：物欲的快乐、精神的快乐和奉献的快乐。正是这些基层农技员，他们用辛勤的付出迎来农民丰收的喜悦，也在自己的耕耘中品味人生真谛，收获奉献的快乐！时代需要他们，现代农业需要更多的最美农技员的付出，愿在广袤的田野上，处处有他们的身影。

为科技兴农躬行者点赞

——记"寻找最美农技员"活动

《经济日报》2017年12月5日

本报记者　乔金亮

他们不是农民，却天天与土地庄稼打交道；不是牧民，却经常进牛棚羊圈、到猪场鸡场。他们忙于走村串户，奔波田间地头，晴天一身汗、雨天一身泥。他们就是千千万万奋战在农业农村生产一线的农技员，他们的任务是让农业科技真正落地。

目前，全国有农技推广机构7.5万个，在编农技人员51.2万人。广大农技人员勤勤恳恳、扎根一线，谱写了无数科技兴农诗篇。为了向社会展示他们务实肯干、甘于奉献的感人事迹，2017年5月份，农业部正式启动"寻找最美农技员"活动。

围绕活动的组织与配合、人选条件与名额控制、推荐的程序与方法、材料的申报与审核等每一个细节，农业部认真研究部署，确保把德才兼备、实绩出众的一线农技员代表选上来。各省份农业系统也行动起来，紧锣密鼓展开本省份最美农技员推荐候选人的遴选工作。

经过初筛，最终选出150位农技员作为全国最美农技员正式候选人。其中来自乡镇的60位，占参加初筛乡镇人选的48.8%；来自县级的90位，占参加初筛县级人员的24.1%。

8月1日至8月15日，活动组织方在农业部官网和新开通的中国农技推广APP同时开展网络投票。网络投票活动得到了社会各界，尤其是全国农业系统的积极响应，扩大了寻找最美农技员活动的影响力。

8月下旬，农业部组织专家推荐会推荐产生了100名最美农技员建议名单。其中，乡镇农技员50名、县级农技员50名，申报通过率分别约为40.6%、13.4%。

活动期间，组织方收到很多农技员来电。一些农技员说，在农业系统干了几十年，现在更深刻地认识到自己工作的重要性，社会对农技工作这么认可。还有参评农技员表示，通过参加这次活动，信心更足了、干劲更大了，以后要继续努力工作，服务好农民，为"三农"事业发展添砖加瓦。

农业丰收的背后，是基层农技员把优良的品种、实用的技术及先进的管理经验带给农民，他们把"科学家产量"变成了"农民产量"。如果说科技为农业插上了腾飞的翅膀，农技员则是让这对翅膀更丰满更有力，如果说科技之光照亮了现代农业的方向，农技员则把星星之火变成燎原之势，引领传统农业迈向现代化。

一场特别的全国"选美"

——"寻找最美农技员"活动纪事

《人民日报》2018 年 2 月 11 日

本报记者 高云才

把自己当成现代农业的一粒种子

经常出入田间地头，晴天阴天雨天雪天，从来都不缺席。为了大地的丰收，为了农民的富裕，为了现代农业的发展，浑身泥巴的农技员是最美的，身上透着甘于奉献的魅力。

天津市武清区农机发展服务中心高级工程师罗寨玲，2017 年被评为全国最美农技员十佳标兵。她说："人生有一个'小目标'，就是把自己当成现代农业的一粒种子。"

武清是天津市农业大区，粮食播种面积近 120 万亩，每年产生的农作物秸秆总量约 190 万吨。以往农户大多采用焚烧的方式进行处理，造成严重的空气污染，危害人们的身体健康。罗寨玲多渠道利用秸秆资源，先后引进并组织实施了"小麦秸秆粉碎抛洒机械化技术""旱作农业蓄水保墒机械化技术"等 6 个示范推广项目。示范推广了小麦玉米免耕覆盖播种、机械化深松、秸秆粉碎机械化还田及秸秆打捆等 10 余项新技术，推广新机具 3 000 余台套。

2016 年三夏，武清区已有 1 500 多台小麦秸秆粉碎还田机、20 余台大型秸秆打捆机在广袤的田野作业。全区 45 万亩小麦秸秆基本实现全量化利用，秸秆焚烧火点为零，有效遏制了焚烧秸秆的现象，提高了土壤肥力，改善了空气质量，展现了农机化在降成本增效益、添绿色可持续方面的新作用。

武清秸秆资源化利用的背后，是罗寨玲这样的农技员群体，他们的"小目标"每年都以不同的方式一点一滴地实现。

十佳标兵固然美，没有进入十佳的农技员同样美。

把农民当"亲兄弟"的河北省望都县农业技术推广总站站长王建威，是全国百名最美农技员之一，是千千万万普通农技员中的一员。

想都不敢想，一个农技员能为农民增加几十亿元的收入。王建威做到了。

在望都县农业第一线辛勤工作了 26 年，他累计为农民朋友"传经送宝"2 万余次，培训农民 6 万人次；为全县引进推广蔬菜新品种 56 个，选育辣椒新品种 3 个；与河北农业大学等院校合作，促进粮食蔬菜科技成果转化 13 项，增加经济效益 28 亿多元。近年来，在他的指导下，望都及周边市、县推广泡椒种植已达 70 多万亩，帮助农民增收 7 亿多元；推广种植硬果番茄面积 30 万余亩，农民增收 10 亿多元。

最美农技员的身后，站着凤夜辛劳的几十万个基层农技员。据了解，全国目前有农技推广机构 7.5 万个,在编农技人员 51.2 万人。广大农技人员勤勤恳恳扎根一线,默默无闻甘于奉献,在广袤的大地上谱写了无数感人肺腑的兴农诗篇。

把德才兼备的一线农技员代表选上来

春华秋实,广大农技员秉承优良传统,大力推广农业先进实用技术,扎根基层,服务"三农",为保障国家粮食安全和重要农产品有效供给,默默奉献着。

在全国范围内开展"寻找最美农技员"活动,是新中国成立以来的第一次,是一次十分特殊的全国"选美"。农业部高度重视,多次召开专题会议,围绕活动的组织与配合、人选条件与名额控制、推荐的程序与方法、材料的申报与审核等每一个细节进行认真研究和部署,确保活动全过程公开透明、公平公正,确保把德才兼备、实绩出众的一线农技员代表选上来,经得起时间的检验。

2017 年 5 月,农业部正式启动"寻找最美农技员"活动,按照 1:5 的比例从各地遴选 500 名候选人。各省农业系统行动起来,紧锣密鼓展开本省最美农技员推荐候选人的遴选。12 月底中央农村工作会议期间,全国百名最美农技员产生,最美农技员十佳标兵在年底"出炉"了!

全国最美农技员十佳标兵是——天津市武清区农机发展服务中心罗寨玲、黑龙江省甘南县宝山乡农村经济服务中心赵洪池、浙江省温州市泰顺县筱村镇农业公共服务中心吴振我、广东省连州市水果技术推广总站黄美聪、四川省南充市营山县植保植检站郭建全、西藏自治区山南市农业技术推广中心次仁云丹、陕西省延安市洛川县苹果生产技术开发办公室屈军涛、青海省玉树市畜牧兽医工作站阿保地、宁夏回族自治区贺兰县畜牧水产技术推广服务中心刘欣、新疆维吾尔自治区富蕴县农业技术推广站朱马太·哈吉拜。

还有一位特别的农技员,被评为功勋农技员,他就是湖北省监利县农机安全监理推广站助理工程师夏宜龙。

2017 年 3 月,夏宜龙永远倒在了春耕备耕的路上,年仅 45 岁。监利县农机局局长陈义书回忆起夏宜龙工作中的点点滴滴,几次泪流满面。在同事眼中,夏宜龙对工作特别较真,作风过硬。2017 年的春耕生产即将进入高潮,为赶在春耕生产前,完成全县 23 个乡镇 120 个村 350 千米机耕路的工程验收,以及 2 万亩旱地机械深松整地工作,夏宜龙带领专班,放弃双休假日,风雨兼程,每天查验近 10 个村,他拿着 GPS 设备,对照机耕路建设各项指标参数,徒步丈量机耕路的长度、宽度,逐一检查机耕路工程质量,查看土地深松进度,不符合要求的绝不宽容。这样高强度的劳动,让他的身体不堪重负,牺牲在工作岗位上,燃尽了最后的生命之火。

农技推广苦不苦?当然苦。累不累?当然累。有没有希望?农民的丰收就是他们最满意的希望。这样一个英雄般的群体,深深地扎根基层,用汗水浇灌大地,期待更多的丰收喜讯。

每一个人的事迹都让人肃然起敬

"寻找最美农技员"活动的评选专家,来自中国农学会和农业部科技发展中心的周宪龙、饶智宏有相同的感慨:"这些候选人的事迹朴实无华,扎实鲜活!基层一线农技员的工作很不容易!"

评选活动专家组组长、中国农技推广服务中心主任刘天金表示:"每一个候选人的事迹,都让我们肃然起敬!"

农业部从地市级农技推广系统选取 5 人、从省级以上科研教学单位选取 7 人、从农业部直属单位选取 3 人组成专家组。这些专家具有共同的特点:熟悉农业科研、推广管理工作,有丰富的农业评审工作经验,但与农技推广系统特别是基层农技员没有过多、过细的交往。

经过初筛环节,最终选出 150 位农技员作为全国最美农技员正式候选人。其中来自乡镇的

60 位，占参加初筛乡镇人选的 48.8%；来自县级的 90 位，占参加初筛县级人员的 24.1%。最终评出 1 个功勋人物，10 个标兵，100 个最美农技员。

刘天金表示，最美农技员评选活动坚持三个原则，一是结合省情，美中选美；二是重点倾斜，宽严相济；三是关注细微，考虑周详。周献龙说，这是一次特殊的"选美"，评选活动体现了专业性和广泛的群众参与性。专家组在认真查阅"150 名最美农技员有效候选人资料汇编"基础上，最终推荐产生 100 名最美农技员建议名单。其中，乡镇农技员 50 名、县级农技员 50 名，申报通过率分别约为 40.6%、13.4%。

群众参与评选活动热情高涨。2016 年 8 月 1 日至 8 月 15 日，活动组织方在农业部官网和新开通的中国农技推广 APP 同时开展网络投票。中国网、人民网、新华网、中国农业推广网等网站也都引入了"寻找最美农技员投票活动"的页面链接，同步开展网络投票活动宣传。网络投票活动得到了社会各界尤其是全国农业系统的积极响应，扩大了"寻找最美农技员"活动的影响力。

中国农业科学院的评审专家顿宝庆表示，这些候选人不是农民，却天天与土地庄稼打交道；不是牧民，却经常进牛棚羊圈、到猪场鸡场。他们忙于走村串户，奔波在田间地头，晴天一身汗、雨天一身泥。他们，就是千千万万奋战在农业生产一线的最美农技员。

有一种坚守叫农技推广

《农民日报》2018 年 1 月 18 日

本报评论员

在农业部发起的"寻找最美农技员"活动中，100 名品德高尚、业绩突出、农民满意的农技员获得"最美农技员"称号。农业部又从其中遴选出了 10 名农技推广标兵，给予表彰和资助。这次活动以全国 50 多万扎根农村、服务农民的基层农技员为对象，寻找、发掘、宣传他们中间的典型代表，基层农技推广事业的"最美"群像图渐次清晰。

长期以来，农技推广员处于一种非常窘迫的境地，他们几乎是一个被遗忘的群体，但他们又是一个非常重要的专业人群，承担着为广大农民提供农业科技服务的重要职责，也是最贴近田间地头的科技工作者。

我国是农业大国，农业人口众多，农业生产任务重，农技推广任务艰巨。不管农技推广的条件多么困难，任务多么繁重，广大农技员始终怀着一颗赤子之心，一种对土地不离不弃的执着情怀，终年扎根农村，用自己的实际行动诠释了"科技使者"的生动内涵。他们克服了冰雪、狂风、高原缺氧等恶劣自然条件，特别是在生活条件极为艰苦的老、少、边、贫的地方，用真诚和专业践行了奉献和坚守的承诺，也赢得了最美农技员的赞誉。

农业要发展，离不开科技支撑，而科技最终落地，转化为生产力，还得靠农技员的示范应用与推广。农技员将新品种、新技术、新农艺、新机械送到田间地头，将成果留在千家万户。在他们自己看来，工作是那样的平常，只是履行了一个农技员的职责，守护着一方土地上的收成。其实看似平凡的行为，正成就着伟大的事业。"寻找最美农技员"活动一方面让我们看到了基层农技员工作条件的艰辛、工作内容的繁重，另一方面让我们了解了农技员的付出是那么多、奉献是那么大。推广新技术、应用新品种，教农民如何科学种田，这是农技员的本职工作。但农技员的工作可不止这些，他们不仅是农业发展的支柱，还承担着传播先进文化和科学技术、提高农民劳动技能和创业能力的重要任务。丰收之年需要他们，突发灾害时更离不开他们。农民信赖他们，不仅仅是对科学技术的信任，也是对党和政府"三农"政策的信任。

50 多万农技员，每个人都有自己的故事。他们的工作不仅需要一份默默的付出，需要一份坚忍的坚持，更需要一份真诚的热爱。多少年来，他们扎根田野，服务农民，以朴素的情怀、高尚的品格，为农业农村经济社会发展和农民增收致富发挥了不可替代的重要作用。农技员们的奉献和坚守，照亮了农业农村的科技之路，也照亮了农民的致富之路。他们让农业科技真正落地，是惠及百姓的传道者，更是中国现代农业的脊梁。正因为如此，广大的农民需要他们，"三农"事业发展更离不开他们。

我们要向十佳农技推广标兵致敬，感谢他们在平凡的岗位上做出的不平凡业绩。在被农技员淡泊名利、执着坚守、甘于奉献的精神品格和高尚情操所打动的同时，我们更要关心农技员这个特殊的群体，关注基层农技推广存在着基础不稳、队伍流失、人才断层的问题，更希望全社会了解、尊重基层农技员，关注和支持"三农"事业发展。

田野上的生命赞歌

——追记湖北省监利县农机站长夏宜龙

新华社　　2017 年 12 月 12 日

新华社记者　胡璐、董峻

"他又下乡去了，晚些会回家吃饭吧？"几个月过去了，每到临睡前杨小蔓还是习惯性地等候，她盼望丈夫夏宜龙与从前一样，拖着疲惫的身躯，风尘仆仆地回到家来。但是猛然间会回过神，思念和悲伤在瞬间如潮水般涌上心头：他再也不会回来了！

就在 2017 年春耕期间，她的丈夫，湖北省监利县农机站长夏宜龙，突发心肌梗死倒在工作岗位，将背影定格在春耕备耕的路上，也永远地离开了杨小蔓和年仅 10 岁的孩子。去世时，夏宜龙年仅 45 岁。

夏宜龙，这个工作拼命而认真的人，这个始终把农机户的利益放在心上的人，这个心里装着"农机化"梦想的人，一直活在身边人的心里，不曾离开。

从春节后上班至 3 月 27 日，不到 2 个月的时间里夏宜龙就在基层忙了 51 天。一本简简单单的工作日志，记录的是他生命的最后历程：

"下村检查验收机耕路工程 16 天、驻村扶贫 11 天、购机补贴入户核查 10 天、东风井关农机示范合作项目乡镇选点 8 天、农机安全生产下乡检查 4 天、接待咸安区及广东茂名市农机专班参观 2 天……"

为赶在春耕生产前完成全县 23 个乡镇 120 个村 350 千米机耕路的工程验收，以及 2 万亩旱地机械深松整地工作，夏宜龙放弃双休假日，每天查验近 10 个村。病发时，他还在撰写发言材料，准备两天后参加全省农机备战春耕会议。

"出殡那天，正该忙春耕备耕的时候，几千名农民、农机合作社成员从田间地头专程赶来，送他最后一程。"杨小蔓说。

永红村三组农机大户王井炎至今还记得农机报废更新补贴实施方案出来后，夏宜龙风风火火来告诉他这个好消息的情景。随着农机化的快速发展，监利县老旧农机也不断增多。为了最大程度保证农机户的权益，夏宜龙专门安排多设收购点，打破定点压价收购、损害农民利益的现象，并出台保护价收购标准。

"以前一台废旧收割机只能卖到 500 到 800 元，现在回收价提高到 2 000 元左右，报废更新政策补贴两万多元。最近我报废更新了 1 台拖拉机，2 台收割机。"王井炎说。

他是把农民的利益看得比什么都重要的人，一分一厘都要用在刀刃上。2015 年 10 月，夏宜龙和同事一起入户核查农机购买补贴经费发放情况。夏宜龙发现某经销商弄虚作假，伪造了照片资料，想私吞 10 多万元补贴资金。他当场呵斥经销商："农机补贴资金是国家惠民政策体现，想在我这里弄虚作假，没门！"经销商仍不死心，揣着两条名烟上门求情，被夏宜龙扫地出门。经他们严格核实，全县 3 740 万元的农机购置补贴全部按规定发放到位。

针对商业保险机构不愿涉足农机保险，一旦出现事故农机户利益无法维护的难题，夏宜龙率先在监利县推行农机安全互助，引导农机户自发入会。5 年来，共有 8 000 余名农机手加入农机安全互助协会，全县共发生碰撞、落水等一般农机事故 230 起，为事故机手补偿 158 万元。

他是为了农民利益最大化，不惜扑下身子的人。18 年来，夏宜龙一直奋战在农业机械化技术推广一线。截至目前，监利农机专业合作社发展到 81 家，成功创建了 7 个平安农机示范合作社，34 个平安农机示范村。其中，夏宜龙领办创建的平安农机示范村有 8 个。

尚正农机专业合作社地处偏远的尺八镇，为了扶持其创建"平安农机示范合作社"，夏宜龙费了无数的心血。他多次来到尺八镇，帮助合作社建立维修网点，提升资质，增添设备，并积极为合作社争取政府补贴。目前这个合作社已可覆盖维修尺八镇、三洲镇两个乡镇的农业机械。

为了防范农机安全风险，夏宜龙与合作社负责人商量，为合作社的农机购买财产保险。这种保险，政府出资 60%，合作社需出资 40%。他耐心细致地做宣传，终于做通了合作社负责人的思想工作，为合作社的 28 台农业机具全部购买了保险。目前全县农机合作社已有 430 台农业机具购买了保险。

2017 年 5 月，农业部启动"寻找最美农技员"活动，向社会展示农技员务实肯干、甘于无私奉献的感人事迹。

夏宜龙离开了，但是作为"最美农技员"队伍中的一员，他的梦想还在广阔田野中继续，他的精神支撑着千千万万的农技员和农民努力前行。当下，一批又一批农技员正在用汗水放飞希望，用科技改变农村，他们撑起了我国乡村振兴、农业发展的宏伟蓝图。